Mac OS X 입문서(응용 프로그램 편)

# iLife '11 처음부터 시작하기

최원 지음

놀랍만큼 새로워진 iPhoto, iMovie, GarageBand, iWeb, iDVD

노하우
도서출판

Mac OS X 입문서(응용 프로그램 편)

# iLife '11 처음부터 시작하기

The Beginning Series - iLife '11

초판 발행 2011년 4월 20일

**지은이** 최원

**출판** 도서출판 노하우
**기획** 현음뮤직
**진행** 노하우
**편집** 덕디자인

**주소** 서울시 관악구 행운동 63-59
**전화** 02)888-0991
**팩스** 02)871-0995

**등록번호** 제320-2008-6호
**홈페이지** hyuneum.com

**ISBN** 978-89-94404-05-9
값 25,000원

Thanks to readers

# 멈추지 마라! 꿈은 이루어진다!

멀티 출판 부문 1위!
독자 여러분! 고맙습니다.

세상을 살다 보면
차라리 죽고만 싶을 만큼
힘들고, 괴로울 때가 있습니다.

하지만, 누가 봐도
힘들고, 괴로워 보이는 사람들은
오히려 그 속에서 피와 땀을 흘려가며
가슴속 깊이 전해지는 감동을 만들어냅니다.

도서출판 노하우는
힘들게 공부하는 사람들과
함께하는 작은 디딤돌이 되겠습니다.

힘들고, 괴로울 때
내가 세상의 빛이 될 수 있다는
꿈과 희망을 품고 열심히 공부하세요
멈추지 않는다면, 꿈은 반드시 이루어집니다.

그 곁에 도서출판 노하우가 함께 하겠습니다

고맙습니다.

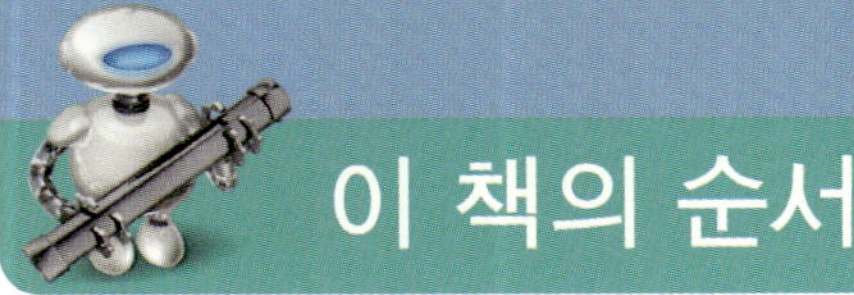

# 이 책의 순서

Round I

# iPhoto

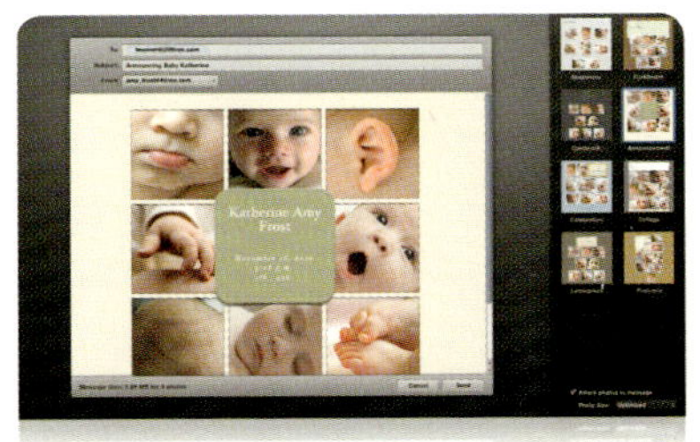

### Q&A

공부를 하면서 이해되지 않거나 어려운 부분이 있으면 언제든 hyuneum.com에 질문을 올려주세요. 저자를 비롯한 16명의 전문가들이 신속한 답변을 해드립니다.

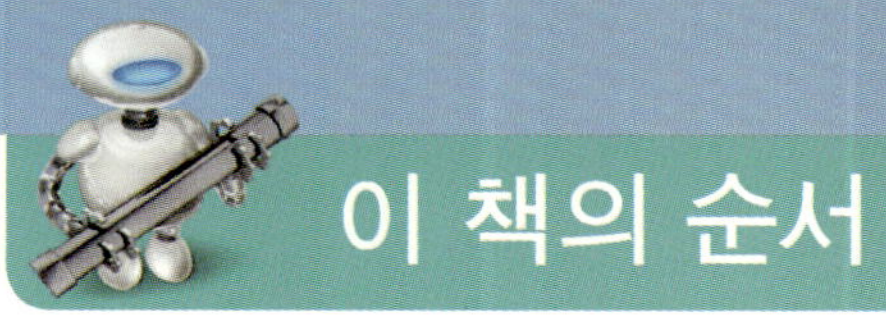

**Round II**

# iMovie



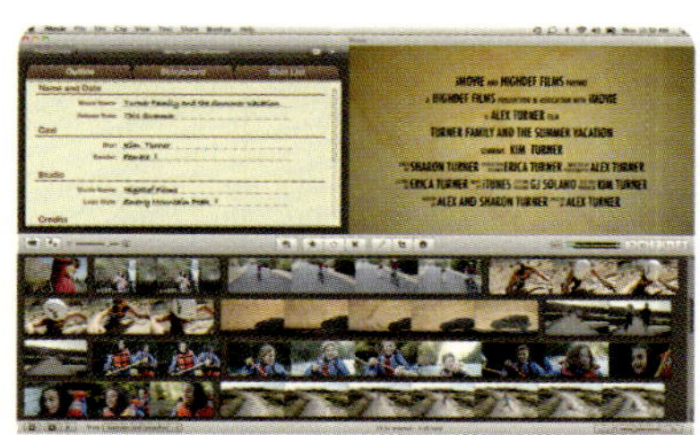

Mia
PLAYER STATS
Position    Defender
Age    8
Height    4'1"
Weight    45

## Round III · GarageBand

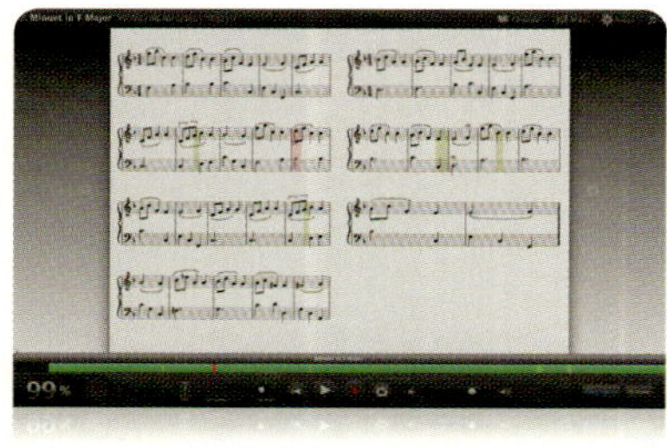

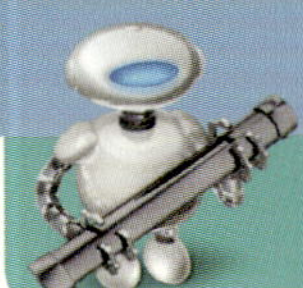



## Round IV · iWeb & iDVD

iLife '11

한 컷, 한 컷 소중한 내 인생

# iPhoto

본서에서 살펴보고 있는 iPhoto, iMovie, GarageBand, iWeb, iDVD의 5가지 프로그램은 iLife에 포함된 패키지 상품이며, 버전 11을 기준으로 합니다. 최신형 맥에는 번들로 제공되고 있지만, 추가 설치 및 업그레이드가 필요한 사용자는 apple.com/kr을 방문해보기 바랍니다.
첫 번째로 살펴볼 프로그램은 디지털 카메라 및 아이폰으로 촬영한 사진을 편집하고 관리하는 역할의 iPhoto 입니다.

# 01 아이포토 시작하기

아이포토(iPhoto)의 시작은 디지털 카메라 및 아이폰으로 촬영한 사진을 가져오는 것입니다. 아이포토를 처음 실행할 때 열리는 창의 역할과 디지털 카메라 및 아이폰으로 촬영한 사진을 가져와 이벤트로 등록하는 과정을 살펴보겠습니다.

## 01-1 아이포토 실행하기

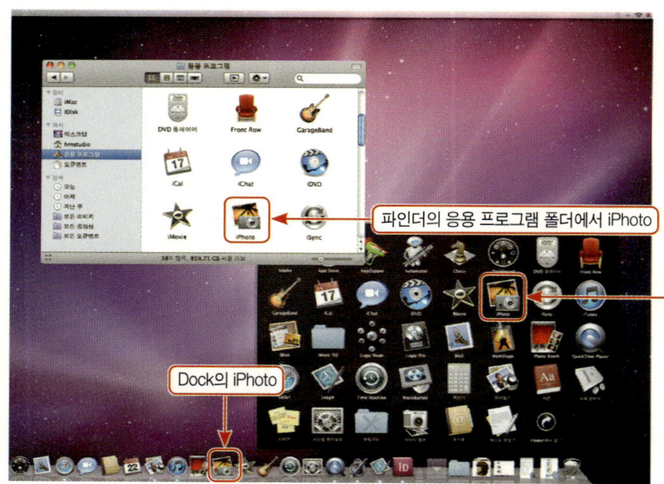



**01** Dock의 iPhoto 아이콘을 클릭하거나 스택의 응용 프로그램 폴더에서 iPhoto를 클릭하여 실행합니다. 파인더(Finder)의 응용 프로그램 폴더에서 iPhoto를 더블 클릭하여 실행해도 좋습니다.

**02** iPhoto의 도움말을 얻을 수 있는 시작하기 창이 열리면, 닫기 버튼을 클릭하여 닫습니다. 필요한 경우에는 도움말 메뉴의 iPhoto 시작하기를 선택하여 열 수 있습니다.

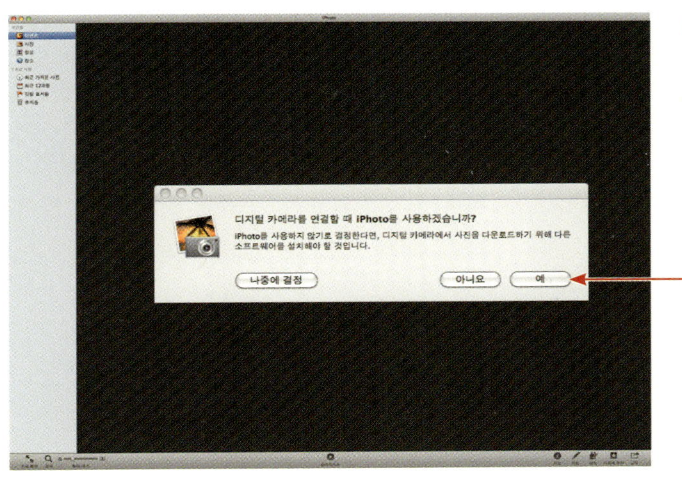

**03** 맥에 디지털 카메라를 연결하면, 아이포토가 자동으로 실행되게 할 것인지를 묻는 창이 열립니다. 예 버튼을 클릭하여 닫습니다. 이것은 iPhoto 환경설정에서 변경할 수 있습니다.

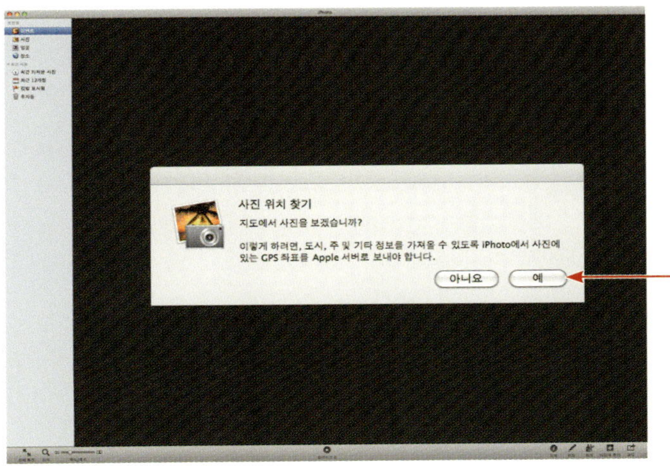

**04** 지도에서 사진을 볼 수 있게 하려면 GPS 좌표를 Apple 서버에 보내야 한다는 내용의 안내창이 열립니다. 예 버튼을 클릭하여 닫습니다.

**05** iPhoto의 메인 화면을 볼 수 있습니다. 지금은 아무 작업도 하지 않았으므로, 카메라 또는 컴퓨터에 저장되어 있는 사진을 가져오라는 메모만 볼 수 있습니다.

## 01-2 카메라에서 가져오기

**01** 디지털 카메라를 맥의 USB 포트에 연결하거나 SD 카드를 맥의 SD 슬롯에 삽입하면, 장비 목록에 카메라 이름이 생성되면서 카메라에 저장되어 있는 사진들이 보입니다.

**02** 모든 사진을 가져오겠다면 모두 가져오기 버튼을 클릭합니다. 일부만 가져오겠다면 Command 키를 누른 상태에서 가져올 사진들을 선택하고, 선택된 사진 가져오기 버튼을 클릭합니다.

**03** 일부만 가져올 때, 가져올 사진이 더 많다면 Command+A 키를 눌러 모든 사진을 선택하고, Command 키를 누른 상태로 선택되어 있는 사진을 클릭하여 해제시키는 방법도 좋습니다.

> **잠깐만!**
> 선택된 것은 노란색 테두리로 구분합니다.

**04** 사진을 가져올 때 날짜를 기준으로 분리
하겠다면 이벤트 분리 옵션을 체크합니다. 이
미 가져온 사진 가리기는 카메라에서 iPhoto
로 가져온 사진을 화면에 표시하지 않게 하는
옵션입니다.

**05** 이벤트 이름 항목에 사진을 기억하기 쉬
운 이름을 입력하고 선택된 사진 가져오기 또
는 모두 가져오기 버튼을 클릭하면, iPhoto로
사진을 가져오는 과정이 진행됩니다.

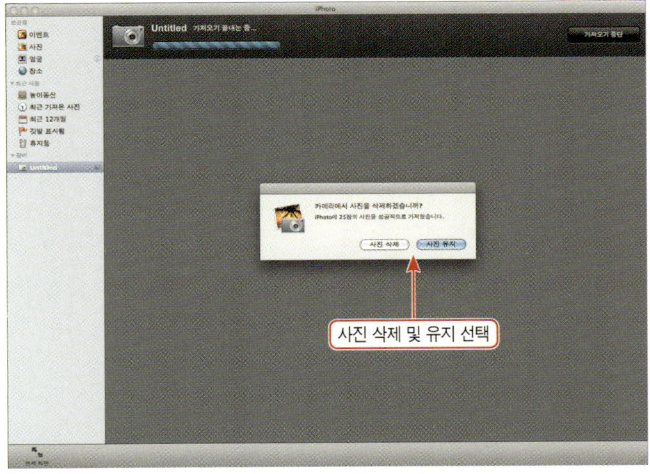



**06** 가져오기 작업이 끝나면 iPhoto로 가져
온 사진을 카메라에서 삭제할 것인지를 묻습
니다. 삭제하겠다면 사진 삭제 버튼을 클릭하
고, 그대로 두겠다면 사진 유지 버튼을 클릭
합니다.

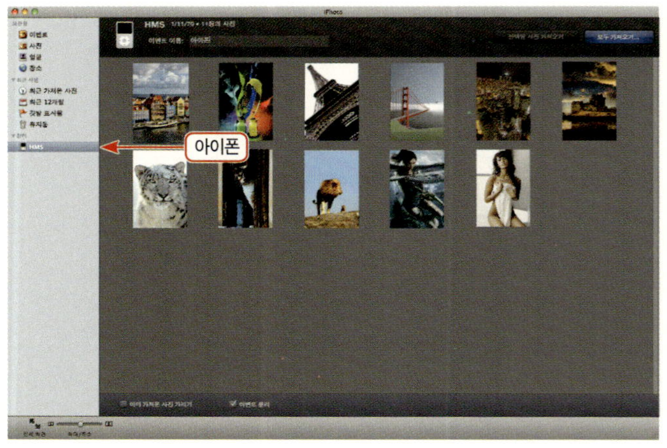


**01** 아이폰으로 촬영한 사진을 iPhoto로 가져오는 방법도 동일합니다. 맥의 USB 포트에 아이폰을 연결하면 장비 목록에 아이폰 이름이 생성되면서 아이폰에 저장되어 있는 사진들이 보입니다.

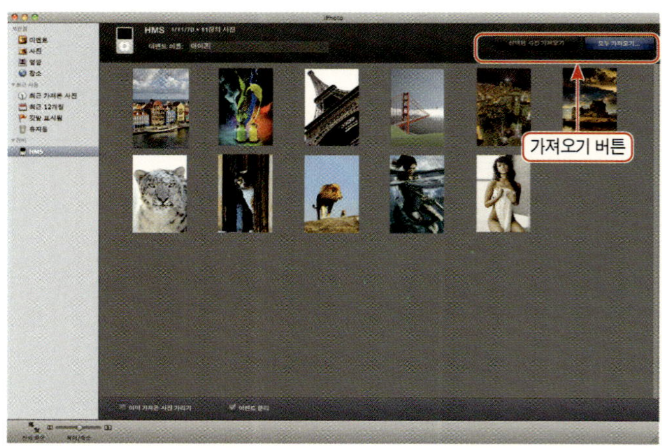


**02** 카메라의 사진을 가져올 때와 동일한 방법으로 가져올 사진을 선택하고, 이벤트 이름을 입력합니다. 그리고 선택된 사진 가져오기 또는 모두 가져오기 버튼을 클릭하여 iPhoto로 가져옵니다.

**잠깐만!**
사진 외에 아이폰으로 촬영한 동영상도 동일한 방식으로 가져올 수 있습니다.

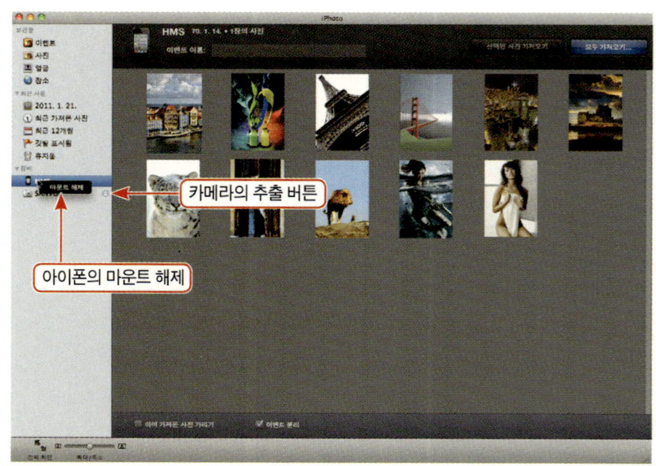


**03** 카메라는 장비 목록의 추출 버튼을 클릭한 다음에 분리하는 것이 안전하며, 추출 버튼이 없는 아이폰은 마우스 오른쪽 버튼을 클릭하여 단축 메뉴를 열고, 마운트 해제를 한 다음에 분리하는 것이 안전합니다.

## 01-4  파인더에서 가져오기

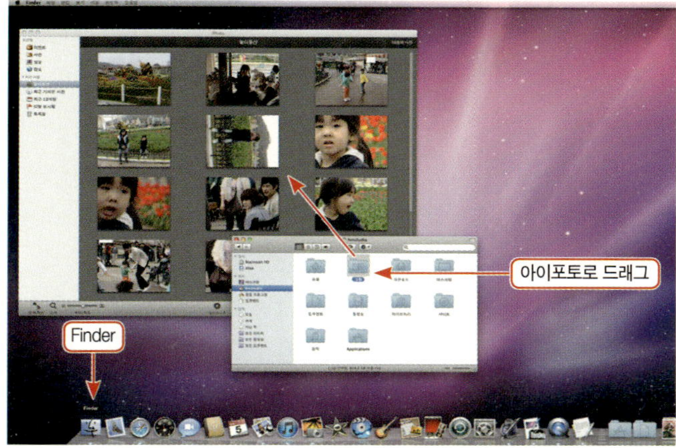


**01** 컴퓨터에 저장되어 있는 사진 파일을 가져오는 것은 더 간단합니다. Dock에서 Finder 아이콘을 클릭하여 열고, 사진 파일 또는 사진을 모아둔 폴더를 iPhoto로 드래그하면 됩니다.

> **잠깐만!**
> iPhoto를 실행하지 않은 상태라면 사진 파일을 Dock의 iPhoto 아이콘으로 드래그합니다.

**02** 카메라, 아이폰, 파인더 등에서 가져온 사진들은 보관함의 이벤트 목록에 생성되며, 이벤트의 이름은 마우스 클릭으로 수정할 수 있습니다.

**03** 사진을 가져올 때 이벤트 분리 옵션을 체크한 경우라면, 사진이 촬영된 날짜를 기준으로 이벤트가 자동 분리됩니다. 이때 분리되는 기준은 하루 입니다. 이것을 바꾸고 싶다면, iPhoto 메뉴의 환경설정을 선택합니다

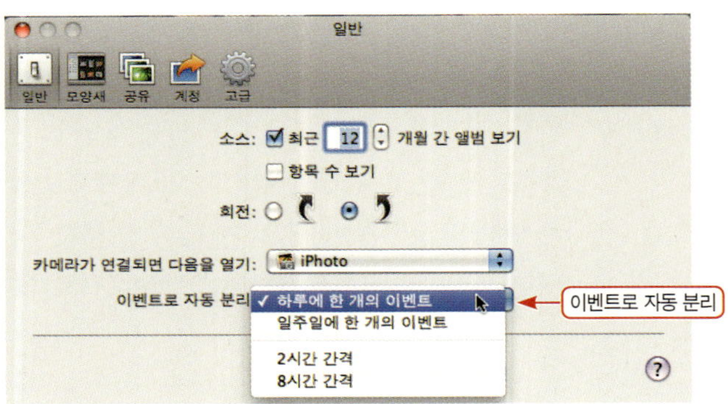


**04** iPhoto의 기본환경을 설정할 수 있는 창이 열립니다. 일반 탭의 이벤트로 자동 분리 항목에서 하루나 일주일 또는 시간 간격으로 이벤트의 분리 기준을 변경할 수 있습니다.

## 01-5  화면 구성 살펴보기

iPhoto는 사이드 바, 메인 창, 도구 바의 3가지 패널로 구성되어 있습니다. 사이드 바는 사진을 분류하는 소스 목록으로 구성되어 있으며, 메인 창은 사이드 바에서 선택한 목록의 사진들을 보여줍니다. 그리고 도구 바는 메인 화면에서 선택한 사진의 정보를 보거나 편집하는 등의 기능을 수행하는 도구로 구성되어 있습니다.

### 사이드바 및 메인 창

사이드 바는 보관함, 최근 사용, 장비, 앨범 등의 목록으로 구성되어 있으며, 프로젝트와 슬라이드쇼 목록를 추가할 수 있습니다. 메인 창에는 사이드 바에서 선택한 목록의 소스를 보여줍니다.

● **보관함** : 보관되어 있는 사진을 이벤트, 사진, 얼굴, 장소 그룹으로 구분하여 볼 수 있는 목록을 제공합니다.
● **최근 사용** : 최근에 사용한 카메라, 가져온 사진, 최근 12개월, 깃발을 표시한 사진, 휴지통에 버린 사진 등을 볼 수 있는 목록을 제공합니다.

- **장비** : 맥에 연결되어 있는 카메라 및 아이폰 등의 장비 목록으로 구성되며, 연결된 장비가 없다면 표시되지 않습니다.
- **앨범** : 사용자가 추가한 앨범 목록으로 구성되며, 추가한 앨범이 없다면 표시되지 않습니다.

## 도구 바

전체화면, 검색, 확대/축소, 슬라이드쇼의 4가지는 메인 화면 표시 방법을 선택하는 도구이고, 정보, 편집, 생성, 다음에 추가, 공유의 5가지는 어떤 작업을 수행하는 도구입니다.

- **전체 화면** : 아이포토를 전체 화면으로 표시합니다. 버튼을 다시 클릭하거나 esc 키를 누르면 원래의 크기로 되돌아 옵니다.
- **검색** : 돋보기 모양의 검색 버튼을 클릭하면, 검색어를 입력할 수 있는 상자가 열리며, 날짜, 이름 등을 입력하여 사진을 검색할 수 있습니다.
- **확대/축소** : 슬라이드를 드래그하여 메인 화면의 사진들을 확대/축소합니다. 사진의 실제 크기가 바뀌는 것은 아니고, 화면에 보이는 크기가 바뀌는 것입니다.
- **슬라이드쇼** : 메인 화면의 사진을 슬라이드쇼로 보여줍니다.
- **정보** : 선택한 사진의 촬영 정보를 확인할 수 있습니다.
- **편집** : 선택한 사진을 회전시킨다거나 접목 현상을 수정하는 등의 편집 작업을 할 수 있습니다.
- **생성** : 앨범, 책, 캘린더 등의 소스 목록을 만듭니다.
- **다음에 추가** : 선택한 사진을 앨범, 책, 캘린더 등의 소스 목록에 담습니다.
- **공유** : 사진 인화, 페이스북, 이메일 등으로 전송합니다.



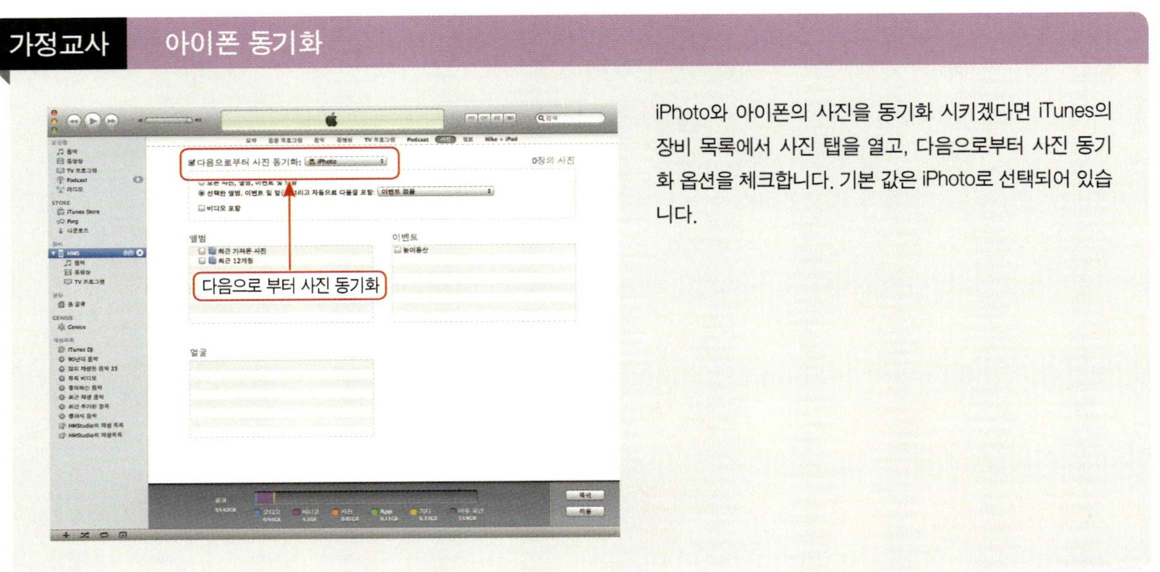



iPhoto와 아이폰의 사진을 동기화 시키겠다면 iTunes의 장비 목록에서 사진 탭을 열고, 다음으로부터 사진 동기화 옵션을 체크합니다. 기본 값은 iPhoto로 선택되어 있습니다.

## 01-6 모양새 설정하기

**01** iPhoto에 보이는 이벤트 및 소스 사진들이 표시되는 방법을 사용자가 원하는 스타일로 변경할 수 있습니다. 화면 표시 방법을 변경하려면 iPhoto 메뉴의 환경설정을 선택하여 창을 엽니다.

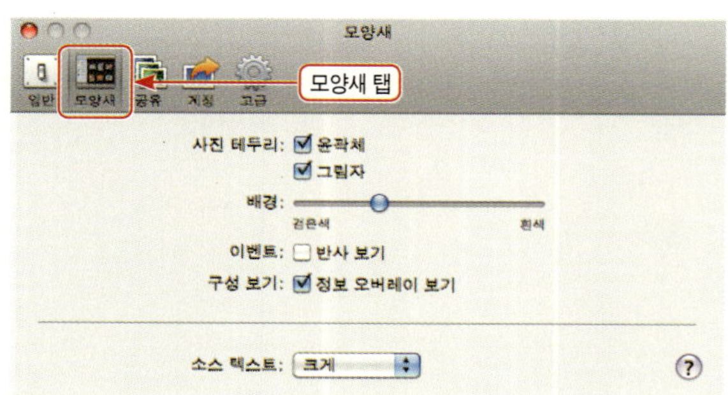


**02** iPhoto의 환경을 설정할 수 있는 창에서 화면 표시 방법을 결정하는 것은 모양새 탭이며, 각 옵션의 역할은 다음과 같습니다.

- **사진 테두리** : 사진 가장 자리에 얇은 테두리를 표시하는 윤각체와 그림자를 표시하는 그림자 옵션이 있습니다.
- **배경** : 메인 창의 밝기를 조정하는 슬라이드 입니다.
- **이벤트** : 이벤트 보관함의 사진들이 유리 위에 있는 것과 같은 반사 효과를 만듭니다.
- **구성 보기** : 이벤트가 많아지면, 자동으로 스크롤 바가 생성되며, 스크롤 바를 움직일 때, 이벤트의 정보가 화면에 표시되게 할 것인지를 선택하는 옵션입니다.
- **소스 텍스트** : 사이드 바 소스 목록의 크기를 선택합니다.

## 01-7 단축키와 도움말

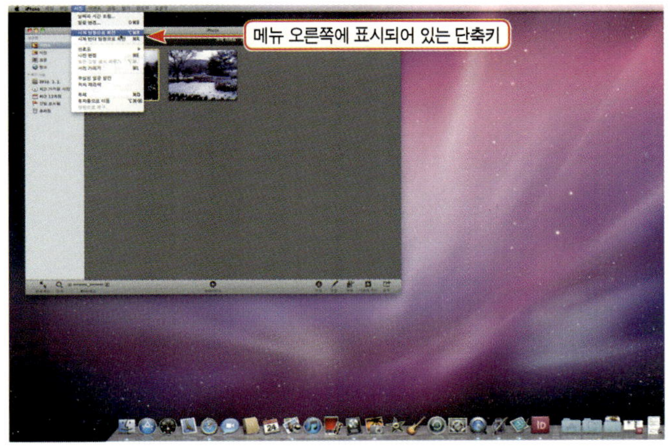



**01** 메뉴를 직접 선택하지 않고, 키보드를 이용해서 실행하는 것이 단축키이며, 각 메뉴 오른쪽에 표시되어 있습니다. 그림은 사진 메뉴의 시계 방향으로 회전을 열어본 것인데, Option+Command+R 키가 단축키라는 것을 확인할 수 있습니다. 즉, 메뉴를 선택하지 않아도 Option+Command+R 키를 눌러 사진을 회전시킬 수 있는 것입니다.

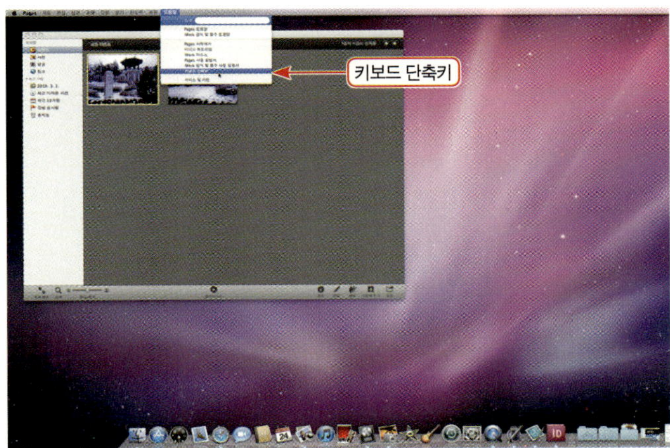



**02** iPhoto의 고급 사용자가 되기 위해서는 매번 메뉴를 열어 확인하는 수고를 하더라도 단축키를 이용하는 습관을 갖는 것이 좋습니다. 도움말 메뉴의 키보드 단축키를 선택하면 iPhoto의 모든 단축키를 확인할 수 있습니다.

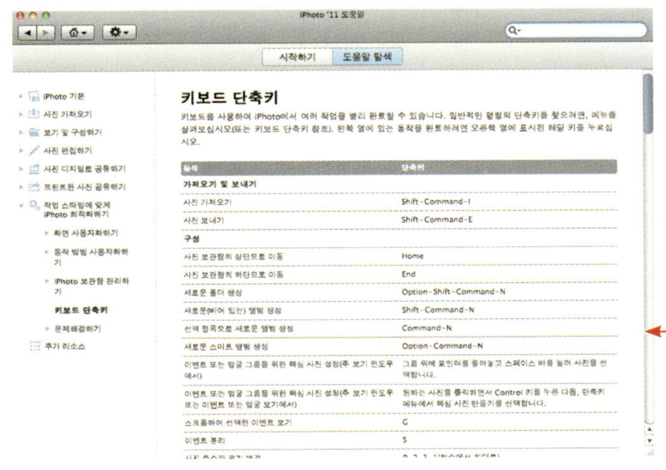



**03** iPhoto에 익숙해지기 전까지 단축키 표를 프린트하여 참조하는 것도 많은 도움이 될 것입니다. 도움말 창에서 제공하는 iPhoto의 기본 설명서도 한 번쯤 읽어보길 권장합니다.

# 02 사진 관리하기

보관함에 저장한 사진들은 이벤트, 사진, 얼굴, 장소 단위로 구분하여 관리할 수 있으며, 폴더 및 앨범을 추가할 수 있습니다. iPhoto에서 보관하고 있는 사진을 보다 빠르고, 편하게 찾기 위해서는 사진을 보관할 때부터 체계적인 정리가 필요합니다.

## 02-1  보관함 살펴보기

**01** 보관함은 이벤트, 사진, 얼굴, 장소의 4가지 소스 목록을 제공합니다. 이벤트는 사진을 가져올 때 입력한 이벤트의 이름과 날짜로 생성되며, 각 이벤트 위에서 마우스를 움직이면, 보관되어 있는 사진들을 미리 볼 수 있습니다.

**02** 사진은 이벤트를 더블 클릭하여 볼 수 있으며, 모든 이벤트 버튼을 클릭하여 초기 화면으로 이동하거나 이전/다음 버튼을 클릭하여 이전 또는 다음 이벤트에 담긴 사진을 볼 수 있습니다.

**03** 사진 목록은 이벤트의 이름을 바 타입으로 표시하며, 이벤트 이름 왼쪽의 작은 삼각형을 클릭하여 보관된 사진을 한 화면에서 볼 수 있습니다. 많은 사진을 탐색할 때 유용한 목록입니다.

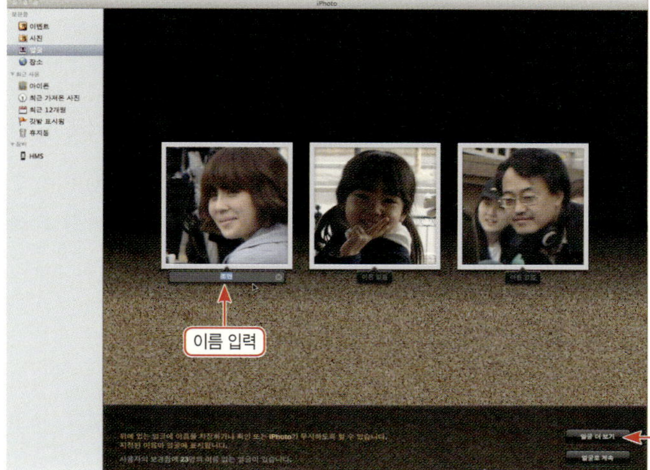



**04** 얼굴 목록은 사진속의 인물을 이름으로 분리하여 관리할 수 있습니다. 이름을 분리하지 않은 경우에는 사진 목록을 선택할 때, 얼굴찾기 화면이 열리며, 각 인물에 이름을 입력할 수 있습니다. 얼굴 더 보기 버튼을 클릭하여 모든 인물에 이름을 넣어줍니다.

**05** iPhoto는 사진속 인물을 인식하는 기능이 있기 때문에 얼굴 더 보기 버튼을 클릭하여 이름을 입력하다 보면, 동일 인물이 맞는지의 여부를 묻는 사진이 있습니다. 동일 인물이라면 체크 표시를 클릭하고, 잘못 인식하고 있다면 X 표시를 클릭하여 새로운 이름을 입력합니다.

25

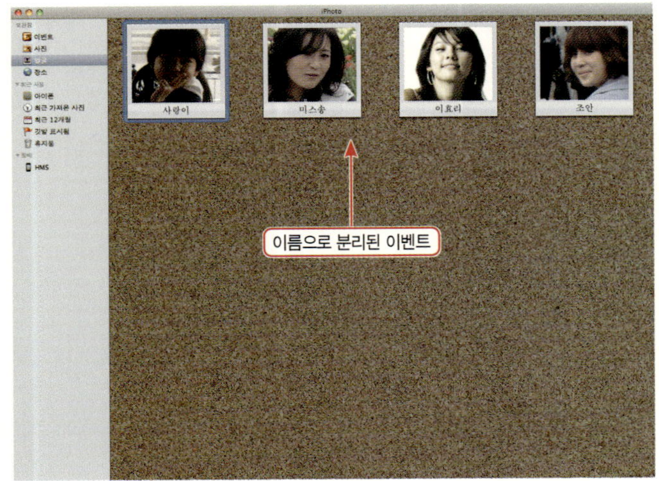


**06** 인물의 이름을 모두 입력하거나 얼굴로 계속 버튼을 클릭하면 이름로 구분된 사진을 볼 수 있으며, 이벤트에서와 같이 마우스 더블 클릭으로 인물 속 사진을 모두 볼 수 있습니다.

**07** 장소 목록은 사진을 촬영한 장소 또는 인물의 주소 정보를 이용하여 지도로 구분합니다. 사진을 장소로 구분하기 위해서는 미리 장소를 지정해줘야 합니다. 이벤트 또는 사진 목록을 선택하고, 정보 버튼을 클릭하여 창을 엽니다.

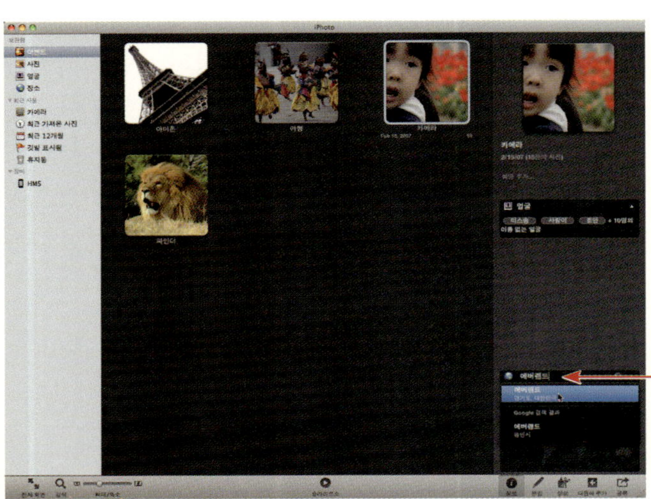


**08** 장소 할당을 선택하고, 도시 이름 및 장소를 입력합니다. 검색된 결과에서 지정할 위치의 이름을 선택합니다. 정확한 장소를 모를 때는 주변 장소를 검색하여 선택합니다.

**09** 지도에 핀이 생성됩니다. 주변 장소를 검색했거나 좀 더 미세한 위치 설정이 필요하다면 핀을 드래그하여 조정합니다. 지도는 + 와 - 버튼을 이용해서 확대/축소할 수 있고, 중앙 버튼을 클릭하여 화면 중앙에 핀이 위치하도록 할 수 있습니다.

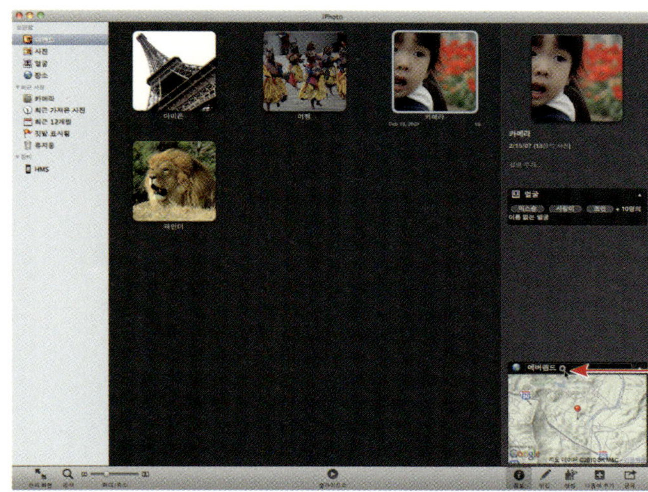



**10** 다른 이벤트나 사진도 동일한 방법으로 지도를 맵핑합니다. 위치 설정이 끝나면 이름 오른쪽의 화살표 버튼을 클릭하여 장소 목록으로 이동합니다. 보관함 카테고리의 장소 목록을 선택해도 좋습니다.

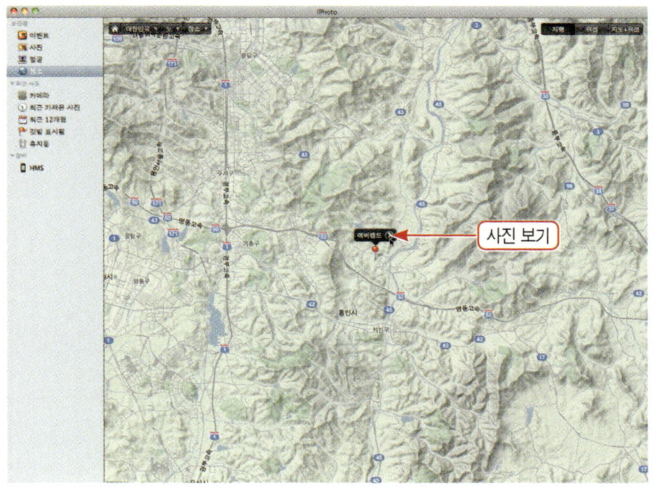



**11** 사용자가 지정한 위치에 핀이 고정되어 있는 장소를 볼 수 있습니다. 핀에 마우스를 가져가면 장소 이름이 표시되며, 이름 오른쪽의 화살표 버튼을 클릭하면, 해당 장소에서 촬영한 사진들을 볼 수 있습니다.

**12** 그 외, 최근 사용 카테고리는 말 그대로 최근에 작업한 내용들의 사진을 장비, 기간, 깃발 목록으로 볼 수 있습니다. 여기서 깃발은 보관함에서 사진을 볼 때, 왼쪽 상단의 깃발을 체크한 것을 말합니다. 좋아하는 사진이나 어떤 작업을 수행할 때 체크해 놓는 용도입니다.

## 02-2 앨범 만들기

**01** 이벤트, 사진, 얼굴, 장소 외에 앨범을 만들어 관리하는 방법을 살펴보겠습니다. 새로 만들 앨범에 추가할 이벤트 및 사진을 선택하고, 생성 버튼의 앨범을 선택합니다.



**02** 사이드 메뉴에 앨범 카테고리가 생성됩니다. 앨범 이름을 입력하고 Return 키를 누릅니다. 같은 방법으로 사진을 분류하고 싶은 앨범을 만듭니다.

**03** 보관함에 정리되어 있는 사진들 중에서 앨범에 담고 싶은 것들을 드래그하여 가져다 놓습니다. 이벤트, 사진, 얼굴, 장소 외에 사용자가 원하는 앨범을 만들어 사진을 관리할 수 있는 것입니다.

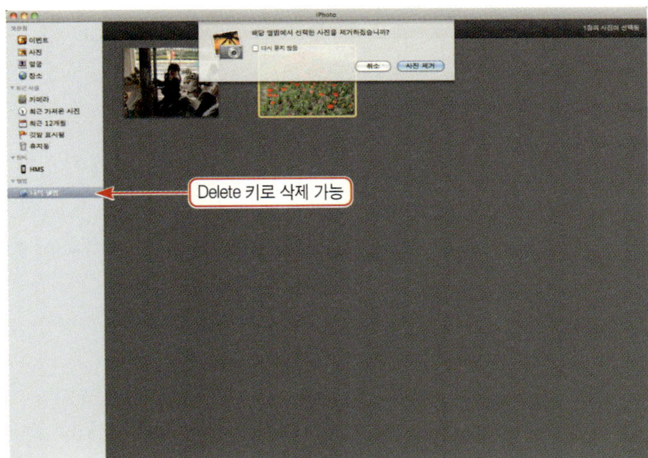


**04** 앨범의 사진은 Delete 키를 눌러 제거할 수 있습니다. 실제 사진이 제거되는 것은 아니고, 앨범에서만 제거되는 것이며, 보관함에는 그대로 남아 있습니다.

## 02-3 스마트 앨범 만들기

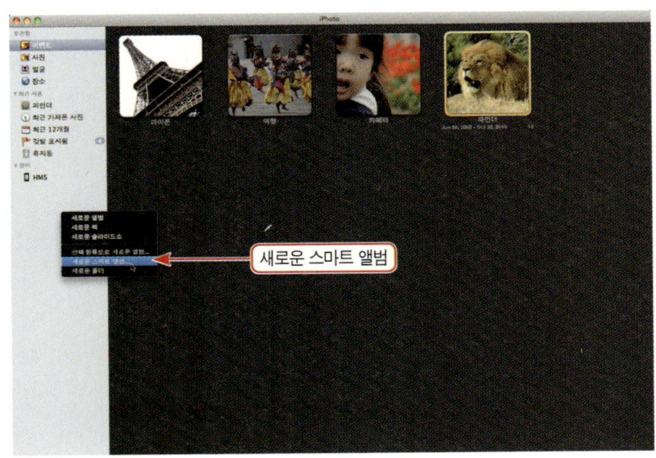


**01** 특정 조건을 갖춘 앨범을 만들고, 그 조건에 부합되는 사진들이 자동으로 보관되게 하는 스마트 앨범에 관해서 살펴보겠습니다. 사이드 바의 빈 공간에서 마우스 오른쪽 버튼을 클릭하여 단축 메뉴를 열고, 새로운 스마트 앨범을 선택합니다.

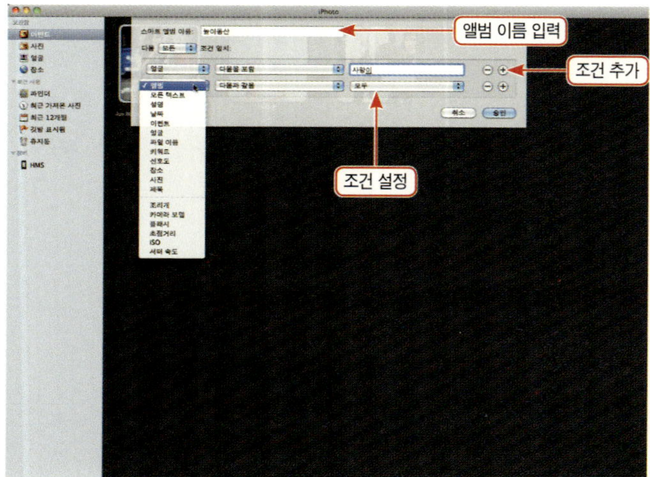


**02** 조건을 선택할 수 있는 창이 열립니다. 앨범 이름을 입력하고 조건을 선택합니다. 예를 들어 이름으로 분리된 앨범을 만들겠다면 조건에서 얼굴을 선택하고 다음을 포함 옵션을 선택한 다음에 구분할 이름을 입력하는 것입니다. 조건은 + 버튼을 클릭하여 추가할 수 있습니다.

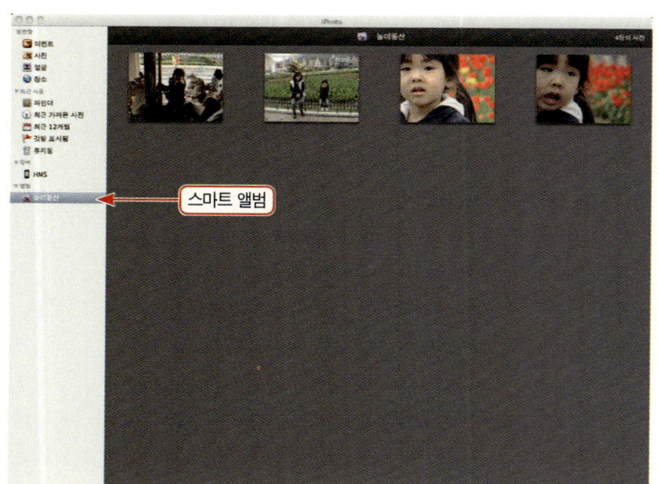


**03** 일반 앨범과 다른 모양의 아이콘을 가진 스마트 앨범 목록이 생성되며, 설정 조건에 맞는 사진들이 자동으로 담기는 것을 확인할 수 있습니다. 앞으로 저장되는 사진에서도 조건에 맞는 것들은 자동으로 스마트 앨범에 보관됩니다.

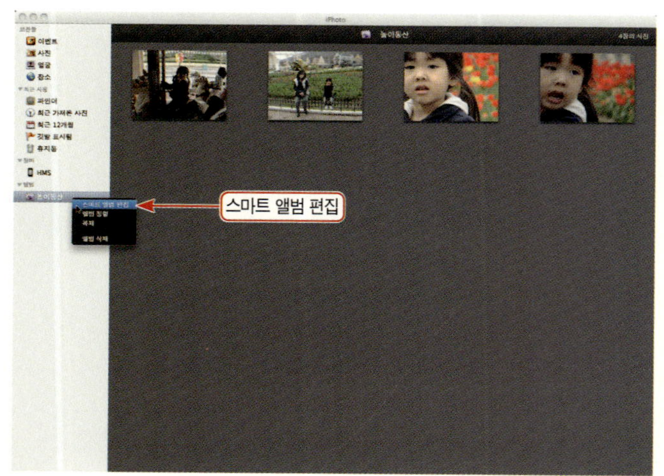


**04** 만들어 놓은 스마트 앨범의 조건을 수정할 필요가 있다면 앨범을 마우스 오른쪽으로 클릭하여 단축 메뉴를 열고, 스마트 앨범 편집을 선택합니다.

## 02-4  폴더 만들기

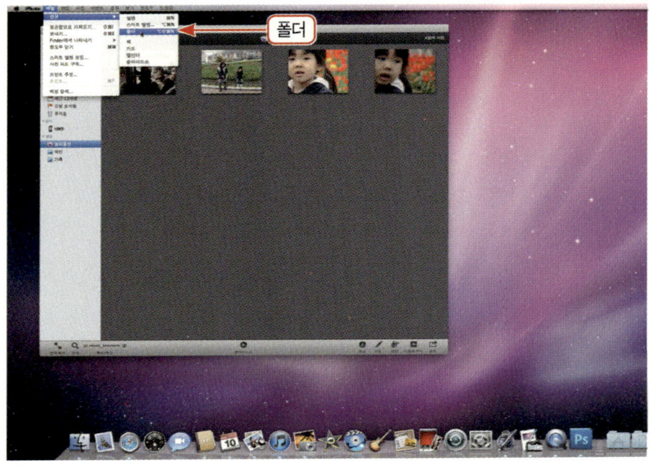


**01** 앨범의 수가 많다면, 좀 더 큰 그룹의 폴더를 만들어 관리할 수 있습니다. 폴더를 만들겠다면 파일 메뉴의 신규에서 폴더를 선택합니다.

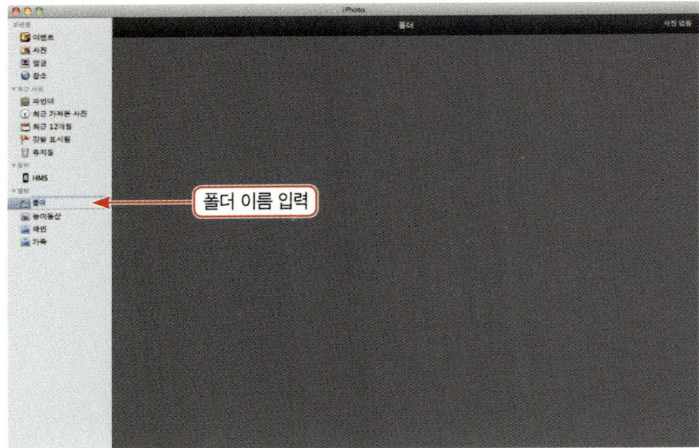


**02** 앨범 카테고리에 무제 폴더가 생성됩니다. 폴더의 이름을 구분하기 쉬운 것으로 입력하고 Return 키를 누릅니다.

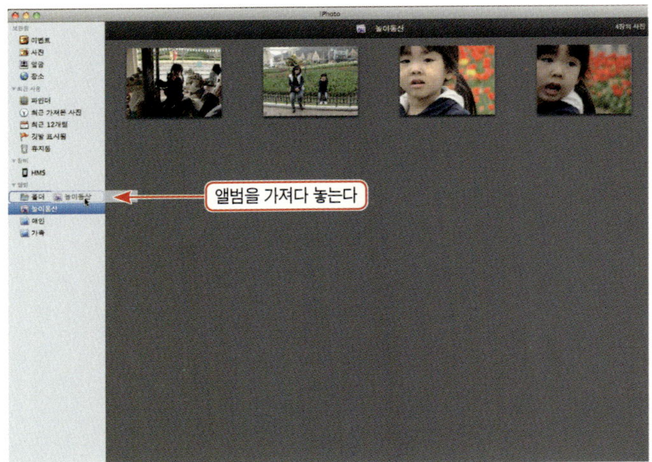


**03** 새로 만든 폴더에 앨범을 드래그하여 가져다 놓습니다. 폴더를 가져다 놓으면 하위 폴더로 생성됩니다. 많은 파일을 있을 때, 폴더를 만들어 관리하듯이, 앨범을 폴더 단위로 관리하는 것입니다.

> **잠깐만!**
> 폴더를 선택한 상태에서 생성하면 하위 폴더가 만들어집니다.

# 03 이벤트 보관함

iPhoto에 보관한 사진 중에서 보고 싶은 사진을 빠르게 찾기 위해서는 평소에 이벤트를 체계적으로 관리하는 습관이 필요합니다. 이벤트에 보여지는 핵심 사진과 이름을 변경하는 방법, 이벤트를 병합하거나 분리하는 방법을 살펴보겠습니다.

## 03-1 핵심 사진 만들기

**01** 이벤트의 초기 사진을 핵심 사진이라고 하며, 사용자가 원하는 것으로 표시할 수 있습니다. 이벤트 위에서 마우스를 움직이면 이벤트에 담긴 사진들이 차례로 보입니다. 이때 핵심 사진으로 설정할 것이 보이면 스페이스 바 키를 누릅니다.

**02** 사진 목록에서 핵심 사진을 설정할 때는 사진을 마우스 오른쪽 버튼으로 클릭하여 단축 메뉴를 열고, 핵심 사진 만들기를 선택합니다.

## 03-2  이벤트 이름 바꾸기

**01** 이벤트의 이름은 사진을 가져올 때 입력한 이벤트의 이름으로 생성되지만, 이벤트 분리 옵션을 체크한 경우에는 날짜로 만들어지는 것도 있습니다. 날짜로 만들어진 이벤트의 이름은 마우스 클릭으로 수정 가능합니다.

**02** 이벤트에 설명을 달고 싶은 경우에는 정보 버튼을 클릭하여 패널을 열고, 설명 추가 항목을 클릭하여 입력합니다. 오랜 시간이 흐른 후에 중요한 정보가 될 것입니다.

> **잠깐만!**
> 정보 패널에 보이는 사진에서 마우스를 움직여 사진을 탐색할 수 있고, 클릭으로 핵심 사진을 지정할 수 있습니다.

## 03-3  이벤트의 병합과 분리

**01** 사진을 가져올 때 자동으로 분리된 이벤트를 하나로 병합하고 싶을 때는 병합하고 싶은 이벤트를 드래그하여 가져다 놓습니다.

**02** 이벤트를 병합할 것인지를 묻는 팝업 창에서 병합 버튼을 클릭합니다. 이벤트를 병합할 때마다 이 창이 열리는 것이 싫다면 다시 묻지 않기 옵션을 체크합니다.

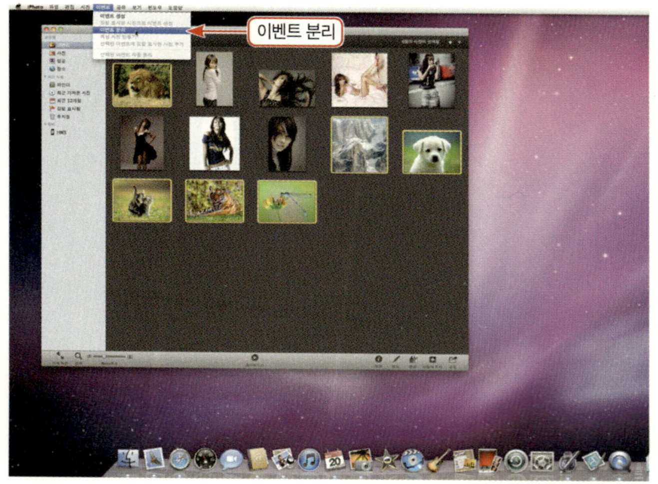


**03** 반대로 이벤트를 분리하고 싶은 경우에는 이벤트를 더블 클릭하여 사진 목록을 열고, 분리하고 싶은 사진들을 Command 키를 누른 상태로 선택합니다. 그리고 이벤트 메뉴의 이벤트 분리를 선택합니다.

잠깐만!

이벤트 메뉴의 선택된 이벤트 자동 분리는 사진이 촬영된 날짜별로 자동 분리되게 하는 역할입니다.

**04** 선택한 사진들이 이벤트로 분리되면 모든 이벤트 버튼을 클릭하여 초기 화면으로 이동하고, 분리된 이벤트의 이름을 마우스 클릭으로 변경합니다.

## 03-4  보관함 백업하기

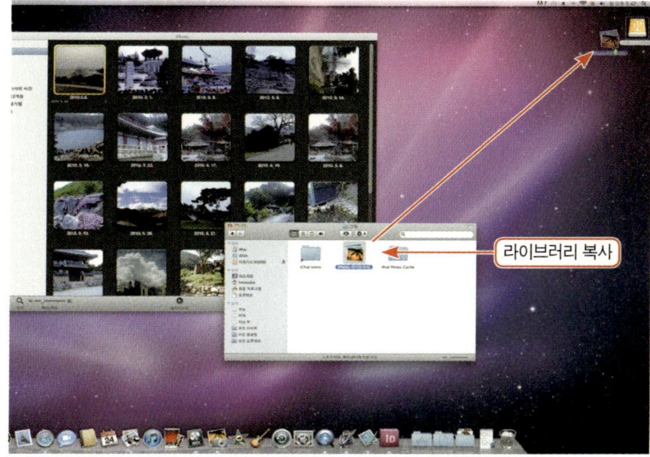


**01** iPhoto의 보관함을 다른 컴퓨터로 이동하기 위해서 USB 메모리에 백업할 일이 있다면, 파인더의 사용자 폴더에서 그림 폴더를 더블 클릭하면 보이는 iPhoto 라이브러리를 맥에 연결한 USB 드라이브로 드래그하여 복사하면 됩니다.

> **잠깐만!**
> 라이브러리를 복사할 때는 iPhoto가 종료되어 있어야 합니다.

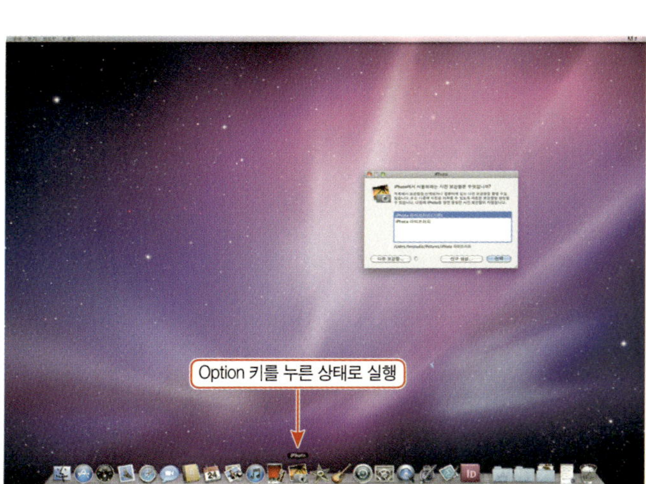


**02** USB 드라이브에 보관한 라이브러리를 새로운 맥에서 가져올 때는 Option 키를 누른 상태에서 Dock의 iPhoto 아이콘을 클릭하여 실행합니다.

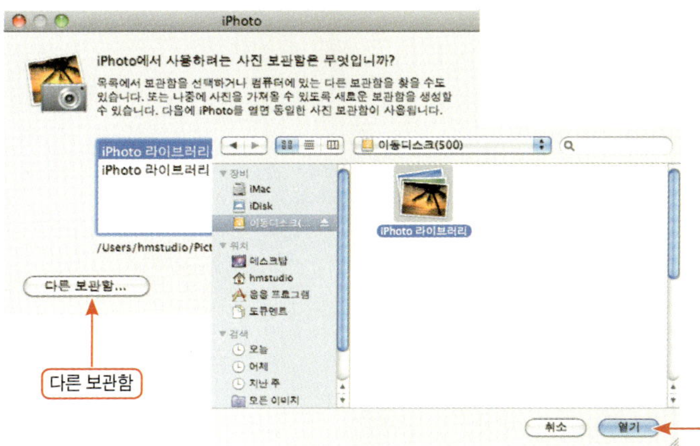


**03** 라이브러리를 선택할 수 있는 창이 열립니다. 다른 보관함을 선택하여 창을 열고, USB 메모리에 백업해놓은 라이브러리를 선택하여 불러옵니다.

# 04 얼굴 보관함

사진속 인물을 중심으로 이벤트를 관리하는 얼굴 보관함을 살펴봅니다. 아이포토는 사진속 인물을 자동으로 인식하기 때문에 보관함의 사진을 한 번만 정리해두면, 새로 추가되는 사진속 인물들이 자동으로 분류되는 편리함을 가지고 있습니다.

## 04-1 얼굴 보관함 이용하기

*01* 사진속 인물의 이름을 입력하지 않은 상태라면 보관함 카테고리의 얼굴 목록을 선택했을 때, iPhoto가 인식한 인물의 이름을 입력하는 과정이 진행됩니다. 얼굴 더 보기 버튼을 눌러가며 모든 인물의 이름을 입력합니다.

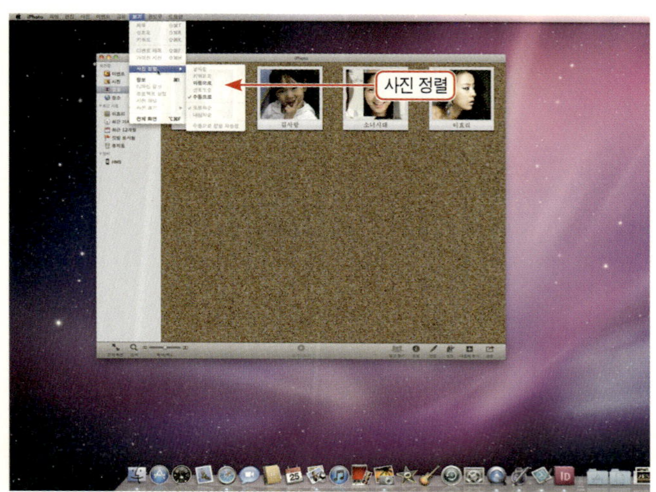


*02* 인물에 이름을 입력하는 과정이 모두 끝나면, 가나다 순서로 정렬된 이벤트를 볼 수 있습니다. 이벤트의 순서는 마우스 드래그로 변경 가능하며, 수동으로 변경한 순서를 다시 정렬하겠다면 보기 메뉴의 사진 정렬에서 이름으로를 선택합니다.

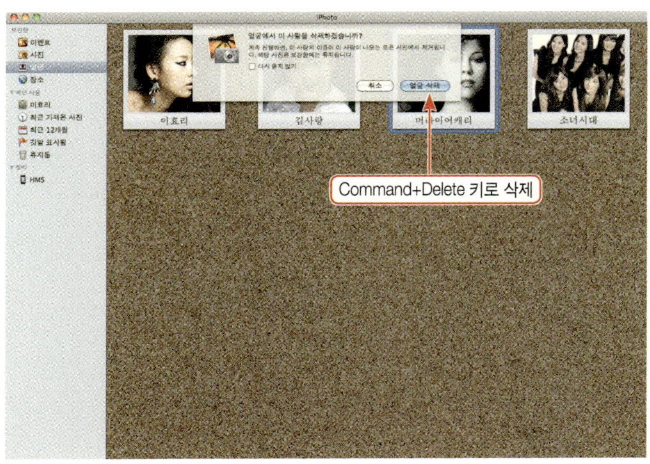



**03** 얼굴 목록은 사진을 이름으로 구분하여 표시하는 것일 뿐이며, 핵심 사진을 만들거나 병합/분리하는 등의 관리 방법은 앞에서 살펴본 내용과 동일합니다. 그림에서는 Command+Delete 키를 눌러 선택한 이벤트를 삭제하고 있는 모습을 보여주고 있습니다.

## 04-2 추가 얼굴 확인하기

**01** iPhoto는 사진 속 인물을 인식하는 기능을 갖추고 있습니다. 이름이 입력되지 않은 동일 인물의 사진이 있다면 사진 보기 화면 아래쪽에 예상되는 추가 사진의 수가 표시됩니다. 추가 얼굴 확인 버튼을 클릭합니다.



**02** 확인되지 않은 얼굴 목록에 검색된 사진들이 보입니다. 여기서 동일 인물은 마우스 클릭으로 확인을 하고, 동일 인물이 아니라면 더블 클릭으로 제외시킵니다. 그리고 완료 버튼을 클릭합니다.

**01** 화질이 떨어진다거나 옆 모습으로 촬영 되었다거나 하면 iPhoto가 인식하지 못하는 사진도 있습니다. 이때는 사용자가 직접 얼굴을 연결해줘야 합니다. 누락된 사진을 선택하고, 정보 버튼을 클릭합니다.

**02** 이름을 입력할 사진을 더블 클릭하고, 정보 패널의 얼굴 추가 문자를 클릭합니다. 새로 생성된 사각 틀을 드래그하여 인물에 가져다 놓습니다.

**03** 사각 틀의 모서리를 드래그하여 크기를 조정한 후에 이름을 입력합니다. 틀의 범위를 정확히 설정할 수록 새로 추가되는 사진에서 동일 인물을 인식하는 정확도가 높아집니다.

**04** 그림과 같은 단체 사진이라면 얼굴 추가 문자를 반복해서 각각의 인물 마다 사각 틀을 만들고, 이름을 입력합니다.

**05** 이전/다음 버튼을 클릭하거나 키보드의 좌/우 방향 키를 눌러 사진을 탐색하면서 이름 없는 사진에 이름을 입력합니다. 화면 아래쪽에 프레임으로 표시되는 사진을 선택해도 좋습니다.

**06** 동일 인물로 인식된 사진에는 사용자 확인을 묻는 창이 열립니다. 이름이 맞다면 체크 표시를 클릭하고, 잘못 인식하고 있다면 X 표시를 클릭하여 다시 입력합니다.

# 05 장소 보관함

장소 보관함은 사진을 촬영한 장소 또는 사진 속 인물의 거주지를 중심으로 분류하여 관리하는 역할을 합니다. 여행 사진을 즐기는 사용자라면 자신의 여행 경로를 사진으로 기록해 둘 수 있고, 여행지에서 사귄 친구들을 지도로 관리할 수 있습니다.

## 05-1  장소 할당하기

**01** 사진에 장소를 할당한 경우에는 보관함의 장소 목록을 선택했을 때, 지도에 핀이 고정되어 있는 것을 확인할 수 있으며, 핀에 마우스를 가져가면 보이는 작은 화살표 버튼을 클릭하여 해당 장소에서 촬영한 사진들을 볼 수 있습니다.

**02** 사진에 장소를 할당할 때는 이벤트 목록에서 장소를 할당할 사진을 선택하고, 정보 버튼을 클릭하여 패널을 엽니다. 그리고 장소 할당 문자를 클릭하여 검색할 장소를 입력합니다.

**잠깐만!**

동시에 여러 장의 사진을 선택하여 장소를 할당해도 좋습니다.

**03** 검색된 목록에서 원하는 장소를 선택하면 해당 위치에 핀이 생성됩니다. 좀 더 정확한 위치로 설정하고 싶다면, + 기호의 버튼을 클릭하여 지도를 확대하고, 마우스 드래그로 핀의 위치를 이동합니다.

## 05-2 지도 보기

**01** 지도 왼쪽 상단에는 핀의 위치를 국가, 도, 도시, 장소 단위로 구분하여 선택할 수 있는 메뉴가 있으며, 홈 버튼을 선택하면 핀이 한 화면에 보이는 크기로 축소됩니다.

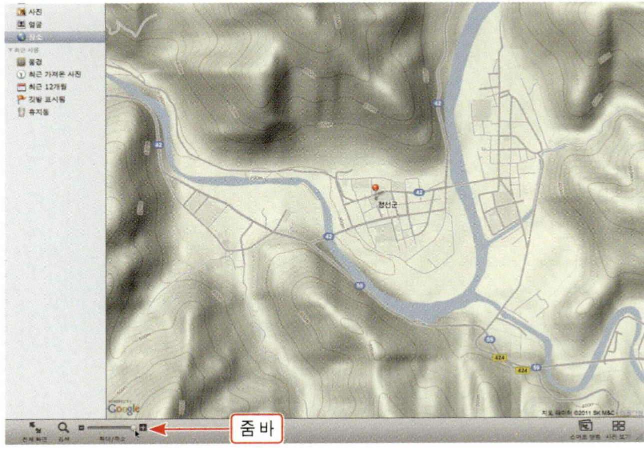



**02** 지도는 마우스 더블 클릭으로 확대할 수 있으며, 핀을 선택하고 줌 바를 드래그하여 확대하면, 선택한 핀을 중심으로 지도를 확대할 수 있습니다.

**03** 아이포토에서 제공하는 지도는 구글 맵이며, 지도의 유형을 지형과 위성 중에서 선택하여 표시할 수 있습니다.

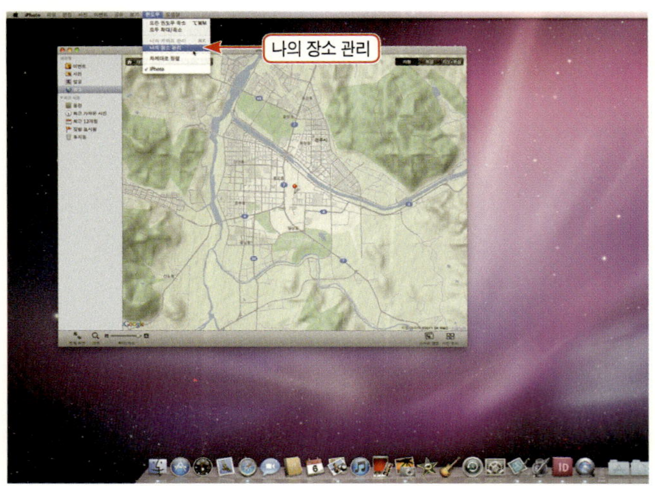


**04** 사용자가 만들어 놓은 핀을 일률적으로 관리할 필요가 있다면 윈도우 메뉴의 나의 장소 관리를 선택하여 창을 엽니다.

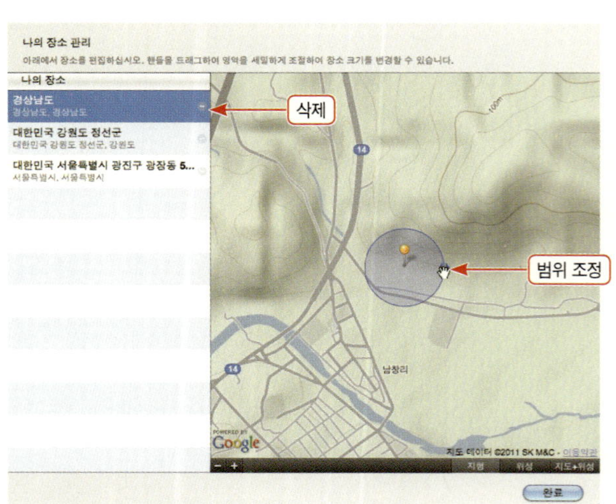


**05** 나의 장소 목록에서 핀이 있는 주소 목록을 선택하여 이동하고, 핀 주변의 원을 드래그하여 범위를 조정하거나 목록의 - 버튼을 클릭하여 핀을 삭제할 수 있습니다.

# 06 사진 검색하기

이벤트, 사진, 얼굴, 장소 보관함에 담아 놓은 사진들을 효과적으로 검색할 수 있는 기능들을 살펴보겠습니다. 평소에 보괌함 정리를 잘해두는 것 만으로도 원하는 사진을 쉽게 검색할 수 있겠지만, 보관한 사진이 많다면 몇 가지 검색 기능들을 알아두는 것이 좋습니다.

## 06-1 선호도 표시 및 검색

**01** 카메라로 촬영한 사진을 선택하고 정보 패널을 열면, 카메라의 종류, 크기, 용량, ISO, 초점 거리 등의 정보를 확인할 수 있습니다.

**02** 카메라 정보 아래쪽에는 파일 이름, 촬영 날짜, 설명 추가 항목이 있으며, 각각 사용자가 원하는 정보를 입력할 수 있습니다. 촬영 날짜를 바꾸겠다면 사진 메뉴에서 날짜와 시간 조절을 선택합니다.

**03** 선택한 사진의 날짜와 시간을 조절 할 수 있는 창이 열리며, 조절됨 항목에서 원하는 날짜를 입력합니다. 이때 원본 파일 수정 옵션을 체크하면 원본의 날짜가 함께 조절됩니다.

**04** 파일 이름 오른쪽에는 사진 선호도를 설정할 수 있는 5개의 별 모양이 있습니다. 마우스로 별 점을 주거나 Command 키를 누른 상태에서 1~5 키를 눌러 별 점을 줍니다.

**05** 정보 패널을 열지 않고, 사진 아래쪽에 별 점을 표시할 수 있습니다. 보기 메뉴의 선호도를 선택합니다.

**06** 사진에 마우스를 가져가면 사진 아래쪽에 5개의 별이 표시되며, 마우스 드래그로 별점을 줄 수 있습니다. Command+숫자 키를 이용하여 만들어도 좋습니다.

> **잠깐만!**
> 사진을 더블 클릭하여 확대하고, 좌/우 화살표 키를 이용해서 볼 때도 Command+숫자 키를 이용하여 별 점을 줄 수 있습니다.

**07** 사진을 선호도 순서로 정렬하겠다면 보기 메뉴의 사진 정렬에서 선호도 순을 선택합니다. 사진을 자신이 좋아하는 순서로 정렬하여 볼 수 있습니다.

**08** 모든 사진에 별 점을 주었다면 검색 버튼을 클릭하여 검색 창을 열고, 돋보기 모양의 아이콘을 클릭하여 선호도를 선택합니다. 그러면 검색 창에 5개의 별이 표시되고, 사용자가 선택하는 별 점 사진만 검색하여 표시할 수 있습니다.

## 06-2 키워드 추가 및 검색

**01** 사진을 쉽게 기억하고 찾는 기능으로 키워드를 이용할 수 있습니다. 정보 패널에 키워드 항목을 표시하려면 보기 메뉴에서 키워드를 선택합니다.

**02** 정보 패널에 키워드 항목이 추가됩니다. 키워드 항목에 선택한 사진을 쉽게 기억할 수 있는 단어를 입력합니다.

**03** 아이포토는 키워드를 관리할 수 있는 기능을 제공합니다. 윈도우 메뉴에서 나의 키워드 관리를 선택하여 창을 엽니다.

**04** 아이포토에서 기본적으로 제공하는 키워드와 사용자가 정보 패널에서 입력한 키워드를 가지고 있는 관리 창이 열립니다. 사진을 선택하고, 키워드 버튼을 클릭하여 등록하거나 해제하는 일을 간단하게 처리할 수 있습니다.

**05** 키워드에 단축키를 할당하겠다면 원하는 키워드 버튼을 상단의 빠른 그룹으로 드래그하여 가져다 놓습니다. 단축키는 등록되는 순서대로 부여되며, 이것을 사용자가 원하는 것으로 설정하겠다면 키워드 편집 버튼을 클릭합니다.

**06** 키워드를 편집할 수 있는 창이 열립니다. + 또는 - 버튼을 클릭하여 키워드를 추가하거나 삭제할 수 있고, 단축키 버튼을 클릭하여 사용자가 원하는 단축키를 설정할 수 있습니다.

**07** 승인 버튼을 클릭하여 편집 창을 닫고, 빠른 그룹에 등록된 키워드의 단축키를 눌러 선택한 사진에 키워드를 등록하거나 해제할 수 있습니다.

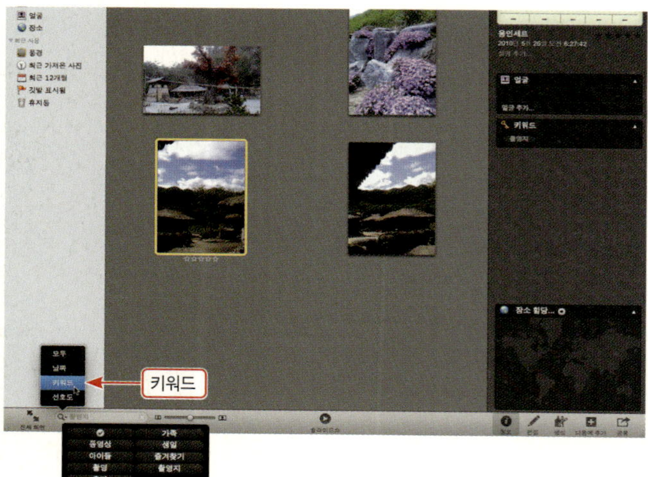


**08** 검색 항목에서 키워드를 선택하면 사용자가 등록한 키워드 버튼을 가지고 있는 창이 열리며, 원하는 키워드를 선택하여 해당 사진들만 표시할 수 있습니다.

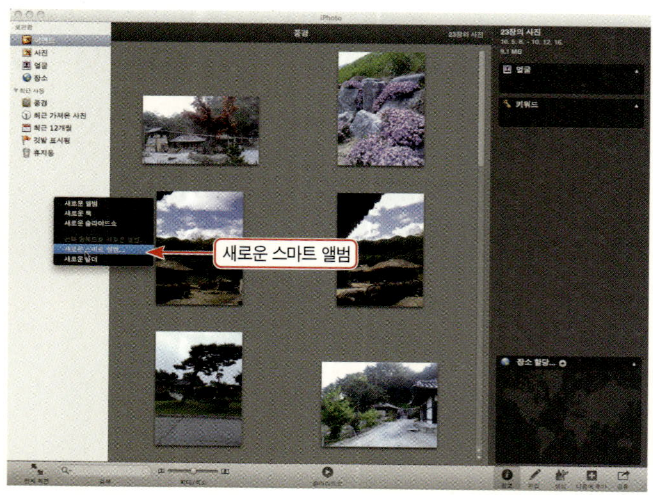


**09** 특정 키워드를 가진 사진들은 스마트 앨범을 만들어 자동으로 관리할 수 있습니다. 사이드 바 빈 공간에서 마우스 오른쪽 버튼을 클릭하여 단축 메뉴를 열고, 새로운 스마트 앨범을 선택합니다.

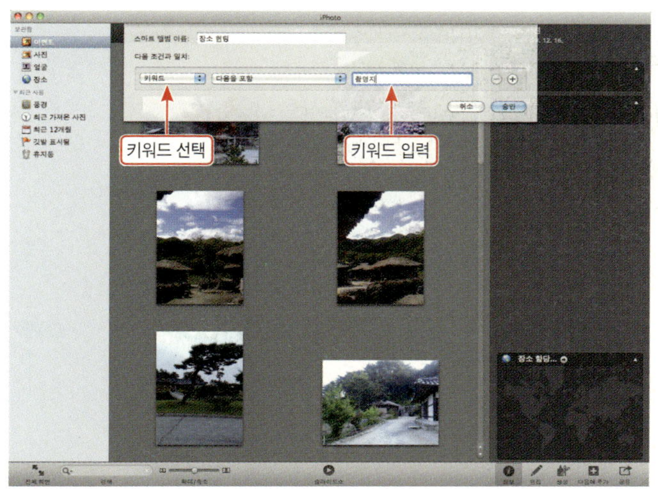


**10** 스마트 앨범의 이름을 입력하고 조건에서 키워드를 선택합니다. 그리고 사용자가 원하는 키워드를 입력하고 승인 버튼을 클릭합니다. 두 가지 이상의 키워드를 하나의 앨범에서 관리하고 싶다면 + 기호를 클릭하여 키워드 조건을 추가합니다.

**11** 스마트 앨범이 생성되며 조건으로 입력한 키워드를 가진 사진들이 등록됩니다. 앞으로 추가되는 사진에서도 동일한 키워드를 입력하는 것들은 해당 앨범에 자동으로 등록되어 편리합니다.

**01**　다양한 방법으로 검색한 사진들은 슬라이드쇼 버튼을 클릭하여 전체 화면으로 감상할 수 있습니다. 이때 화면에 표시하고 싶지 않은 사진이 있다면 마우스 오른쪽 버튼을 클릭하여 단축 메뉴를 열고, 가리기를 선택합니다.

**02**　가려진 사진은 오른쪽 상단의 X 표시로 구분하며, 보기 메뉴의 가려진 사진을 선택하여 체크 표시를 해제하면, 화면에서 완전히 감출 수 있습니다.

**03**　감춘 사진을 화면에 다시 표시하려면 보기 메뉴의 가려진 사진을 다시 선택하고, 가리기 속성을 제거하려면 마우스 오른쪽 버튼을 클릭하여 단축 메뉴를 열고, 보기를 선택합니다.

**04** 사진 왼쪽 상단에 마우스를 가져가면 깃발 모양의 아이콘이 표시되며, 아이콘을 클릭하여 깃발을 표시하거나 해제할 수 있습니다.

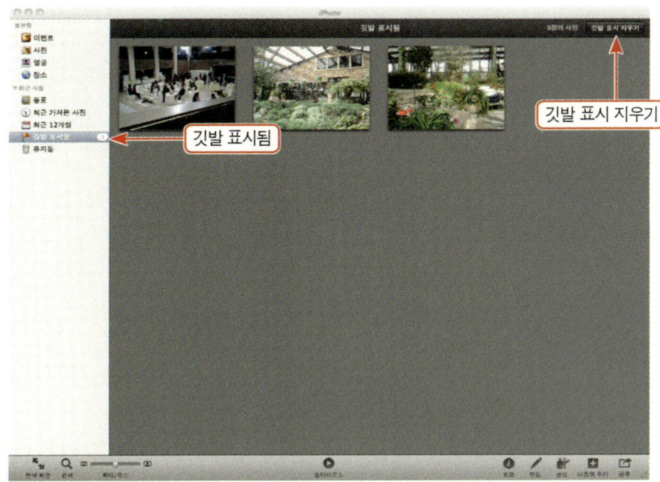



**05** 깃발을 표시한 사진은 깃발 표시됨 목록에서 별도로 관리할 수 있으며, 깃발 표시 지우기 버튼을 클릭하여 선택한 사진의 깃발을 해제할 수 있습니다.

# 07 | 사진 편집하기

아이포토는 사진을 빠르고 쉽게 편집할 수 있는 기능을 제공합니다. 물론, 포토샵과 같은 전문 프로그램과는 비교할 수 없지만, 적목 현상이나 흠집을 제거하는 등의 간단한 편집은 전문 프로그램 보다 빠르고 쉽게 이용할 수 있습니다.

## 07-1　빠른 수정

*01* 편집 패널에는 빠른 수정, 효과, 조절의 3가지 탭을 가지고 있습니다. 편집할 사진을 선택하고, 편집 버튼을 클릭하여 패널을 엽니다. 편집 모드에서 사진을 선택할 때는 아래쪽의 플레임을 이용합니다.

*02* **회전 시키기**

회전 버튼을 클릭하면 사진이 왼쪽으로 회전을 하고, Option 키를 누른 상태에서 클릭하면 오른쪽으로 회전합니다.

**03** 사진을 회전 시키는 편집은 목록 창에서
도 가능합니다. 사진을 마우스 오른쪽 버튼으로
클릭하여 단축 메뉴를 열고, 회전을 선택하거나
Command+R 키 또는 Option+Command+R 키
를 누르면 됩니다.

**04** 회전 시킬 각도가 얼마되지 않는다면 세
밀한 회전 버튼을 클릭하고, 슬라이드를 드래
그하여 조정합니다.

**05** 자르기

사진을 원하는 범위만 남기고 자를 수 있습니
다. 자르기 버튼을 클릭하면 보이는 외각선을
드래그하여 범위를 조정합니다. 그리고 완료
버튼을 클릭합니다.

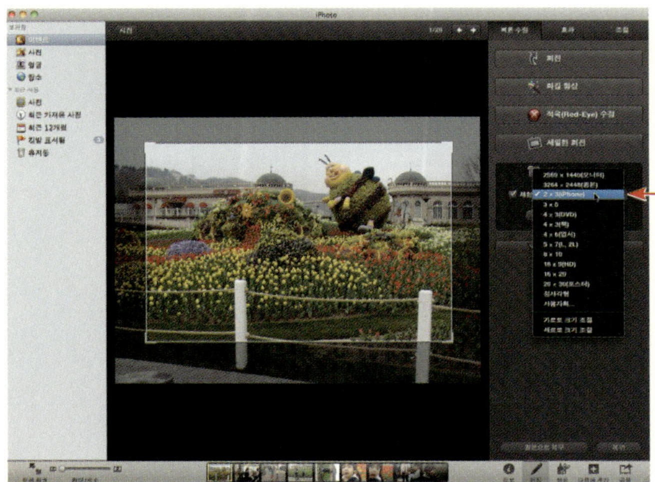


**06** 사진을 아이폰이나 DVD 등에서 공백이 발생하지 않도록 규격에 맞추어 자르고 싶다면, 자르기 항목에서 규격을 선택합니다.

**07** **적목 현상 제거하기**

야간 촬영에서 발생하기 쉬운 적목 현상은 적목 수정 버튼을 클릭하는 것 만으로도 간단하게 제거됩니다. 만일 수동으로 제거하겠다면 적목 자동 수정 옵션을 해제합니다.

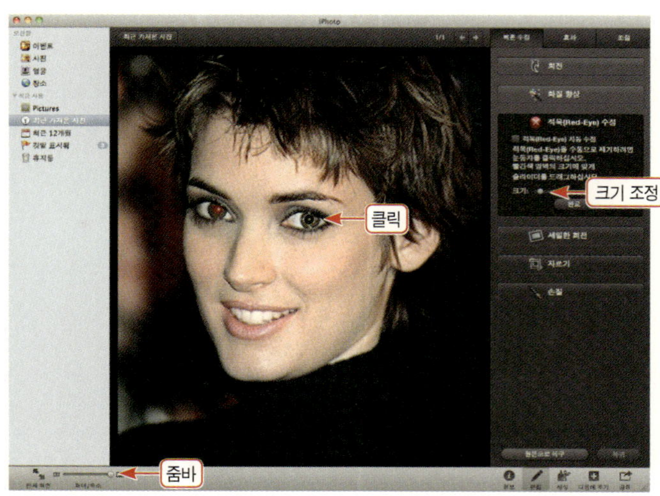


**08** 그리고 슬라이드를 드래그하여 커서의 크기를 조정하고, 적목 현상이 보이는 부분을 클릭하여 제거합니다. 수동으로 제거할 때는 커서의 크기를 가능한 작게하는 것이 좋으며, 필요하다면 줌 바를 이용하여 사진을 확대합니다.

### 09 흠집 제거하기

얼굴의 점이나 여드름 자국 등은 물론이고, 오래된 사진의 흠집까지 간단하게 제거할 수 있습니다. 줌 바를 드래그하여 사진을 확대하고, 네비게이션 창에서 제거할 부분이 보이게 조정합니다.

**10** 손질 버튼을 클릭하여 열고, 슬라이드 바를 드래그하여 커서의 크기를 조정합니다. 적목 현상을 제거할 때와 같이 가능한 작게 하는 것이 좋습니다. 그리고 제거한 흠집을 클릭하면 됩니다. 흠집 범위가 큰 경우에는 드래그로 제거합니다.

### 11 화질 향상시키기

화질 향상 버튼을 클릭하면 사진의 전체적인 밝기나 색상 등을 자동으로 보정할 수 있습니다. 빠른 수정 패널 각각의 편집 기능을 취소할 때는 취소 및 복귀 버튼을 클릭하고, 모든 편집을 취소하고 원본으로 되돌릴 때는 원본으로 복구 버튼을 클릭합니다.

**01 효과**

편집 패널의 효과 탭에서는 세피아, 안티크, 매트 등이 적용된 사진을 연출할 수 있는 도구를 제공합니다. 흑백과 세피아는 클릭할 때마다 효과를 적용하거나 해제하는 On/Off 스위치입니다.

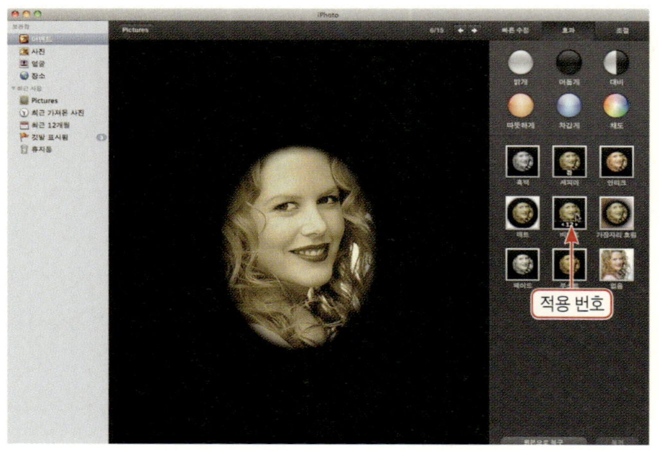


**02** 그 밖의 안티크, 매트, 비네트 등의 효과는 클릭할 때마다 적용 범위가 확대되며, Option 키를 누른 상태에서 클릭하면 축소됩니다. 적용 번호 좌/우의 작은 삼각형을 클릭해도 좋습니다.

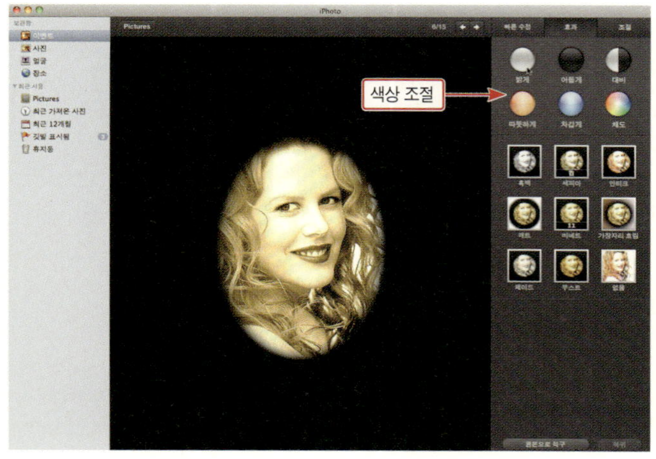


**03** 상단의 밝게, 어둡게, 대비 등의 6개 버튼은 사진의 밝기, 대비, 채도 등의 색상을 조절하는 것으로, 클릭할 때마다 증가됩니다. 효과 적용 전, 후는 Shift 키를 눌러 확인할 수 있습니다.

**04** **조절**

빠른 수정 탭의 화질 향상 버튼을 이용해서 조정되는 값이 마음에 들지 않는다면, 조절 탭에서 수동으로 조정할 수 있습니다.

**05** 조절 패널 상단의 히스토그램은 사진의 검정, 중간, 흰색 포인트를 조정합니다. 왼쪽의 검정 포인트를 10으로 하면 사진에서 10이하의 밝기를 검정으로 처리하고, 흰색 포인트를 90으로 하면 90이상의 밝기를 모두 흰색으로 처리하는 것입니다.

**06** 히스토그램 아래쪽에는 노출, 대비, 채도를 조정할 수 있는 슬라이드가 있으며, 피부톤의 채도는 변경하지 않음 옵션은 채도를 조정할 때 피부톤을 유지할 수 있게 합니다.

**07** 해상도, 선명도, 노이즈 제거는 모두 화질을 향상시키기 위한 슬라이드이며, 하이라이트는 밝은 영역, 그림자는 어두운 영역을 조정합니다.

**08** 그 외, 온도와 색조를 조정하는 슬라이드가 있습니다. 온도는 색의 온도인 광원을 의미하는 것이며, 색조는 빨강, 파랑, 노랑의 3원색에 따른 명암과 채도를 의미합니다. 의도적으로 특수한 효과를 연출하는 경우 외에는 값을 조정할 때 히스토그램을 참조하는 것이 좋습니다.

**09** 온도와 색조 항목의 스포이드 툴은 회색 또는 흰색 영역을 클릭하여 온도와 색조를 자동으로 조정하는 역할을 합니다. 스포이드 툴을 선택하면 마우스 커서가 십자선 모양으로 표시되며, 사진에서 흰색 영역을 클릭하여 온도와 색조를 자동으로 조정되게 하는 것입니다. 조정이 끝난 후에는 스포이드 툴을 다시 클릭하여 Off 시킵니다.

# 08 사진 공유하기

아이포토에 보관한 사진들을 MoblieMe, Flicker, Facebook 등의 서비스에 업로드하여 친구들과 공유할 수 있습니다. 물론, 각각의 서비스마다 사진을 업로드 할 수 있는 기능을 제공하고 있지만, 아이포토에서 한 번에 관리할 수 있기 때문에 편리합니다.

## 08-1 페이스북에 업로드하기

**01** 도구 모음 줄의 공유 버튼을 클릭하면 선택한 사진을 MobileMe, Flickr, Facebook으로 전송할 수 있는 메뉴가 열립니다. 자신이 이용하고 있는 서비스를 선택합니다. 국내 사용자 대부분은 트위터와 페이스북일 것이므로, Facebook을 선택해 보겠습니다.

**02** 선택한 서비스의 로그인 창이 열립니다. I agree to Facebook's 옵션을 체크하고, 아이디와 암호를 입력하여 로그인 합니다. MobileMe와 Flickr 서비스도 전송 과정은 동일합니다.

**03** 페이스북의 어떤 페이지에 공유할 것인지를 선택할 수 있는 창이 열립니다. 모든 친구와 공유할 수 있는 담벼락을 선택합니다.



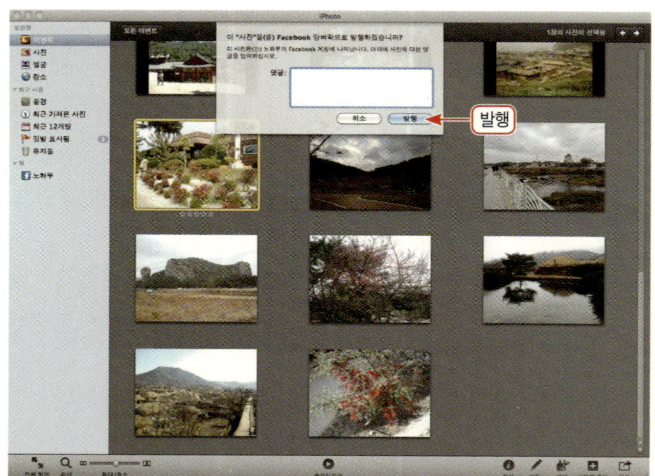

**04** 댓글을 달 수 있는 창이 열립니다. 사진에 대한 설명글을 입력하고 발행 버튼을 클릭하여 페이스북 계정에 업로드 합니다.

**05** 페이스북 계정에 접속해보면 담벼락에 사진이 업로그 되어 있는 것을 확인할 수 있습니다. 트위터와 연동하고 있다면 사진과 글이 트위터에도 업로드 됩니다. 자세한 내용은 페이스북 관련 서적을 참조하기 바랍니다.

**잠깐만!**

페이스북(Facebook) 처음부터 시작하기
김종원 지음
도서출판 노하우 출간
페이스북의 기본적인 사용법과 트위터와의 연동 방법을 소개하고 있다

## 08-2 이메일에 첨부하기

**01** 아이포토의 사진을 이메일에 첨부하여 보낼 수 있습니다. 보낼 사진을 선택하고, 공유 버튼의 이메일을 선택합니다.



**잠깐만!**
사진 인화 서비스를 의미하는 프린트 주문은 국내에서 제공되는 곳이 없으므로, 생략합니다.

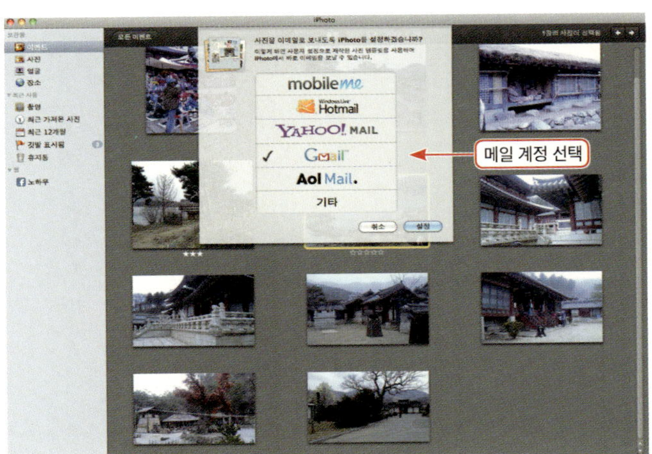



**02** 사용자 이메일 계정을 선택할 수 있는 목록 창이 열립니다. 자신이 사용하는 메일 계정을 선택하고 설정 버튼을 클릭합니다. 그림에서는 아이폰 열풍으로 국내 사용자가 급증하고 있는 Gmail을 선택하고 있습니다.

**03** 계정 추가 창이 열립니다. 이메일 주소와 암호를 입력하고 저장 버튼을 클릭합니다.

**04** 사진이 첨부된 메일 보내기가 실행됩니다. 오른쪽 템플릿 목록에서 사진을 다양한 형태로 꾸밀 수 있고, 사진의 크기도 조정할 수 있습니다. 받는 사람의 이메일 주소와 내용을 입력하고, 보내기 버튼을 클릭합니다.

## 08-3 iWeb과 연동하기

**01** 아이포토는 패키지 상품인 iWeb, iDVD와 연동 작업이 가능합니다. 공유 메뉴의 iWeb에서 사진 페이지를 선택합니다.

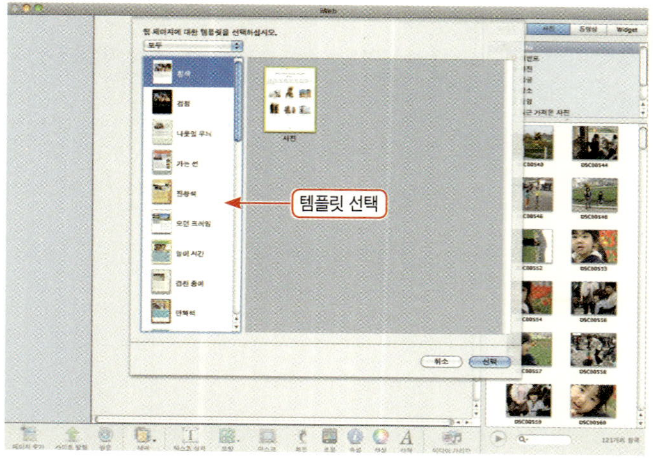


**02** iWeb이 실행되면 템플릿을 선택할 수 있는 창이 열립니다. 마음에 드는 템플릿을 찾아 더블 클릭합니다.

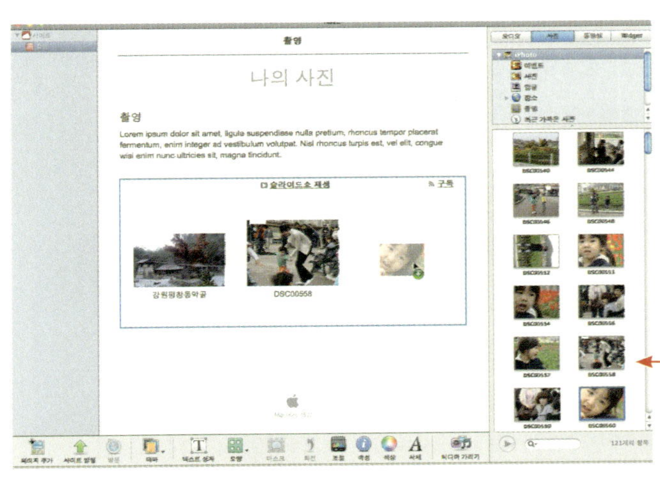



**03** 사진이 첨부된 웹 페이지를 만들 수 있습니다. 사진 탭에는 아이포토에 보관되어 있는 사진들이 표시되며, 원하는 사진을 마우스 드래그로 추가할 수 있습니다. 자세한 내용은 iWeb & iDVD 편에서 살펴보겠습니다.

## 08-4   배경화면으로 이용하기

**01** 아이포토의 사진을 맥의 배경화면으로 바로 이용할 수 있습니다. 사진을 선택하고, 공유 메뉴의 데스크탑 설정을 선택합니다.

**02** 선택한 사진이 배경 화면으로 적용되는 것을 확인할 수 있습니다. 배경 화면의 세부적인 설정이 필요하다면 배경 화면에서 마우스 오른쪽 버튼을 클릭하여 단축 메뉴를 열고, 데스크탑 배경 변경을 선택하여 환경설정 창을 엽니다.

## 08-5 슬라이드쇼 감상하기

**01** 아이포토는 각 보관함에 있는 사진들을 멋진 배경 음악이 흐르는 슬라이드쇼로 감상할 수 있습니다. 슬라이드쇼 버튼을 클릭합니다. 슬라이드쇼를 종료할 때는 esc 키를 누릅니다.

**잠깐만!**
애플 리모콘 사용자는 무선으로 슬라이드쇼을 진행할 수 있습니다.

**02** 슬라이드쇼 테마를 선택할 수 있는 창이 열립니다. 원하는 테마를 선택하고 재생 버튼을 클릭합니다. 선택한 테마를 기본값으로 설정하겠다면 기본값으로 설정 사용 옵션을 체크해도 좋습니다.

**03** 테마를 변경하겠다면 테마 버튼, 배경 음악을 변경하겠다면 음악 버튼을 클릭합니다. 설정 버튼을 포함하여 어떤 것을 클릭해도 동일한 창이 열리지만, 배경 음악을 변경하기 위한 음악 버튼을 클릭하여 해당 페이지를 바로 열어봅니다.

**04** 음악 버튼을 클릭하여 탭을 열면, 아이포토에서 제공하는 테마 음악 목록을 볼 수 있으며, 사용자가 원하는 것으로 변경 가능합니다. 재생 버튼을 클릭하여 각각의 음악을 모니터 해봅니다.

**05** 기본적으로 제공되고 있는 테마 음악 외에 사용자가 가지고 있는 음악을 사용하겠다면 소스에서 음악이 저장되어 있는 폴더를 선택합니다.

**06** 테마 음악의 재생 목록 순서를 변경하고 싶다면 슬라이드쇼에 대한 재생목록 사용자화 옵션을 체크하고, 사용자가 원하는 음악들 마우스 드래그로 가져다 놓습니다. 목록의 순서는 마우스 드래그로 정렬할 수 있고, Delete 키로 제거할 수 있습니다.

07 설정 탭은 각 슬라이드의 최소 재생 시간과 제목 슬라이드 보기, 임의로 재생, 반복 등을 선택할 수 있는 옵션으로 구성되어 있습니다.

08 슬라이드쇼를 진행할 때 컨트롤 패널의 이전 또는 다음 버튼을 클릭하거나 키보드의 좌/우 방향키를 눌러 이동할 수 있고, 마우스를 화면 아래쪽으로 내리면 보이는 프레임 창에서 원하는 사진을 선택하여 바로 이동할 수 있습니다.

## 08-6 슬라이드쇼 앨범 만들기

**01** 슬라이드쇼 앨범을 만들어 사용자가 원하는 사진들로만 슬라이드쇼를 진행할 수 있습니다. 다음에 추가 버튼을 클릭하여 메뉴를 열고, 슬라이드쇼를 선택합니다.

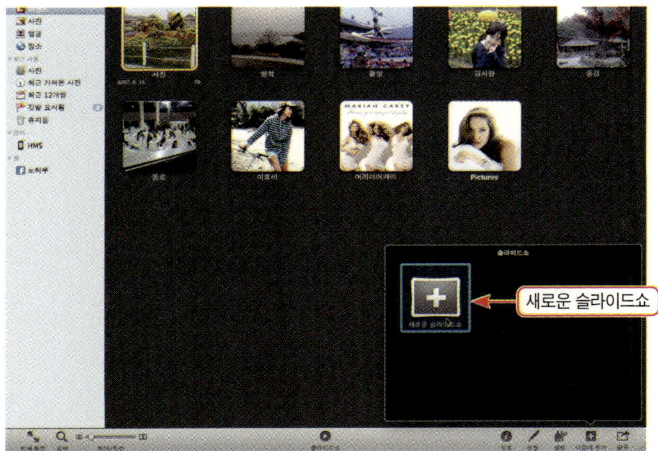



**02** 슬라이드쇼 앨범을 선택할 수 있는 창이 열립니다. 처음 만드는 경우에는 새로운 슬라이드쇼 뿐이므로, 해당 아이콘을 선택합니다.

**03** 슬라이드쇼 앨범이 만들어지며, 앨범의 이름을 입력할 수 있는 상태가 됩니다. 사용자가 원하는 이름을 입력하여 슬라이드쇼 앨범을 만듭니다.

**04** 슬라이드쇼 앨범에 추가된 사진들은 상단 프레임 창에서 확인할 수 있고, Delete 키를 눌러 제거할 수 있습니다. 사진을 추가할 때는 슬라이드쇼 앨범으로 드래그하여 가져다 놓으면 됩니다.

**05** 슬라이드쇼 앨범에서는 슬라이드쇼가 진행될 테마와 음악 등을 사용자가 원하는 대로 미리 설정할 수 있고, 재생 순서도 원하는데로 변경할 수 있습니다. 옵션은 슬라이드쇼 컨트롤 패널의 테마 및 음악 버튼과 동일합니다.

테마 및 음악

**06** 설정 옵션은 모든 슬라이드 및 이 슬라이드를 선택하여 설정할 수 있으며, 모든 슬라이드에는 사진의 비율을 선택할 수 있는 영상비 메뉴가 추가되어 있습니다.

영상비

**잠깐만!**
테마를 적용하지 않은 경우에는 모든 슬라이드와 이 슬라이드 탭에 테마를 설정할 수 있는 옵션이 추가됩니다.

**07** 이 슬라이드 탭에는 흑백, 세피아, 안티크의 영상 효과를 추가할 수 있는 아이콘이 준비되어 있습니다. 여기서 적용되는 효과는 슬라이드쇼가 진행될 때만 보이고, 원본을 바꾸는 것은 아닙니다.

**08** 텍스트 슬라이드 버튼을 클릭하면 사용자가 원하는 글자를 입력할 수 있는 텍스트 슬라이드가 삽입되며, 각각의 슬라이드쇼의 순서는 프레임 창의 사진을 드래그하여 변경할 수 있습니다.

**09** 미리보기 버튼을 클릭하여 사용자가 설정한 슬라이드쇼 앨범을 확인할 수 있고, 재생 버튼을 클릭하여 슬라이드쇼를 진행할 수 있습니다.

**10** 슬라이드쇼를 m4v 파일로 저장하여 iPhone, iPod, iPad 등에서 감상할 수 있습니다. 보내기 버튼을 클릭하여 열리는 창에서 저장할 미디어를 선택합니다. 그리고 보내기 버튼을 클릭합니다.

**11** 파일을 저장할 위치를 선택할 수 있는 창이 열립니다. 기본 위치는 사용자 폴더\그림\iPhoto Slideshows 이며, 파일 이름은 슬라이드쇼 앨범 이름으로 만들어집니다.

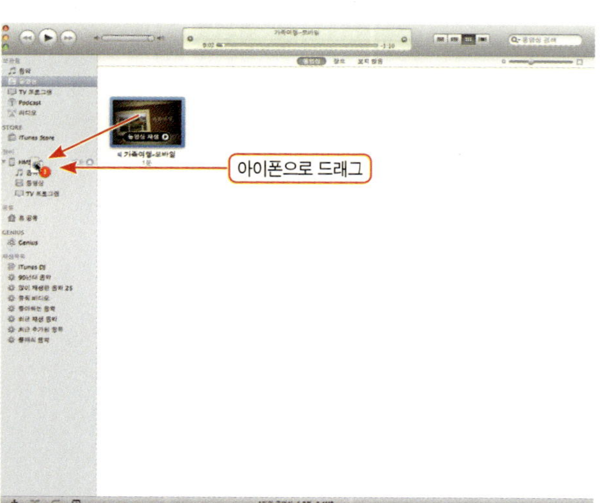


**12** 슬라이드쇼가 저장되는 과정이 진행되고, 완료되면 아이튠즈 동영상 보관함에 자동으로 등록됩니다. 보관된 슬라이드쇼 영상은 맥에 연결한 아이폰, 아이팟, 아이패드 장비로 드래그하여 담을 수 있습니다.

**잠깐만!**
동영상을 드래그로 담으려면 장비 요약 탭의 음악과 비디오를 수동으로 관리 옵션이 체크되어 있어야 합니다.

# 09 사진 출력하기

아이포토에 보관한 사진을 프린트하거나 책, 캘린더, 카드 등의 프로젝트로 제작하는 과정을 살펴보겠습니다. 책, 캘린더, 카드 등의 프로젝트는 인쇄를 하여 손수 제작해도 좋고, 국내 인화 서비스 업체에 의뢰하여 제작해도 좋습니다.

## 09-1 사진 인쇄하기

**01** 선택한 사진 및 이벤트를 프린트 하는 방법은 일반 프로그램과 다르지 않습니다. 파일 메뉴의 프린트를 선택하거나 Command+P 키를 누릅니다.

**02** 선택한 사진을 한 장씩 인쇄할 것인지, 한 장에 모두 담을 것인지 등을 선택할 수 있는 테마를 제공합니다. 원하는 테마를 선택합니다.

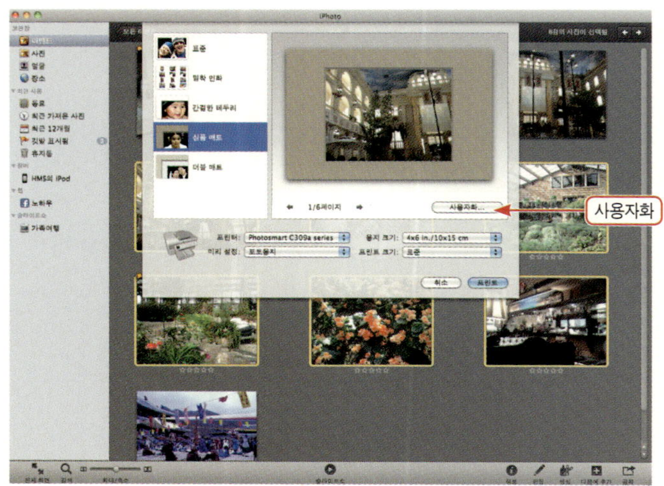


**03** 계속해서 프린트와 용지, 크기 등을 선택하고 프린트 버튼을 클릭하면 됩니다. 여기서는 아이포토 프린트 설정 창에서 제공하는 사용자화 기능을 좀 더 살펴보겠습니다. 사용자화 버튼을 클릭합니다.

**04** 상단에는 선택한 사진들이 보이고, 하단에는 다양한 설정을 할 수 있는 도구들이 있습니다. 프린트 설정 버튼은 앞에서 보았던 프린트 창을 여는 것입니다.

**05** 테마는 프린트 창에서 제공하는 테마와 동일하며, 배경은 종이 여백을 채울 배경을 선택할 수 있습니다. 단, 사용자가 선택한 테마에 따라 제공되는 배경에 차이가 있습니다.

**06** 테두리는 사진 테두리를 변경할 수 있으며, 레이아웃은 한 장에 인쇄할 사진의 수와 타입을 선택할 수 있습니다. 테두리 및 레이아웃도 선택한 테마에 따라 차이가 있습니다.

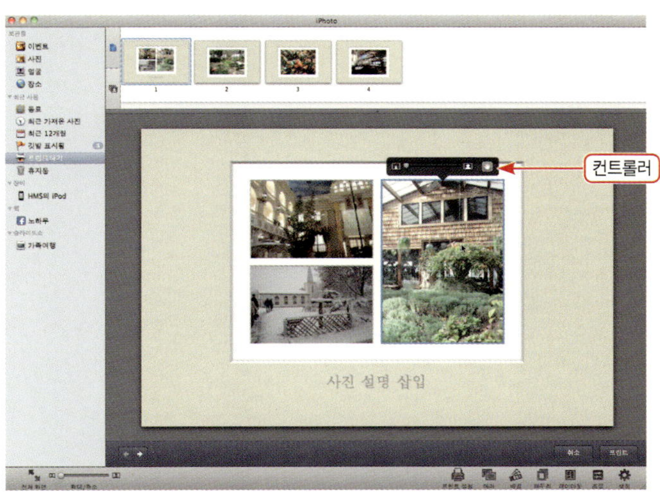



**07** 미리 보기 창에 표시된 사진을 선택하면, 사진의 크기와 위치를 조절할 수 있는 컨트롤러가 열리며, 크기를 조정할 때는 슬라이드 바를 드래그하고, 위치를 조정할 때는 손 모양의 아이콘을 선택하여 드래그합니다.

**08** 레이아웃을 두 장 이상으로 선택한 경우에는 각각의 사진을 다른 것으로 바꿀 수 있습니다. 상단의 목록에서 책 아이콘을 클릭하고, 원하는 사진을 드래그로 가져다 놓으면 됩니다.

**09** 조절 버튼은 선택한 사진의 노출, 대비, 색상 등의 세부 사항으로 조절할 수 있는 창을 엽니다. 편집 패널에서 제공하는 조절 탭과 동일한 옵션으로 구성되어 있습니다.

**10** 설정 버튼은 글자가 포함된 레이아웃을 선택했을 때 사용할 서체와 테두리에 자를 위치를 표시하는 자르기 표시 보기, 레이아웃을 변경했을 때 사진을 재로딩하는 오토플로 페이지 등의 옵션을 제공합니다.

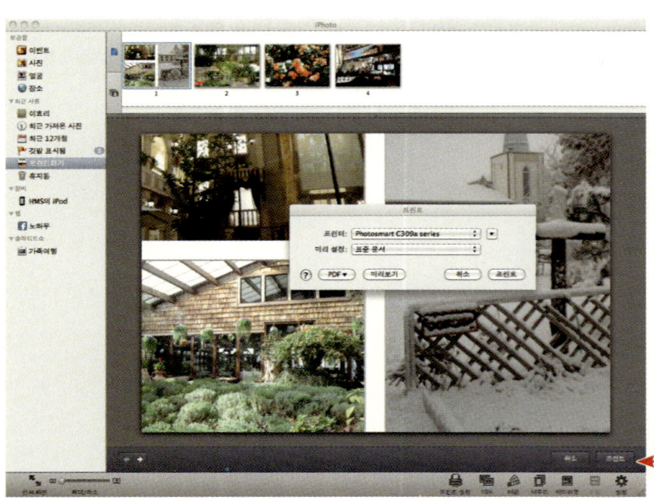


**11** 사용자화에서 제공하는 도구들을 이용해서 레이아웃을 만들었다면, 프린트 버튼을 클릭하여 인쇄합니다. 프린트 창에는 인쇄 결과를 미리볼 수 있는 미리 보기 버튼도 제공합니다.

## 09-2  DVD로 굽기

**01** 아이포토의 사진을 DVD로 보관할 수 있습니다. 보관할 사진 및 이벤트를 선택하고, 공유 메뉴의 굽기를 선택합니다.

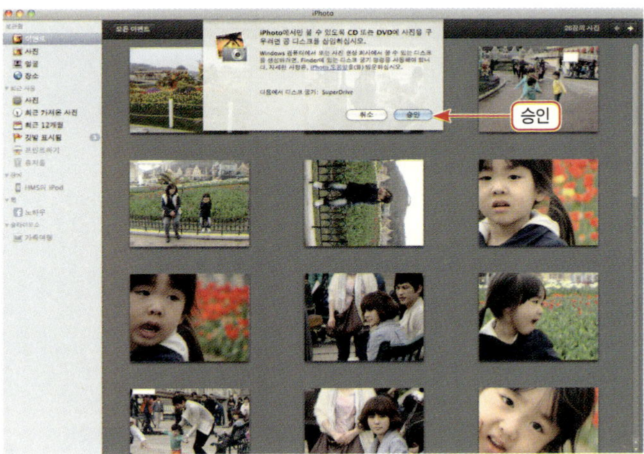

**02** 아이포토에서 제작하는 DVD는 아이포토에서만 볼 수 있다는 내용의 창이 열립니다. 계속 진행을 하겠다면 승인 버튼을 클릭하고, OS에 상관없는 DVD를 만들겠다면 취소합니다.

**03** 승인 버튼을 클릭한 상태라면 하단에 제목을 입력하고 굽기 버튼을 클릭하여 사진 및 이벤트를 DVD로 보관할 수 있습니다.

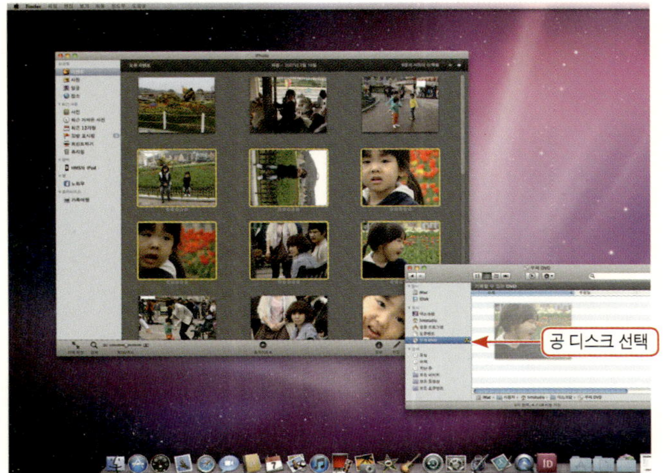


**04** OS에 상관없이 볼 수 있는 DVD 제작을 위해 취소 버튼을 클릭한 경우라면, 파인더를 열고, 공 디스크가 삽입되어 있는 드라이브를 선택합니다. 그리고 저장할 사진 및 이벤트를 드래그하여 가져다 놓습니다.

**05** 파일의 이름 변경이나 정렬, 디스크의 이름 변경이 필요하다면, 굽기를 진행하기 전에 정리합니다. 그리고 파인더 창의 굽기 버튼을 클릭하여 진행하면 됩니다.

<table>
<tr><td>09-3</td><td>PDF 파일 만들기</td></tr>
</table>

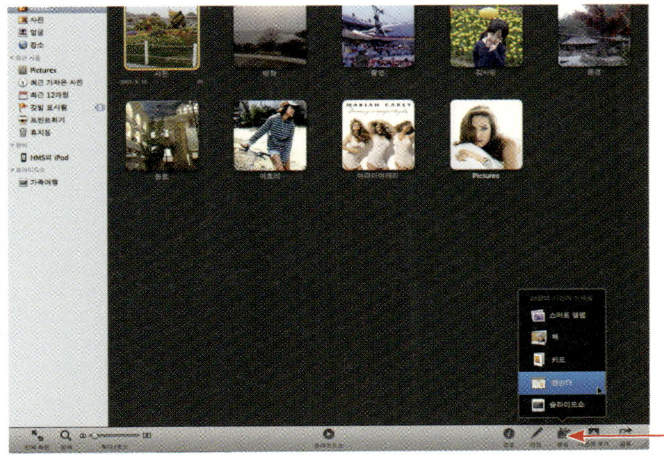

**01** 아이포토는 사진책, 캘린더, 카드 등의 프로젝트를 간단하게 만들 수 있습니다. 이벤트 및 사진을 선택하고, 생성 버튼에서 책, 카드, 캘린더를 선택합니다. 3가지 프로젝트를 제작하는 과정은 모두 비슷합니다.

**02** 책, 캘린더, 카드 등, 프로젝트의 테마를 선택할 수 있는 창이 열립니다. 마우스 클릭 또는 좌/우 방향키를 눌러 원하는 테마를 선택하고, 생성 버튼을 클릭합니다.



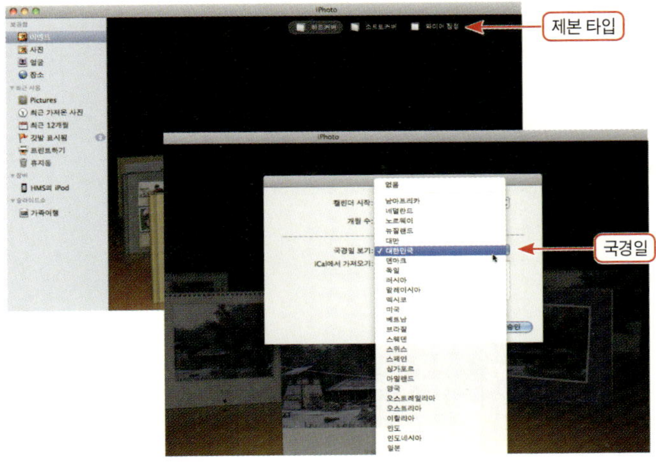

**03** 책과 카드를 생성하는 경우에는 제본 타입을 선택할 수 있는 버튼이 있으며, 캘린더를 생성하는 경우에는 개월 수 및 국경일 국가를 선택할 수 있는 창이 열립니다.

**04** 테마는 언제든 테마 버튼을 클릭하여 변경할 수 있으며, 디자인 버튼을 클릭하여 선택한 페이지의 배경 및 레이아웃을 변경할 수 있습니다.

**05** 사진 버튼을 클릭하면 현재 프로젝트에 배치된 사진들이 보이며, 보기 항목에서 최근에 사용한 보관함 목록을 선택하여 사진을 변경할 수 있습니다.



**06** 사진을 변경할 때는 원하는 페이지를 더블 클릭하여 편집 모드로 하고, 목록의 사진을 드래그하여 가져다 놓으면 됩니다. 각 페이지의 레이아웃은 레이아웃 버튼을 클릭하여 변경할 수 있습니다.

> **잠깐만!**
> 편집 모드에서는 프로젝트에 배치된 사진의 위치와 크기를 자유롭게 조정할 수 있습니다.

**07** 책을 생성할 때는 페이지를 추가할 수 있는 페이지 추가 버튼이 있으며, 마우스 오른쪽 버튼을 클릭하여 단축 메뉴를 열고, 페이지 제거를 선택하여 제거할 수 있습니다.

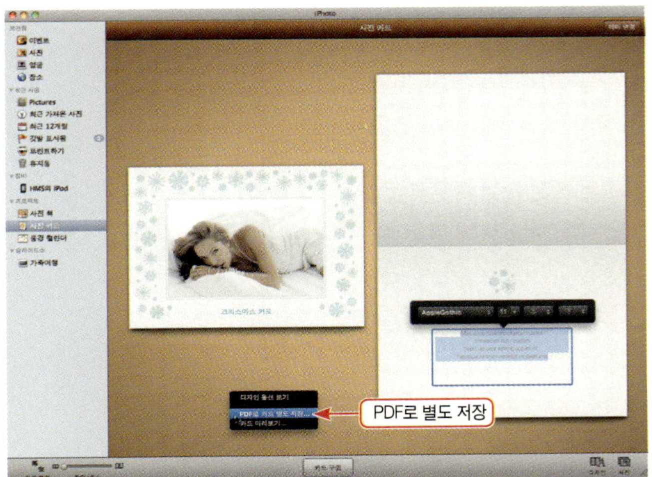


**08** 책, 카드, 캘린더 등의 프로젝트는 구입 버튼을 클릭하여 제작을 의뢰할 수 있지만, 국내에서는 서비스되고 있지 않으므로, PDF 파일로 만들어서 직접 의뢰를 해야합니다. 마우스 오른쪽 버튼을 클릭하여 단축 메뉴를 열고, PDF로 별도 저장을 선택합니다.

> **잠깐만!**
> 인화 서비스를 제공하는 업체는 인터넷에서 검색합니다. 대부분 부담스럽지 않은 가격대를 형성하고 있습니다.

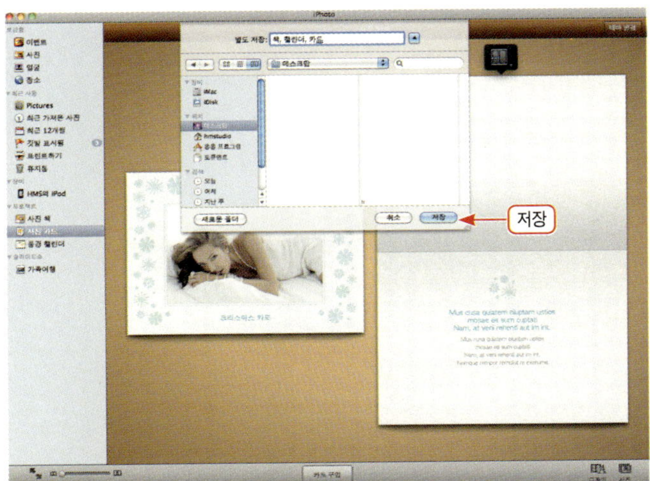


**09** 별도 저장 창이 열리면, 이름을 입력하고 저장 위치를 선택하여 저장합니다. 저장한 PDF 파일을 프린트로 인쇄하여 직접 책, 캘린더, 카드 등을 만들어도 좋고, 번거롭다면 인터넷에서 인화 서비스 업체를 검색하여 의뢰해도 좋습니다.

> **잠깐만!**
> 지금까지 iPhoto의 모든 기능을 살펴보았습니다. 사진을 좋아하는 사람이라면 매우 유용한 도구가 될 것입니다.

# iLife '11

영화 같은 내 인생

# iMovie

iMovie는 캠코더나 디지털 카메라 또는 아이폰으로 촬영한 동영상을 관리하고 편집하는 역할을 합니다. 다양한 미디어 장비로 촬영한 수 많은 동영상들을 하나의 공간에 모아놓고, 편안히 누워 관람할 수 있으며, 평범한 일상을 담아놓은 동영상도 헐리우드 영화와 같이 만들 수 있습니다. 동영상 촬영에서 편집까지 상상 그 이상의 결과를 만들어내는 iMovie에 관해서 살펴보겠습니다.

# 01 동영상 가져오기

iMovie를 사용하기 위한 첫 번째 단계는 캠코더, 디지털 카메라, 휴대폰 등의 장비로 촬영한 영상을 가져와 이벤트로 생성하는 것입니다. 카메라는 테이프 녹화 방식 외에 DVD, 하드 디스크, 플래시 메모리에 녹화하는 방식도 많이 사용하고 있습니다.

## 01-1 메모리 방식의 카메라에서 가져오기

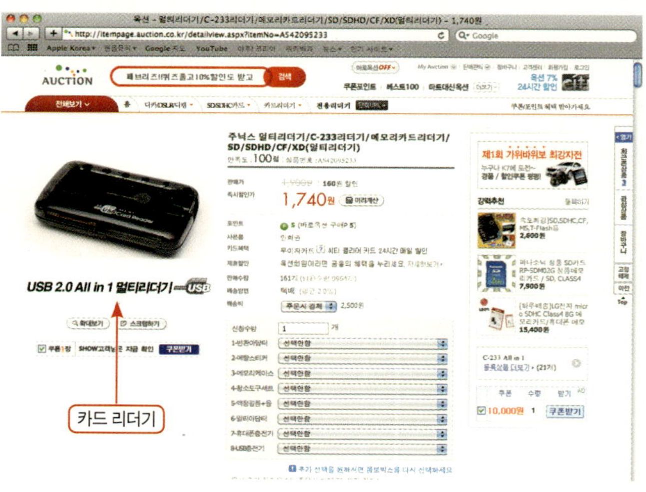


**01** 메모리 카드 방식의 캠코더나 디지털 카메라인 경우에는 해당 장치의 메모리 카드를 맥의 SD 카드 슬롯에 삽입합니다. 카메라가 CF, XD 등의 카드를 사용하는 제품이라면, 카드 리더기를 이용하거나 카메라에서 제공하는 USB 케이블을 이용합니다.

**02** 영상과 사진이 함께 기록되어 있는 카메라를 맥에 연결하면 iPhoto가 자동으로 실행됩니다. 이것은 사용자가 바라는 것이 아닐 것이므로, iPhoto의 자동 실행 옵션을 해제하겠습니다. iPhoto 메뉴의 환경 설정을 선택합니다.

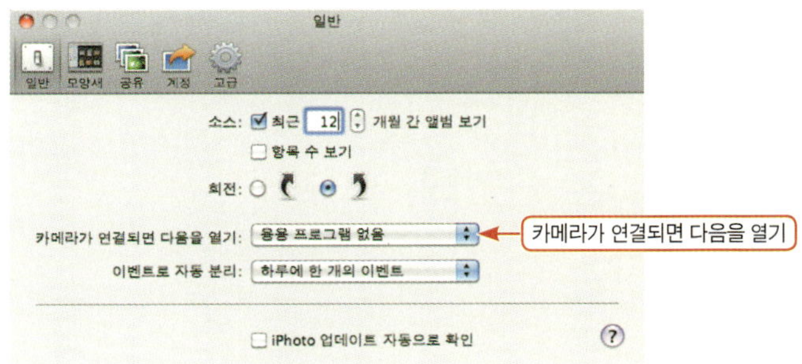



**03** 일반 탭의 카메라가 연결되면 다음을 열기 옵션에서 응용 프로그램 없음을 선택하고 닫습니다. 그리고 Command+Q 키를 눌러 iPhoto를 종료합니다.

**04** Dock의 iMovie 아이콘을 클릭하거나 스택의 응용 프로그램 폴더를 열고, iMovie 아이콘을 선택하여 실행합니다.

**05** iMovie를 실행하고 카메라를 연결했다면, 자동으로 가져오기 창이 열리지만, 카메라를 먼저 연결하고, iMovie를 실행한 경우에는 카메라 가져오기 버튼을 클릭하여 가져오기 창을 수동으로 열어야 합니다.

**06** 카메라에서 녹화 버튼을 On/Off할 때 마다 만들어진 클립들이 보입니다. 전체 클립을 가져오겠다면, 모두 가져오기 버튼을 클릭합니다.

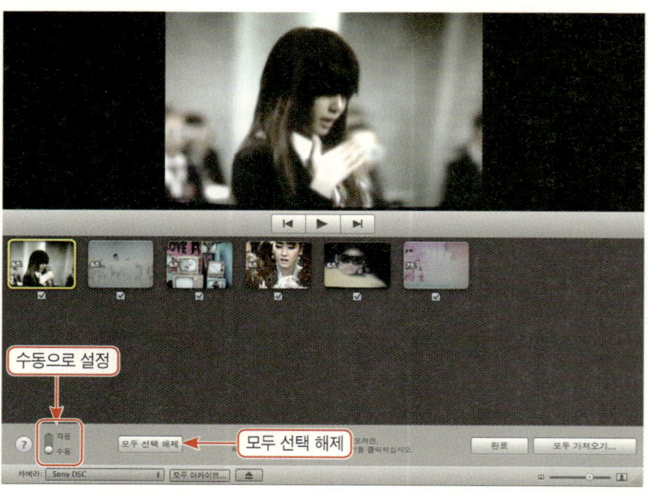


**07** 몇 개의 클립을 골라서 가져오겠다면, 스위치를 클릭하여 수동으로 바꾸고, 모두 선택 해제 버튼을 클릭하여 클립에 체크되어 있는 옵션을 해제합니다.

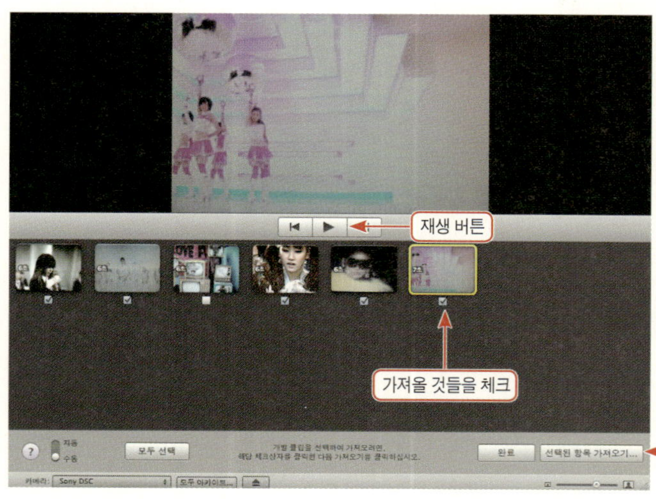


**08** 클립을 선택하고, 재생 버튼을 클릭하여 확인하면서 가져올 클립의 옵션만 체크합니다. 그리고 선택된 항목 가져오기 버튼을 클릭합니다.

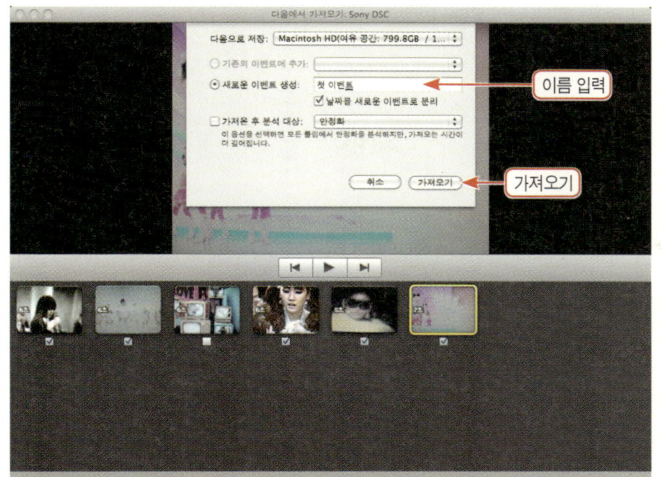



**09** 모두 또는 선택된 항목 가져오기 버튼을 클릭하면 이벤트의 이름을 결정하고, 옵션을 설정할 수 있는 창이 열립니다. 새로운 이벤트 생성 항목에 촬영 내용을 쉽게 구분할 수 있는 이름을 입력하고 가져오기 버튼을 클릭합니다.

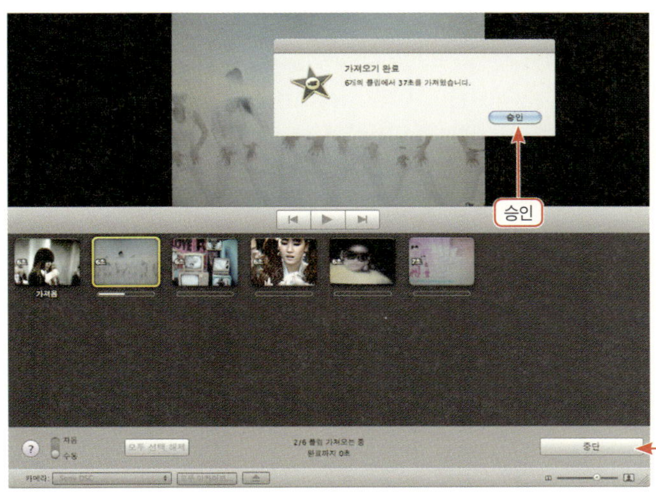



**10** 클립을 가져오는 과정이 진행되고 가져오기 완료 창이 열리면, 승인 버튼을 클릭하여 닫습니다. 클립을 가져오는 도중에 중단 버튼을 클릭하여 중단할 수 있습니다.

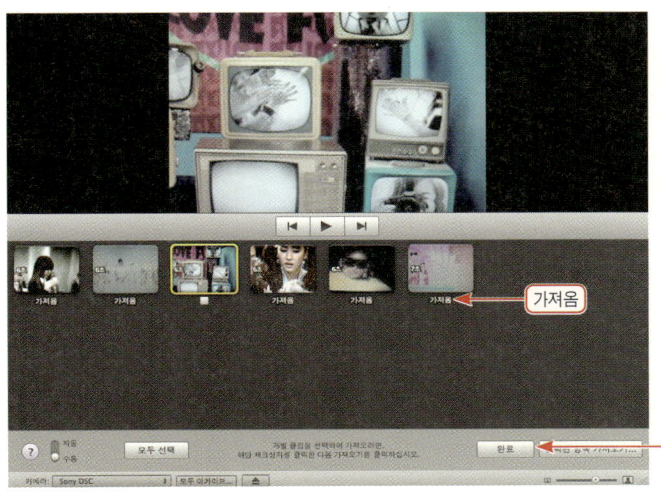



**11** 가져온 클립의 이름이 가져옴으로 표시됩니다. 다음에 카메라를 연결했을 때, iMovie로 가져온 클립을 확인할 수 있는 것입니다. 완료 버튼을 클릭하여 가져오기 창을 닫습니다.

**12** 보관함에 생성된 이벤트를 선택하면 가져온 클립들을 확인할 수 있습니다. 각 클립 위에서 마우스를 움직여 비디오를 탐색할 수 있고, 스페이스 바를 눌러 재생할 수 있습니다.

---



## 다음으로 저장 창

카메라의 영상을 가져올 때 이벤트의 이름을 결정하고 위치를 선택할 수 있는 다음으로 저장 창의 옵션은 다음과 같습니다.

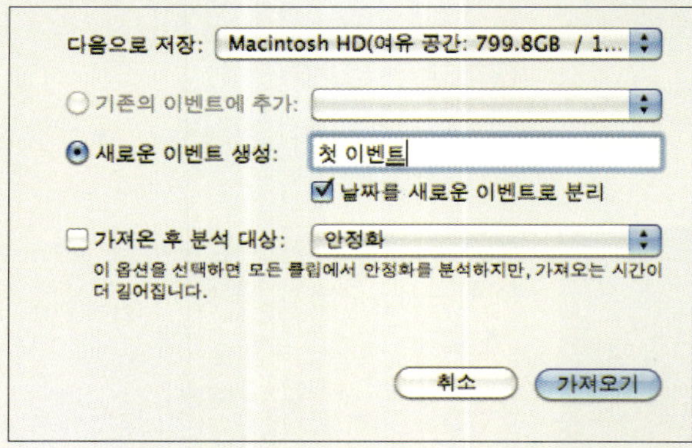


- **다음으로 저장** : 영상이 저장될 드라이브를 선택합니다. 외장 하드를 연결했다면, 해당 드라이브를 선택할 수 있습니다.
- **기존의 이벤트에 추가** : iMovie에 만들어놓은 이벤트가 있다면, 해당 이벤트의 이름을 선택할 수 있으며, 새로 가져오는 영상이 선택한 이벤트에 추가됩니다.
- **새로운 이벤트 생성** : 빈 항목에 입력한 이름으로 새로운 이벤트를 만듭니다.
- **날짜를 새로운 이벤트로 분리** : 선택한 씬들의 촬영된 날짜가 다르다면, 각각의 날짜별로 이벤트를 분리하여 생성합니다.
- **가져온 후 분석 대상** : 촬영 당시 흔들림이 있었던 영상을 부드럽게 재생할 수 있도록 안정화 시키거나 촬영 인물을 분석하는 얼굴 옵션을 선택할 수 있습니다. 이 옵션을 사용하면 가져오는 시간이 길어지므로, 꼭 필요한 경우에만 체크합니다.

## 01-2  테이프 방식의 카메라에서 가져오기

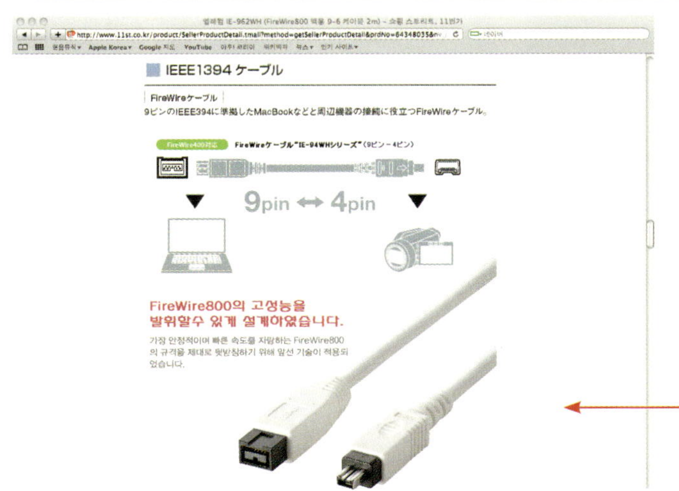

**01** 테이프 방식 카메라의 대부분은 4핀 또는 6핀 타입의 Firewire 400 포트로 되어 있고, 맥은 9핀 타입의 Firewire 800입니다. 결국, 테이프 방식의 카메라를 맥에 연결하기 위해서는 핀 수에 맞는 전용 케이블이 필요합니다. Firewire 800 케이블은 온라인 쇼핑몰에서 쉽게 구매할 수 있습니다.



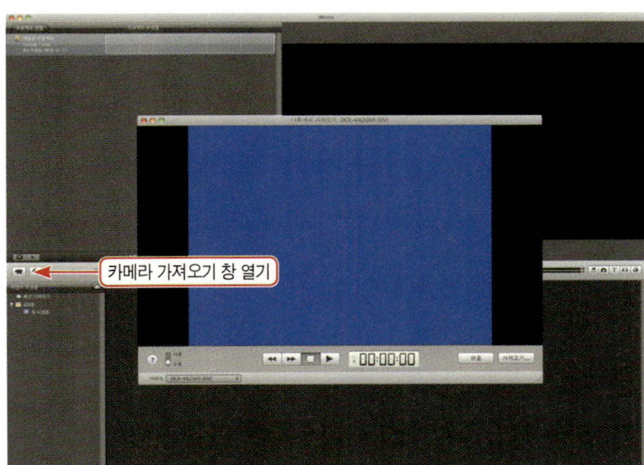



**02** 카메라를 맥의 Firewire 800 포트에 연결하고 재생 모드로 놓으면, 다음에서 가져오기 창이 열립니다. 카메라를 연결한 후에 iMovie를 실행한 경우라면, 카메라 가져오기 창 열기 버튼을 클릭하여 수동으로 실행합니다.

**03** 스위치를 자동으로 놓고, 가져오기 버튼을 클릭하면 테이프가 앞으로 감기고, 전체 촬영본을 가져옵니다. 메모리 방식과 달리 실제 촬영한 만큼의 시간이 소요됩니다.

**04** 스위치를 수동으로 놓으면, 영상을 탐색할 수 있는 컨트롤 버튼이 보입니다. 재생 및 정지 버튼을 클릭하여 원하는 위치를 찾고, 가져오기 버튼을 클릭합니다.

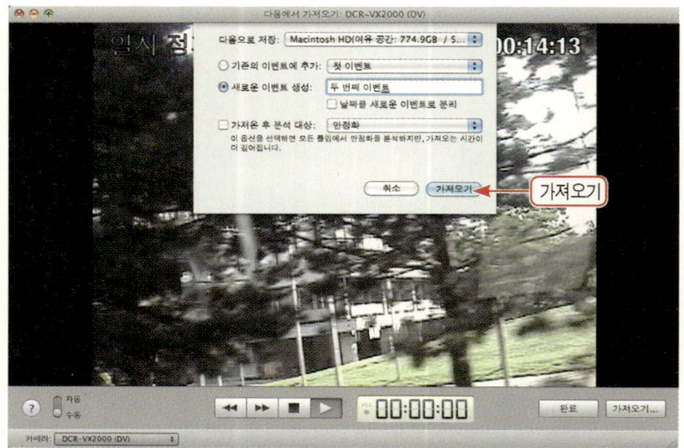


**05** 다음으로 저장 창이 열립니다. 새로운 이벤트 생성 항목에 이름을 입력하고, 가져오기 버튼을 클릭합니다.

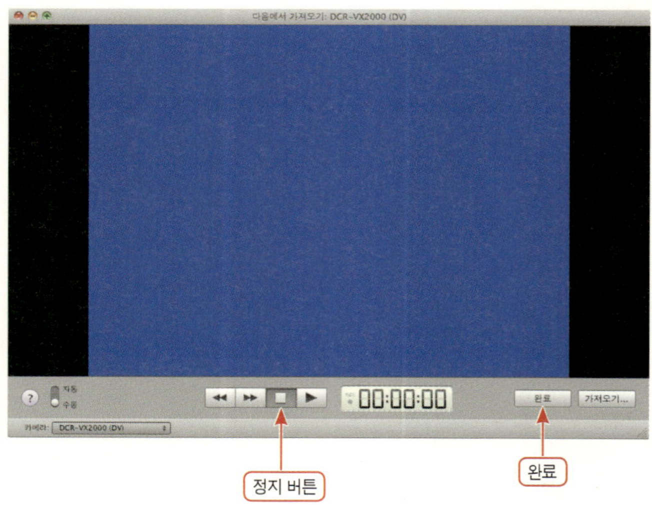


**06** 영상이 재생되면서 가져오는 과정이 진행됩니다. 원하는 장면을 모두 가져왔다면 정지 버튼을 클릭하고, 다음으로 가져오기 창은 완료 버튼을 클릭하여 닫습니다.

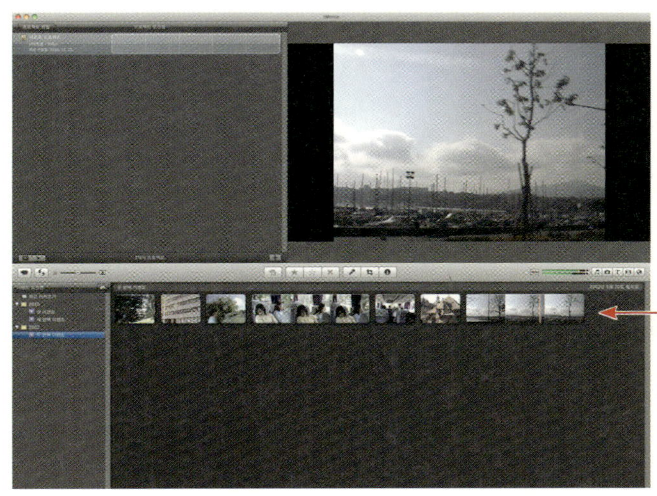


**07** 카세트 메모리(CM) 기능을 지원하는 경우에는 촬영 On/Off 지점을 기준으로 클립이 만들어지며, 각 클립 위에서 마우스를 움직여 영상을 탐색하거나 스페이스 바를 눌러 재생할 수 있습니다.

## 01-3 다른 소스에서 가져오기

**01** USB 포트에 연결한 아이폰 및 하드 디스크 방식의 카메라나 컴퓨터에 저장되어 있는 동영상 파일을 가져오는 방법입니다. 파일 메뉴의 가져오기에서 동영상을 선택합니다.

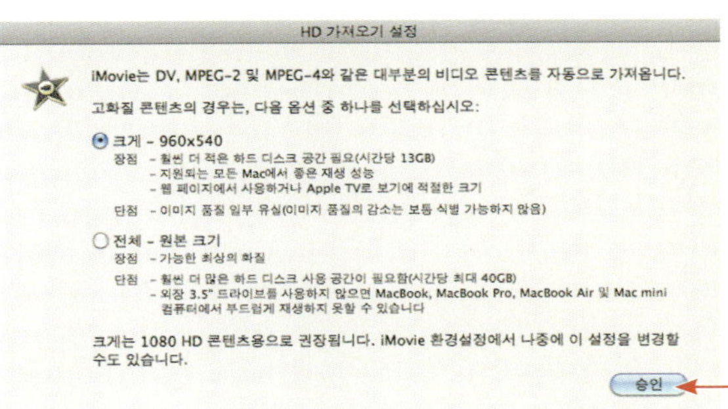


**02** HD 고화질 영상을 960x540 크기로 가져올 것인지, 원본 크기로 가져올 것인지를 선택하는 창이 열립니다. 이것은 영상을 가져오는 옵션 창에서도 선택 할 수 있으므로, 지금은 그냥 승인 버튼을 클릭해도 좋습니다.

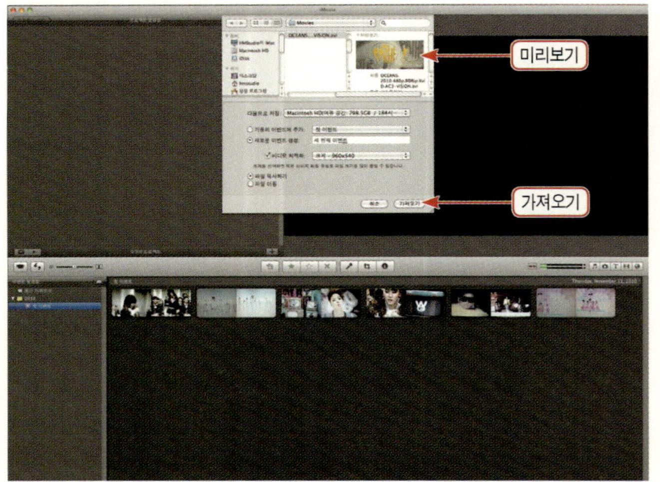

**03** 가져오기 창이 열립니다. 동영상 파일을 모아 놓은 폴더 및 동영상 파일을 선택하고, 필요하다면 미리보기 창을 클릭하여 확인합니다. 가져올 영상이 확인되면, 이벤트의 이름을 입력하고 가져오기 버튼을 클릭합니다.

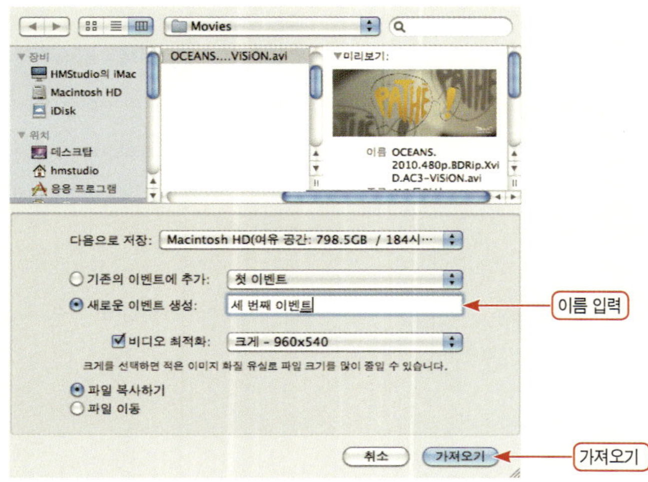

**04** 가져오기 창은 선택한 동영상을 확인할 수 있는 미리보기를 비롯해서 몇 가지 옵션을 제공합니다. 동영상 크기를 선택하는 비디오 최적화와 파일을 복사하거나 이동하는 옵션 외에는 앞에서 살펴본 내용과 동일합니다. 이벤트의 이름을 입력하고, 가져오기 버튼을 클릭합니다.

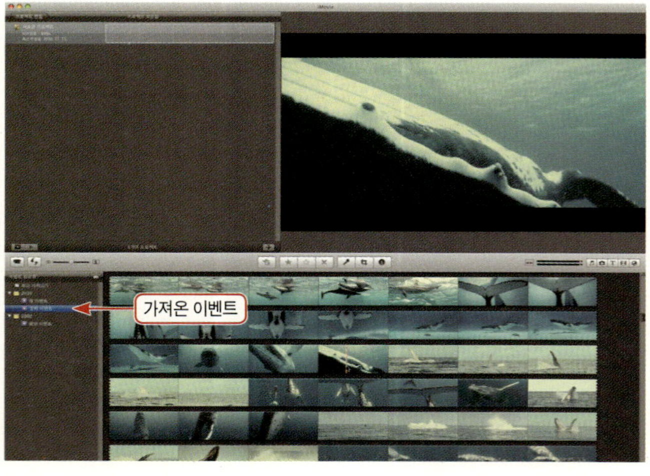

**05** 선택한 동영상을 가져오는 과정이 진행됩니다. 가져오는 동영상이 한 편의 영화라면, 꽤 많은 시간이 소요될 수 있으므로, 커피한 잔 즐기며, 잠시 쉬어도 좋습니다.

# 02 이벤트 관리하기

디지털 카메라, 아이폰, 캠코더 등의 다양한 미디어 장비에서 가져온 동영상은 iMovie에서
하나의 이벤트로 취급됩니다. 즉, iMovie로 가져온 동영상을 감상하거나 편집하기 위해서는
이벤트를 효율적으로 관리하는 방법들을 알고 있어야 합니다.

## 02-1  동영상 탐색하기

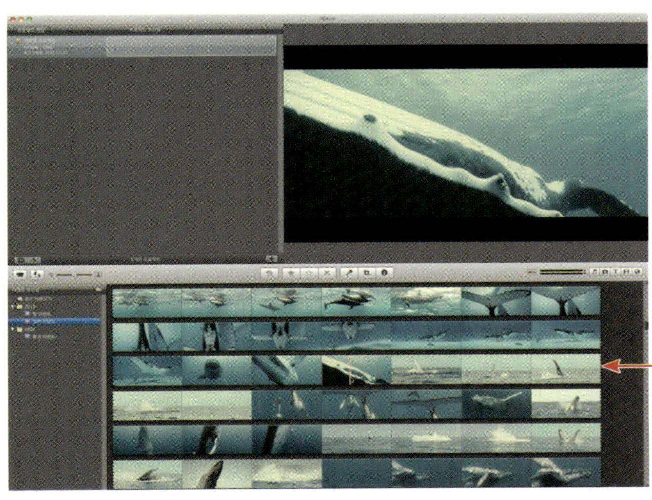

**01** 캠코더, 디지털 카메라, 아이폰 등에서
가져온 비디오는 사용자가 저장한 이벤트에
클립으로 형성되며, 클립 위에서 마우스를
좌/우로 움직여 9탐색할 수 있습니다.

**02** 마우스 위치에서부터 영상을 재생할 때
는 스페이스 바를 누르고, 이벤트의 시작 위
치에서부터 재생할 때는 재생 버튼을 클릭하
거나 \ 키를 누릅니다. 재생 중인 영상을 정지
할 때도 스페이스 바를 누릅니다.

**03** 재생 버튼 왼쪽의 전체 화면으로 재생 버튼을 클릭하거나 Command+G 키를 누르면 전체 화면으로 영상을 탐색할 수 있고, 마우스를 화면 아래쪽으로 내리면 각각의 이벤트를 선택할 수 있는 필름 스트립이 표시됩니다.

**04** 각각의 필름 스트립은 슬라이드 바를 드래그하거나 마우스로 선택할 수 있으며, 마우스가 있는 위치의 탐색과 재생은 이벤트 화면에서와 동일합니다. 전체 화면을 닫을 때는 닫기 버튼을 클릭하거나 esc 키를 누릅니다.



가정교사 **전체 화면 보기 창의 컨트롤 버튼**

전체 화면 보기 창 좌/우에 있는 4가지 컨트롤 버튼의 역할은 다음과 같습니다.

- **재생** : 영상을 재생 또는 정지합니다. 버튼 보다는 스페이스 바를 이용합니다.
- **전환** : 이벤트와 프로젝트 사이를 전환합니다.
- **커버 플로우** : 재생 중인 필름 스트립만 표시할 것인지, 좌/우로 모든 필름 스트립을 표시할 것인지를 선택합니다.
- **필름 스트립** : 화면 아래쪽에 필름 스트립이 항상 표시되게 합니다.

## 02-2　이벤트 창 살펴보기

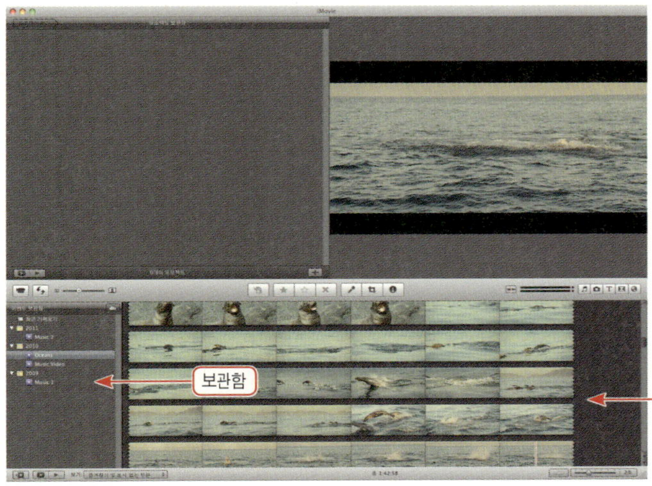



**01** 이벤트 창은 이벤트 목록이 있는 보관함과 선택한 이벤트의 클립 내용을 보여주는 축소판으로 구성되어 있습니다.

**02** 이벤트 보관함은 가리기 버튼을 클릭하여 필요로 할 때만 보이게 할 수 있습니다. 편집 작업을 할 때, 축소판을 좀 더 넓게 쓸 수 있습니다.

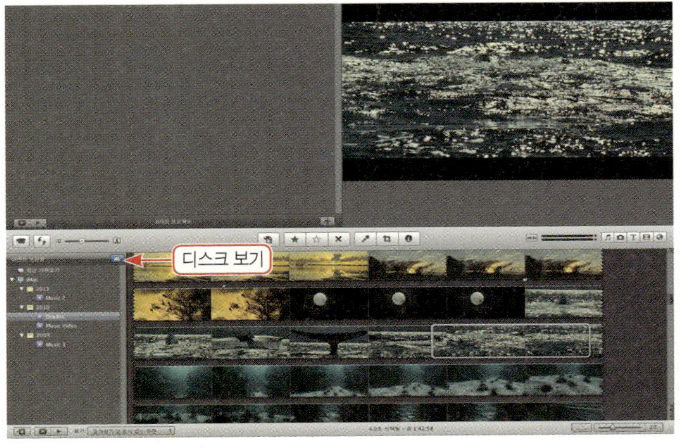



**03** 이벤트를 디스크별로 그룹화시켜 보관한 경우에는 디스크 모양으로 되어 있는 아이콘을 클릭하여 맥에 연결되어 있는 모든 디스크의 이벤트 목록을 표시할 수 있습니다.

**04** 한 줄에 표시되는 클립의 길이는 타임 바를 드래그하여 조정할 수 있으며, 클립의 크기는 줌 바를 드래그하여 조정할 수 있습니다.

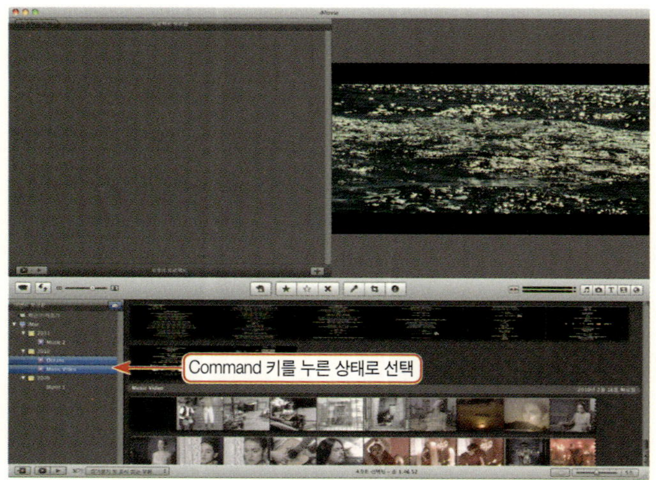


**05** 축소판에 여러 개의 이벤트 클립을 표시하고 싶은 경우에는 Command 키를 누른 상태에서 이벤트를 선택합니다.

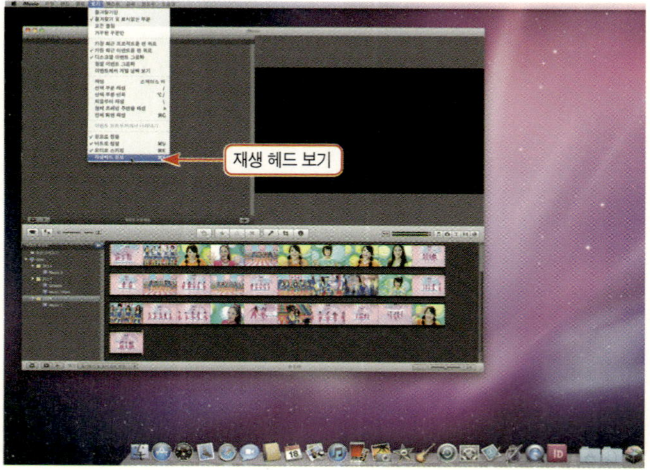


**06** 클립을 드래그하여 영상을 탐색할 때, 클립이 생성된 정확한 날짜의 정보를 확인하고 싶은 경우에는 보기 메뉴의 재생 헤드 정보를 선택합니다. 단축키는 Command+Y 입니다.

**07** 보기 메뉴의 재생 헤드 정보를 체크하면 클립을 탐색할 때, 클립이 생성된 날짜 정보가 함께 표시되는 것을 확인할 수 있습니다. 필요 없다면 메뉴를 다시 선택하거나 Command+Y 키를 눌러 해제합니다.

## 02-3  이벤트의 병합과 분리

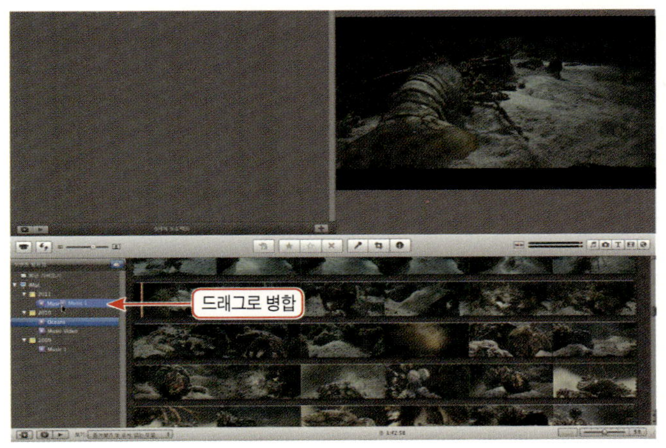


**01** 두 개의 이벤트를 하나로 병합하거나 하나의 이벤트를 둘로 분리할 수 있습니다. 이벤트를 병합하는 방법은 마우스 드래그의 간단한 동작으로 실행합니다.

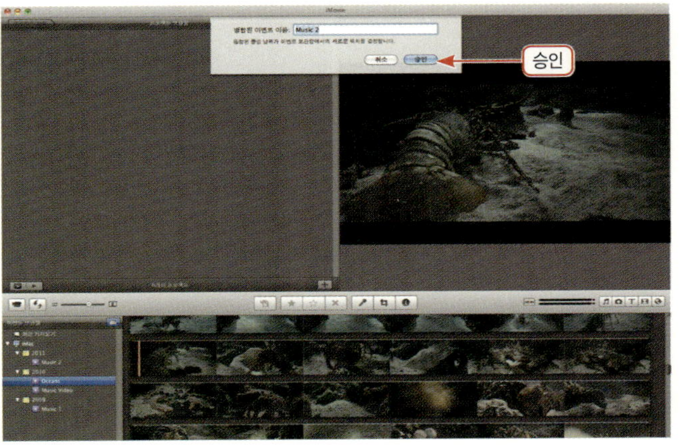


**02** 병합 이벤트의 이름을 입력할 수 있는 창이 열립니다. 승인 버튼을 클릭합니다. 병합할 이벤트의 이름은 사용자가 원하는 것으로 변경 가능합니다.

**03** 스크롤 바를 움직여 클립을 확인해보면, 두 개의 이벤트로 구분되어 있던 것들이 하나로 병합된 것을 확인할 수 있습니다.

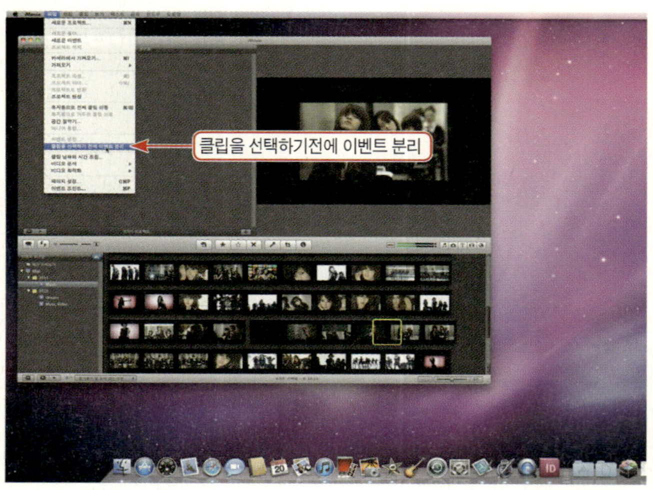


**04** 반대로 클립을 새로운 이벤트로 분리할 때는 분리할 클립을 선택하고, 파일 메뉴에서 클립을 선택하기전에 이벤트 분리를 선택합니다.

**05** 선택한 클립이 새로운 이벤트로 분리되는 것을 확인할 수 있습니다. 분리된 이벤트의 이름은 마우스 더블 클릭으로 수정합니다.

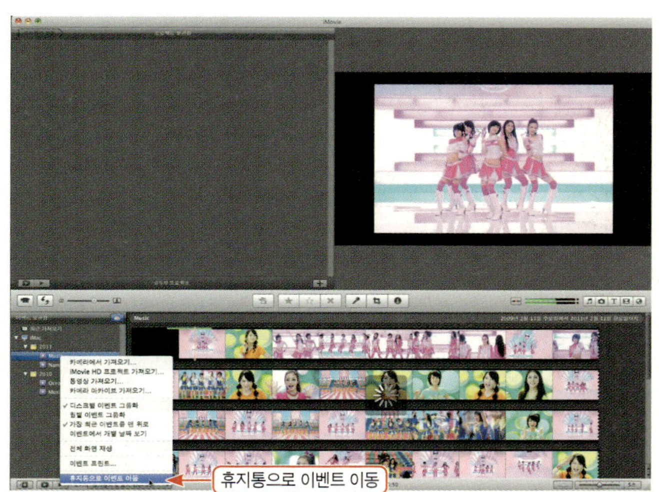



**06** 이벤트를 삭제할 때는 마우스 오른쪽 버튼으로 클릭하면 열리는 단축 메뉴에서 휴지통으로 이벤트 이동을 선택합니다.

## 02-4  이벤트의 날짜와 시간 조정

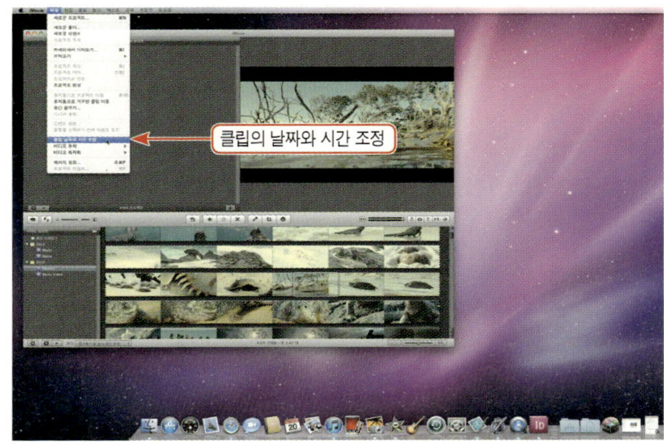



**01** 이벤트는 클립이 생성된 날짜로 만들어지지만, 사용자가 원하는 날짜로 조정할 수 있습니다. 날짜를 조정할 클립을 선택하고, 파일 메뉴의 클립의 날짜와 시간 조정을 선택합니다.

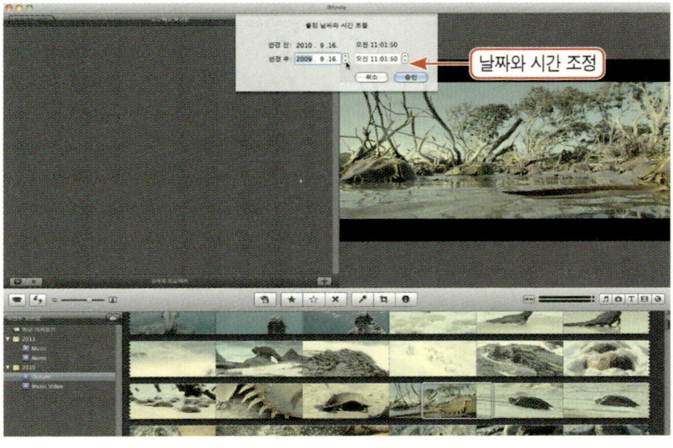



**02** 클립이 생성된 날짜가 표시되어 있는 창이 열립니다. 여기서 사용자가 원하는 날짜로 수정하고 승인 버튼을 클릭하면 됩니다.

**01** 클립의 일부분을 즐겨찾기로 등록하거나 축소판에 표시되지 않게 거부할 수 있습니다. 클립에서 원하는 부분을 마우스 드래그로 선택합니다.

**02** 선택한 범위의 시작과 끝 위치를 드래그하여 범위를 조정할 수 있습니다. 범위 선택이 완료되면 즐겨찾기로 표시 버튼을 클릭합니다.

**03** 클립에 녹색 라인이 생성되면서 즐겨 찾기로 등록되었음을 표시합니다. 보기에서 즐겨찾기만을 선택하면 즐겨찾기로 등록한 클립만 표시됩니다.

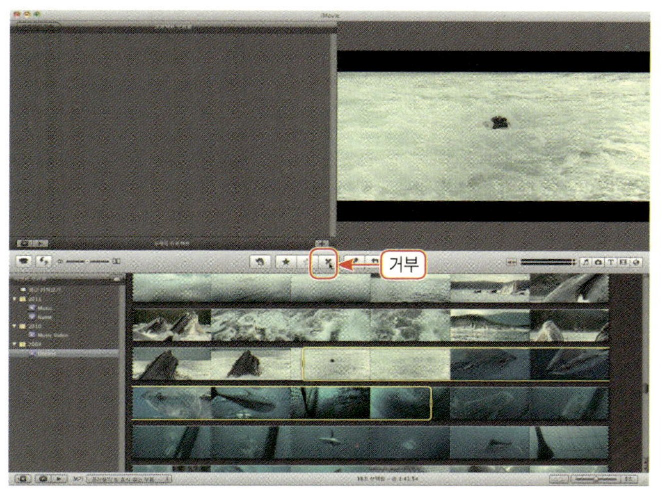



**04** 클립에서 필요없는 부분을 표시하지 않는 역할의 거부는 원하는 범위를 선택하고, 거부 버튼을 클릭하면 됩니다. 거부된 클립이 제거되면서 두 개의 클립으로 분리됩니다.

**05** 보기에서 거부된 부분만을 선택하면 거부했던 클립만 표시할 수 있으며, 거부된 클립은 빨간색 라인으로 구분됩니다.

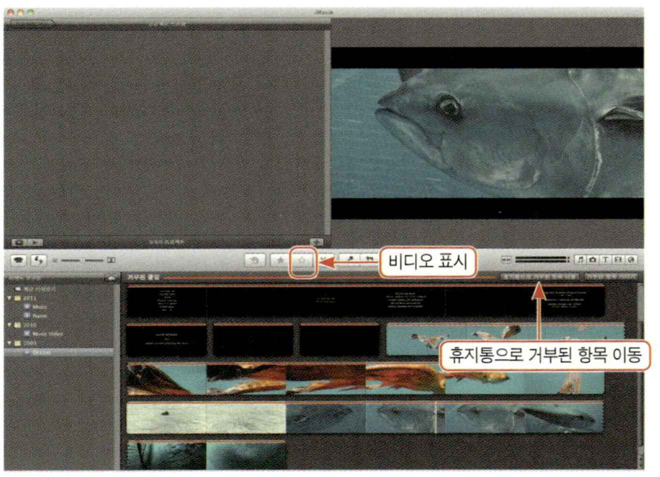



**06** 녹색 라인의 즐겨찾기, 빨간색 라인의 거부된 클립을 원상 복구하고 싶은 경우에는 비디오 표시 버튼을 클릭합니다. 거부된 클립을 실제로 제거할 때는 보기에서 거부된 부분만 선택하고, 휴지통으로 거부된 항목 이동 버튼을 클릭합니다.

# 03 동영상 편집하기

아이무비는 현존하는 동영상 편집 프로그램 중에서 가장 손쉽고 빠르게 최고의 결과물을 만들어 낼 수 있는 편집 기능을 제공합니다. 새로운 프로젝트를 생성하고, 컷 편집에 해당하는 클립 배치에 관해서 살펴보겠습니다.

## 03-1  프로젝트 생성하기

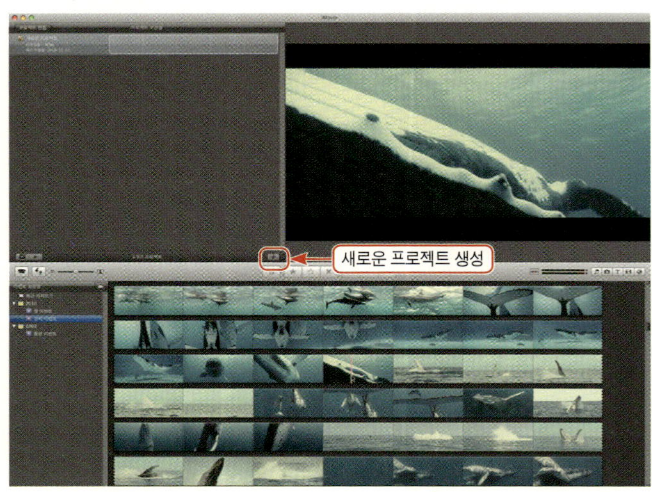


**01** 동영상의 편집 작업은 프로젝트 편집 창에서 이루어집니다. 새로운 프로젝트 생성하기 버튼을 클릭합니다.

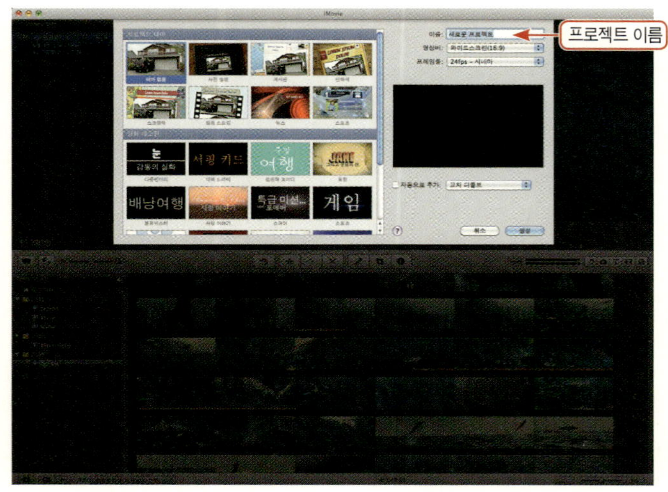


**02** 프로젝트의 이름, 영상비, 프레임률 등을 선택할 수 있는 창이 열립니다. 프로젝트의 이름을 쉽게 구분할 수 있는 것으로 입력하고 생성 버튼을 클릭합니다.

**03** 영상비는 픽셀의 가로:세로 비율을 의미하는 것으로 16:9의 와이드 스크린이 표준으로 자리잡고 있습니다. 4:3 비율로 촬영한 영상 소스를 편집할 경우에는 화면 양쪽에 검정색 공백(레터박스)이 발생합니다.

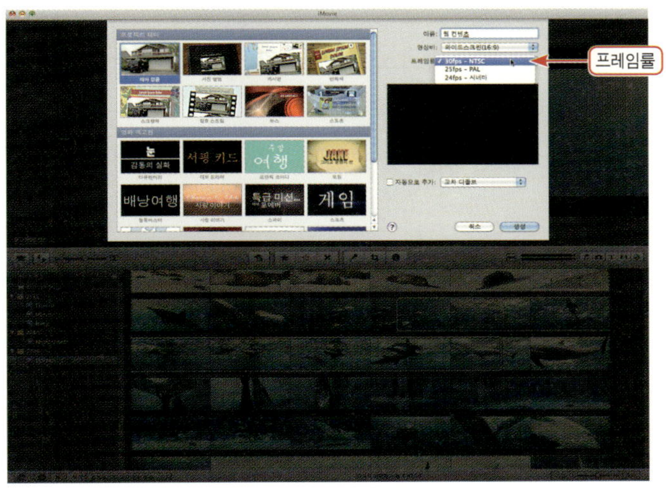



**04** 프레임률은 1초에 재생되는 프레임 수를 의미하는 것은 클립 소스와 동일한 프레임률을 선택합니다. 디지털 캠코더의 경우에는 29.97fps - NTSC 이지만, 30fps로 취급하므로, 30fps - NTSC를 이용하면 됩니다. PAL 방식은 국내에서 사용하지 않는 포맷으로 의미 없으며, 영화 필름을 위한 24fps - 시네마 프레임률도 지원합니다.

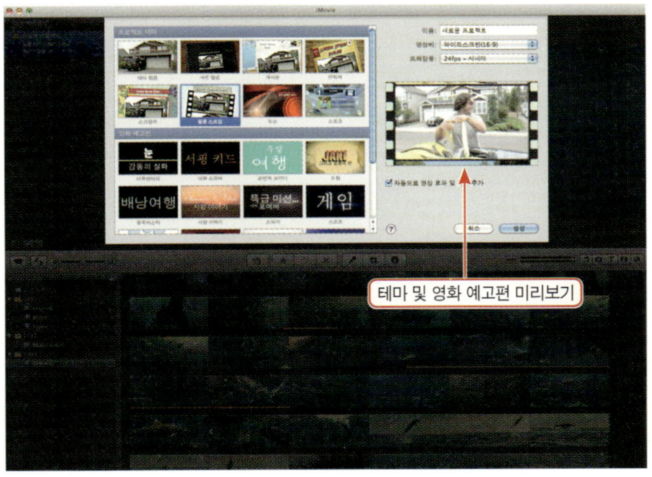



**05** 프로젝트 테마는 프로젝트에 포함한 클립의 테마 적용 여부를 선택하는 것이며, 영화 예고편은 간단한 편집으로 영화 예고편과 같은 동영상을 만들 수 있습니다. 각각의 템플릿은 미리 보기 창에서 결과를 확인할 수 있습니다.

> **잠깐만!**
> 테마와 트랜지션 효과는 작업을 하면서 적용할 수 있으므로, 프로젝트를 생성할 때, 결정하지 않아도 됩니다.

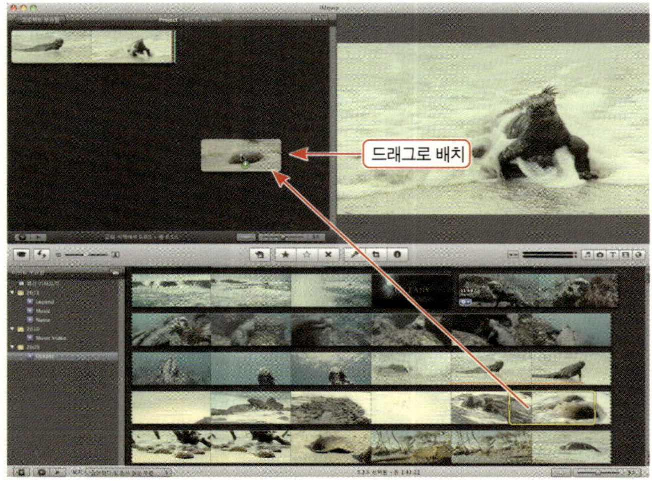


**06** 프로젝트가 생성되면 편집 창이 자동으로 열립니다. 클립에서 실제 결과물로 만들 영상 범위를 선택하여 편집 창으로 드래그하거나 E 키를 눌러 배치합니다.

**07** 편집 창을 좀 더 넓게 쓰고 싶은 경우에는 이벤트와 프로젝트 바꾸기 버튼을 클릭하여 프로젝트와 이벤트 창의 위치를 바꿀 수 있습니다.

**08** 편집 창에서 보관함으로 이동할 때는 프로젝트 보관함 버튼을 클릭합니다. 버튼의 이름은 프로젝트 편집으로 바뀌며, 프로젝트의 편집 창으로 이동하는 역할을 합니다.

**09** 프로젝트는 사용자가 원하는 만큼 생성할 수 있고, 마우스 오른쪽 버튼을 클릭하여 단축 메뉴를 열고 휴지통으로 프로젝트 이동을 선택하여 삭제할 수 있습니다. 생성은 Command+N 키, 삭제는 Command+ Delete 키를 이용해도 좋습니다.

<table>
<tr><td>03-2</td><td>클립을 배치하고 다듬기</td></tr>
</table>

**01** 클립을 클릭하면 기본적으로 4초 길이의 범위가 선택됩니다. 이 길이를 변경하고 싶다면 iMovie 메뉴의 환경설정을 선택합니다.

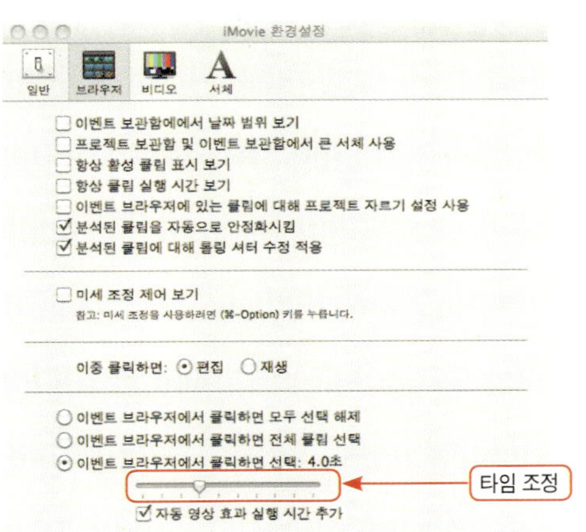



**02** iMovie의 환경을 설정할 수 있는 창이 열립니다. 브라우저 탭을 선택하여 페이지를 열고, 아래쪽의 슬라이드를 이용해서 이벤트 브라우저에서 클릭하면 선택 항목의 시간을 조정할 수 있습니다.

**03** 편집 창에 클립을 배치하는 일은 영상을 이어 붙이는 컷 편집에 해당하는 작업이므로, 미리 보기 창을 보면서 정확한 범위를 선택하는 것이 요령입니다. 선택한 클립은 마우스 드래그 또는 E 키를 눌러 편집 창에 배치합니다.

**04** 이벤트 창에서 선택한 클립은 프로젝트 편집창에 배치한 클립과 클립 사이 또는 클립 위로 드래그하여 배치할 수 있습니다. 삽입을 위한 것이라면 미리 보기 창을 확인하여 정확한 위치에서 마우스 버튼을 놓는 것이 요령입니다.

**05** 클립 위로 가져다 놓으면, 기존의 클립을 대치할 것인지, 기존 클립 사이에 삽입할 것인지 등을 선택할 수 있는 팝업 메뉴가 열리며, 삽입을 선택하면 기존 클립이 둘로 나눕니다.

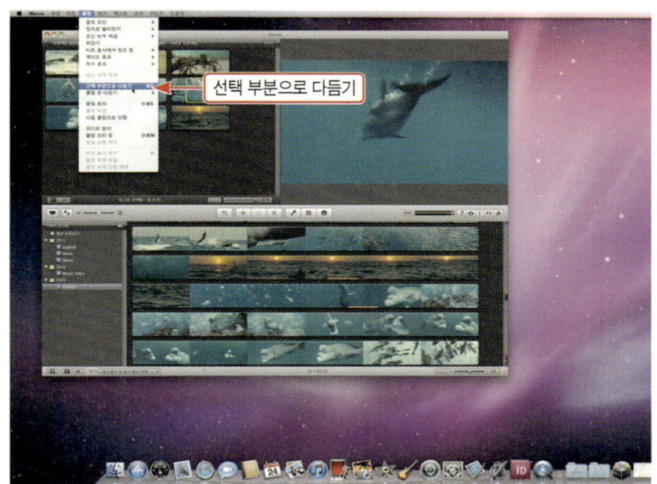


**06** 편집 창에 배치한 클립의 시작과 끝 지점을 다듬고 싶은 경우에는 노란색 라인을 드래그하여 조정하고, 클립 메뉴의 선택 부분으로 다듬기를 선택합니다.

**잠깐만!**
편집 창의 클립은 Delete 키를 눌러 삭제할 수 있습니다.

**07** 클립을 정밀하게 다듬을 필요가 있을 때는 Option+Command 키를 누른 상태에서 클립의 시작과 끝 부분을 드래그하거나 빨간색의 편집 라인을 시작과 끝 위치에 가져다 놓고, Option 키를 누른 상태에서 좌/우 방향키로 조정합니다.

**08** 클립의 배치 및 다듬기가 완료되면 처음부터 재생 또는 전체 화면 재생 버튼을 클릭하여 프로젝트 전체를 모니터합니다. 빨간색의 편집 라인 위치에서부터 재생할 때는 스페이스 바를 누릅니다.

# 04 트랜지션 적용하기

장면(클립)이 어두워지면서 다음 장면이 밝아진다거나 장면과 장면이 교차하면서 바뀌는 등의 효과를 연출하는 트랜지션에 관해 살펴보겠습니다. 영상을 화려하게 만들 수 있는 트랜지션은 영상 편집에서 아주 많이 쓰이지만, 사용법은 매우 간단합니다.

## 04-1 트랜지션의 적용과 대치

**01** 트랜지션 창은 영상 효과 브라우저 보기 버튼을 선택하여 열 수 있으며, 각 효과에 마우스를 가져가면 어떤 결과를 만들어주는지 확인할 수 있습니다.

**02** 트랜지션 효과는 장면과 장면의 전환 기법을 만드는 것이므로, 프로젝트 편집 창에 등록한 클립과 클립 사이에 드래그하여 적용합니다.

**03** 클립과 클립 사이에 적용한 트랜지션은 선택 후, Delete 키를 눌러 삭제할 수 있으며, 다른 트랜지션으로 대치할 수 있습니다. 이때 모두 대치를 선택하면 각 클립 사이에 적용한 모든 트랜지션이 대치됩니다.

## 04-2 트랜지션의 속성 변경하기

**01** 트랜지션의 길이나 종류를 변경하고 싶은 경우에는 트랜지션을 더블 클릭하거나 트랜지션 아이콘 아래쪽에 있는 설정 버튼을 클릭하면 열리는 팝업 메뉴에서 영상 효과 조절을 선택합니다.

**02** 트랜지션의 길이와 효과를 변경할 수 있는 속성 창이 열립니다. 트랜지션은 기본적으로 0.5초의 길이를 가지고 있으며, 사용자가 원하는 길이로 수정 가능합니다. 단, 클립의 길이 보다 길어질 수는 없습니다.

**03** 오버랩은 트랜지션이 적용되는 클립의 범위를 선택하며 영상 효과는 트랜지션의 종류를 변경합니다. 트랜지션 창에서 마우스 드래그로 대치하는 것과 같은 결과입니다.

**04** 팝업 메뉴에서 정밀 편집기를 선택하면 클립을 확인하면서 트랜지션의 길이와 위치를 정밀하게 조정할 수 있는 편집 창이 열립니다.

**05** 상단의 프레임이 왼쪽 클립을 나타내며, 하단의 프레임이 오른쪽 클립입니다. 편집이 완료된 트랜지션은 완료 버튼을 클릭하여 적용합니다.

# 05 타이틀 작업하기

영상에서 빼놓을 수 없는 타이틀 작업을 매우 쉽고 간결하게 해결할 수 있습니다. 전문적인 영상 편집 툴을 사용해본 경험이 있다면 아이무비에서의 타이틀 작업이 좀 더 쉽고, 편리하다는 것을 체감할 수 있을 것입니다.

## 05-1 타이틀 만들기

**01** 타이틀 창은 제목 브라우저 보기 버튼을 클릭하여 열 수 있으며, 각 타이틀에 마우스를 위치시키면 타이틀 타입을 미리 볼 수 있습니다.

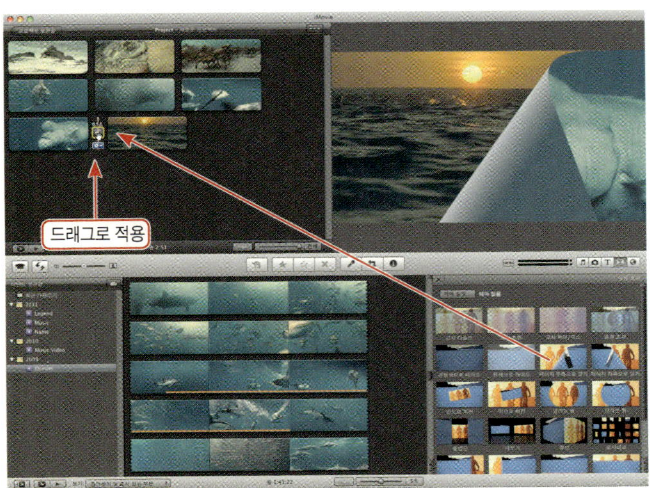


**02** 타이틀을 클립 중앙으로 드래그하면 클립 길이와 동일한 길이로 만들어지며, 클립의 시작 및 끝 위치로 드래그하면 기본값 4초 길이로 만들어집니다.

**03** 클립에 생성된 타이틀은 마우스 드래그로 위치를 변경할 수 있고, 시작 및 끝 부분을 드래그하여 길이를 조정할 수 있습니다.

**04** 미리 보기 창에 표시된 타이틀에 원하는 글자를 입력하고 완료 버튼을 클릭합니다. 타이틀을 선택하면 언제든 글자를 수정할 수 있으며, 선택된 타이틀은 Delete 키로 삭제할 수 있습니다.

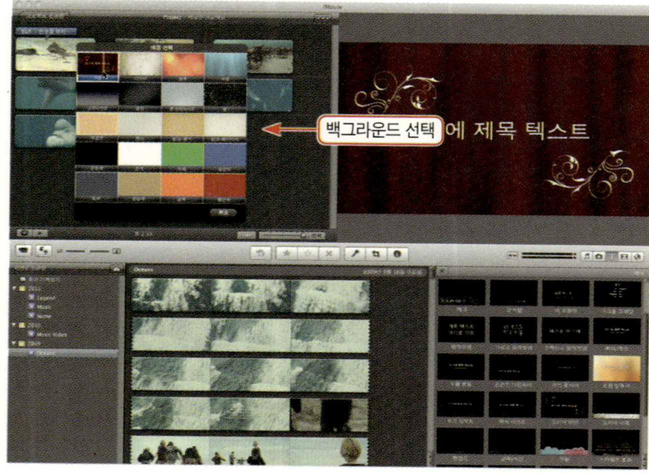


**05** 아이무비에서는 타이틀을 하나의 클립으로 사용할 수 있습니다. 타이틀을 영상 클립 사이 또는 프로젝트의 빈 공간에 가져다 놓으면, 클립의 백그라운드를 선택할 수 있는 창이 열립니다.

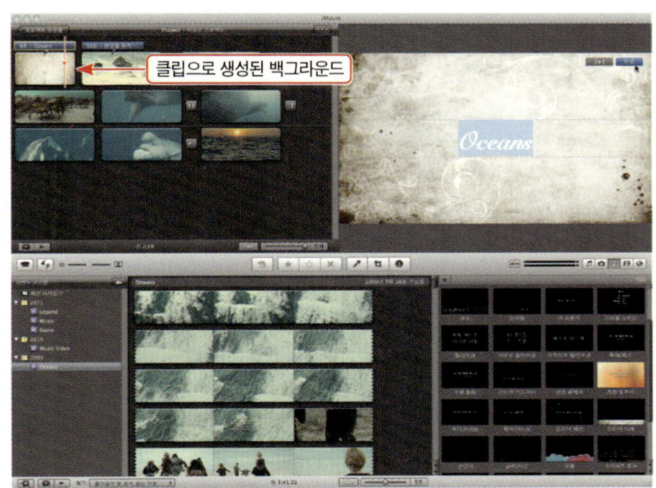



**06** 선택한 백그라운드는 하나의 클립으로 취급되며, 글자를 입력하고 수정하는 방법은 앞에서와 동일합니다.

## 05-2 타이틀 속성 편집하기

**01** 타이틀이 아래 위치한 자막용 클립은 서체 속성을 변경할 수 있는 서체 보기 버튼이 있습니다. 이것을 클릭하면, 서체의 종류, 색상, 크기 등을 조정할 수 있는 창이 열립니다.

**02** 각각의 속성은 선택하는 즉시 미리 보기 창에서 확인할 수 있습니다. 스타일은 굵게, 기울기, 외각선 표시의 3가지를 제공하고 있으며, 정렬은 왼쪽, 중앙, 양쪽, 오른쪽의 4가지를 제공하고 있습니다.

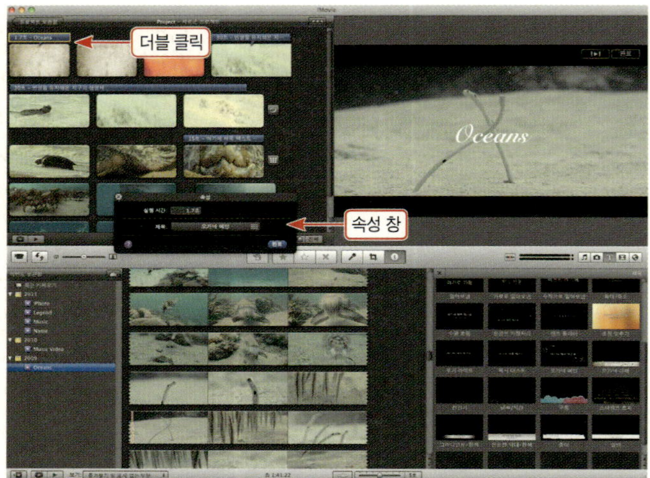


**03** 프로젝트 창에 배치한 타이틀을 더블 클릭하면 타이틀의 길이와 효과를 변경할 수 있는 속성 창이 열립니다.

**04** 속성 창의 실행 시간이 클립의 길이를 의미하며, 제목이 효과를 의미합니다. 제목 항목을 클릭하면 다양한 효과를 선택할 수 있는 창이 열리며, 선택한 효과는 미리보기 창에서 바로 확인할 수 있습니다.

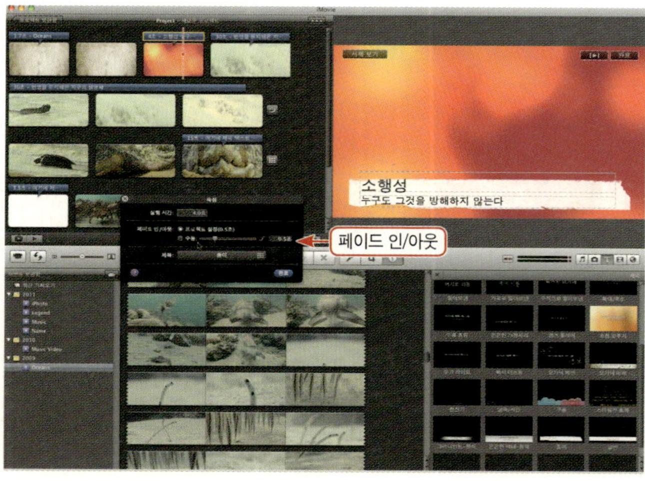


**05** 페이드 인/아웃이 적용되어 있는 자막용 타이틀의 속성 창에는 페이드 인/아웃의 길이를 수동으로 조절할 수 있는 항목이 추가되어 있습니다.

# 06 오디오 작업하기

동영상은 컷 편집, 트랜지션, 테마, 타이틀의 많은 요소가 첨부될 수 있지만, 전체 영상을 완성하는 것은 오디오입니다. 음악 제작에 관련된 사항은 가라지밴드 편으로 미루고, 여기서는 오디오를 추가하는 방법을 중심으로 살펴보겠습니다.

## 06-1 오디오 속성 조정하기

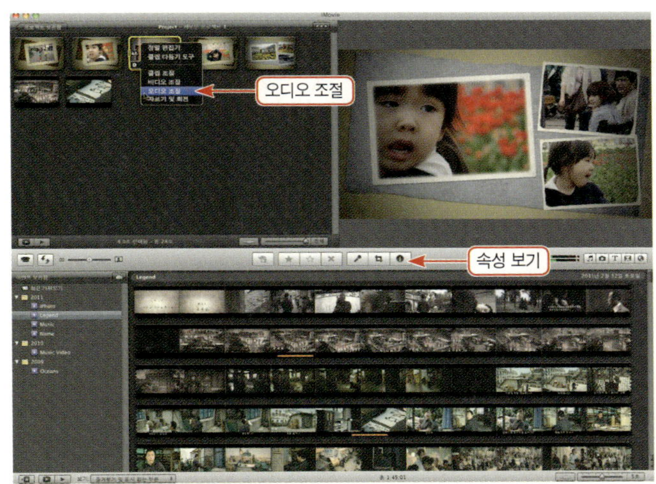


**01** 클립의 속성 버튼을 클릭하면 열리는 메뉴에서 오디오 조절을 선택합니다. 클립을 더블 클릭하거나 속성 보기 버튼을 클릭하여 창을 열고, 오디오 탭을 선택해도 좋습니다.

**02** 오디오 속성에는 클립 및 오디오의 음량, 이퀄라이저 등을 조정할 수 있는 옵션으로 구성되어 있으며, 각 옵션의 역할은 다음과 같습니다.

- **음량** : 소리의 크기를 조정합니다.
- **더킹** : 클립에 배경 음악을 추가한 경우에 배경 음악의 음량을 낮추어 클립의 음성이 선명하게 들릴 수 있도록 조정합니다.
- **페이드 인/아웃** : 소리가 점점 커지게 하는 것을 페이드 인이라고 하고, 점점 작아지게 하는 것을 페이드 아웃이라고 합니다. 두 클립 사이의 오디오가 자연스럽게 페이드 인/아웃으로 연결되도록 할 때 이용합니다.
- **강화** : 클립의 배경 소음을 줄입니다. 즉, 잡음을 감소시키는 역할입니다.
- **이퀄라이저** : 소리는 저음, 중음, 고음역 등의 주파수로 구분하는데, 슬라이드를 이용하여 각 주파수 대역을 조정합니다. 예를 들어 음성 주파수 영역인 125, 250 슬라이드를 높이면, 음성을 보다 뚜렷하게 만들 수 있습니다. 기본적으로 제공하는 메뉴를 선택해보면서 소리의 변화를 느껴보기 바랍니다.
- **클립 음량 표준화** : 선택한 클립을 오디오가 찌그러지지 않는 한도내에서 최대 음량이 될 수 있도록 자동으로 조정합니다. 표준화 제거 버튼을 클릭하여 취소할 수 있습니다.

## 06-2 음악 및 효과 추가하기

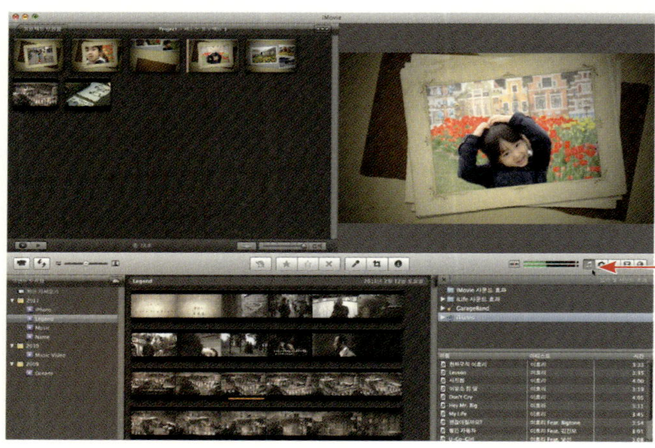



**01** 특정 장면에 사운드 효과를 적용하거나 백그라운드 음악을 추가할 수 있습니다. 음악 및 사운드 효과 브라우저 보기 버튼을 클릭하여 창을 엽니다.

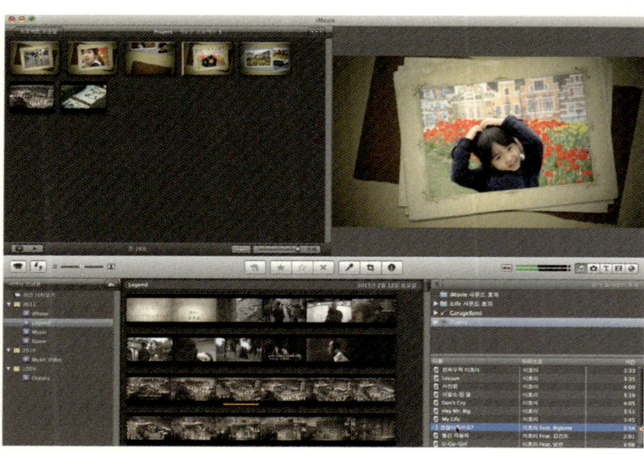



**02** 음악 및 사운드 효과는 사용자 컴퓨터에 저장되어 있는 오디오 파일만 보여주는 파인더이며, 선택한 파일은 더블 클릭 및 스페이스 바 키를 눌러 재생하거나 정지할 수 있습니다.

**03** 특정 장면에 효과로 사용할 오디오라면 삽입할 장면 위치로 드래그하여 가져다 놓습니다. 가져다 놓은 사운드 클립은 마우스 드래그로 위치와 길이를 조정할 수 있습니다

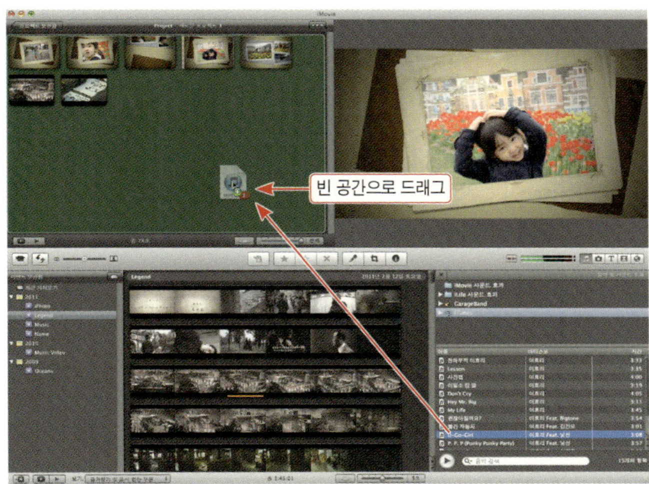


**04** 프로젝트 전체 배경 음악으로 사용할 사운드라면 프로젝트의 빈 공간으로 드래그하여 가져다 놓습니다. 사운드 클립은 언제든 Delete 키를 눌러 제거할 수 있습니다.

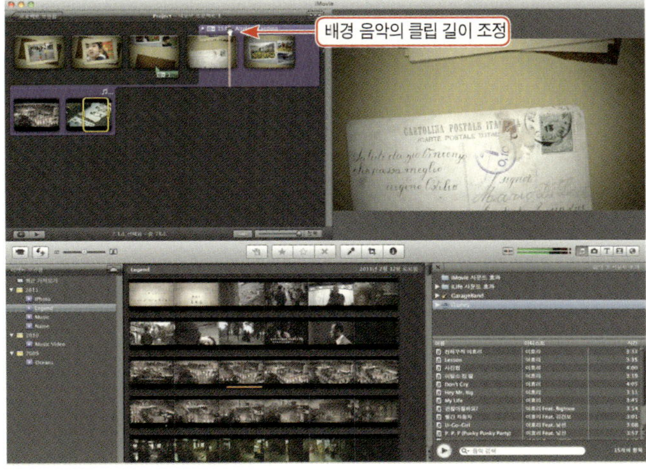


**05** 여러 개의 배경 음악을 사용하겠다면, 음악 클립의 길이를 조정하여 공백을 만들고, 새로운 음악을 드래그로 추가합니다.

**06** 두 개 이상의 배경음악을 사용할 때, 두 음악이 자연스럽게 연결되도록 속성 창에서 페이드 인/아웃을 적용합니다. 앞의 곡은 페이드 아웃을 조정하여 점점 작아지게하고, 뒤에 것은 페이드 인을 조정하여 점점 커지게 하는 것입니다.

**07** 배경 음악을 삽입한 후에, 클립의 음성이 잘 들리지 않는다면, 배경 음악의 전체 음량을 줄여도 좋지만, 클립에서 더킹을 적용하여 음성이 나올 때 배경 음악이 작아지도록 하는 것도 오디오 편집의 요령입니다.

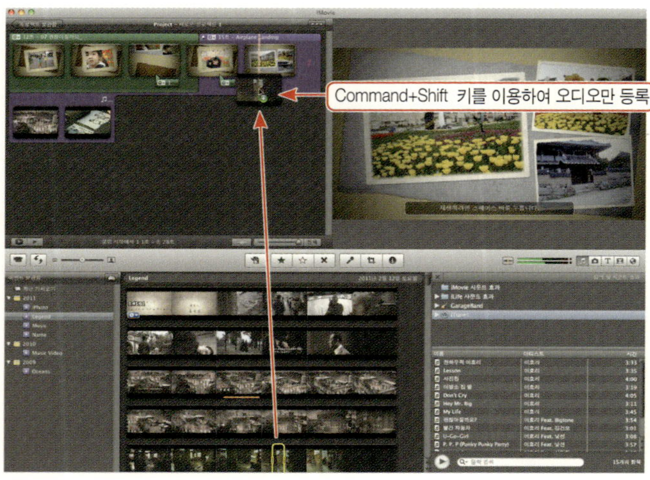


**08** 클립의 영상에서 오디오만 사용하고 싶은 경우에는 원하는 범위를 선택하고, Command+Shift 키를 누른 상태에서 프로젝트의 클립으로 드래그합니다.

## 06-3 음성 녹음하기

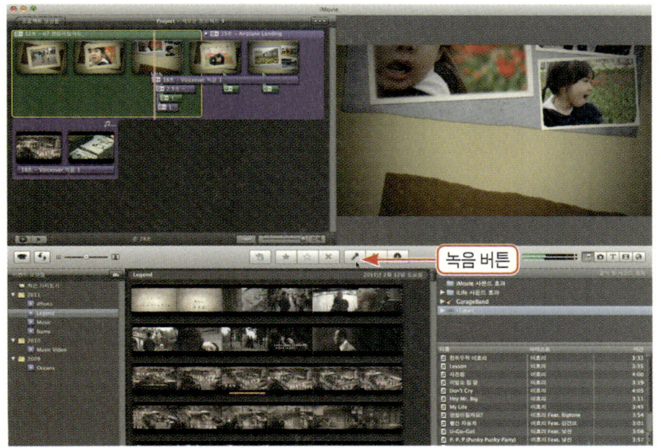


**01** 영상에 내레이션이 필요한 경우, 사용자가 직접 음성을 녹음할 수 있습니다. 마이크 모양의 녹음 버튼을 클릭합니다.

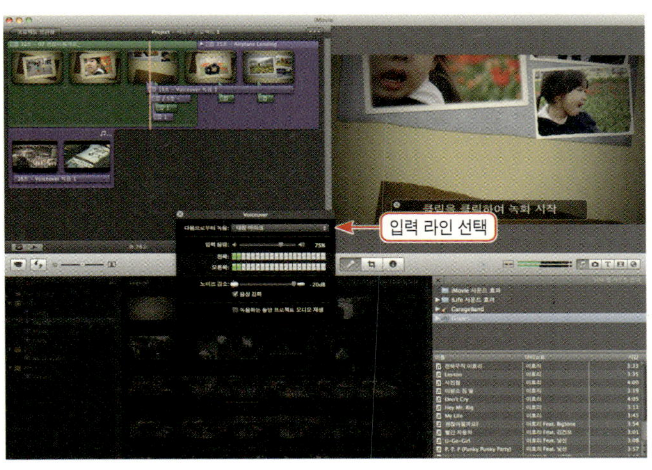


**02** 맥의 내장 마이크를 이용하겠다면 내장 마이크를 선택하고, 마이크를 연결하여 사용하고 있다면 내장 입력을 선택합니다. 그리고 마이크를 테스트 하면서 입력 음량을 조정합니다. 녹음하는 동안 프로젝트 오디오 재생은 헤드폰을 사용하고 있을 때 이용합니다.

**03** 녹음 준비가 완료되면 클립을 클릭하여 녹음을 진행하고, 스페이스 바 키를 눌러 정지합니다. 녹음 클립의 위치와 길이, 속성 등은 앞에서와 동일한 방법으로 조정할 수 있습니다.

# 07 | 아이포토와의 연동

아이무비는 아이포토에서 관리하고 있는 사진들을 클립으로 추가하여 멋진 슬라이드쇼 영상을 만들 수 있습니다. 물론, 아이포토 자체에서도 슬라이드쇼를 만들 수 있지만, 보다 역동적인 편집이 가능합니다.

## 07-1  사진을 클립으로 만들기

**01** 아이무비에서 아이포토의 보관함을 그대로 이용할 수 있습니다. 사진 브라우저 보기 버튼을 클릭하여 아이포토 보관함 목록을 엽니다.

**02** 사진 보기 옵션을 체크하면 아이포토에서 생성한 이벤트를 1일, 1주, 1달 범위로 구분하여 표시할 수 있습니다. 전체 이벤트를 볼 때는 옵션을 해제합니다.

**03** 클립으로 만들 사진을 프로젝트 패널에 드래그로 등록하면, 기본값 4초 길이로 생성됩니다. 길이를 변경하겠다면 사진 클립을 더블클릭합니다.

**04** 클립의 길이와 비디오 효과를 조정할 수 있는 속성 창이 열립니다. 실행 시간이 클립의 길이를 의미하는 것이며, 모든 스틸 사진에 적용 옵션을 체크하면 프로젝트 패널에 등록된 모든 사진에 적용됩니다.

**05** 비디오 효과 항목을 클릭하면 사진에 다양한 효과를 적용할 수 있는 선택 창이 열리며, 완료 버튼을 클릭하여 시간과 효과를 사진 클립에 적용합니다.

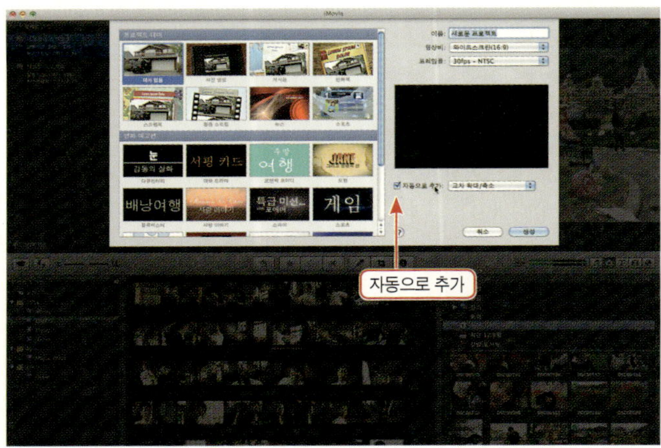


**01** 프로젝트 보관함의 추가 버튼을 클릭하여 사진 슬라이드쇼를 위한 프로젝트를 새로 만듭니다. 이때 트랜지션 효과를 위한 자동으로 추가 옵션을 체크합니다.

**02** 새로 만든 프로젝트에 사진을 가져다 놓으면, 각 클립 사이에 트랜지션이 자동으로 적용되는 것을 확인할 수 있습니다. 트랜지션 효과를 변경하고 싶다면, 더블 클릭으로 속성 창을 엽니다.

**03** 사진 클립 왼쪽 상단에는 사진을 편집할 수 있는 크롭 버튼이 있습니다. 이것을 더블 클릭하거나 도구 모음 줄의 크롭 버튼을 클릭하면, 미리보기 창은 사진을 편집할 수 있는 상태로 변경됩니다.

**04** 사각 프레임은 전체 사진 중에서 보이는 부분을 의미하며, 노란색 라인은 사진의 이동 방향을 의미합니다. 모두 마우스 드래그로 위치를 조정하거나 경계선을 드래그하여 범위를 조정할 수 있습니다.

**05** 편집 창은 사진의 움직임 방향을 조정하는 Ken Burns 상태이며, 전체 화면 표시를 위한 크기 맞춤과 크기 조정을 위한 자르기 상태로 전환하여 편집할 수 있습니다.

**06** 좌/우 화살표 버튼은 사진을 회전시키는 역할이며, 검정색 효과는 자르려는 사진에 검정색 테두리가 포함되어 있을 경우, 이를 허용하는 옵션입니다. 모든 편집이 끝나면 재생 버튼을 클릭하여 확인하고, 완료합니다.

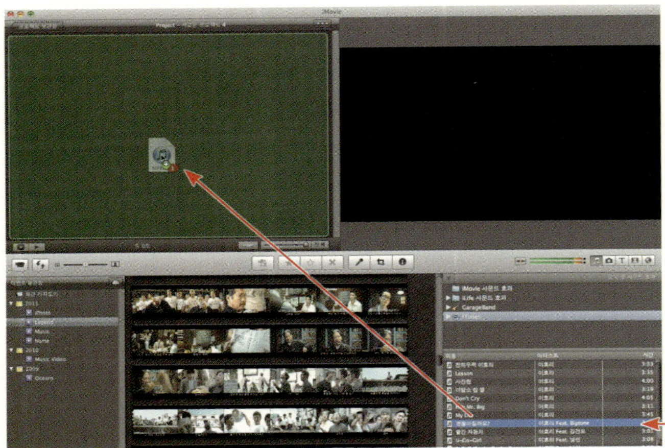


**01** 사진을 재생하는 슬라이드쇼에서 배경 음악은 필수 입니다. 사진을 클립으로 만들 때 음악 비트에 맞추어 넣는 방법을 살펴보겠습니다. 새로운 프로젝트를 만들고, 배경 음악으로 사용할 음악을 가져다 놓습니다.

**02** 프로젝트에 등록된 음악 클립의 속성 버튼을 클릭하여 메뉴를 열고, 클립 다듬기 도구를 선택합니다.

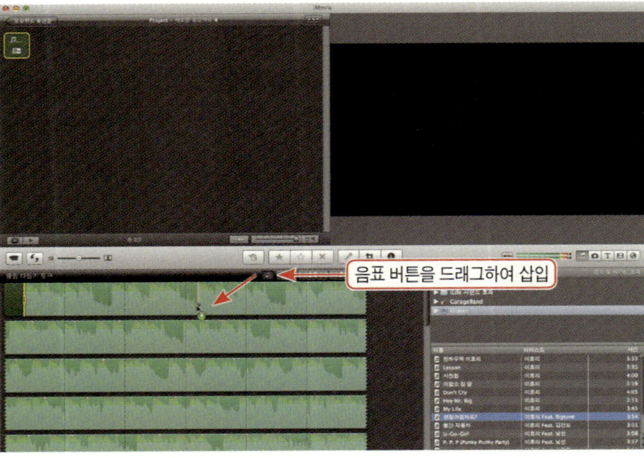


**03** 사진이 삽입될 비트 표시는 도구 모음 줄의 음표 버튼을 드래그하여 추가할 수 있으며, 추가한 비트 라인은 패널 밖으로 드래그하여 삭제할 수 있습니다.

**04** 하지만, 비트 라인은 음악을 재생하면서 M 키를 눌러 삽입하는 것이 효과적입니다. 스페이스 바 키를 눌러 음악을 재생하고, 4박자 또는 8 박자 단위로 M 키를 눌러 비트 라인을 삽입합니다.

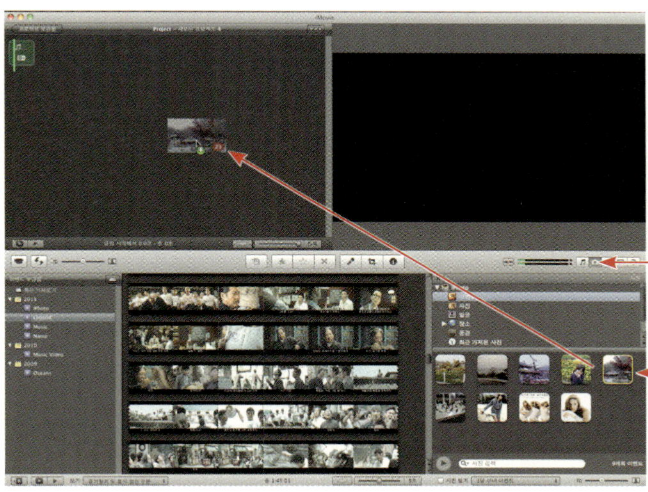


**05** 비트 라인을 모두 삽입했다면, 완료 버튼을 클릭하여 닫고, 사진 브라우저 보기 버튼을 클릭하여 아이포토 이벤트 목록을 엽니다. 그리고 슬라이드쇼로 만들 이벤트를 프로젝트 패널로 드래그하여 가져다 놓습니다.

**06** 사진들이 비트 라인에 맞추어 삽입되는 것을 확인할 수 있습니다. 비트 라인을 모두 제거하겠다면 다듬기 도구 창에서 마우스 오른쪽 버튼을 클릭하여 단축 메뉴를 열고, 모든 비트 표시 제거를 선택합니다.

# 08 비디오 효과 연출하기

프로젝트에 배치한 클립에 특별한 효과를 적용하거나, 슬로우 비디오를 연출하거나, 정지 이미지를 만드는 등의 다양한 기법을 연출할 수 있는 클립 속성과 블루 스크린 합성 기법, PIP 화면 연출 방법 등을 살펴보겠습니다.

## 08-1  클립 속성 변경하기

**01** 프로젝트의 클립을 더블 클릭하여 속성 창을 열고, 클립 탭을 선택하면, 해당 클립에 다양한 효과를 적용할 수 있는 옵션들을 볼 수 있습니다.

**02** 비디오 효과 항목을 클릭하여 선택 창을 열고, 특별한 영상을 만든다거나 속도를 조정하여 슬로우 비디오를 연출하는 등의 기법이 가능한 것입니다. 각 옵션의 역할은 다음과 같습니다.

- **실행 시간**

  선택한 클립의 길이를 조정할 수 있습니다. 단, 아래에 표시된 원본 실행 시간을 초과할 수 없습니다.

- **비디오 효과**

  선택한 영상 클립에 특별한 효과를 만들 수 있는 비디오 효과 선택 창을 엽니다. 각각의 결과는 미리 보기 창에서 확인할 수 있으며, 적용한 비디오 효과를 제거할 때는 효과 선택 창을 다시 열어 없음을 선택합니다.

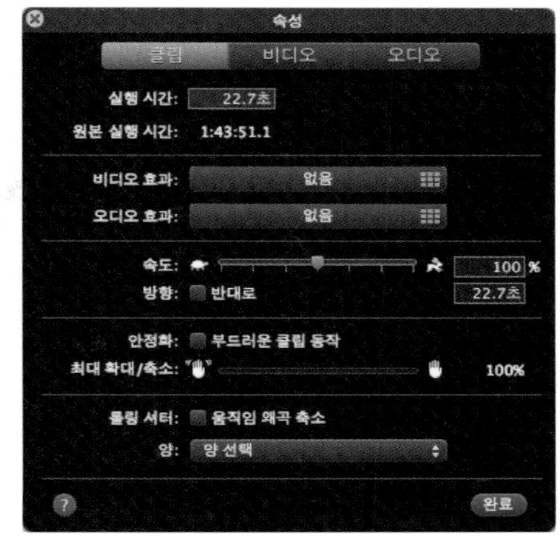

- **오디오 효과**

  로보트 음성, 전화 음성 등의 다양한 오디오 효과를 만들 수 있는 오디오 효과 선택 창을 엽니다. 각각의 결과는 선택 창에서 마우스를 가져갔을 때 바로 모니터 할 수 있으며, 스페이스 바 키를 눌러 정지할 수 있습니다.

- **속도**

  슬라이더를 왼쪽으로 드래그하여 비디오 클립의 속도를 느리게 하거나 오른쪽으로 드래그하여 속도를 빠르게 조정할 수 있습니다. 슬로우 비디오 효과를 간단하게 연출할 수 있는 것입니다.

- **방향**

  영상이 거꾸로 재생되는 효과를 만듭니다. 오른쪽의 시간은 클립 실행 시간을 나타냅니다.

- **안정화**

  화면의 흔들림을 보정합니다. 대부분의 카메라에는 흔들림 보정 기능이 있기 때문에 입문자도 안정된 촬영이 가능하지만, 작동 미숙으로 흔들림 보정 기능을 사용하지 않은 경우에 이용할 수 있습니다. 인물 위주의 촬영본 이라면, 클립을 마우스 오른쪽 버튼으로 클릭하여 단축 메뉴를 열고, 비디오 분석 메뉴의 인물을 선택하여 시간을 단축 시킬 수 있습니다. 안정화를 진행하게 되면 영상의 크기가 자동으로 조정하는데, 결과물에 따라서 아래쪽의 최대 확대/축소 슬라이드를 드래그하여 영상의 크기를 재조정 할 수 있습니다. 단, 안정화의 적용 레벨이 조정되는 것이므로, 미세한 조정이 필요할 때만 이용합니다.

- **롤링 셔터**

  CMOS 기반의 캠코더에서 흔히 발생하는 영상의 왜곡을 보정합니다. 아래쪽의 양 메뉴에서 롤링 셔터가 적용되는 레벨을 선택할 수 있습니다.

## 08-2 정지 프레임 만들기

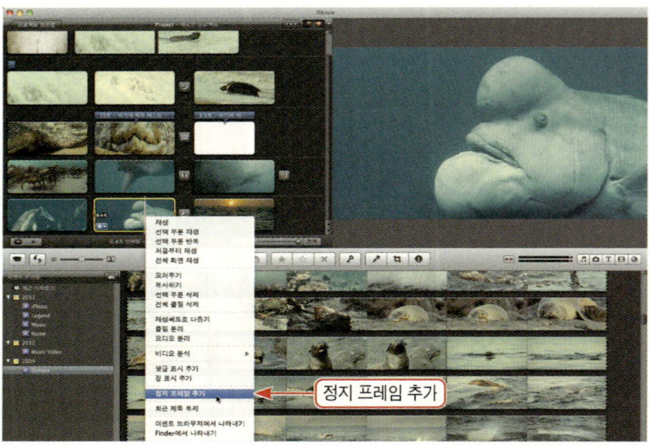


**01** 드라마 및 영화 엔딩 장면에서 많이 사용하는 정지 프레임을 만들어 보겠습니다. 클립에서 정지 이미지로 사용할 위치를 찾아 마우스 오른쪽 버튼을 클릭하여 단축 메뉴를 열고, 정지 프레임 추가를 선택합니다.

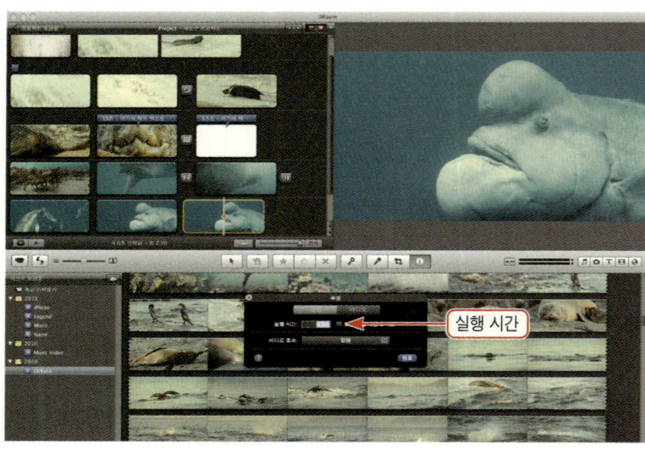


**02** 4초 길이의 정지 프레임 클립이 생성됩니다. 길이를 조정하겠다면 클립을 더블 클릭하여 속성 창을 열고, 실행 시간을 조정합니다.

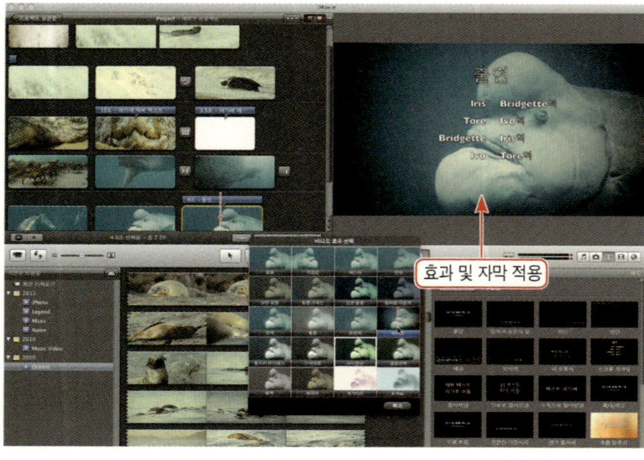


**03** 속성 창의 비디오 효과 및 자막을 추가하여 엔딩 크레딧을 손쉽게 만들 수 있습니다. 비디오 효과 및 자막 사용법은 이미 살펴본 내용이므로 생략합니다.

## 08-3  PIP 화면 만들기

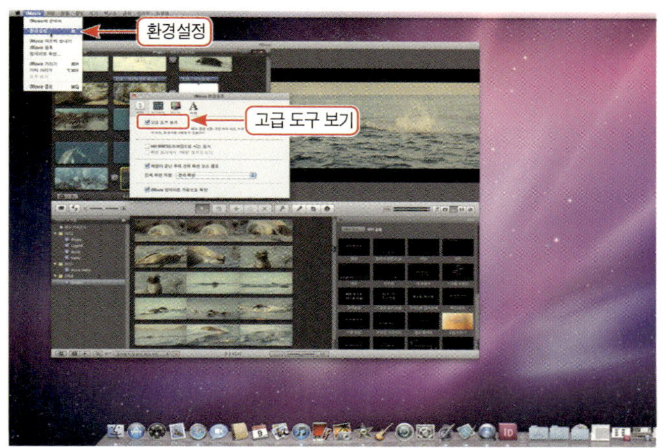


**01** 화면 속에 작은 화면을 의미하는 PIP 화면을 만들어 보겠습니다. iMovie 메뉴의 환경 설정을 선택하여 창을 열고, 일반 탭의 고급 도구 보기 옵션을 체크합니다.

**02** 축소판에서 작은 화면으로 사용할 장면을 선택하여 프로젝트 패널에 배치한 클립 위로 드래그하여 가져다 놓습니다. 이때 열리는 메뉴에서 사진 속의 사진을 선택합니다.

**03** 화면 오른쪽 상단에 작은 화면이 삽입되며, 화면을 드래그하여 위치를 바꾸거나 테두리를 드래그하여 크기를 조정할 수 있습니다.

**04** 클립 위로 삽입된 PIP 클립을 더블 클릭 하면 테두리의 폭과 색상, 그리고 그림자를 만들 수 있는 속성 창이 열립니다.

## 08-4 블루 스크린 합성 기법

**01** 파란색 또는 녹색 배경을 두고 촬영한 후에, 다른 영상을 합성하는 기법을 살펴보겠 습니다. 파란색 또는 녹색 배경을 두고 촬영 한 영상 클립을 합성하고자 하는 클립으로 드 래그합니다.

**02** 환경설정의 고급 도구 보기 옵션이 체크 되어 있으면, 파란색 및 녹색 화면을 선택할 수 있는 메뉴가 보입니다. 파란색의 블루 스 크린 앞에서 촬영한 영상이라면 파란색 화면, 녹색의 그린 스크린 앞에서 촬영한 영상이라 면 녹색 화면을 선택합니다.

**03** 파란색 및 녹색 배경이 빠지면서 아래쪽 영상이 합성되는 것을 확인할 수 있습니다. 좀 더 효과를 증폭시켜 보겠다면, 클립을 더블 클릭하여 창을 열고, 배경 항목의 마지막 프레임 빼기 옵션을 체크합니다.

**04** 합성되는 범위를 조정하겠다면 잘라짐 버튼을 선택하고, 모서리의 포인트를 드래그 하여 조정합니다. 그리고 완료 버튼을 클릭합니다.

**05** 합성되는 영상의 테두리가 깔끔하지 못 하다면 클립을 더블 클릭하여 비디오 속성 탭을 열고, 색상 및 노출을 조정하여 보정할 수 있습니다.

**잠깐만!**

자연스러운 합성을 위해서는 촬영을 할 때부터 조명을 이용하여 파란색 및 녹색의 변화가 적게하는 것이 좋습니다.

# 09 프로젝트 마무리 도구

컷 편집, 효과, 트랜지션, 자막 등의 편집 과정을 거치면서 전문 편집 프로그램 못지 않은 결과물을 만들어 낼 수 있었습니다. 프로젝트 편집를 마무리하는 단계에서 유용하게 사용될 수 있는 기능들을 살펴보겠습니다.

## 09-1  테마 적용하기

**01** 프로젝트를 만들 때 테마를 선택하지 않았어도 작업 도중이나 끝난 후에 적용할 수 있습니다. 작업이 끝나고 테마를 적용할 때는 타이틀 패널의 테마 설정 버튼을 클릭합니다.

**02** 프로젝트를 만들 때 보았던 테마 선택 창이 열립니다. 테마를 선택하고, 자동으로 영상 효과 및 제목 추가 옵션을 체크하여 테마를 적용합니다.

**03** 테마가 적용되었습니다. 제목을 더블 클릭하여 변경하고, 완료 버튼을 클릭합니다. 엔딩 클립의 테마에서도 제목을 변경합니다.

**04** 테마는 파일 메뉴의 프로젝트 테마를 선택하여 적용해도 좋습니다. 이미 테마가 적용되어 있는 경우에는 새로운 테마로 변경됩니다.

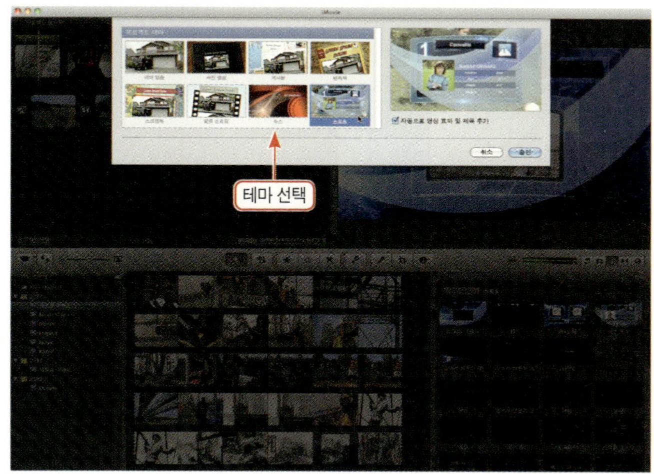


**05** 테마 선택 창이 열립니다. 테마를 선택하면 프로젝트에 적용되어 있던 시작 및 끝의 테마가 모두 변경됩니다.

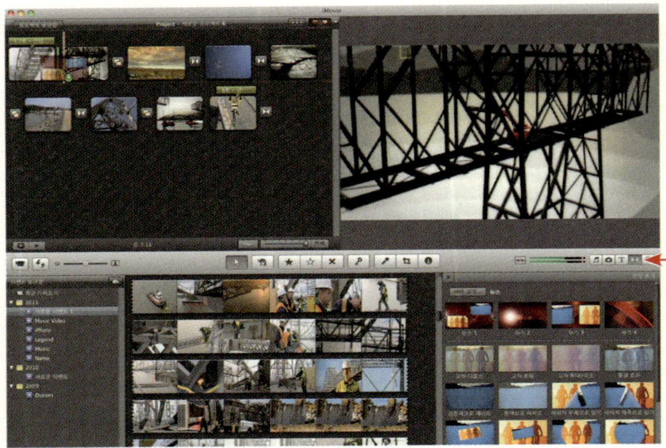


**01** 자동으로 영상 효과 및 제목 추가 옵션으로 생성된 트랜지션은 사용자가 원하는 것으로 변경할 수 있습니다. 트랜지션 패널에서 변경할 효과를 드래그하여 가져다 놓습니다.

**02** 트랜지션을 변경하려면 자동 영상 효과를 꺼야 한다는 메시지의 창이 열립니다. 자동 영상 효과 끔 버튼을 클릭합니다.

**03** 자동으로 적용된 효과에 새로운 트랜지션을 가져다 놓으면, 유사한 것을 함께 변경할 것인지, 모든 효과를 변경할 것인지를 선택할 수 있는 팝업 메뉴가 열립니다. 하나의 효과만 변경하겠다면 대치를 선택합니다.

## 09-3 지도 애니메이션 만들기

**01** 아이무비는 여행의 이동 경로를 표현하는 지도 애니메이션을 제공합니다. 지도 및 배경 보기 버튼을 클릭하여 패널을 열고, 프로젝트 패널에 가져다 놓으면, 위치를 선택할 수 있는 속성 창이 열립니다.

**02** 시작 위치 및 종료 위치를 각각 클릭하여 선택 창을 열고, 위치를 검색합니다. 지도에 표시할 이름을 사용자가 원하는 것으로 바꿀 수 있습니다.

**03** 뉴스, 보도, 오락 프로그램 등에서 자주 사용하는 지도 애니메이션을 쉽게 만들 수 있는 것입니다. 필요하다면 지도 클립을 더블 클릭하여 속성 창을 열고, 비디오 효과를 적용합니다.

## 09-4　화이트 밸런스 조정하기

**01** 사용자 실수로 화이트 밸런스를 잡지 않고 촬영한 영상도 아이무비에서 잡을 수 있습니다. 흰색이 촬영된 영상 클립을 더블 클릭하여 속성 창을 엽니다.

**02** 비디오 탭을 클릭하고, 미리 보기 창에 마우스를 가져가면 포인터가 스포이드 툴 모양으로 변경됩니다. 흰색 부분을 클릭하여 화이트 밸런스를 잡습니다.

**03** 나머지 클립에도 동일한 값을 주어야 색상이 통일 될 것입니다. 화이트 밸런스를 조정한 클립을 마우스 오른쪽 버튼으로 클릭하여 단축 메뉴를 열고, 복사를 선택합니다.

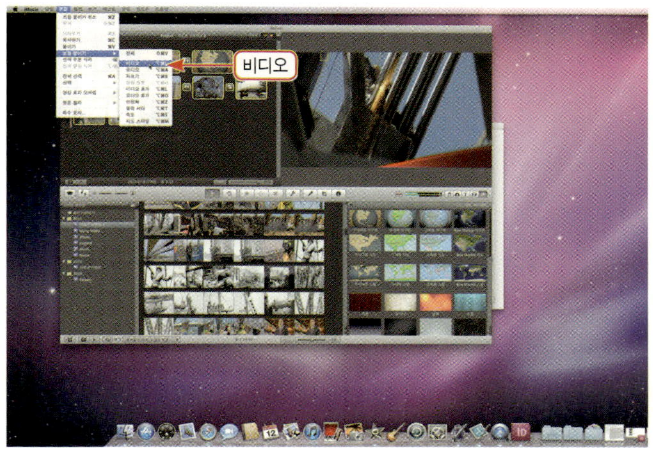


**03** 모두 같은 장소에서 촬영된 것이라면 Command +A 키를 눌러 모두 선택하고, 편집 메뉴의 조절 붙이기에서 비디오를 선택하여 모두 동일한 화이트 밸런스 값이 적용되게 합니다.

> **잠깐만!**
> 조절 붙이기 메뉴에는 복사한 클립에서 비디오, 오디오, 효과 등을 선택하여 붙일 수 있는 역할입니다.

## 09-5 고급 편집 도구

**01 편집 도구**

환경 설정의 일반 탭에서 고급 도구 보기 옵션을 체크했을 때 볼 수 있는 기능들을 살펴보겠습니다.

**02** 도구 모음 줄에 키워드 버튼이 추가됩니다. 편집 도구는 축소판의 클립을 선택했을 때 프로젝트 창에 자동 등록되게 하는 역할을 합니다. 마우스 드래그로 등록할 때는 편집 도구 왼쪽의 화살표 버튼을 이용합니다.

**03 키워드**

축소판 클립에 키워드를 추가하여 작업의 효율성을 높일 수 있습니다. 키워드 도구를 클릭하여 창을 엽니다.

**04** 기본적으로 제공되고 있는 키워드 외에 사용자가 원하는 키워드를 입력하고 추가 버튼을 클릭하여 추가할 수 있습니다.

**05** 클립에 추가할 키워드를 선택하고, 클립을 선택하면, 자동으로 키워드가 삽입됩니다. 키워드가 삽입된 범위는 파란색 라인으로 표시됩니다.

**06** 속성 탭은 클립에서 원하는 범위를 선택하고, 목록을 체크하여 키워드를 수동으로 추가하는 방식입니다.

**07** 키워드가 삽입된 클립에 마우스를 가져갔을 때, 키워드가 표시되게 하려면 보기 메뉴의 재생헤드 정보를 선택합니다.

**08** 돋보기 모양의 키워드 열기 버튼을 클릭하여 이벤트에 소속된 키워드 목록을 볼 수 있으며, 키워드 목록의 녹색 버튼을 클릭하여 해당 키워드가 추가된 클립만 표시하거나 적색 버튼을 클릭하여 감출 수 있습니다.

### 09 L/J 편집

오디오나 영상이 먼저 나오면서 장면이 전환
되는 L/J 편집이 가능합니다. L/J 편집으로 사
용할 범위를 클립 위로 가져다 놓으면 열리는
팝업 메뉴에서 장면 전환을 선택합니다.

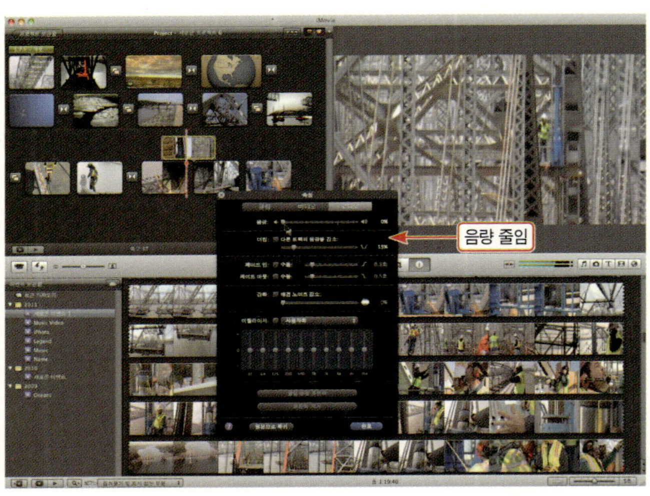


**10** 클립이 위로 추가된 모습이 L 또는 J와
같다고 해서 L/J 편집이라고 부릅니다. 클립
을 더블 클릭하여 오디오 속성을 열고, 음량
을 0%로 만듭니다. 영상은 바뀌지만 전 장면
의 음성이 지속되는 L/J 편집 기법을 본적이
있을 것입니다.

### 11 주석과 장

프로젝트 클립에 편집 위치를 표시하는 주석
과 장을 삽입할 수 있습니다. 주석과 장 버튼
을 삽입할 위치로 드래그합니다.

⑫ 번호로 삽입되는 주석과 장의 이름은 위치를 쉽게 구분할 수 있는 것으로 입력합니다. 입력한 주석과 장 이름은 마우스 더블 클릭으로 수정 가능합니다.

⑬ 주석과 장 버튼 오른쪽의 작은 삼각형을 클릭하면 프로젝트에 삽입한 주석과 장 목록을 볼 수 있으며, 이름을 선택하여 해당 위치로 바로 이동할 수 있습니다.

⑭ 그 밖에 고급 도구 보기 옵션이 체크되어 있는 경우에는 선택한 범위를 프로젝트의 클립으로 가져갔을 때, 대치, 삽입, 전환, 나란히 등의 다양한 선택이 가능한 팝업 메뉴가 열립니다. 각 메뉴의 역할은 이미 살펴보았으므로, 생략합니다.

# 10 동영상 공유하기

완성된 프로젝트는 컴퓨터는 물론이고, 아이팟이나 아이폰, 또는 DVD 플레이어 등의 다양한 미디어 장비에서 감상하거나 유투브와 같은 동영상 웹 사이트에 등록하여 공유하는 것이 최종 목적입니다. 각 매체별 동영상 제작 과정을 살펴보겠습니다.

## 10-1 아이폰에 담기

**01** 프로젝트 보관함에서 아이폰 동영상으로 제작할 프로젝트를 마우스 오른쪽 버튼으로 클릭하여 단축 메뉴를 열고, iTunes 를 선택합니다.

**02** 아이폰 외에 아이팟, 아이패드, 애플 TV 등의 미디어 선택 창이 열립니다. 아이폰에 적합한 모바일 옵션을 체크하고, 발행 버튼을 클릭합니다.

**03** 제작 과정이 완료된 후, 아이튠즈가 자동으로 실행되며, 동영상 보관함에 등록됩니다. 장비 목록의 아이폰으로 드래그하여 담습니다. 그러면 아이폰에서 사용자가 만든 동영상을 감상할 수 있습니다.

> **잠깐만!**
> 장비 요약 탭의 음악과 비디오를 수동으로 관리 옵션이 체크되어 있어야 드래그로 등록할 수 있습니다.

## 10-2  유튜브에 올리기

**01** 모바일미 및 유튜브 계정을 가지고 있다면, 사용자가 만든 동영상을 바로 올릴 수 있습니다. 프로젝트에서 마우스 오른쪽 버튼을 클릭하여 단축 메뉴를 열고, YouTube 및 MobileMe 갤러리에 발행을 선택합니다.

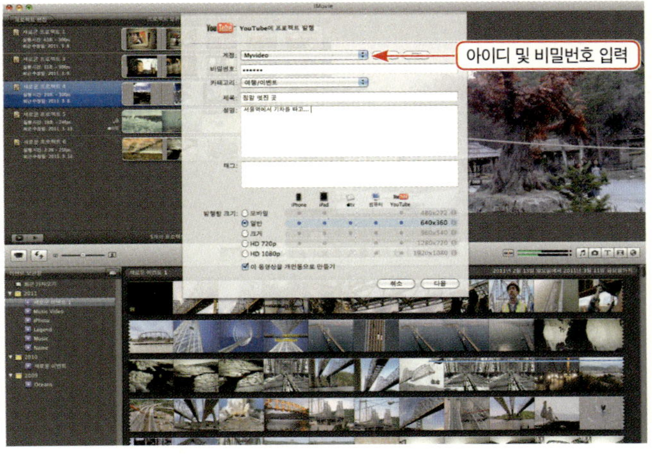


**02** 해당 계정의 아이디와 비밀번호를 입력하고, 다음 버튼을 클릭하여 진행하면, 선택한 프로젝트가 동영상으로 제작되어 바로 등록됩니다.

**03** 아이튠즈 및 유투브 등에 등록한 프로젝트는 보관함 목록의 안테나 아이콘으로 확인할 수 있고, 편집 창에서 해당 사이트를 방문하거나 삭제할 수 있는 공유 메뉴를 볼 수 있습니다.

## 10-3　DVD 제작하기

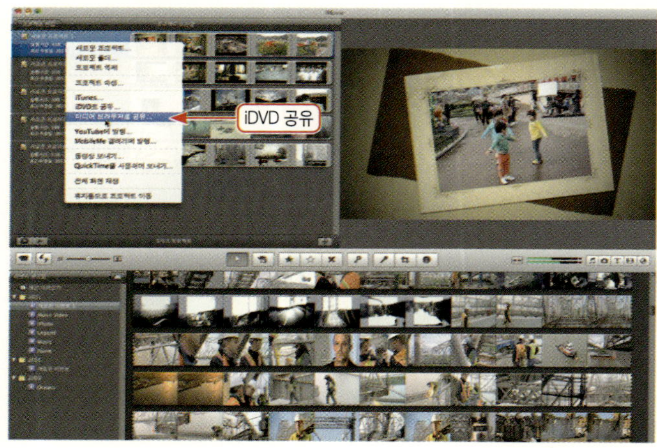


**01** 프로젝트를 iDVD와 연동하여 DVD를 손쉽게 제작할 수 있습니다. 마우스 오른쪽 버튼을 클릭하여 단축 메뉴를 열고, iDVD로 공유를 선택합니다.

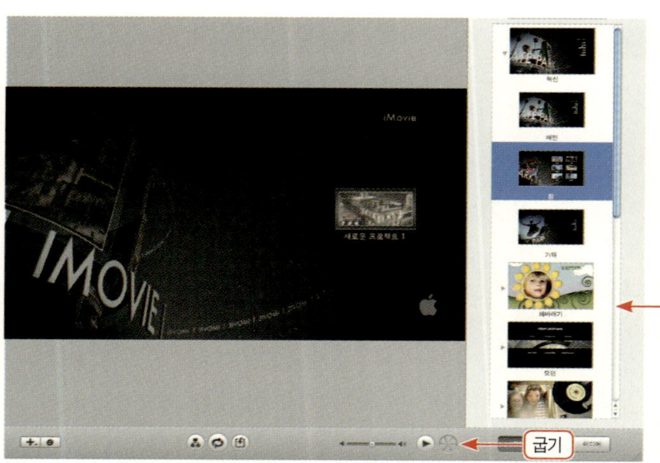


**02** 동영상 제작 과정이 진행되고, iDVD가 실행되며, 메뉴가 자동으로 만들어집니다. 사용자는 원하는 테마를 선택하고, 재생 버튼을 클릭하여 확인하거나 굽기 버튼을 클릭하여 DVD를 만들면 됩니다.

## 10-4  동영상 파일 만들기

**01** 프로젝트를 동영상 파일로 제작하겠다면, 마우스 오른쪽 버튼을 클릭하여 단축 메뉴를 열고, 동영상 보내기 또는 QuickTime을 사용하여 보내기를 선택합니다.

**02** 동영상 보내기를 선택한 경우에는 m4v 포맷의 파일을 만들 수 있습니다. 저장할 위치와 동영상의 크기를 선택하고, 보내기 버튼을 클릭합니다.

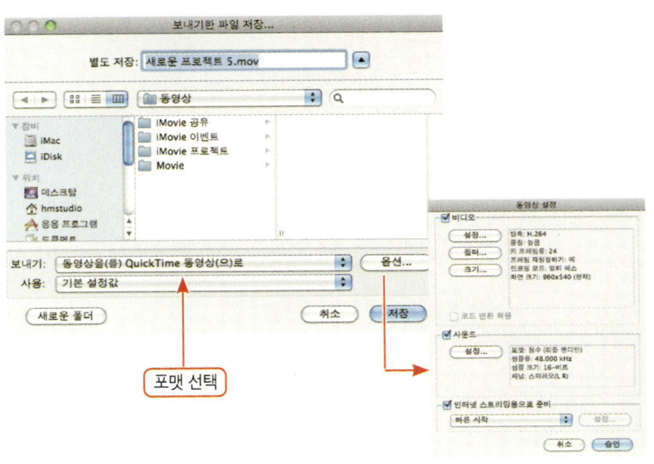



**03** QuickTime을 사용하여 보내기를 선택한 경우에는 Mov, Mp4 등의 다양한 포맷을 제작할 수 있는 보내기 메뉴와 각 포맷의 프리셋을 변경할 수 있는 옵션을 제공합니다.



143

iLife '11

노래잘고 인생을 노래한다

# GarageBand

iLife에 포함된 3번째 프로그램은 음악을 즐기기 위한 가라지밴드(GarageBand)입니다. 악기를 배우고, 곡을 만들고, 노래를 녹음하는 모든 일이 가능한 가라지밴드에 관해서 살펴보겠습니다. 참고로 가라지밴드를 악기 연습용으로 이용할 때는 무리가 없지만, 작/편곡을 목적으로 한다면, 약간의 전문지식이 필요합니다. 그래서 이번 라운드는 컴퓨터 음악 분야의 1인자인 최이진씨의 협조가 있었음을 밝히며, 지면을 통해 감사의 말을 전합니다.

# 가라지밴드 시작하기

가라지밴드는 유명 뮤지션들을 안방으로 초대하여 개인 교습을 받는 음악 학습용과 사용자의 연주와 노래를 녹음하여 발표할 수 있는 음악 제작 기능이 통합되어 있는 종합 프로그램입니다. 음악을 즐기는 수준에서 음반 제작이 가능한 기능까지 갖추고 있는 것입니다.

## 01-1 있으면 좋은 것들

가라지밴드는 맥에 내장되어 있는 사운드 카드의 입/출력 라인과 마우스만으로도 음악을 즐길수 있기 때문에 별도의 하드웨어 장비를 갖출 필요는 없습니다. 그러나 음악 레슨과 제작에 관심이 있는 사용자라면 보컬 및 어쿠스틱 악기를 녹음하기 위한 마이크, 일렉기타 연주를 위한 케이블, 미디 연주를 위한 마스터 건반 등의 장비가 있으면 좋습니다.

### 케이블 및 젠더

맥에서 제공하는 사운드 입/출력 단자는 일반 이어폰 크기의 35mm(폰잭)입니다. 그러나 노래방 마이크나 Guitar 잭의 크기는 55mm(55잭)입니다. 결국, 55잭을 폰 단자에 연결하기 위해서는 크기를 전환시켜줄 별도의 젠더가 필요합니다. 물론, 한쪽은 55잭으로 되어 있고, 다른 한쪽은 폰 잭으로 되어 있는 케이블도 있습니다. 온라인 쇼핑몰에서 자신에게 필요한 젠더 또는 케이블을 구입합니다.

### 마이크

맥은 마이크가 내장되어 있으므로, 별도의 케이블이 없어도 사용자 목소리나 어쿠스틱 악기를 녹음할 수 있습니다. 다만, 주변 잡음이 유입될 수 있기 때문에 단일 지향성의 마이크를 별도로 사용하는 것이 좋습니다. 마이크는 내구성이 뛰어나 공연장에서 많이 사용하는 다이내믹 타입과 수음성이 뛰어나 녹음실에서 많이 사용하는 콘덴서 타입으로 구분합니다. 단, 콘덴서 마이크는 팬덤 파워가 필요하기 때문에 맥에 바로 연결할 수 없으므로, 입문자에게는 추가 비용이 필요없는 다이내믹 타입을 권장합니다.

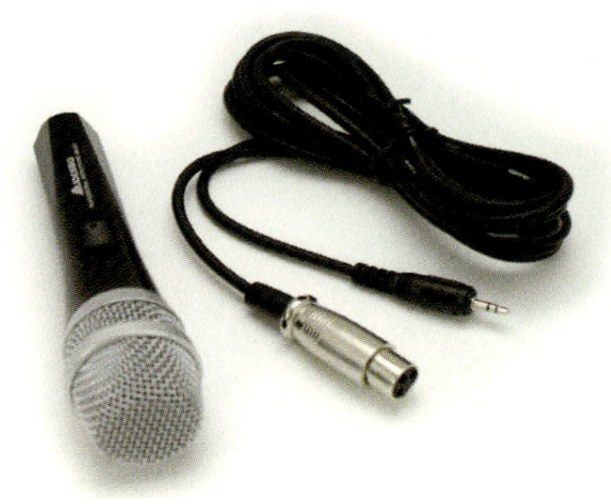

## 오디오 인터페이스

맥은 24비트 녹음이 가능한 고품질의 사운드 카드가 내장되어 있으므로, 음악을 공부하는 사람들에게는 충분합니다. 그러나 상업용 음악 제작을 목적으로 한다면, 보다 퀄리티 높은 별도의 오디오 인터페이스가 필요합니다. 오디오 인터페이스는 동시에 몇 개의 라인을 연결하여 녹음할 수 있는가를 나타내는 채널 수에 따라 가격 차이가 크므로, 자신의 작업 환경과 앞으로의 계획에 맞추어 구입하는 것이 좋습니다. 그리고 콘덴서 마이크를 사용할 계획이라면 팬텀 파워의 지원 여부도 체크하는 것이 좋습니다.

## 스피커

맥은 17W의 앰프가 내장되어 있기 때문에 별도의 스피커가 필요 없다고 생각할 수 있지만, 자체적으로 EQ가 적용되어 있기 때문에 음악 제작자에게는 권장하지 않습니다. 상업용 음악 제작을 목적으로 공부 한다면 전 대역의 주파수가 고르게 들리는 모니터용 스피커를 구입하는 것이 좋습니다. 요즘 출시되는 대부분의 모니터 스피커는 앰프가 내장되어 있어 추가 비용이 필요없으며, 가격이 저렴한 보급형의 성능도 뛰어나므로, 하나쯤 장만할 것을 권장합니다.

## 마스터 건반

가라지밴드는 미디 기능을 지원합니다. 미디는 사용자가 입력한 연주 데이터에 의해서 소프트 악기 및 컴퓨터에 연결된 미디 악기를 자동으로 연주하는 기능입니다. 가라지밴드에 미디 데이터를 입력하는 장치로는 키보드 및 마우스를 이용해도 좋지만, 마스터 건반이라고 불리는 미디 컨트롤러를 많이 사용합니다. 컴퓨터 그래픽 전문가들이 효과적인 작업을 위해서 연필 모양의 타블릿을 이용하듯이 음악을 하는 사람들은 피아노 모양의 마스터 건반을 이용하는 것입니다. 요즘 출시되는 마스터 건반은 미디 인터페이스 없이 USB 포트에 바로 연결하여 사용할 수 있지만, 그렇지 않은 경우도 있으므로 구입을 할 때 체크하기 바랍니다.

## 미디 인터페이스

디지털 피아노와 같이 USB를 지원하지 않는 악기라면, 컴퓨터와
악기를 연결해 줄 장치가 필요한데, 이것을 미디 인터페이스라고
합니다. 컴퓨터에 연결할 악기가 한 대 뿐이라면 USB 케이블 타
입의 미디 인터페이스를 이용하는 것이 편하고, 악기가 많은 경
우라면 멀티 미디 인터페이스를 이용합니다. 단, 멀티 미디 인터
페이스는 악기와 컴퓨터의 중간 역할을 하는 것이므로, 별도의
미디 케이블이 추가적으로 필요합니다.

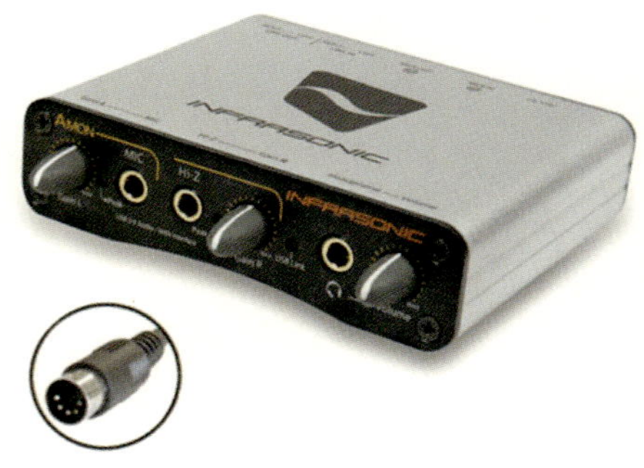

## 01-2 환경 설정

가라지밴드를 음악 작업 목적으로 사용하는 것이 아니라면, 앞에서 살펴본 장비들을 모두 갖출 필요는 없습니
다. 그냥 컴퓨터에 내장되어 있는 사운드 카드와 마이크를 그대로 이용해도 음악을 즐기며 배울 수 있습니다.
하지만, 음악 제작을 목적으로 몇 가지 장비를 갖춘 사용자라면 가라지밴드의 환경 설정을 확인할 필요가 있습
니다. 단, 아무런 장비도 갖추고 있지 않다면, 기본 값 그대로 진행을 해도 좋습니다.

**01** Dock에서 Guitar 모양으로 되어 있는 가
라지밴드(GarageBand) 아이콘을 클릭하거나
응용 프로그램 폴더에서 GarageBand 아이콘
을 클릭하여 실행합니다.

닫기

**02** Welcome 창이 열립니다. 가라지밴드의 기본 사용법을 보고 싶다면 동영상 튜토리얼을 클릭하여 애플사에 접속하고, 나중에 보겠다면 닫기 버튼을 클릭합니다. 매번 이 창을 보고 싶다면, GarageBand가 열릴 때 이 윈도우 보기 옵션을 체크하고, 필요한 경우에만 도움말 메뉴의 GarageBand 시작하기를 선택하여 엽니다.

> **잠깐팁**
>
> 도움말 메뉴의 비디오 튜토리얼을 선택하면 가라지밴드의 기본 사용법을 동영상으로 배울 수 있는 애플사에 접속할 수 있습니다.

**03** 시작하기 창이 열립니다. 가라지밴드는 기본 설정 값을 그대로 이용해도 무난하지만, 추가 장치를 연결했거나 녹음 환경을 변경하고 싶은 경우에는 환경설정을 확인할 필요가 있습니다. GarageBand 메뉴의 환경설정을 선택하여 창을 엽니다.

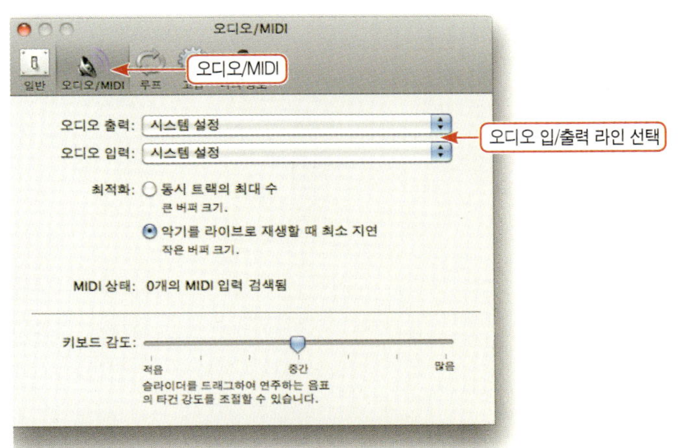



**04** 가라지밴드의 환경을 설정할 수 있는 창이 열립니다. 오디오/MIDI 탭을 선택합니다. 그리고 다음의 옵션 설명을 참조하여 사용자 시스템에 어울리는 오디오 및 미디 환경을 설정합니다.

## ● 오디오 출력/입력

가라지밴드에서 연주되는 사운드의 출력 라인과 가라지밴드로 녹음하는 입력 라인을 선택합니다. 기본값은 시스템 설정으로 되어 있으며, 오디오 인터페이스를 추가한 경우에는 해당 장치를 선택합니다.

## ● 최적화

음악 작업을 할 때, 트랙 수에 우선권을 줄것인지, 지연 시간에 우선권을 줄 것인지를 선택합니다. 동시 트랙의 최대 수 옵션을 선택하면 많은 트랙을 사용할 때 발생하는 에러를 줄일 수 있지만, 녹음하는 사운드가 잠시 후에 들리는 레이턴시 현상이 발생합니다. 가능하면, 악기를 라이브로 재생할 때 최소 지연 옵션을 선택하고, 필요하다면 맥의 메모리를 확장합니다.

## ● MIDI 상태

미디 인터페이스가 장착되어 있는 경우에 해당 장치가 표시됩니다.

## ● 키보드 감도

마스터 건반의 타건 강도를 조정합니다. 이것을 벨로시티라고 하는데, 저가의 마스터 건반이나 디지털 피아노는 사용자가 연주하는 벨로시티 값을 인식하지 못하는 경우가 있습니다. 즉, 약하게 연주하는 것과 세게 연주하는 것을 인식하지 못하여 모두 동일한 세기로 재생된다는 의미입니다. 그러므로 마스터 건반을 구입할 계획이라면 벨로시티의 지원 여부를 확인하기 바라며, 이미 벨로시티를 지원하지 않는 건반을 사용하고 있다면, 여기서 키보드의 감도를 조정합니다.

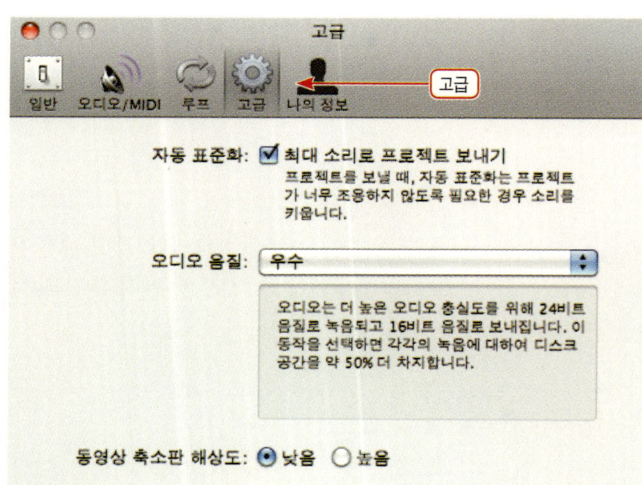

**05** 오디오/MIDI 탭에서는 오디오 및 미디 인터페이스를 추가한 경우에만 입/출력 라인을 해당 장치로 선택하고, 나머지는 기본값을 그대로 이용해도 됩니다. 그러나 가라지밴드에 익숙해지면 사용자 시스템에 적합한 옵션을 설정할 수 있는 고급 탭에 관해서도 알고 있어야 할 것입니다.

● **자동 표준화**

음악 작업을 끝내고 프로젝트를 보낼 때 음량을 자동으로 키울 것인지의 여부를 선택합니다. 이제 막 음악
공부를 시작하는 경우라면 옵션이 체크되어 있는 상태로 사용하는 것이 좋지만, 믹싱과 마스터링 작업에 익
숙해지면 옵션을 해제하는 것이 좋습니다.

● **오디오 음질**

오디오 음질은 입/출력 모두 16비트로 사용하는 보통, 입력은 24비트, 출력은 16비트로 사용하는 우수, 입/
출력 모두 24비트로 사용하는 최상의 3가지 메뉴를 제공합니다. 오디오 CD 제작을 목적으로 한다면 보통 또
는 우수를 선택하고, DVD 제작을 목적으로 한다면 최상을 선택합니다.

● **동영상 축소판 해상도**

가라지밴드의 동영상 트랙에 보이는 프레임의 해상도를 선택합니다. 음악 작업에서 영상이 주가되는 것은
아니므로 낮음을 선택하여 메모리를 확보하는 것이 좋습니다.

## 01-3  프로젝트 만들기

**01** 가라지밴드의 시작 화면에는 새로운 프
로젝트, 연주 방법 교육, 레슨 스토어, Magic
GarageBand, iPhone 벨소리의 5가지 사이드
메뉴가 있습니다.

● **새로운 프로젝트** : 음악 작업을 위한 프로젝트를 만드는 것이며, 작업 목적에 어울리는 다양한 템플릿을 제
공합니다. 가라지밴드를 이용한 음악 제작의 시작입니다.

● **연주 방법 교육** : 기본적으로 피아노와 기타 연주 강좌의 Intro가 준비되어 있으며, 레슨 스토어를 이용하여
추가 할 수 있습니다.

● **레슨 스토어** : 기타 및 피아노 레슨을 다운 받아 연주 방법 교육에 추가할 수 있으며, 아티스트 레슨에서 유
명 뮤지션들의 레슨을 다운 받을 수 있습니다.

● Magic GarageBand : 다양한 장르의 음악을  마우스 조작으로 손쉽게 만들 수 있습니다.

● iPhone **벨소리** : 아이폰용 벨소리를 제작할 수 있습니다.

**02** 새로운 프로젝트에는 피아노 녹음을 위한 Piano, 기타 녹음을 위한 Electric Guitar 등의 다양한 템플릿을 제공합니다. 작곡을 위한 Songwriting 아이콘을 더블 클릭해 봅니다.

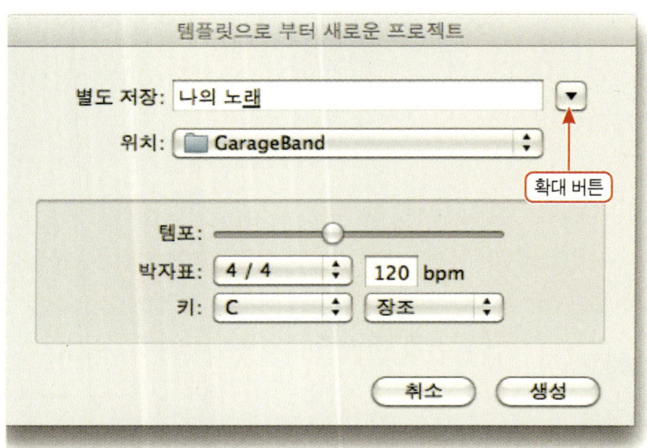


**03** 프로젝트의 이름과 저장 위치,템포, 박자, 키 등을 설정할 수 있는 창이 열립니다. 프로젝트는 작업하는 곡 마다 별도의 폴더를 만들어 저장하는 것이 좋습니다. 확대 버튼을 클릭합니다.

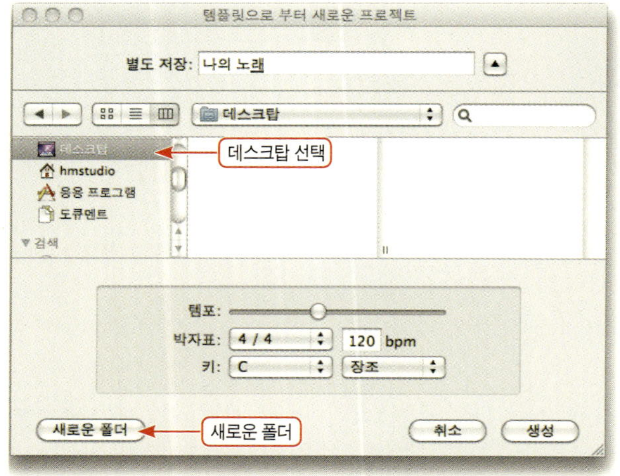


**04** 저장 경로를 카테고리 타입으로 선택할 수 있게 확대됩니다. 예를 들어 데스크탑에 가라지밴드 폴더를 만들고, 앞으로 작업하는 곡들을 가라지폴더 안에 넣겠다면, 첫 번째 목록에서 데스크탑을 선택하고, 새로운 폴더 버튼을 클릭합니다.

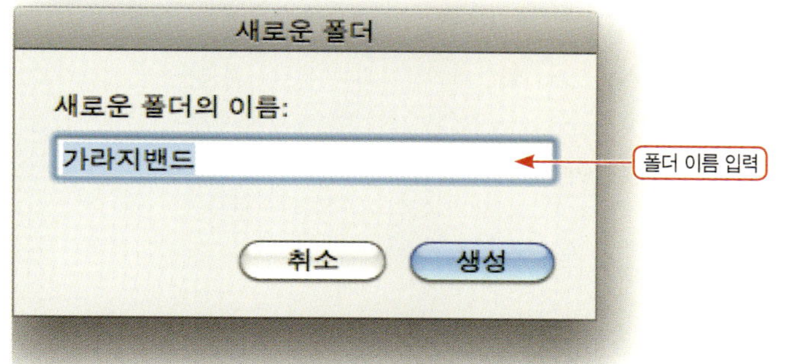



**05** 새로 만드는 폴더의 이름을 입력할 수 있는 창이 열립니다. 가라지밴드를 입력하고 생성 버튼을 클릭합니다.

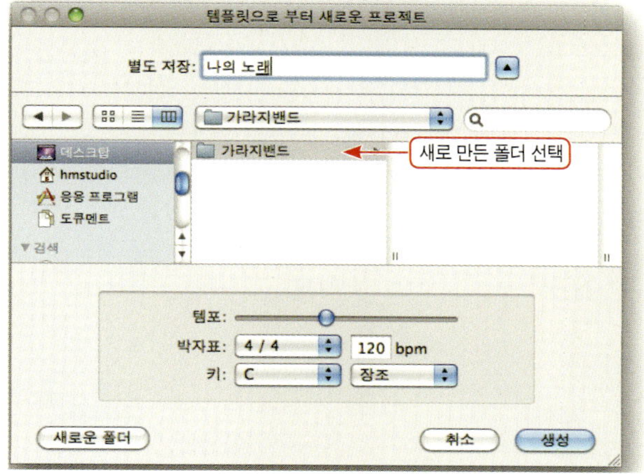



**06** 데스크탑에 가라지밴드 폴더가 만들어 졌습니다. 이번에는 작업 프로젝트가 저장될 폴더를 생성합니다. 앞에서 만든 가라지밴드 폴더를 선택하고 새로운 폴더 버튼을 클릭합니다. 그리고 사용자가 만들 곡의 제목으로 폴더를 만듭니다.

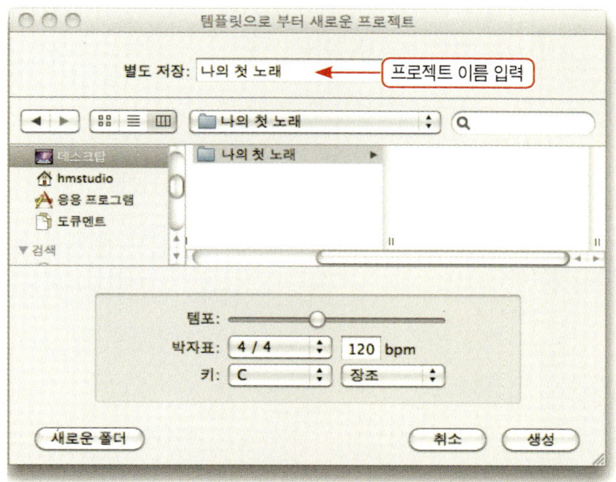



**07** 앞으로 곡을 만들 때 마다 데스크탑의 가라지밴드 폴더를 선택하고, 곡의 제목으로 새로운 폴더를 만들어 프로젝트를 저장하는 것입니다. 프로젝트의 이름을 폴더와 동일한 제목으로 입력합니다.

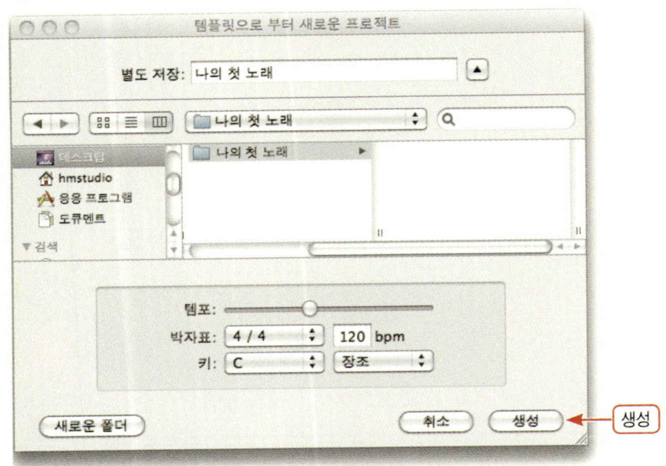


**08** 작업할 곡의 템포와 박자표, 키 등을 미리 결정하는 경우는 드물 것이므로, 기본 값 그대로 생성 버튼을 클릭합니다.

**잠깐팁**
곡의 템포와 박자, 키 등은 음악 작업을 하면서 변경 가능하므로, 프로젝트를 만들 때 결정하지 않아도 좋습니다.

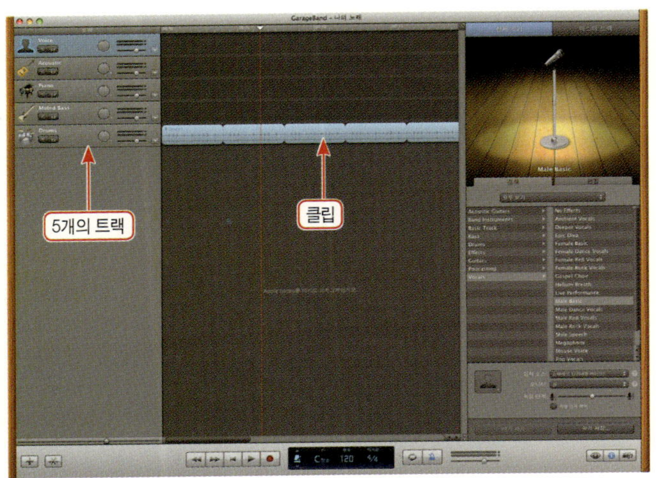


**09** Voice, Acoustic, Piano, Muted Bass, Drums의 5개 트랙으로 구성된 프로젝트가 만들어지며, 드럼 트랙에는 간단한 리듬이 깔려 있는 클립이 생성되어 있습니다. 여기에 사용자 연주를 녹음하거나 루프 사운드를 이용하여 곡을 만드는 것입니다.

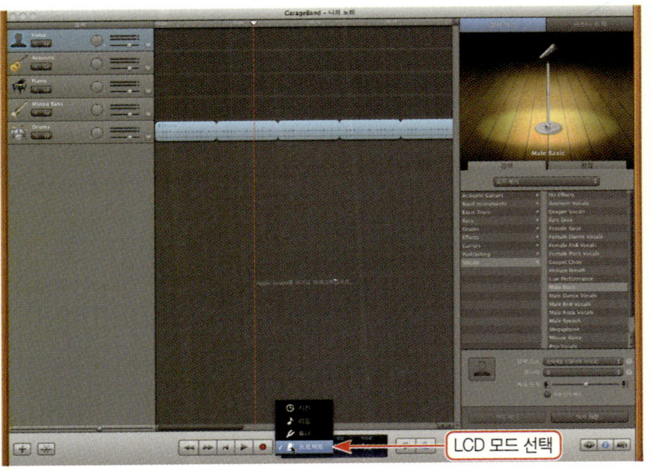


**10** 트랜스포트 패널의 LCD 모드 버튼을 클릭하여 메뉴를 열고, 프로젝트를 선택합니다. 프로젝트를 만들 때 설정한 키와 템포로 되어 있는지 확인하는 것입니다. 스페이스 바 키를 눌러 드럼 사운드도 모니터 해봅니다.

# 02 매직 기능 이용하기

매직 가라지밴드(Magic GarageBand)는 말 그대로 마술처럼 음악을 만들 수 있는 기능입니다. Blues, Rock, Jazz 등의 스타일을 선택하면 자동으로 캄보 밴드 구성이 만들어지고, 사용자의 멋진 애드리브 연주를 추가하여 곡을 완성하는 것입니다.

## 02-1 음악 장르 선택하기

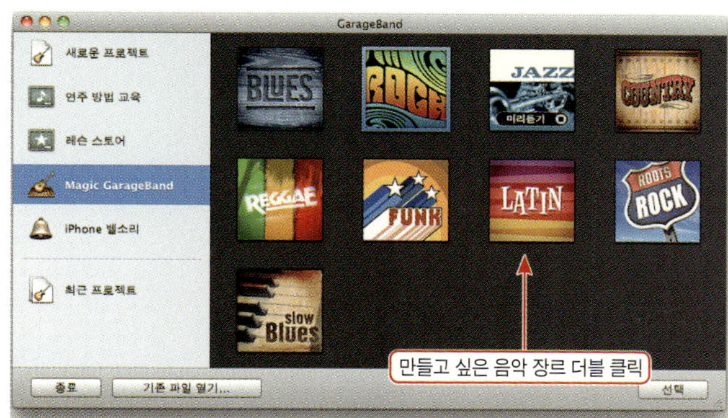


**01** 시작하기 창의 Magic GarageBand를 선택하면 Blues, Rock, Jazz 등의 9가지 음악 장르를 선택할 수 있는 앨범이 보이며, 각 앨범에 마우스를 가져가면 음악을 들어볼 수 있는 미리 보기 버튼이 보입니다. 각 장르의 음악을 미리 들어보고, 마음에 드는 앨범을 더블 클릭합니다.

**02** 그림은 Roots Rock을 선택한 모습입니다. 중앙의 피아노는 사용자가 연주하는 악기(My Instrument)를 의미하며, 백 그라운드로 Guitar, Bass, Drums, Keyboard, Melody의 5인조 악기가 편성되어 있습니다. 재생 버튼 또는 스페이스 바 키를 눌러 음악을 모니터 해봅니다.

**03** 각각의 악기는 사용자가 원하는 것으로 바꿀 수 있습니다. 예를 들어 키보드를 피아노로 바꾸어 연주하고 싶다면, Keyboard 그림를 선택하고, 아래 악기 목록에서 Grand Piano를 선택합니다. 키보드 음색이 피아노로 바뀌는 것을 바로 모니터 할 수 있습니다.

**04** 악기 편성에 대한 아이디어가 떠오르지 않는다면, 무대 바닥을 선택하고 아래쪽에 보이는 악기 임의 재생 버튼을 클릭합니다. 버튼을 클릭할 때마다 악기의 편성이 바뀝니다.

> **잠깐팁**
> 악기 편성을 처음 상태로 복구하고 싶다면 다시 시작 버튼을 클릭합니다.

<table><tr><td>**02-2**</td><td>타임라인 작업</td></tr></table>

**01** 매직 가라지밴드에서 제공하는 음악은 Intro, Verse 1, Chorus, Bridge, Verse 2, Outro의 스탠다드 구성이며, 사용자가 원하는 구간을 선택하여 반복 재생 시킬 수 있습니다.

**02** 두 개 이상의 구간을 반복시키겠다면 Shift 키를 누른 상태에서 선택하고, 특정 위치에서부터 연주되길 원하다면 송 포지션 라인을 드래그하여 위치시킵니다. 전체 구간을 연주시킬 때는 노래 구간 및 전체 스위치를 클릭합니다.

## 02-3  밴드 믹싱

**01** 악기를 선택하면 보이는 이름 항목의 작은 삼각형을 클릭하면 해당 악기의 볼륨을 조정할 수 있는 컨트롤러가 열립니다.

**02** 컨트롤러에는 스피커 모양의 뮤트 버튼, 해드폰 모양의 솔로 버튼, 그리고 볼륨 슬라이드가 있습니다. 전체 악기의 볼륨을 조정할 때는 컨트롤러 바의 볼륨 슬라이드를 이용합니다.

**01** 장르를 선택하고, 악기를 재 편성하고, 각각의 볼륨을 원하는 스타일로 조정했다면 본격적으로 사용자 연주를 녹음할 차례입니다. 중앙에 위치한 My Instrument를 선택하고, 목록에서 악기 및 마이크를 연결한 라인을 선택합니다.

**02** 키보드는 미디, 내장 마이크는 맥에 내장된 마이크, 라인 입력은 맥의 라인 입력을 의미하며, 오디오 인터페이스를 추가한 경우에는 해당 장치를 선택합니다. 여기서는 악기 및 마이크를 맥의 라인 입력에 연결했다고 가정하고, 라인 입력을 선택하겠습니다.

**03** 사용자 악기를 연주하면서 컨트롤러의 볼륨 레벨이 튀는지 확인합니다. 이때 연주하는 악기의 사운드가 모니터되지 않는다면 목록에서 모니터 켜기가 선택되어 있는지 확인합니다.

**04** 목록 오른쪽의 튜너 아이콘을 클릭하면 악기를 조율할 수 있는 튜너 창이 열립니다. 녹음을 하기 전에 악기의 조율 상태를 점검하는 것은 매우 중요합니다.

**05** 기본적으로 기타 사운드에 어울리는 프리셋을 제공하고 있습니다. 각각의 기타 아이콘을 클릭하면서 사운드의 변화를 모니터합니다. 좀 더 다양한 프리셋을 원하거나 연주하는 악기가 기타가 아니라면 사용자화 버튼을 클릭합니다.

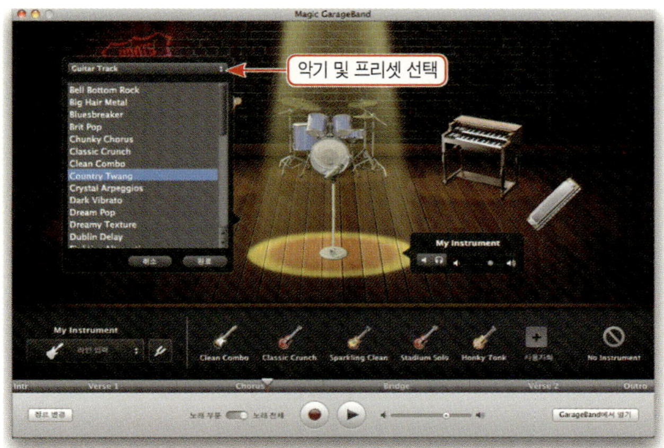



**06** 다양한 프리셋을 선택할 수 있는 창이 열립니다. 연주하는 악기가 기타가 아니라면 상단 목록에서 악기를 변경할 수 있습니다. 각각의 프리셋을 선택해보고 마음에 드는 사운드가 있다면 완료 버튼을 클릭합니다.

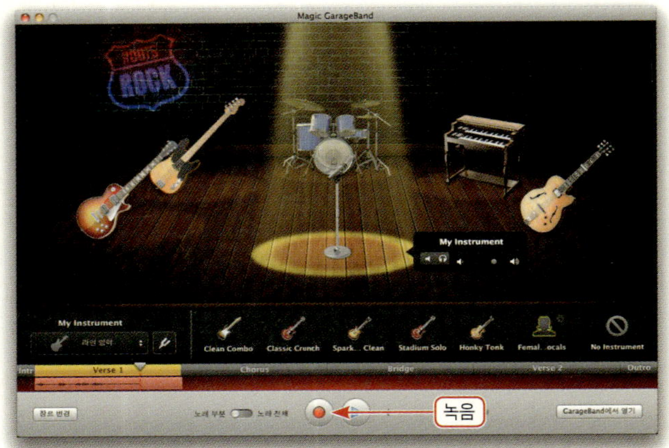

**07** 녹음을 한 번에 끝 낼 수 있는 경우는 드물 것이므로, 파트별로 나누어 진행합니다. 파트를 선택하고 녹음 버튼을 클릭하여 사용자 연주를 녹음합니다. 이때 선택한 파트는 정지할 때까지 반복되므로, 마음에 드는 프레이즈가 녹음될 때까지 반복해도 좋습니다.

**08** 스페이스 바 키를 눌러 녹음을 정지하면 클립에 반복한 수 만큼의 숫자가 표시되며, 번호를 클릭하여 사용자가 마음에 드는 테이크를 선택할 수 있습니다. 구간 별로 녹음을 완성했다면 GarageBand에서 열기 버튼을 클릭합니다.



**09** 사용자 연주를 포함한 모든 악기의 연주가 오디오 트랙으로 만들어지는 것을 확인할 수 있습니다. 이제 사용자가 녹음한 테이크에서 마음에 드는 부분만 골라내고, 나머지 파트를 편집하여 자신만의 음악을 완성하게 되는 것입니다.

# 03  레슨 스토어

가라지밴드는 저렴한 비용으로 세계적인 뮤지션들에게 악기 연주법을 배울 수 있는 레슨 스토어를 제공합니다. 솔직히 왠만한 학원을 다니는 것보다 월등히 낫습니다. 무료로 제공되는 기본 레슨으로 기초를 확실히 다진 후에 아티스트 레슨에도 도전해보기 바랍니다.

## 03-1  레슨 선택하기

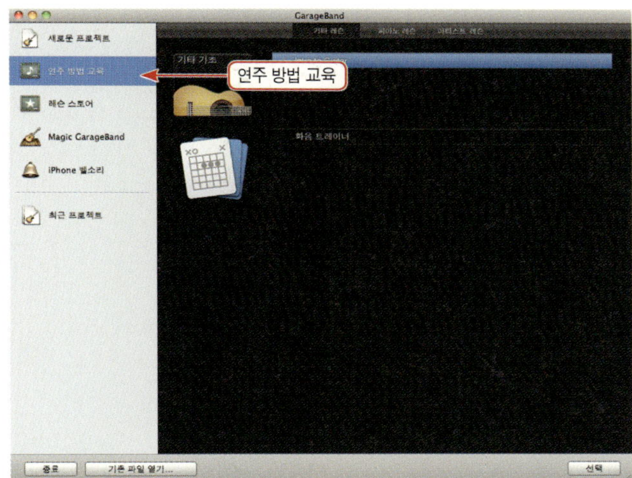

**01** 시작하기 창에서 연주 방법 교육을 선택하면 피아노와 기타의 기초 레슨 1이 등록되어 있습니다. 추가 레슨을 다운 받으려면 레슨 스토어를 선택합니다.

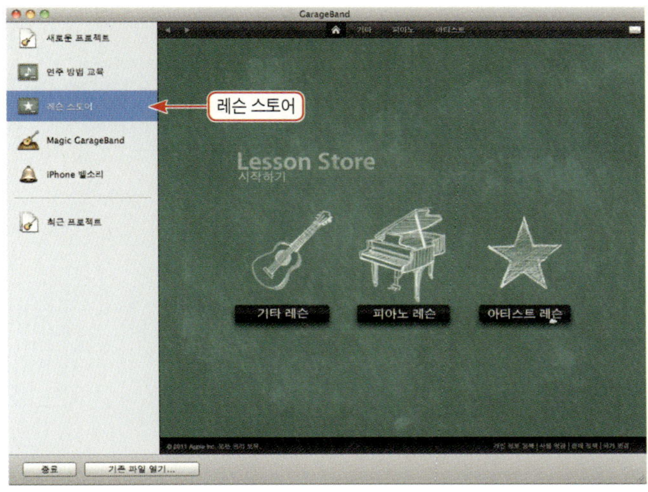


**02** 기타, 피아노, 아티스트의 3가지 메뉴가 있습니다. 기타 및 피아노 레슨은 무료로 제공되는 기본 강좌입니다. 배우고 싶은 레슨을 선택합니다.

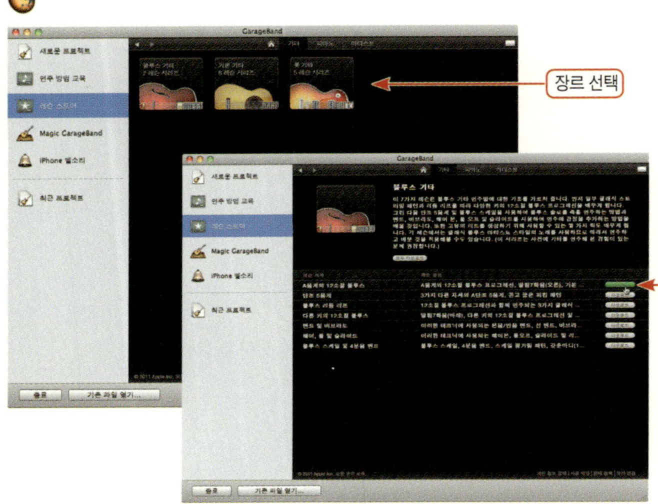


**03** 장르별로 제공되는 레슨 메뉴를 볼 수 있습니다. 공부하고 싶은 레슨 목록을 열고, 다운로드 버튼을 클릭하여 다운 받습니다.


레슨은 항상 업데이트되고 있으므로, 본서를 읽고 있을 때 쯤엔 더 많은 장르의 레슨이 제공되고 있을 것입니다.

**04** 연주 방법 교육 메뉴로 이동되고, 레슨 스토어에서 선택한 레슨이 다운로드 되는 것을 확인할 수 있습니다. 다운로드가 완료되면 해당 레슨을 더블 클릭하여 볼 수 있습니다.

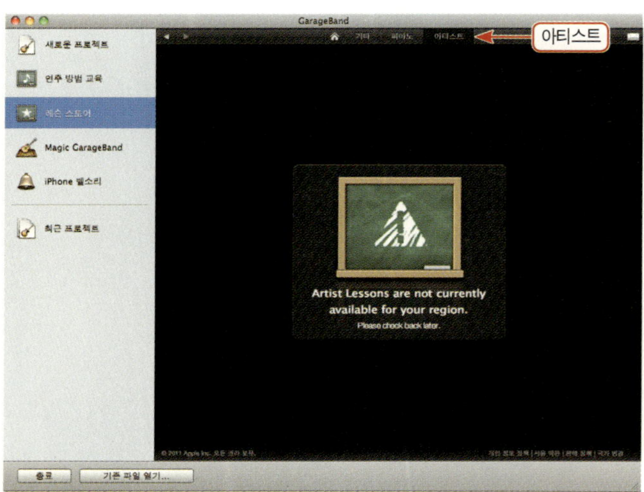


**05** 레슨 스토어의 아티스트 레슨을 선택하면 국내에서는 사용할 수 없다는 내용의 문구가 보입니다. 애플 서비스 센터에 문의를 해보면 국내에서는 아직 서비스되고 있지 않기 때문에 이용할 수 없다는 내용의 안내를 받는다고 합니다.

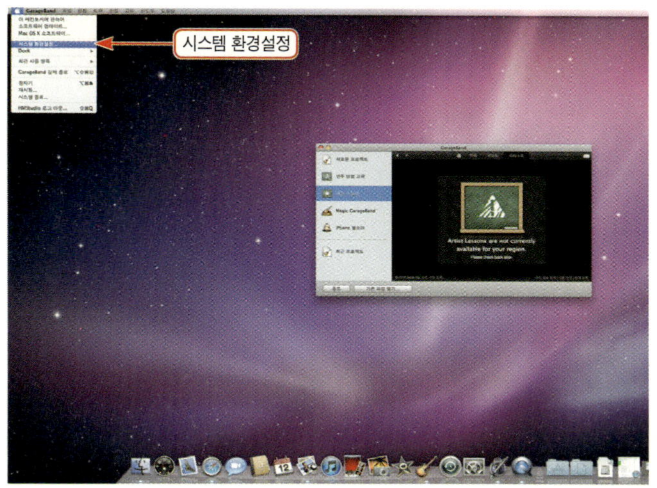


**06** 하지만, 포맷만 바꾸면 국내에서도 이용할 수 있습니다. 본서가 출간된 후에 애플 서비스 센터의 안내가 바뀌길 바라며 방법을 공개하겠습니다. 애플 메뉴의 시스템 환경설정을 선택하여 창엽니다.

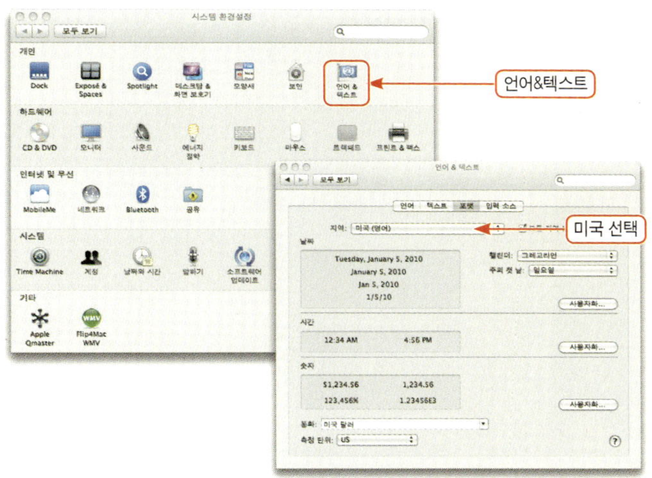


**07** 시스템 환경을 설정할 수 있는 창이 열립니다. 언어 & 텍스트 아이콘을 클릭하여 창을 열고, 포맷 탭에 모든 지역 보기 옵션을 체크합니다. 그리고 지역에서 영어 카테고리의 미국을 선택합니다. 이것으로 아티스트 레슨을 이용할 수 있게됩니다.

**08** Command+Q 키를 눌러 가라지밴드를 종료했다가 다시 실행하고 레슨 스토어를 선택해보면, 메뉴가 영어로 바뀐 것을 확인할 수 있습니다. Artist Lessons을 선택해보면 국내에서도 이용할 수 있다는 것을 확인할 수 있습니다.

**잠깐팁**

포맷이 바뀌면 날짜가 영어로 표시된다는 것 외에 크게 불편한 것이 없으므로, 다시 대한민국으로 바꿀 필요는 없습니다.

**09** 유명 뮤지션들의 레슨 목록에서 배우고 싶은 곡의 뮤지션을 선택하면 해당 레슨의 샘플을 볼 수 있으며, 마음에 들면 아래쪽에 가격 표시로 보이는 구입 버튼을 클릭합니다.

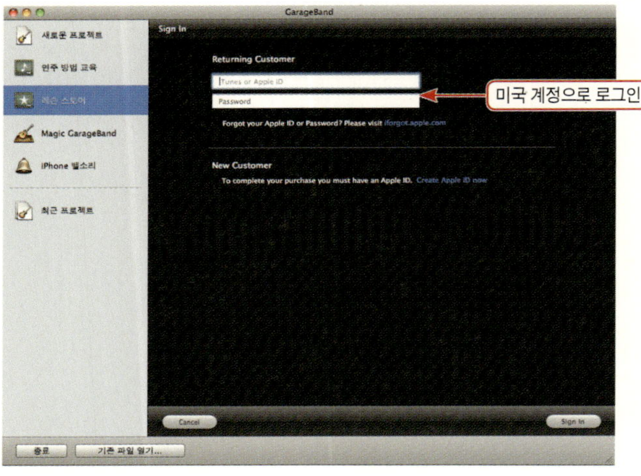


**10** 아이튠즈 계정을 입력하고, Sing In 버튼을 클릭하면 해당 레슨을 구입할 수 있습니다. 단, 미국 계정으로 로그인을 해야 하며, 결제는 해외 승인이 가능한 카드를 이용해야 합니다.

**잠깐팁**

아이튠즈에 관한 기본 지식은 〈iMac 처음부터 시작하기〉 서적을 참조하기 바랍니다.

## 03-2 레슨 창 살펴보기

**01** 연주 방법 교육을 선택하여 다운받은 기본 레슨이나 구입한 아티스트 레슨을 더블 클릭하여 레슨 보기를 실행합니다. 강좌가 바로 시작되며 재생 버튼 및 스페이스 바 키를 눌러 정지 또는 재생 시킬 수 있습니다.

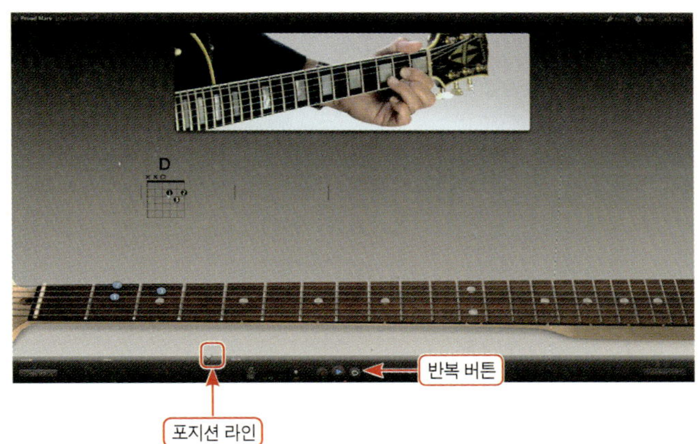


**02** 처음에는 레슨을 가벼운 마음으로 시청합니다. 그리고 반복 버튼을 On으로 놓고, 각각의 구간을 선택하여 단계별로 반복 연습합니다. 구간을 선택하거나 포지션 라인을 드래그하여 위치를 이동시킬 수도 있습니다.

**03** 레슨마다 약간씩의 차이는 있지만, 뮤지션이 보이는 화면에 마우스를 가져가면 레슨을 볼 수 있는 Learn과 전체 연주를 감상할 수 있는 Play 메뉴를 선택할 수 있으며, Play를 선택한 경우에는 카메라의 방향을 선택할 수 있는 프레임이 있습니다.

**04** 레슨이나 연주를 조금 느리게 재생되게 하고 싶다면, 템포 슬라이드를 드래그하여 조정합니다. 필요하다면 메트로놈을 클릭하여 메트로놈 소리를 함께 들을 수 있습니다.


연주 속도를 늦추면 뮤지션의 음성은 들을 수 없습니다.

**05** 볼륨 슬라이드는 레슨의 볼륨을 조정하며, 녹음 버튼은 사용자 연주를 녹음해 볼 수 있습니다. 다른 레슨을 보겠다면 레슨 변경 버튼을 클릭하여 시작 하기 창으로 이동합니다.

## 03-3 레슨 환경 설정하기

**01** 레슨 창 오른쪽 상단에 보이는 Setup 문자를 클릭하면, 사용자 악기가 연결되어 있는 입력 라인과 숫자 키에 할당되어 있는 단축키를 확인할 수 있습니다. Setup 문자를 클릭합니다.


언어 & 텍스트 포맷이 대한민국인 경우에는 설정으로 표시됩니다.

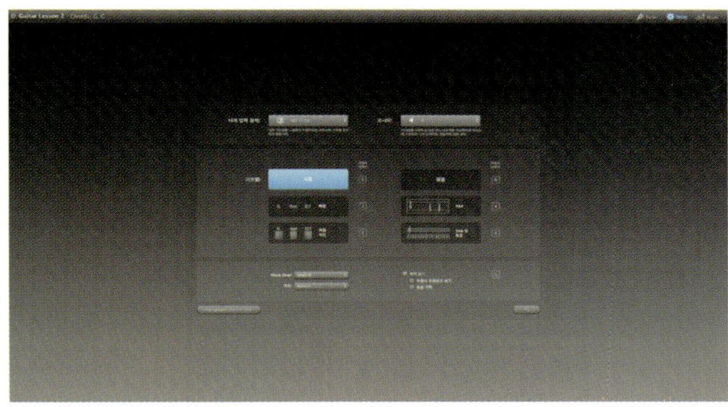

**02** Setup 창은 나의 입력 장치, 모니터, 기보법, Voice Over, 자막, 악기보기 등의 항목으로 구성되어 있으며, 각각의 의미는 다음과 같습니다.



> Setup 창의 구성은 레슨에 따라 조금씩 차이가 있습니다.

- **나의 입력 장치** : 악기가 연결되어 있는 입력 라인을 선택합니다.
- **모니터** : 사용자가 연주하는 악기 사운드를 모니터할 것인지의 여부를 선택합니다.
- **기보법** : 레슨과 함께 표시할 악보 타입의 단축키를 확인할 수 있습니다. 레슨을 보면서 2번 키를 누르면 코드가 표시되고, 4번 키를 누르면 타브 악보가 표시되는 것입니다.
- **Voice Over** : 뮤지션의 언어를 선택합니다. 아직 한국어를 지원하는 레슨은 없습니다.
- **자막** : 화면에 표시할 자막을 선택합니다. 기본 레슨의 경우에는 한글 자막을 지원합니다.
- **악기보기** : 화면 아래쪽에 악기를 표시할 것인지의 여부를 선택합니다.

## 03-4 믹서 사용하기

**01** 레슨 창 오른쪽 상단에 보이는 Mixer 문자를 클릭하면, 레슨 사운드의 레벨을 개별적으로 조정할 수 있는 믹서 창이 열립니다.

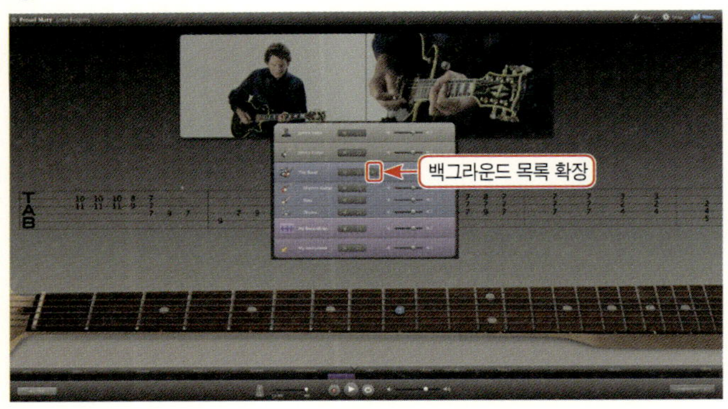


**02** 기본적으로 뮤지션의 음성, 악기, 백그라운드 연주, 나의 악기 목록이 보이며 The Band 항목의 삼각형을 클릭하면 백그라운드로 연주되는 악기의 레벨을 개별적으로 조정할 수 있게 확장됩니다.

**뮤트** : 스피커 모양의 아이콘이며 해당 사운드를 뮤트합니다.

**솔로** : 해드폰 모양의 아이콘이며 해당 사운드만 솔로로 모니터합니다.

**볼륨** : 솔로 버튼 오른쪽의 슬라이드를 드래그하여 해당 악기의 볼륨을 조정합니다.

Reset : 백그라운드 악기를 개별적으로 조정했을 경우에 The Band 항목의 Reset 버튼을 클릭하여 조정 전으로 복구할 수 있습니다.

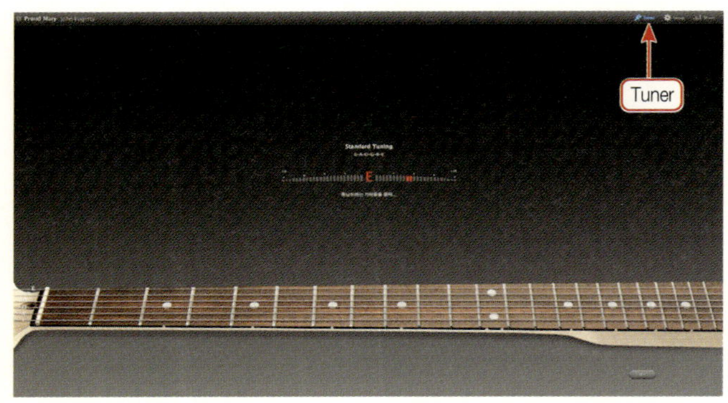


**03** 레슨 창 오른쪽 상단에 보이는 Tuner 문자를 클릭하면 레슨 창은 사용자 악기를 조율할 수 있는 튜닝기 역할을 합니다. 현 악기 연주자들에게 유용한 기능이 될 것입니다.

## 03-5  녹음하기

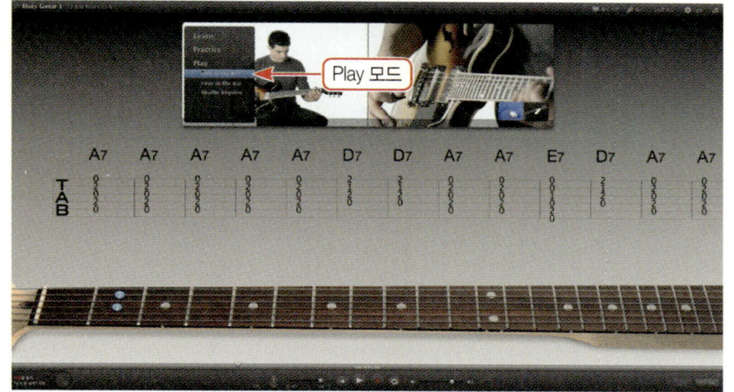



**01** 레슨의 결과는 자신의 연주를 녹음하여 직접 판단하는 것이 가장 좋습니다. 레슨을 Play 모드로 선택합니다. 이때 바로 연주가 되면, 스페이스 바 키를 눌러 정지하고, 포지션 라인을 곡의 맨 앞으로 이동시킵니다.

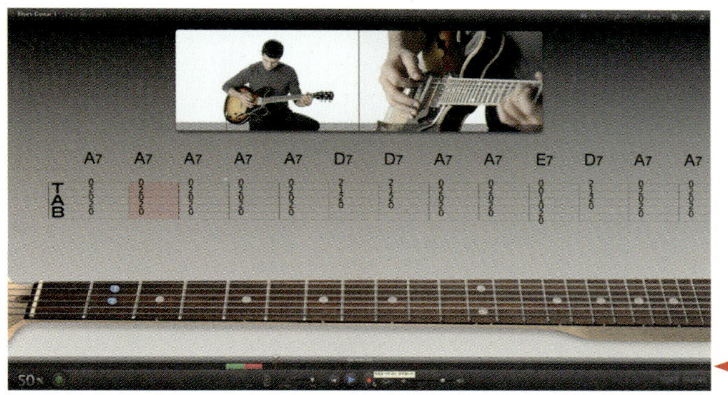



**02** 녹음 버튼을 클릭하면 뮤지션의 연주는 자동으로 뮤트되고, 사용자 연주가 녹음됩니다. 녹음을 다시하겠다면 Command+Z 키를 눌러 취소하거나 녹음한 클립을 Delete키로 삭제합니다. 녹음이 끝나면 연주 기록 버튼을 클릭합니다.

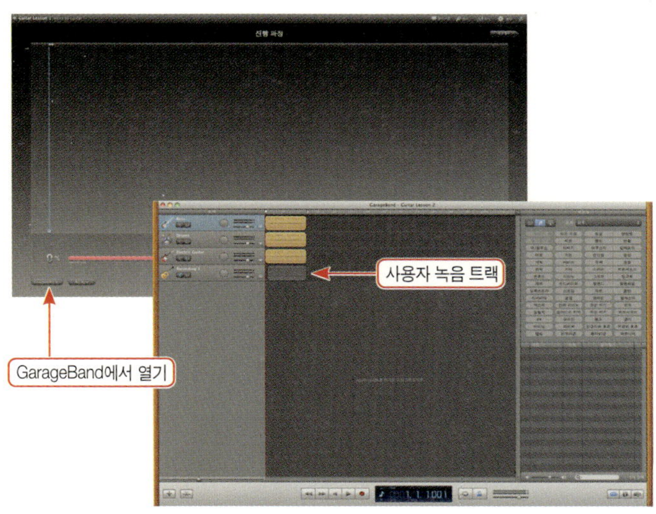



**03** 사용자의 녹음 기록을 볼 수 있는 창이 열리며, GarageBand에서 열기 버튼을 클릭하면, 백그라운드 연주와 사용자가 연주한 녹음 트랙이 형성되는 것을 확인할 수 있습니다. 필요하다면 부분별로 다시 녹음하고, 편집하는 과정을 거쳐서 음악을 완성할 수 있습니다.

# 04 프로젝트 다루기

가라지밴드에서 제공하는 매직 기능과 레슨 기능을 살펴보았습니다. 두 가지 모두 자신의
연주 실력을 향상 시킬 수 있는 기능들이지만, 창작 음악 작업을 하기 위해서는 프로젝트를
자유롭게 다룰 수 있어야 합니다.

## 04-1 트랜스포트 패널

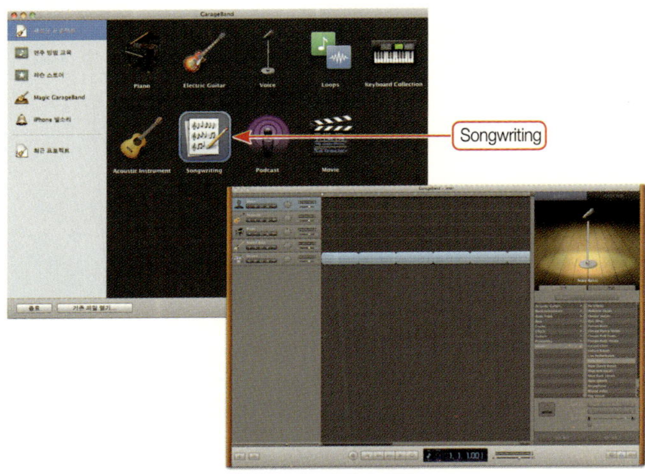



**01** 시작하기 창에서 Songwriting 템플릿을
더블 클릭하여 새로운 프로젝트를 만듭니다.
Voice, Acoustic, Piano, Muted Bass, Drums
이라는 이름을 가진 5개의 트랙으로 구성된
프로젝트가 열립니다.

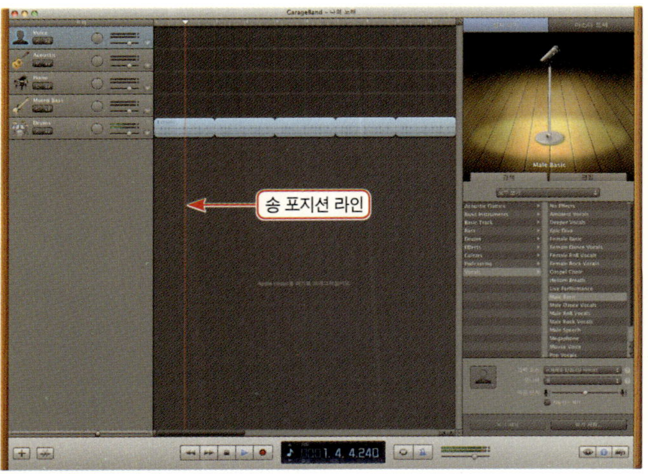



**02** 스페이스 바 키를 눌러 곡을 재생해보
면, 화면 오른쪽으로 흐르는 송 포지션 라인
을 볼 수 있습니다. 송 포지션 라인은 곡의 재
생 위치는 물론이고, 편집 위치를 결정하는
중요한 역할을 합니다.

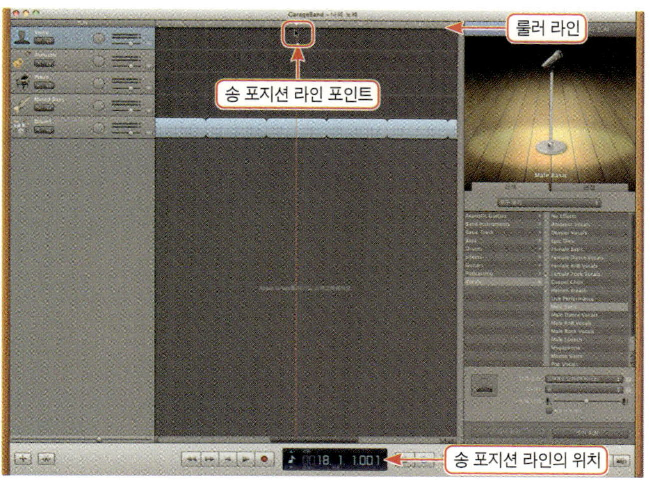



**03** 송 포지션 라인은 기본적으로 포인트를 드래그하여 이동시킬 수 있으며, 화면 상단에 마디와 박자 표시로 위치를 나타내는 룰러 라인을 클릭하여 바로 이동시킬 수 있습니다. 룰러 라인을 더블 클릭하면 해당 위치에서 재생/정지 된다는 것도 기억해두면 좋습니다.

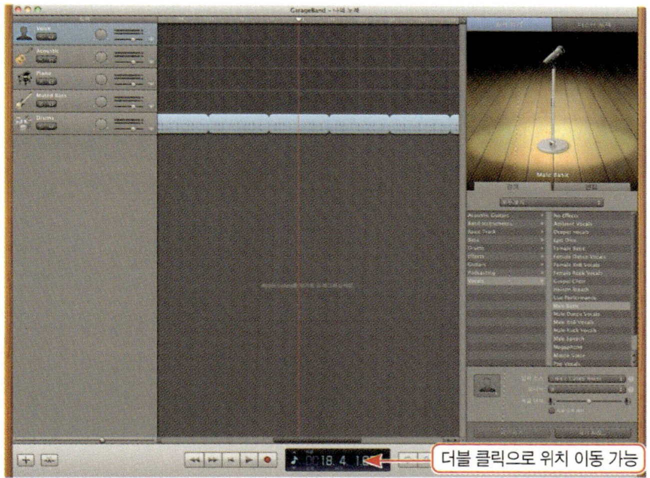



**04** 송 포지션 라인의 정확한 위치는 트랜스포트 패널의 디스플레이 창에서 마디, 박자, 비트, 틱의 단위로 확인할 수 있으며, 각각의 단위를 더블 클릭하여 이동 위치를 입력할 수 있습니다.


박자를 4등분 하여 비트로 표시하듯이 비트를 등분한 것이 틱입니다. 가라지밴드는 16비트를 240 틱으로 나누어 표시합니다.

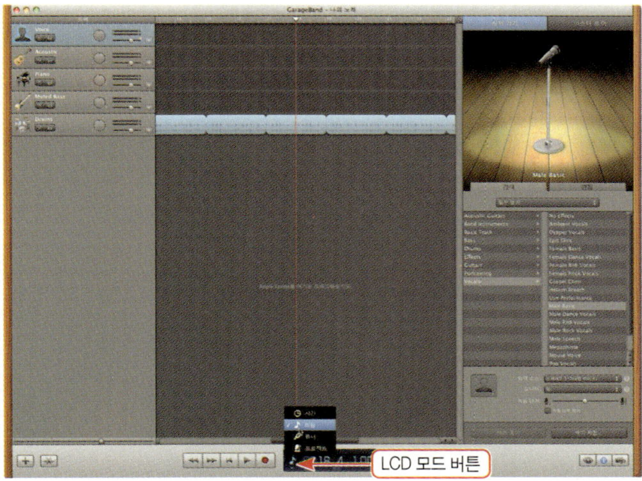



**05** 디스플레이 창의 LCD 모드 버튼을 클릭하면 리듬 형식을 시간, 튜너, 프로젝트로 변경할 수 있습니다. 튜너는 입력하는 악기를 조율할 수 있는 튜너를 표시하며, 프로젝트는 작업하고 있는 프로젝트의 키, 템포, 박자를 표시합니다.

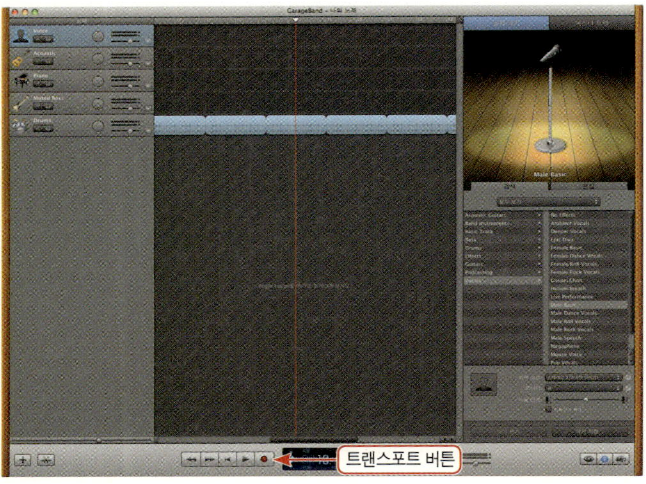


**06** 곡을 재생할 때는 트랜스포트 패널의 재생 버튼을 클릭하는 것 보다 스페이스 바 키를 누르는 것이 편리하듯이 송 포지션 라인의 위치를 이동시키는 트랜스포트 버튼의 단축키는 외워두는 것이 좋습니다.

| 기능 | 키 |
| --- | --- |
| 재생 및 정지 | 스페이스 바 |
| 처음으로 이동 | Home 키(미니 키보드를 사용하는 경우에는 Z 키) |
| 끝으로 이동 | End 키(미니 키보드를 사용하는 경우에는 Option+ Z키) |
| 뒤로 이동 | 왼쪽 화살표 키 |
| 앞으로 이동 | 오른쪽 화살표 키 |
| 뒤로 빠르게 이동 | Option+왼쪽 화살표 키 |
| 앞으로 빠르게 이동 | Options+오른쪽 화살표 키 |

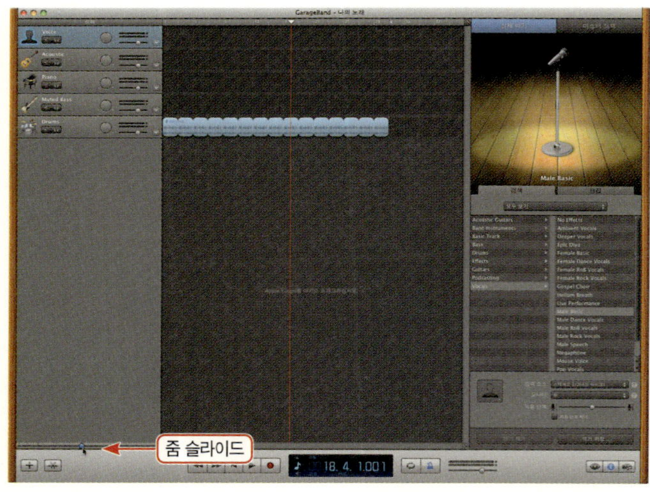


**07** 트랙 리스트 아래쪽의 줌 슬라이드를 드래그하여 작업 공간을 확대/축소할 수 있으며, 스크롤 바를 드래그하여 화면에 표시되는 작업 공간의 위치를 이동시킬 수 있습니다. 이것도 자주 사용하는 것이므로 Option 키를 누른 상태에서 마우스 휠을 돌려 확대/축소할 수 있다는 것을 기억해두기 바랍니다.

## 04-2  트랙 파라미터의 구성

트랙은 녹음, 뮤트, 솔로, 잠금, 오토메이션 등의 파라미터로 구성되어 있습니다. 친절하게 그림으로 표시되어
있기 때문에 쉽게 짐작할 수 있는 것들이지만, 간략하게 각 파라미터 역할을 정리하겠습니다.

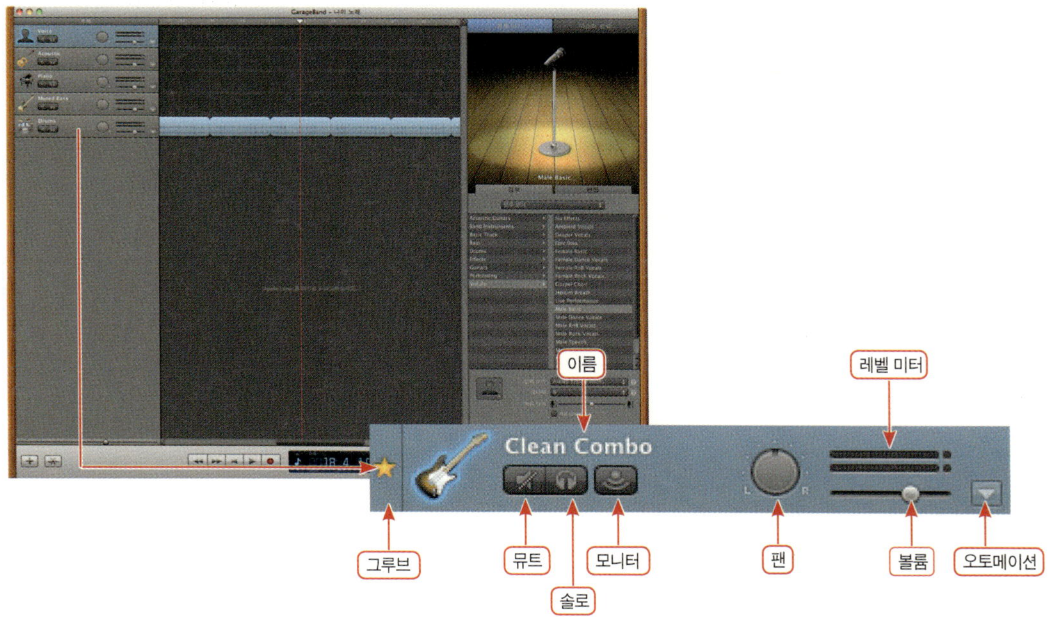



- **그루브** : 악기 그림에 마우스를 가져가면 별표 모양의 그루브 표시가 보입니다. 그루브를 클릭하면 해당 트
  랙의 비트를 분석하여 다른 트랙의 연주를 맞춰줍니다. 이것은 기계적인 컴퓨터 음악을 사람이 연주한 듯한
  휴머니즘으로 바꿔주는 놀라운 기능입니다.
- **이름** : 트랙의 이름을 표시하며, 마우스 더블 클릭으로 변경할 수 있습니다.
- **뮤트** : 해당 트랙의 사운드를 뮤트합니다.
- **솔로** : 해당 트랙의 사운드를 솔로로 연주합니다.
- **모니터** : 전자 기타 트랙에서 볼 수 있는 버튼입니다. 다양한 이펙트를 적용하고, 기타 연주를 녹음할 때, 실
  시간으로 모니터 할 수 있게 해줍니다.
- **팬** : 소리의 재생 방향을 조정합니다. 노브를 왼쪽으로 돌리면 왼쪽 스피커에서 사운드가 들리고, 오른쪽으
  로 들리면 오른쪽에서 들리게 되는 것입니다.
- **볼륨** : 해당 트랙의 볼륨을 조정합니다. 볼륨 슬라이드 위쪽에 있는 레벨 미터에서 빨간색 경고가 보이면 해
  당 트랙에서 연주되는 사운드의 볼륨이 너무 크다는 의미입니다. 이것을 클립 잡음이라고 하는데, 절대 경
  고를 무시하고 작업해서는 안 됩니다.
- **오토메이션** : 볼륨, 팬, EQ 등의 변화를 기록할 수 있는 오토메이션 트랙을 열거나 닫습니다.

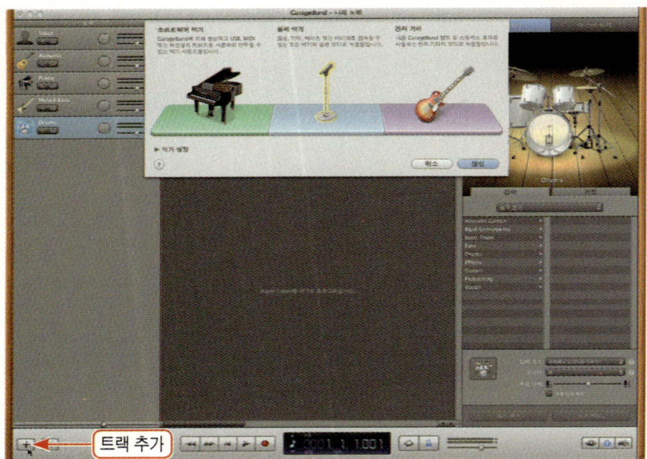

**01**　가라지밴드는 오디오를 위한 실제 악기 트랙, 기타를 위한 전자 기타 트랙, 소프트 악기를 위한 소프트웨어 악기 트랙의 3 종류를 제공합니다. 트랙 추가 버튼을 클릭하여 패널을 열고, 전자 기타 트랙을 추가해봅니다.

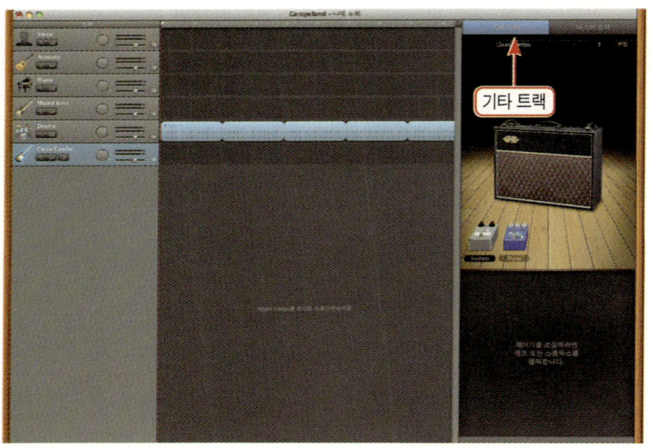

**02**　트랙을 선택하고 오른쪽 정보 패널을 보면, Voice, Acoustic, Drums은 실제 악기, Piano, Muted Bass는 소프트 악기, 새로 추가한 Clean Combo는 기타 트랙이라는 것을 확인할 수 있습니다.

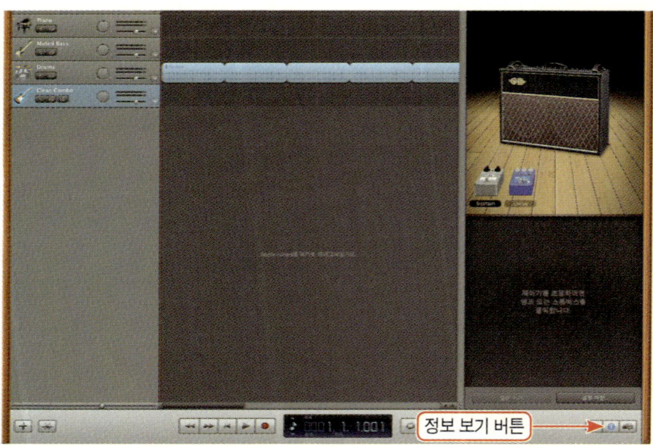

**03**　선택한 트랙의 정보를 표시하는 패널은 정보 보기 버튼을 클릭하여 닫거나 열 수 있습니다. 편집 작업을 할 때는 정보 패널을 닫아 작업 공간을 최대한 이용하고, 필요한 경우에만 여는 것이 효율적입니다.

잠깐팁
정보 패널은 트랙을 더블 클릭하여 열거나 닫을 수 있습니다.

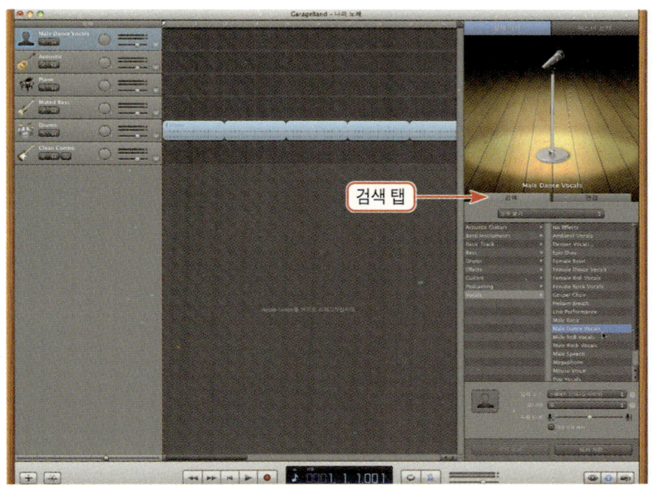



**04** 정보 패널의 검색 탭은 해당 트랙의 다양한 효과가 적용되는 프리셋을 제공합니다. 예를 들어 남성의 록 보컬을 녹음 한 트랙에 어떤 이펙트를 줘야할지 잘 모르겠다면 Vocal 카테고리에서 Male Dance Vocals을 선택하는 것만으로도 전문가의 손길을 느낄 수 있게 됩니다

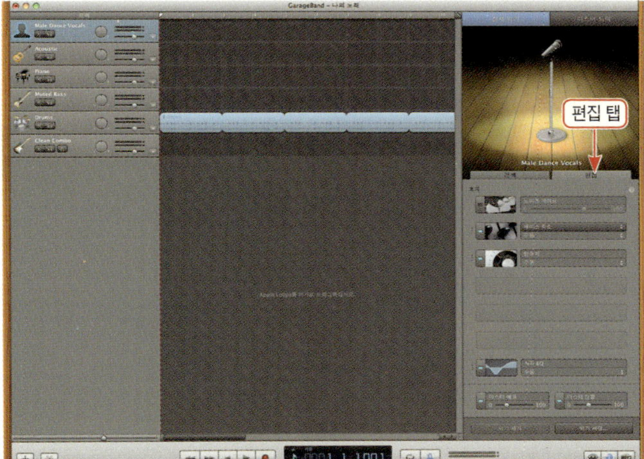



**05** 프리셋은 보컬 외에도 악기별 카테고리를 제공하고 있기 때문에 입문자도 쉽게 멋진 음악을 만들 수 있게 될 것입니다. 그러나 자신의 색깔을 내고 싶은 전문가 수준이 되면, 각각의 프리셋을 수정하고 싶게 되는데, 이때는 편집 탭을 클릭하여 해당 프리셋의 이펙트 구성과 값을 수정할 수 있습니다.

**06** 가라지밴들에서 제공하는 각각의 트랙은 한 눈에 어떤 사운드를 녹음했는지 짐작할 수 있게 각각의 프리셋 마다 악기 그림을 제공하고 있는데, 정보 패널에서 사용자가 원하는 그림으로 바꿀 수 있습니다.

**07** 그 외, 실제 악기 트랙에는 악기 및 마이크가 연결되어 있는 라인을 선택할 수 있는 입력 소스, 입력하는 사운드의 모니터 여부를 선택할 수 있는 모니터, 녹음 레벨을 조정할 수 있는 녹음 단계가 있습니다. 자동 단계 조정 옵션을 체크하면 입력 레벨에 맞추어 자동으로 조정됩니다.

실제 악기 트랙의 옵션

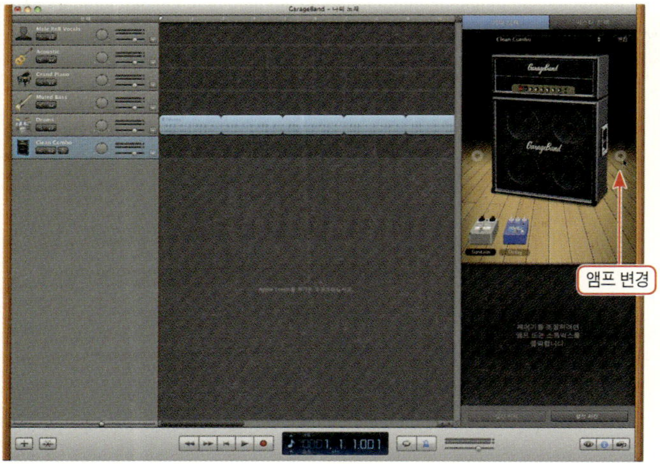

**08** 기타 트랙의 경우에는 기타 연주인들이 선호하는 스톰박스와 앰프를 제공합니다. 앰프 그림에 마우스를 가져가면 좌/우 이동 버튼이 보이며, 버튼을 클릭하여 앰프 모델을 바꿀 수 있습니다.

앰프 변경

**09** 설정 값을 변경할 스톰박스는 마우스로 선택하고, 스톰박스를 추가하거나 연결을 변경할 때는 더블 클릭으로 스톰박스의 종류가 표시되게 합니다.

더블 클릭

**10** 스톰박스는 최대 5개까지 마우스 드래그로 연결할 수 있고, 연결된 스톰박스의 순서도 마우스 드래그로 변경 가능합니다. 장착한 스톰박스를 제거할 때는 아래쪽으로 드래그 합니다. 연결 설정은 스톰박스를 더블 클릭하여 완료 합니다.

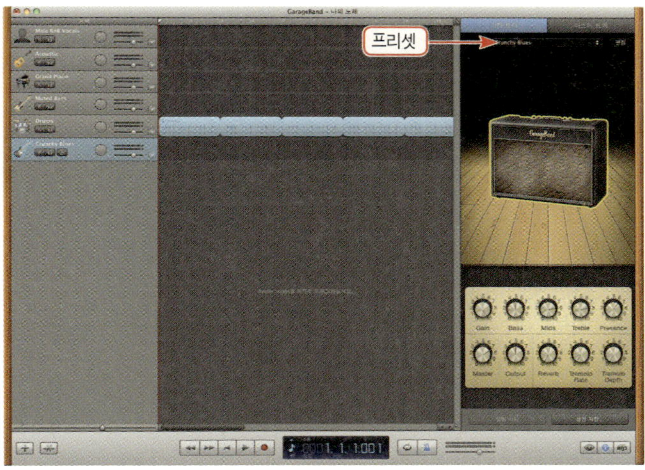


**11** 기타 앰프와 스톰박스가 연주자들에게는 익숙하지만, 이제 막 기타 연주를 공부하는 이들에게는 만만치 않을 것입니다. 입문자는 기본적으로 제공하는 프리셋들을 선택하여 사용하고, 각 프리셋에 설정되어 있는 구성과 값을 연구해보는 시간을 가져보기 바랍니다.

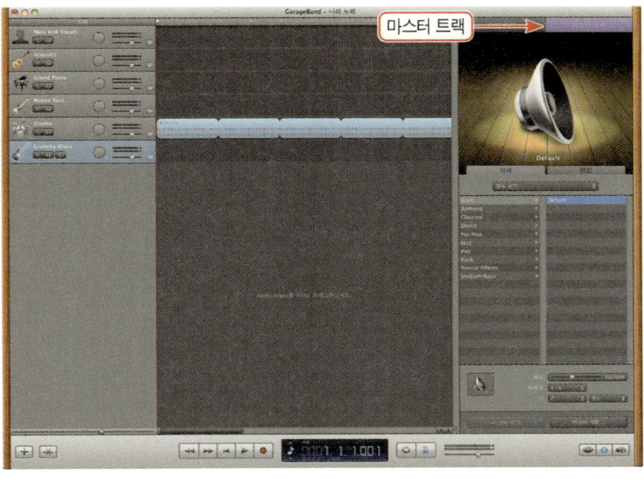


**12** 마스터 트랙은 작업한 모든 트랙을 하나로 모아 출력하는 마지막 라인을 의미하며, 마스터링이라고 불리는 작업을 수행할 수 있습니다. 마스터 트랙의 프리셋과 옵션은 실제 악기 트랙과 동일합니다.

## 04-4 실제 악기 트랙에서 녹음하기

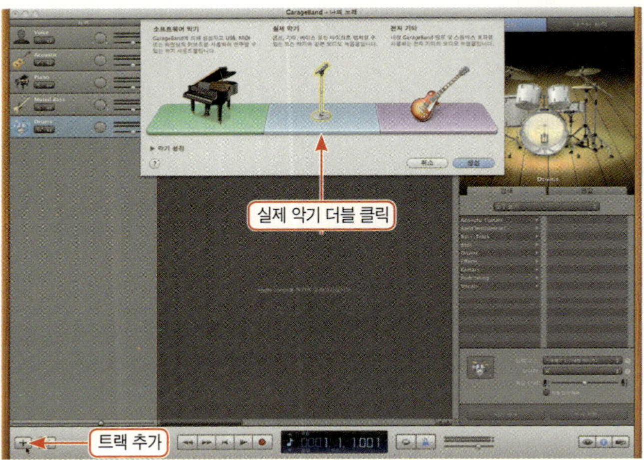


**01** 실제 악기 트랙을 만들고 사용자 연주를 녹음해보겠습니다. 트랙 추가 버튼을 클릭하여 패널을 열고, 실제 악기를 더블 클릭합니다.

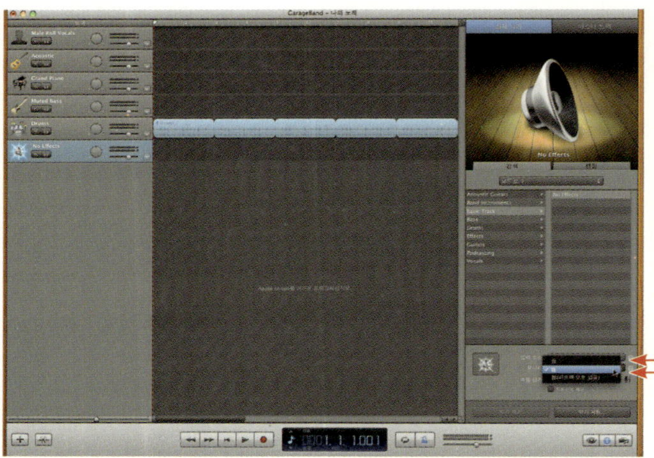


**02** 입력 소스에서 악기가 연결되어 있는 라인을 선택하고, 모니터를 켬으로 선택합니다. 물론, 녹음하는 사운드를 모니터하지 않겠다면 끔으로 선택해도 좋지만, 녹음 상태를 체크하는 것이 실수를 방지할 수 있는 방법이므로, 모니터 기능을 켜두는 것이 좋습니다.

**03** 자동 단계 제어 옵션을 체크하고, 사용자 악기를 연주하여 녹음 레벨이 자동으로 조정되게 합니다. 적당한 볼륨이 되었다고 생각되면 자동 단계 제어 옵션을 해제하여 녹음 중에 볼륨 변화가 발생하지 않게 합니다.

**04** 노래를 할 때 약간의 에코가 있으면 편안하듯이 프리셋을 선택하여 이펙트를 적용합니다. 카테고리에서 연주하는 악기를 선택하고, 각 악기에서 제공하는 프리셋을 선택해 보면서 가장 적합한 것을 찾습니다.

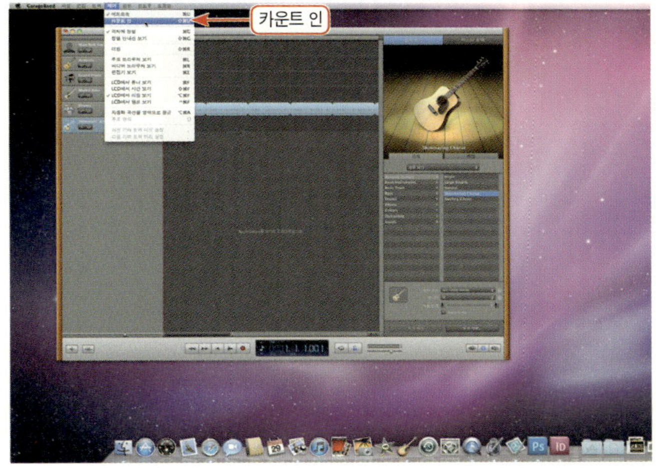


**05** Z 키를 눌러 송 포지션 라인을 시작 위치로 이동합니다. 사용자가 원하는 위치로 이동시켜도 좋습니다. 그리고 제어 메뉴의 카운트 인을 선택합니다. 녹음을 시작하기 전에 카운트를 듣겠다는 의미입니다.

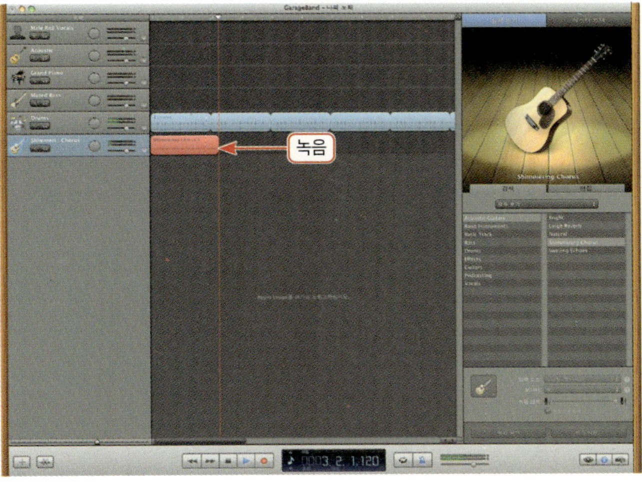


**06** 녹음 버튼을 클릭하거나 R 키를 눌러 녹음을 진행합니다. 4 박자의 카운트 소리가 들리고, 녹음이 시작됩니다. 녹음이 끝나면 스페이스 바 키를 눌러 정지합니다.

**잠깐팁**
단축키가 동작하지 않으면 키보드가 영문 모드인지를 확인합니다.

179

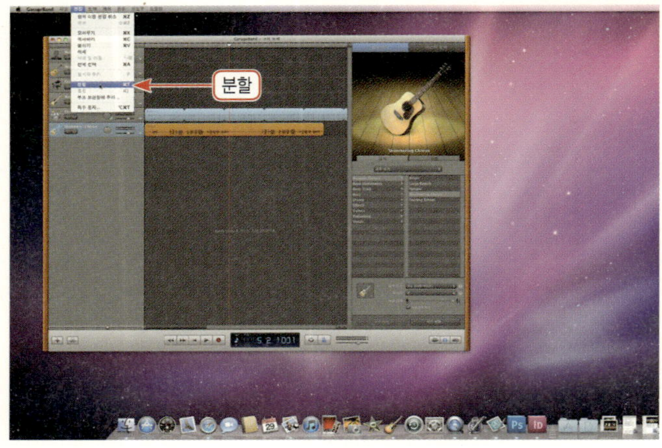


**01** 녹음한 클립에서 연주하고 있지 않는 부분을 제거하여 잡음을 최소화 하는 것이 좋습니다. 클립을 자를 위치에 송 포지션 라인을 가져다 놓고, 편집 메뉴의 분할을 선택합니다. 단축키 Command+T를 외워두는 것이 좋습니다.

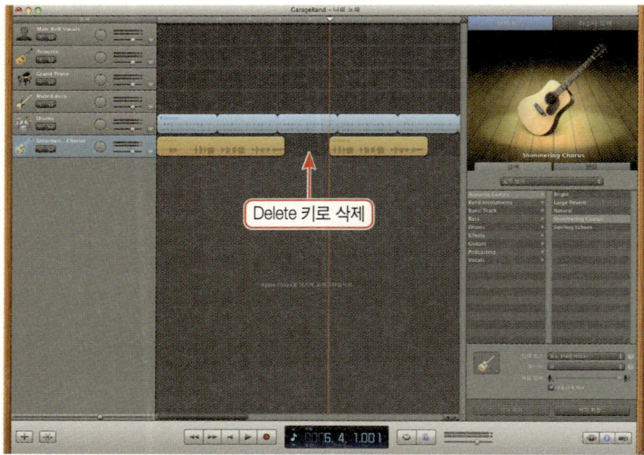


**02** 연주하지 않는 부분의 시작과 끝 위치를 잘랐다면, 제거할 클립을 선택하고 Delete 키를 눌러 삭제합니다. 클립을 동시에 선택할 때는 Shift 키를 누른 상태로 선택합니다.

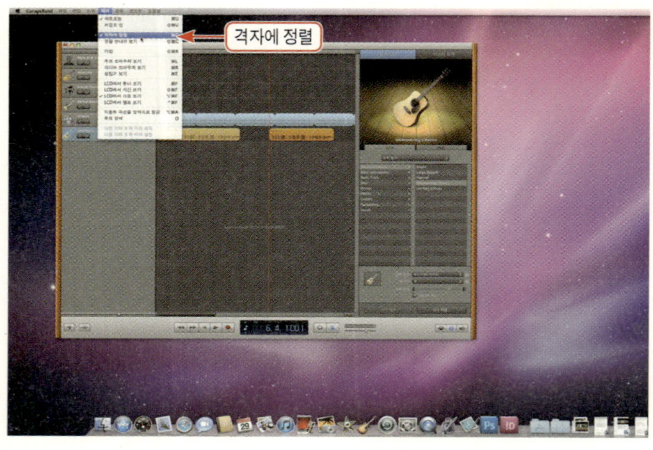


**03** 송 포지션 라인을 이동시킬 때 박자 단위로 이동되는 것을 느꼈을 것입니다. 이것은 스냅 기능이 On으로 되어 있기 때문인데, 미세한 편집이 필요할 때는 제어 메뉴의 격자에 정렬을 선택하여 체크 표시를 해제합니다.

**04** 클립의 시작과 끝 아래쪽 부분을 드래그하여 연주하고 있지 않는 공백을 최대한 제거합니다. 줌 바를 드래그하여 작업 공간을 확대해도 파형이 잘 보이지 않는다면 클립을 더블 클릭하여 편집 창을 열어놓은 상태에서 진행합니다. 편집 창을 닫을 때도 클립을 더블 클릭합니다.

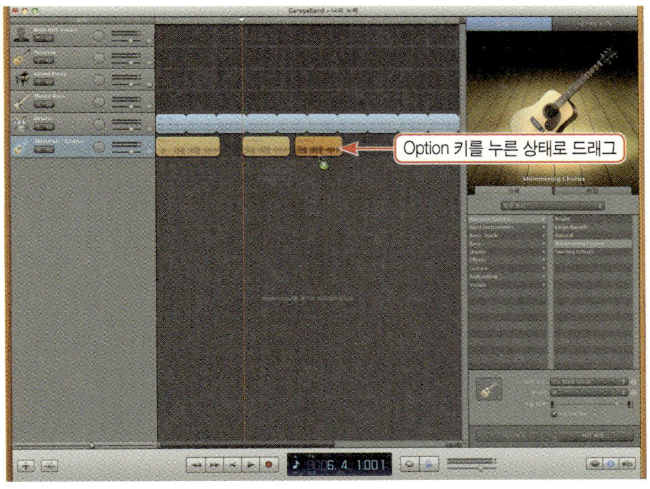


**05** 가요는 반복되는 패턴이 많기 때문에 마음에 드는 연주를 복사해서 사용할 수 있습니다. 녹음한 클립에서 마음에 드는 부분은 편집하여 자르고, Option 키를 누른 상태에서 드래그하여 복사합니다. Option 키를 누르지 않으면 이동됩니다.

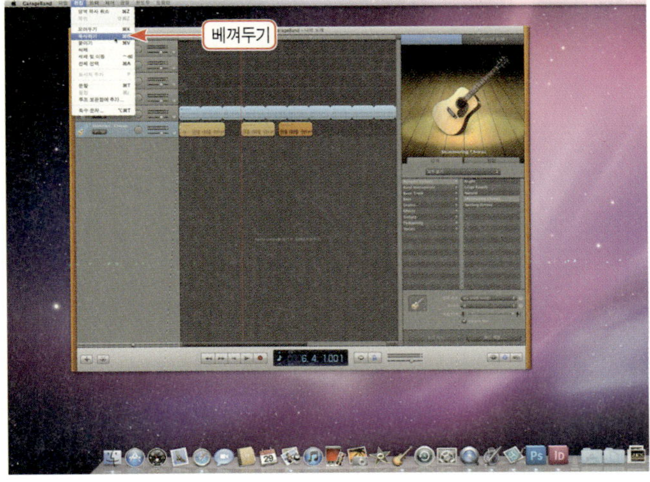


**06** 복사할 위치가 한 화면에 보이지 않는 곳이라면 편집 메뉴를 이용합니다. 복사할 클립을 선택하고 편집 메뉴의 베껴 두기를 선택합니다. 자주 사용하는 명령이므로 단축키 Command+C를 외워두는 것이 좋습니다.

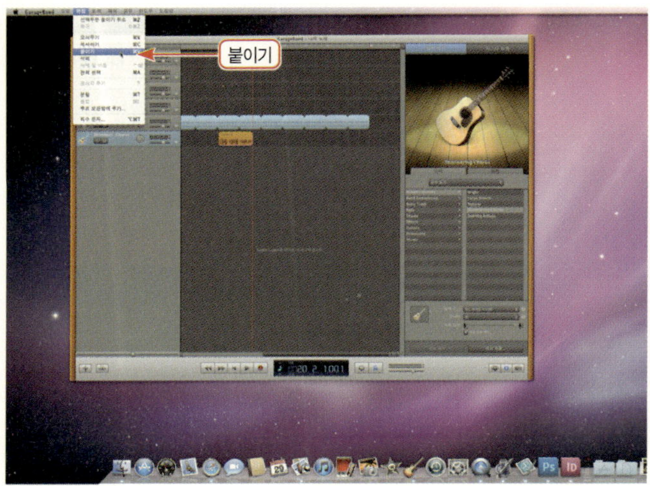


**07** 송 포지션 라인을 복사할 위치에 가져다 놓고, 편집 메뉴의 붙이기를 선택합니다. 이것 역시 단축키 Command+V를 외워두는 것이 좋습니다. 클립을 이동할 때는 Command+X 키로 잘라내고, Command+V 키로 붙입니다.

**08** 이동과 복사 등의 편집 작업을 할 클립이 두 개 이상이라면 Shift 키를 누른 상태에서 선택해도 좋고, 편집 메뉴의 통합으로 선택한 클립들을 하나로 만들어 진행해도 좋습니다.

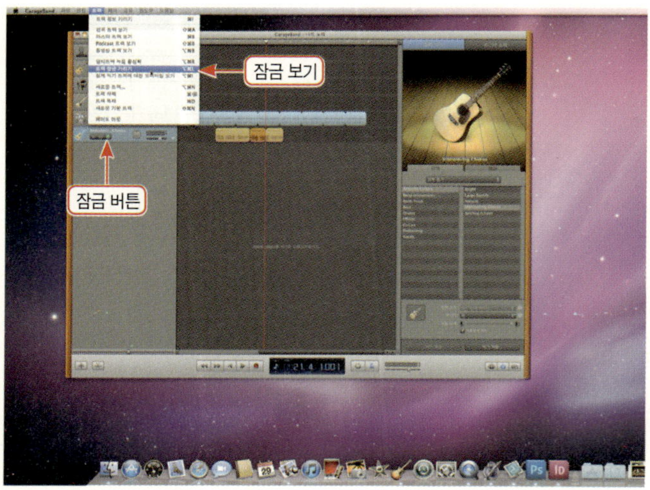


**09** 편집한 클립들이 사용자 실수로 변경되는 것을 방지하고 싶다면, 트랙 메뉴의 트랙 잠금 보기를 선택하여 트랙에 자물쇠 모양의 잠금 버튼이 보이게 하고, 원하는 트랙의 잠금 버튼을 클릭하여 On으로 합니다.

## 04-6 멀티 녹음

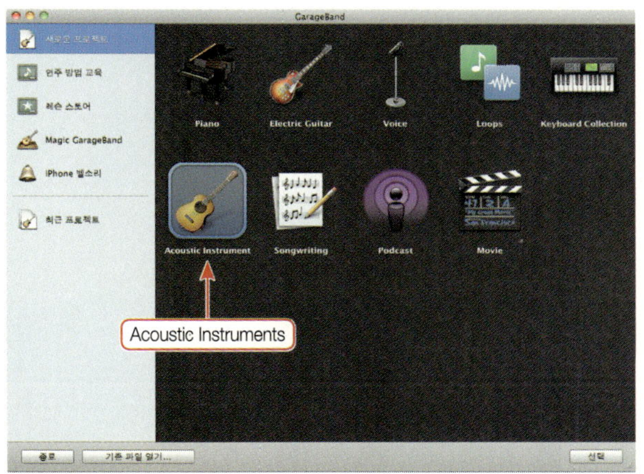



**01** 기타나 피아노를 연주하며 노래를 부를 때, 악기 연주와 보컬 트랙을 구분하여 녹음할 수 있습니다. 물론, 악기와 마이크를 나누어 연결할 수 있는 멀티 오디오 인터페이스를 갖춰놓아야 합니다. Acoustic Instrument 프리셋의 프로젝트를 만듭니다.

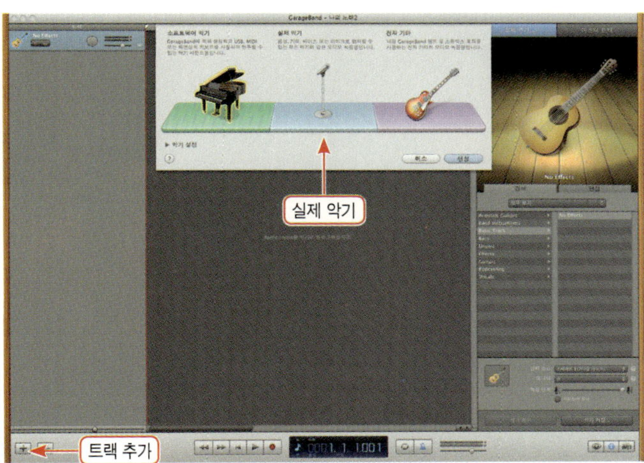



**02** 하나의 실제 악기 트랙이 있는 프로젝트 만들어집니다. 트랙 추가 버튼을 클릭하여 패널을 열고, 실제 악기 트랙을 추가 합니다.

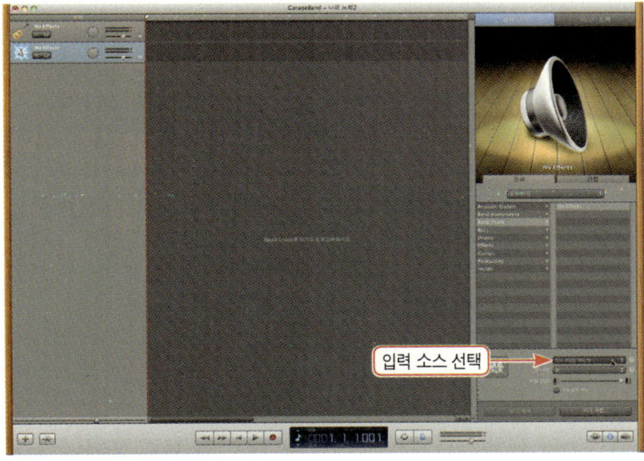



**03** 트랙 이름을 더블 클릭하여 구분하기 쉬운 이름으로 변경합니다. 그리고 각각의 트랙으로 연결되어 있는 입력 소스를 선택합니다. 오디오 인터페이스 1번 채널에 마이크를 연결하고, 2번 채널에 기타를 연결했다면, 1번 트랙의 입력 소스는 1번 채널, 2번 트랙의 입력 소스는 2번 채널로 선택하는 것입니다.

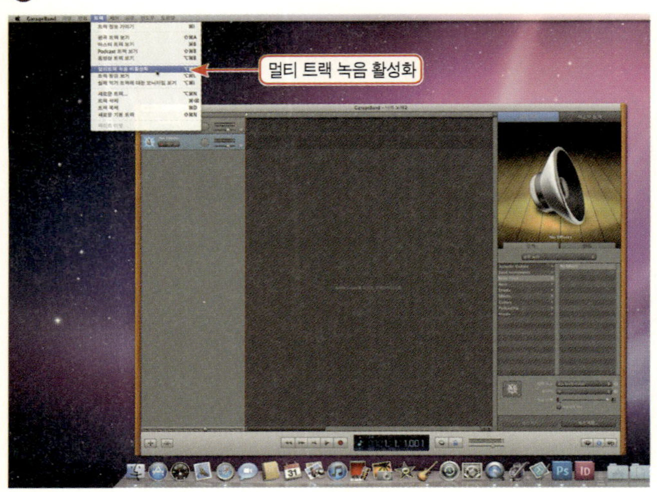


**04** 트랙 메뉴의 멀티 트랙 녹음 활성화를 선택하여 녹음 버튼이 보이게 하고, 두 트랙의 녹음 버튼을 모두 On으로 합니다.

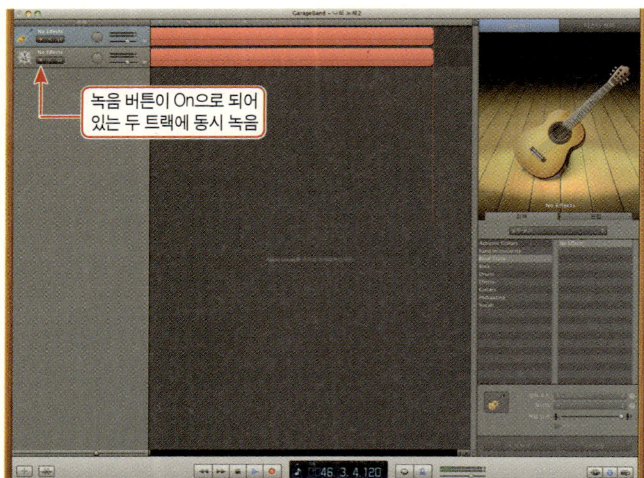


**05** R 키를 눌러 녹음을 진행하면 1번 트랙에는 마이크가 연결되어 있는 사용자 노래, 2번 트랙에는 기타가 연결되어 있는 사용자 연주가 녹음됩니다.

가정교사 오디오 인터페이스

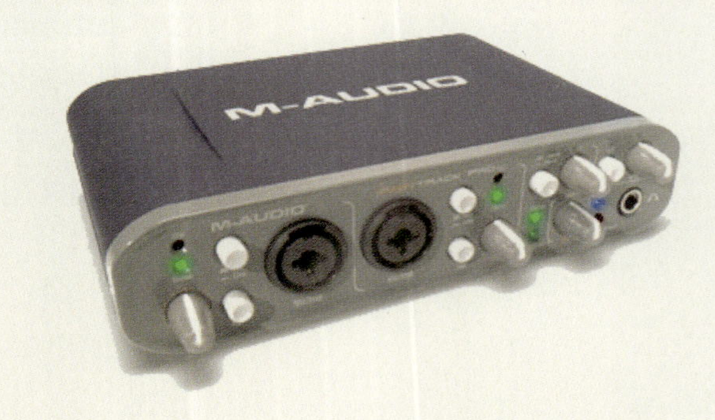

두 트랙에 서로 다른 소스를 동시에 녹음하는 멀티 녹음을 진행하기 위해서는 각각의 라인을 연결할 수 있는 멀티 오디오 인터페이스가 필요합니다. 멀티 오디오 인터페이스는 동시에 2개의 라인을 연결할 수 있는 2채널에서부터 8개의 라인을 연결할 수 있는 8채널까지 다양한 종류가 있으며, 가격도 큰 차이가 있으므로, 자신의 작업 목적에 어울리는 제품을 선택합니다.

## 04-7   사이클 녹음

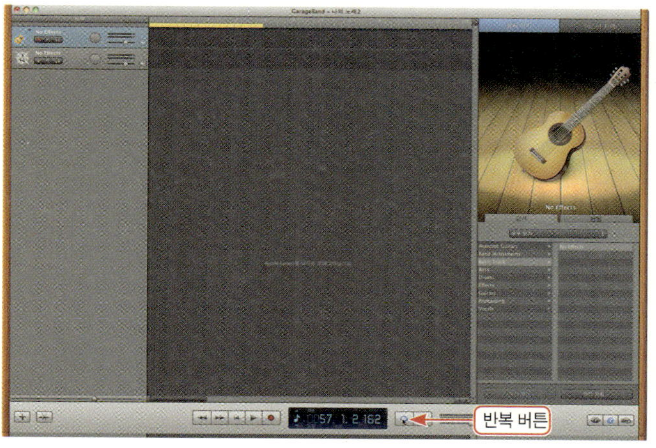


**01** 일정 구간을 반복 녹음하여 잘된 것을 고르는 사이클 녹음에 관해서 살펴보겠습니다. 트랜스포트 패널의 반복 버튼을 On으로 합니다.

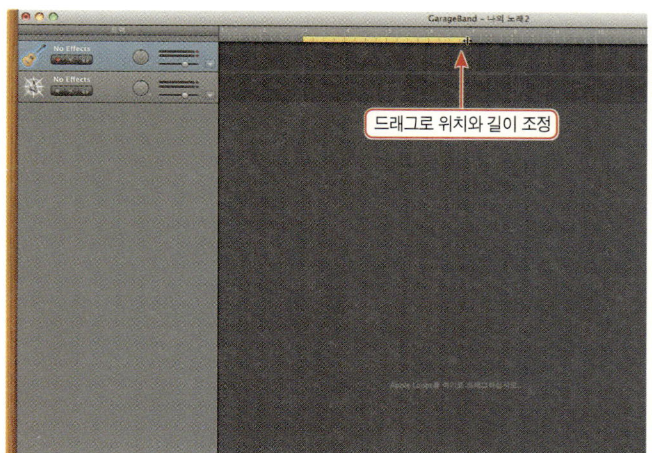


**02** 룰러 라인 아래쪽에 노란색 바가 있는 사이클 라인이 열립니다. 노란색 바는 반복되는 구간을 나타내는 것이며, 사이클 바를 드래그하여 원하는 구간을 선택할 수 있습니다. 반복 구간은 마우스 드래그로 이동하거나 시작과 끝 부분을 드래그하여 범위를 조정할 수 있습니다.

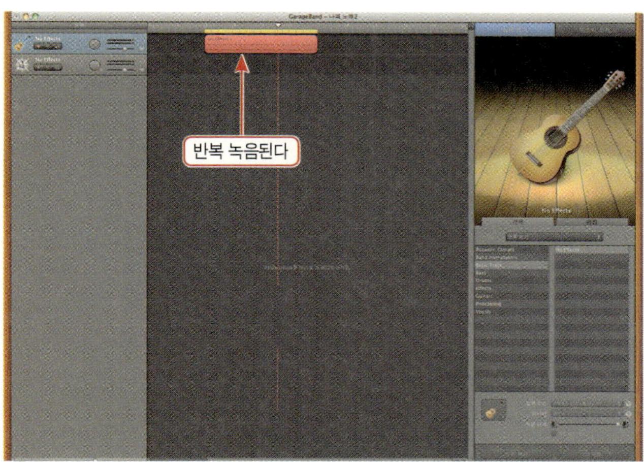


**03** 반복 녹음할 구간을 선택하고 R 키를 눌러 녹음을 진행하면 해당 구간이 반복되며 사용자 연주가 녹음됩니다. 마음에 드는 연주가 될 때까지 녹음을 반복하고 스페이스 바 키를 눌러 정지합니다.

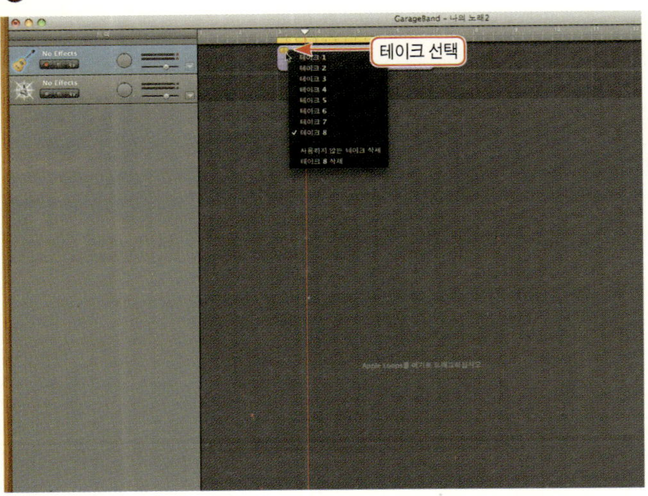


**04** 녹음한 클립에는 반복 횟 수가 표시되며, 번호를 클릭하여 마음에 드는 테이크를 고를 수 있습니다. 각각의 테이크를 선택하여 마음에 드는 연주를 찾습니다.

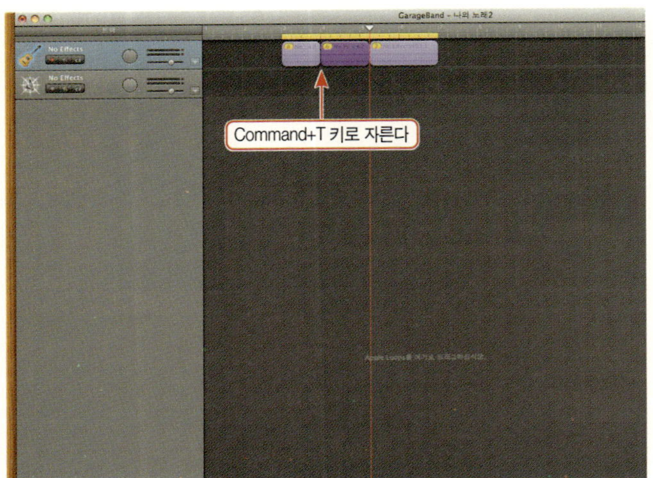


**05** 테이크가 부분별로 필요하다면 원하는 위치에 송 포지션 라인을 가져다 놓고, Command+T 키를 눌러 클립을 자릅니다. 그리고 각각의 클립에서 테이크를 선택합니다.

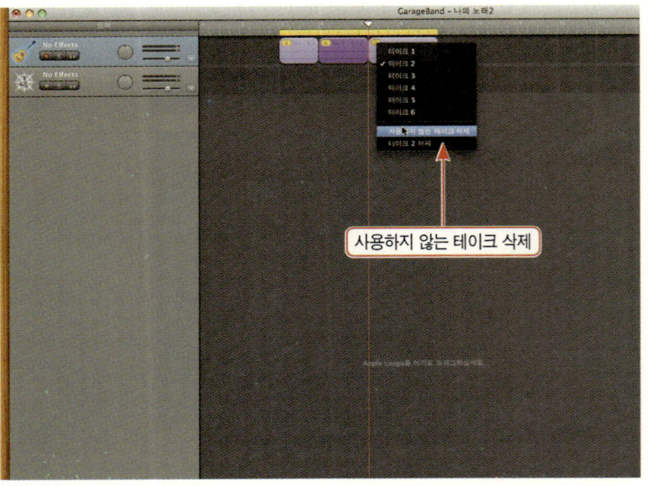


**06** 테이크가 많으면 그 만큼 용량을 차지하게 되므로, 필요없는 테이크는 사용하지 않는 테이크 삭제를 선택하여 제거합니다.

## 04-8 펀치 녹음

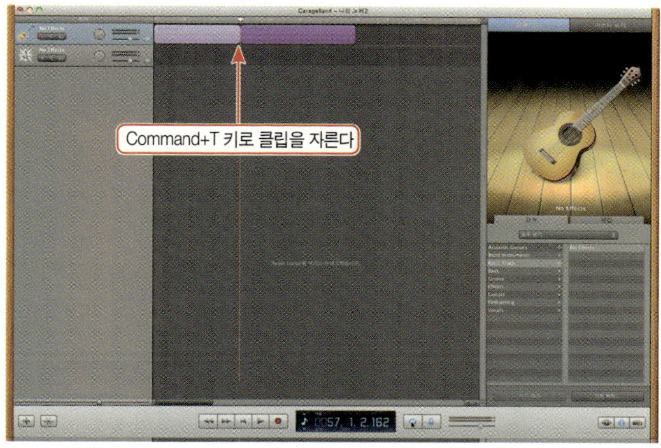


**01** 녹음한 사운드의 일부분을 수정하는 펀치 녹음에 관해서 살펴보겠습니다. 수정할 부분의 시작 위치에 송 포지션 라인을 가져다 놓고, Command+T 키를 눌러 자릅니다.

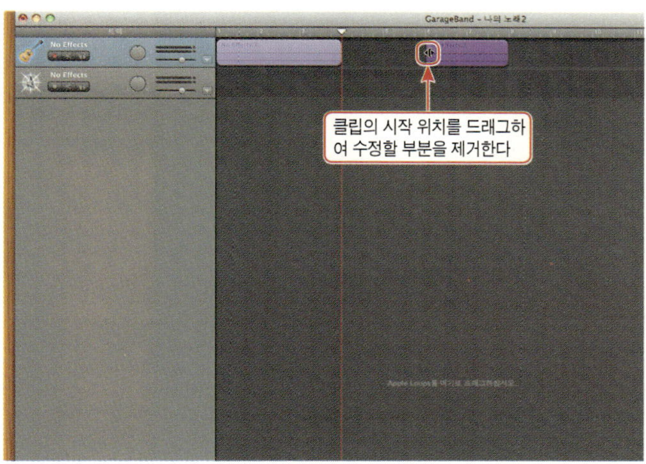


**02** 오른쪽 클립의 시작 위치를 수정할 부분의 끝 위치까지 드래그하여 제거합니다.

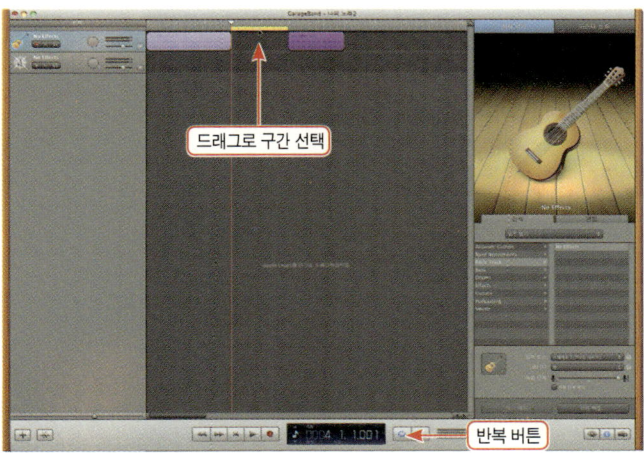


**03** 반복 버튼을 On으로 하고, 사이클 라인을 드래그하여 녹음할 구간을 선택합니다.

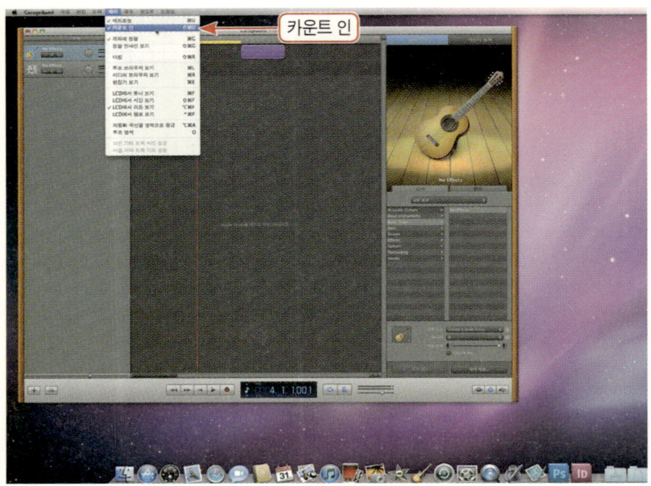


**04** 수정할 부분의 녹음을 바로 시작하기는 어렵습니다. 제어 메뉴의 카운트 인을 선택하여 한 마디 길이의 음악을 모니터하고, 녹음을 진행할 수 있도록 합니다.

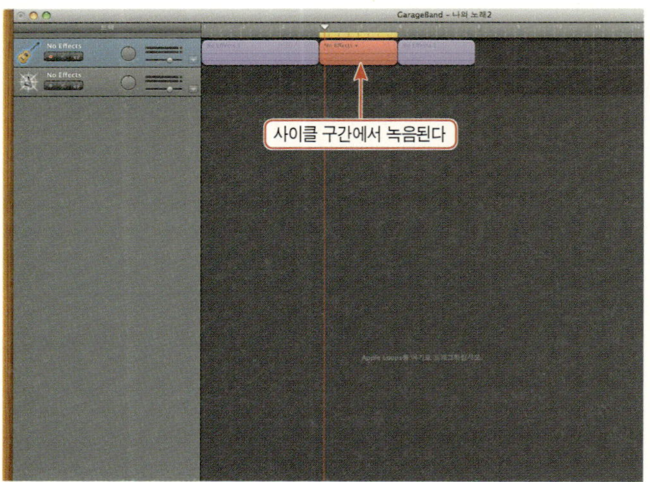


**05** 송 포지션 라인이 사이클 구간 시작 위치에 있는 상태에서 R 키를 눌러 녹음을 진행합니다. 송 포지션 라인은 한 마디 전으로 이동하고, 사이클 구간에서부터 녹음이 진행됩니다.

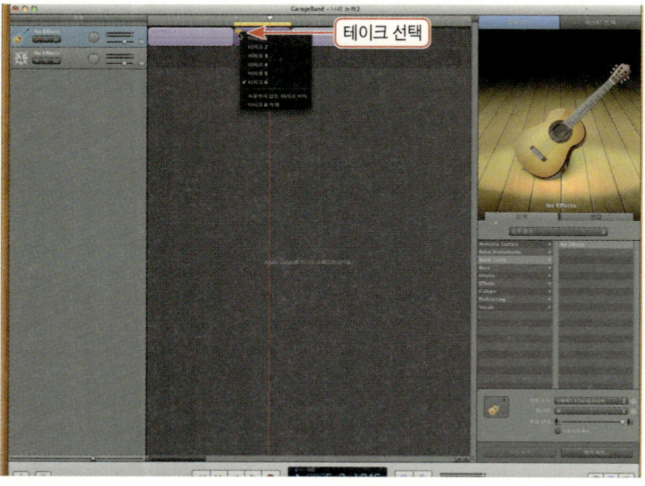


**06** 앞에서 살펴본 사이클 녹음과 동일한 결과입니다. 테이크 번호를 클릭하여 마음에 드는 연주를 선택하여 완성합니다.

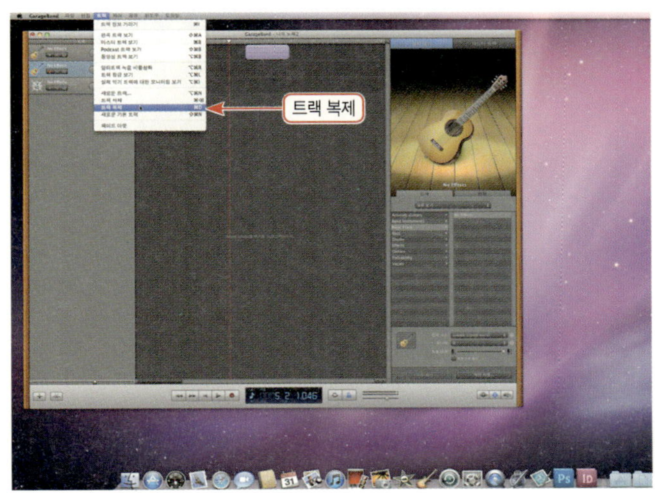



**07** 트랙을 복사해서 수정할 구간을 새로 녹음하는 수동적인 방법도 있습니다. 실습으로 녹음한 클립을 Delete 키로 삭제하고, 트랙 메뉴의 트랙 복제를 선택합니다.

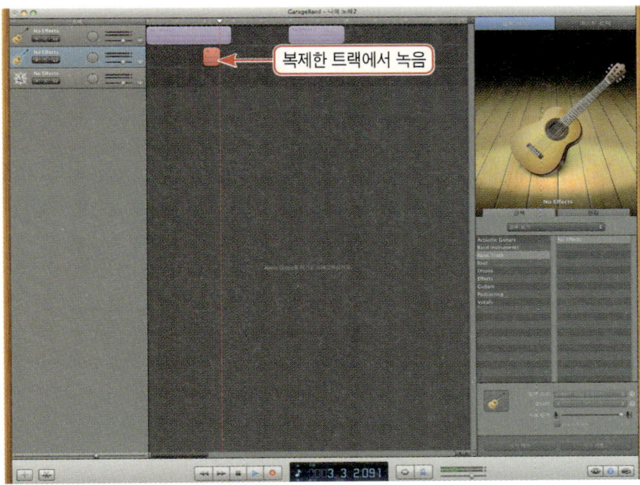



**08** 새로운 트랙을 만들지 않고, 복제한 이유는 동일한 프리셋으로 녹음을 하기 위해서입니다. 송 포지션 라인을 원하는 위치에 가져다 놓고, R 키를 눌러 녹음합니다.

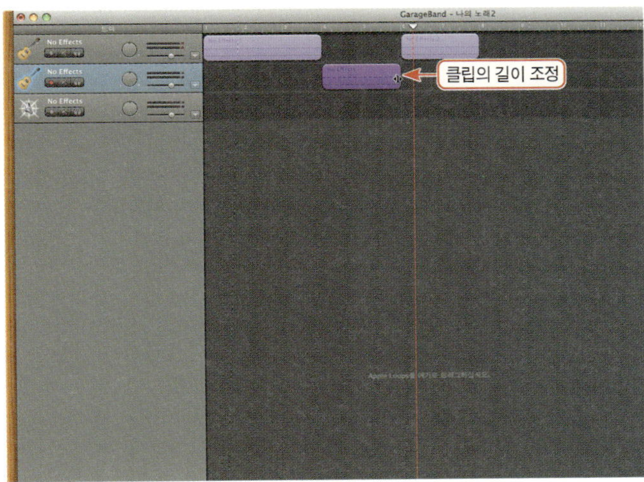



**09** 새로 녹음한 클립의 시작과 끝 위치를 드래그하여 길이를 조정하고, 위쪽으로 드래그하여 가져다 놓습니다. 사이클 녹음을 이용한 펀치 녹음과 동일한 결과입니다.

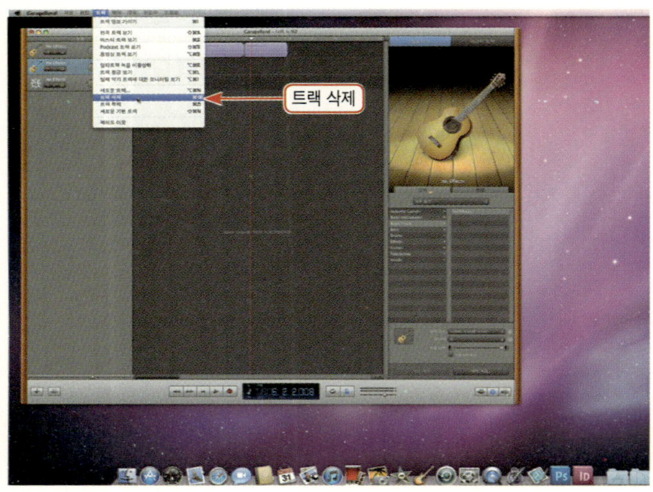


**10** 필요 없는 트랙은 트랙 메뉴의 트랙 삭제를 선택하여 제거합니다. 사이클 방식은 한 번에 완성하지 못하는 연주를 녹음할 때 유리하며, 복제 트랙 방식은 카운트 인을 길게 잡고 싶을 때 유리합니다.



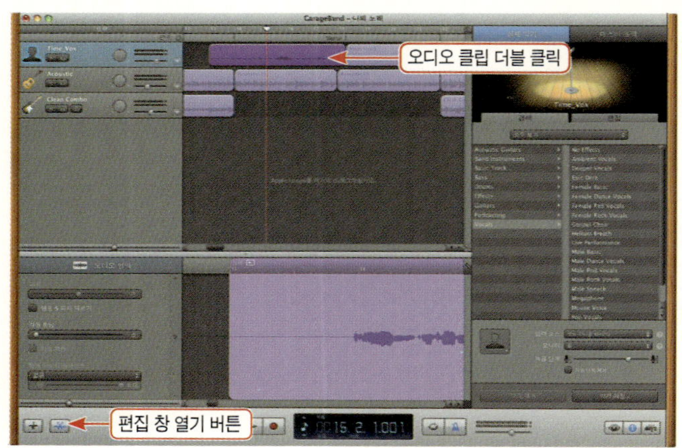


**01** 녹음을 끝내놓고 모니터 해보면, 제거하고 싶은 잡음이 섞여 있는 경우가 있습니다. 잡음이 섞여 있는 오디오 클립을 더블 클릭하여 편집 창을 엽니다. 클립을 선택하고 트랙 리스트 아래쪽의 편집 창 열기 버튼을 클릭해도 좋습니다.

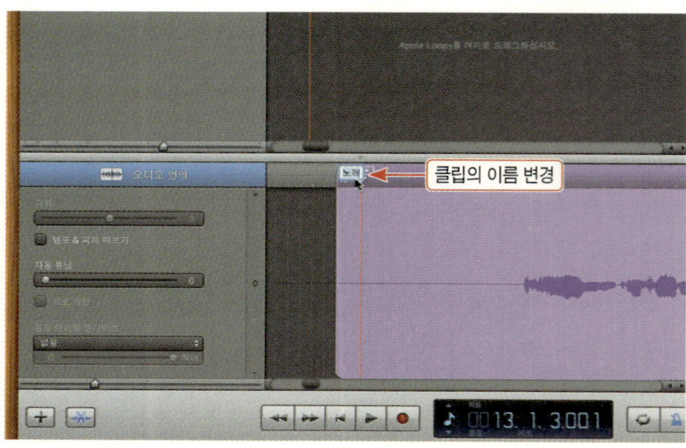


**02** 오디오를 정밀하게 편집할 수 있는 창이며, 클립의 이름도 변경할 수 있습니다. 클립의 이름을 변경하겠다면 이름 항목을 클릭하여 변경합니다.

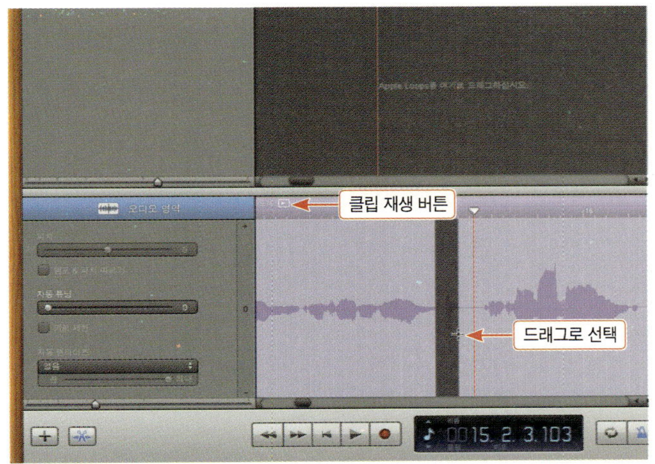



**03** 이름 항목 오른쪽의 클립 재생 버튼을 클릭하여 모니터 하면서 제거하고 싶은 잡음을 찾아 마우스 드래그로 선택합니다. 스페이스 바 키를 눌러 재생하면 전체 음악이 재생되므로, 잡음을 찾기 쉽지 않습니다.

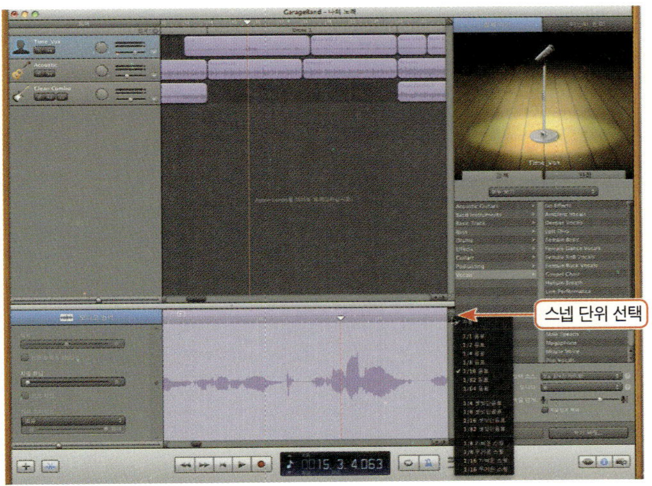



**04** 이때 비트 단위로 선택이 되는데, 이것은 스냅 기능이 적용되어 있기 때문입니다. 편집 창 오른쪽 상단의 모서리에 줄자 모양의 아이콘을 클릭하면 스냅의 단위를 선택할 수 있는 메뉴가 열립니다. 기본 값은 1/16 음표인 16비트 단위입니다.

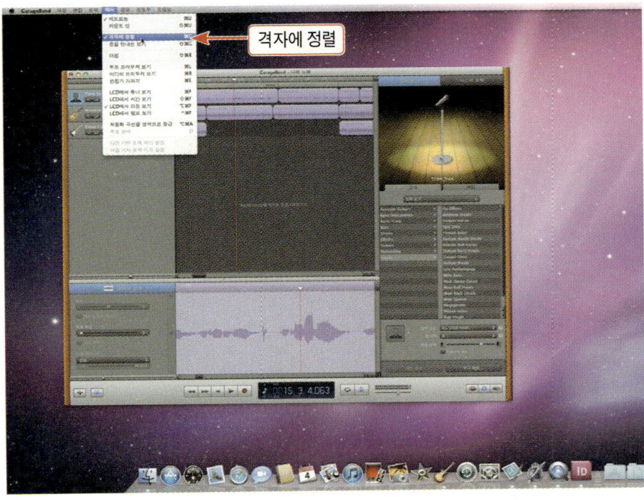



**05** 제거할 파형이 비트 단위로 선택이 가능하다면 그대로 진행해도 좋지만, 대부분 그렇지 않습니다. 제어 메뉴의 격자에 정렬을 선택하여 체크 표시를 해제합니다.

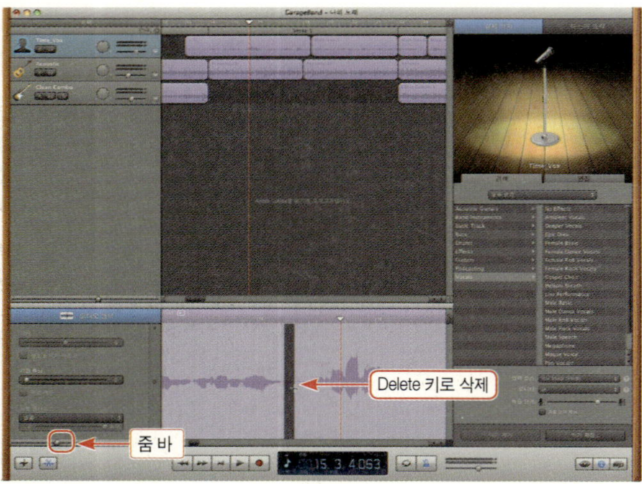


**06** 다시 제거할 부분을 선택해보면, 앞에서와는 다르게 미세한 선택이 가능하다는 것을 확인할 수 있습니다. 선택한 파형을 Delete 키를 눌러 삭제합니다. 세밀한 선택이 필요하다면 줌 바를 드래그하여 파형을 확대합니다.

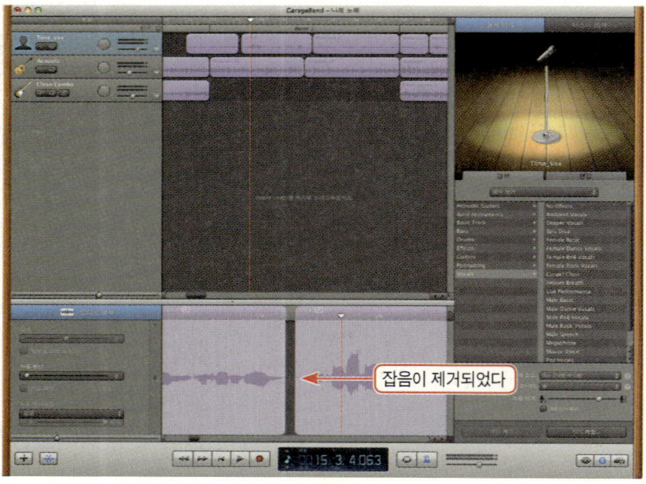


**07** 선택한 파형이 제거되는 것을 확인할 수 있습니다. 녹음한 연주에서 필요 없는 부분을 미세하게 제거할 때 유용한 편집 창에 관해서 살펴보았습니다.

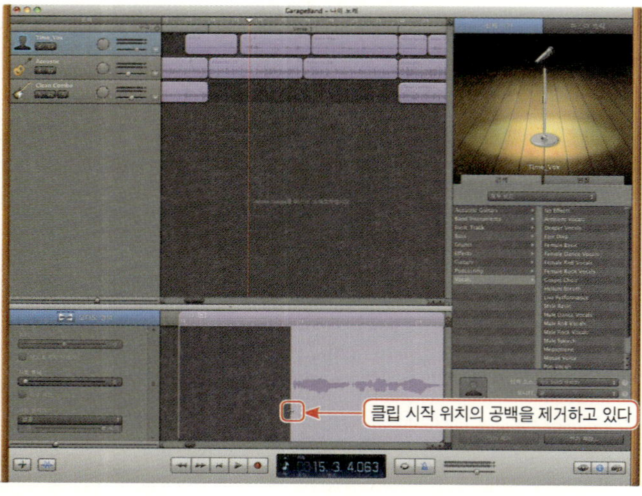


**08** 녹음 과정 중에 쉬는 부분으로 발생한 공백은 프로젝트 창에서 클립의 시작과 끝 위치를 드래그하여 제거해도 좋지만, 편집 창을 이용하면 좀 더 미세한 조정이 가능합니다.

## 04-10  음정과 박자 조정하기

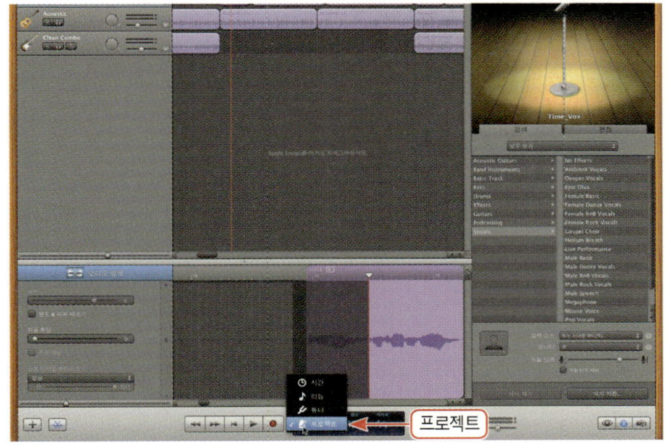


**01** 편집 창은 음정과 박자를 맞출 수 있는 기능을 제공합니다. 이때 음정 조정의 기준이 되는 것은 프로젝트를 만들 때 설정했던 키입니다. 디스플레이 창에서 프로젝트를 선택하여 키를 확인합니다.

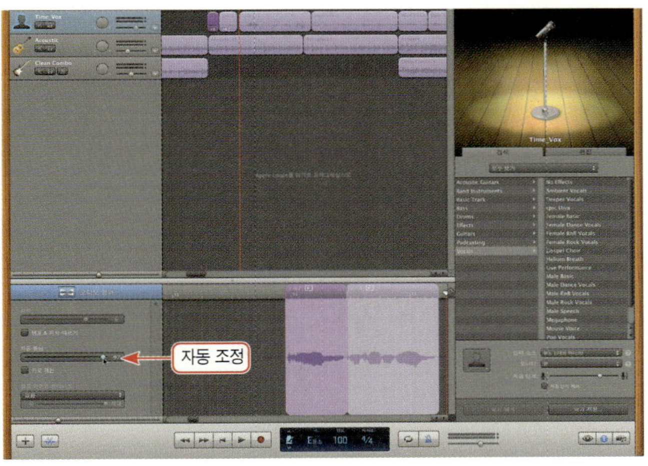


**02** 자동 튜닝 슬라이드는 음정을 반음 단위로 분석하여 어느 정도 범위로 맞출 것인지를 설정합니다. 100으로 너무 완벽하게 맞추면 기계적인 사운드가 될 수 있으므로, 모니터를 해가면서 값을 조정하는 것이 요령입니다.

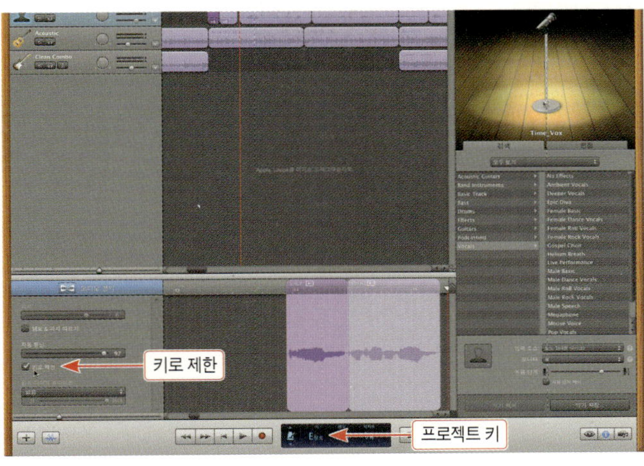


**03** 키로 제한 옵션을 체크하면 자동으로 조정되는 음정이 반은 단위가 아닌 프로젝트에 설정되어 있는 키로 제한됩니다. 단, 미묘한 음정 변화가 매력인 보컬이나 현 악기 연주에는 적합하지 않습니다.

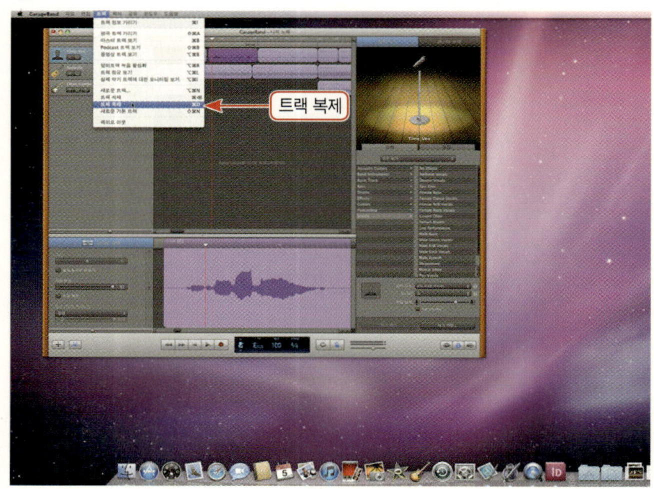


**04** 조정되는 음정은 모든 클립에 적용되므로, 일부분만 조정하고 싶다면, 트랙을 복사해야 합니다. 트랙 메뉴의 트랙 복제를 선택합니다.

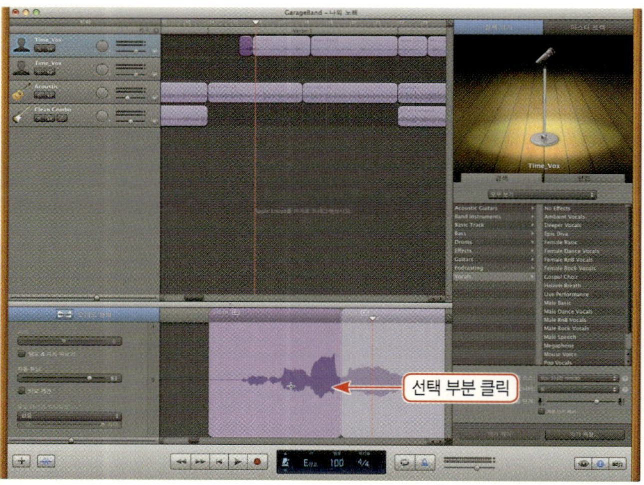


**05** 자동 튜닝이 적용된 클립을 선택하여 편집 창을 열고, 음정 조정을 적용할 범위만 마우스 드래그로 선택합니다. 그리고 선택한 부분을 클릭하여 자릅니다.

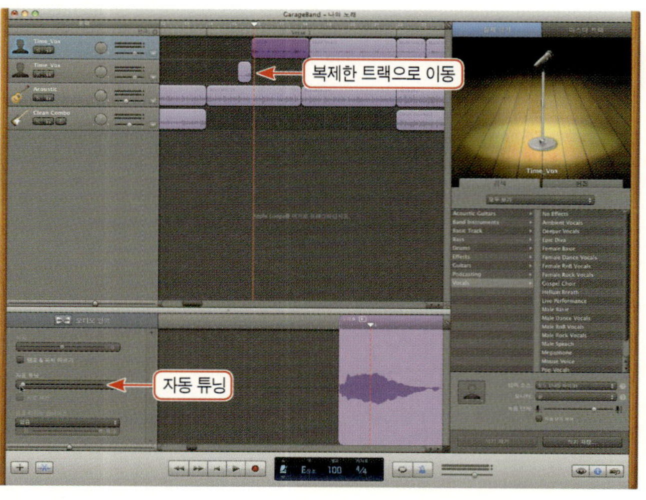


**06** 잘려진 클립을 복제한 트랙으로 드래그하여 이동시켜놓고, 음정을 조정했던 클립에서는 자동 튜닝 값을 0으로 조정합니다. 복제한 트랙으로 이동시킨 클립만 음정이 조정되는 것입니다.

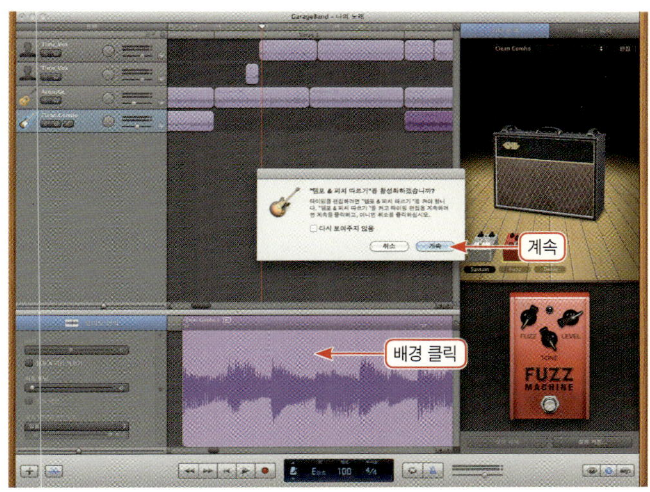


**07** 클립 배경을 클릭하면 템포 & 피치 따르기를 활성화 할 것인지를 묻는 창이 열립니다. 계속 버튼을 클릭하여 활성화 합니다.

**08** 음정을 반음 단위로 조정할 수 있는 피치 슬라이드가 활성화되고, 템포 & 피치 따르기 옵션이 체크됩니다. 그리고 배경을 드래그하면 세로 선과 함께 파형의 위치가 조정되는 것을 확인할 수 있습니다. 박자를 정밀하게 조정할 수 있는 것입니다.

**09** 박자를 자동으로 맞추겠다면 음표 타이밍 퀀타이즈에서 맞추고 싶은 박자를 선택합니다. 단, 너무 정확한 조정은 오히려 사운가 어색해지므로, 모니터하면서 조정 범위를 조금씩 줄이는 것이 요령입니다.

# 05 루프 사운드 이용하기

가라지밴드는 악기를 다루지 못하는 사람도 손쉽게 음악을 만들 수 있는 루프 사운드를 제공합니다. 루프 사운드는 세계적인 뮤지션들이 프레이즈 단위로 녹음을 해놓은 벽돌입니다. 사용자는 이 벽돌을 이용해서 성을 지을 수 있고, 다리를 놓을 수 있습니다.

## 05-1 루프 검색하기

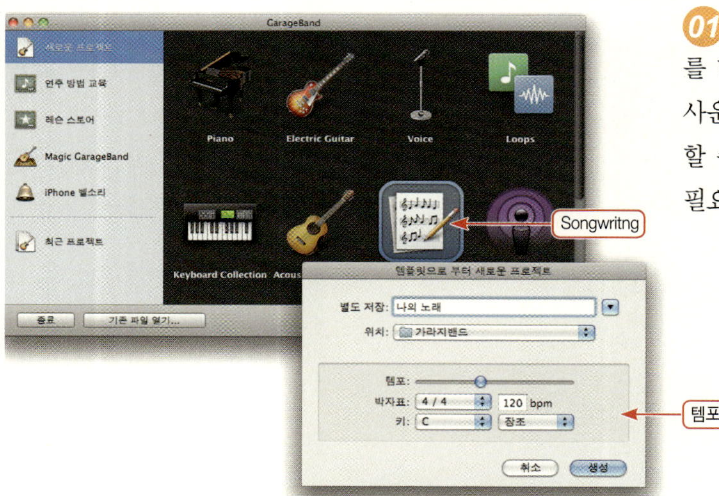


**01** Songwriting 템플릿의 새로운 프로젝트를 만듭니다. 이때 만드는 키와 템포는 루프 사운드의 기준이 되지만, 작업을 하면서 변경할 수 있으므로, 프로젝트를 만들 때 결정할 필요는 없습니다.

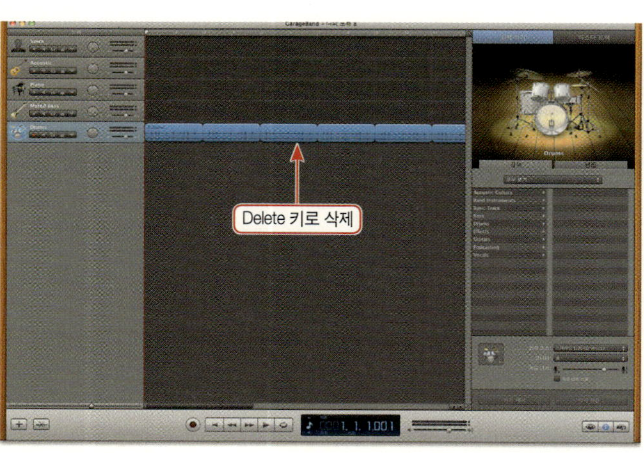


**02** 기본적으로 생성되어 있는 드럼 트랙의 클립을 선택하고 Delete 키를 눌러 삭제합니다. Command+Delete 키를 누르면 선택한 트랙을 삭제할 수 있습니다.

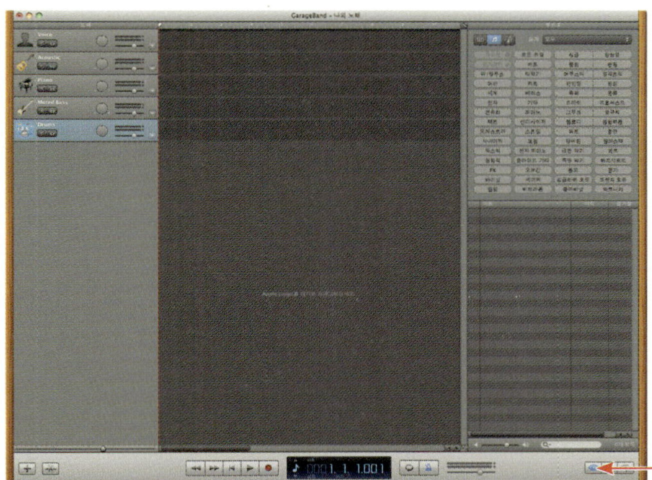



**03** 정보 패널의 루프 브라우저 보기 버튼을 클릭하여 루프 패널을 엽니다. 음악 장르와 악기는 물론이고, 곡의 느낌까지 선택할 수 있는 버튼들이 보입니다.

**04** 만들고자 하는 음악 장르와 악기, 그리고 무드 등의 버튼을 선택하면 해당 카테고리의 루프 사운드 목록이 검색됩니다. 검색된 목록을 선택하여 사운드를 모니터합니다.

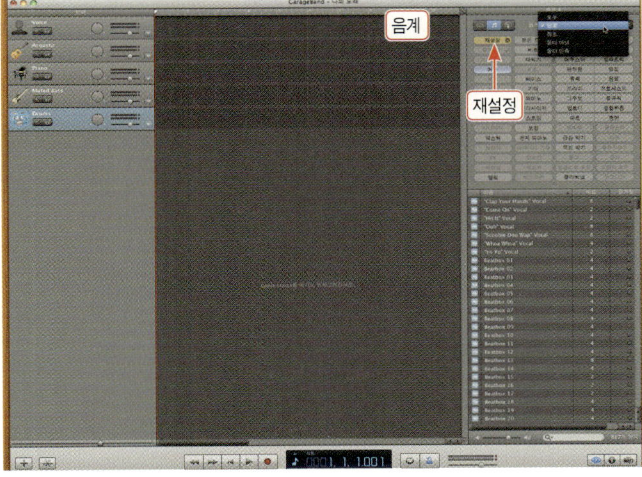



**05** 재설정 버튼을 클릭하여 검색을 초기화합니다. 이번에는 음계 목록에서 장/단조를 선택하고, 루프 사운드를 검색해봅니다. 음계에서 선택한 조의 루프 사운드만 검색됩니다.

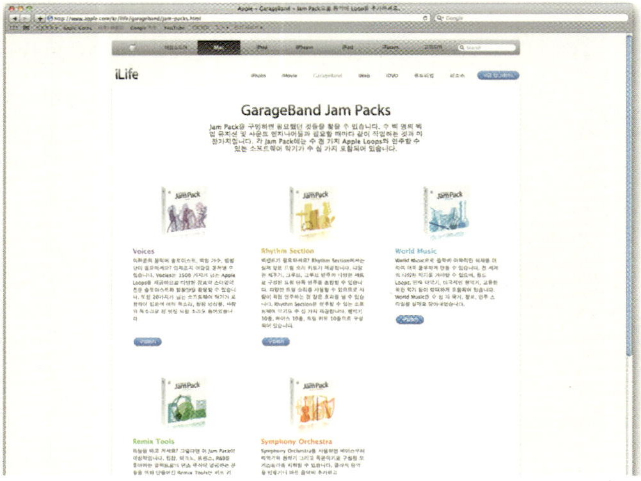

**06** 애플(apple.com/kr) 사는 GarageBand Jam Packs 이라는 이름으로 가라지밴드에서 이용할 수 있는 루프 사운드를 별도로 판매하고 있습니다. 좀 더 많은 가능성을 연출하고 싶다면 구입하여 설치합니다.

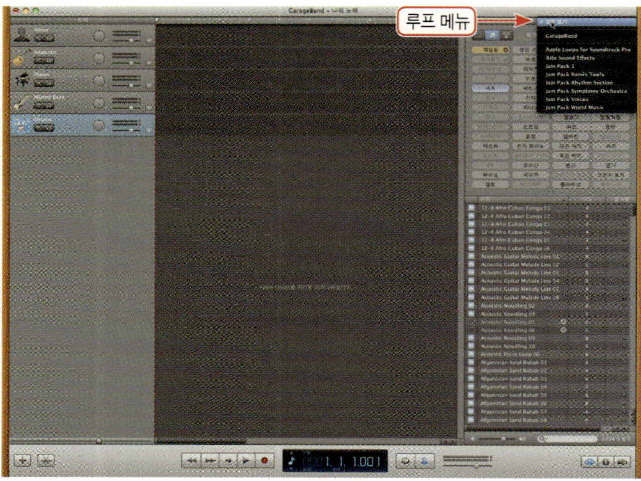

**07** GarageBand Jam Packs을 설치한 경우에는 패널 상단의 루프 메뉴에서 설치된 팩을 선택하여 검색 범위를 장르별로 구분할 수 있습니다.

**08** 사용자가 검색한 루프 사운드의 템포와 키는 프로젝트 설정 값에 맞추어 변경됩니다. 디스플레이 창을 프로젝트로 선택하고, 키와 템포를 바꿔봅니다. 그리고 루프 사운드를 선택하면 해당 키와 템포로 모니터되는 것을 확인할 수 있습니다.

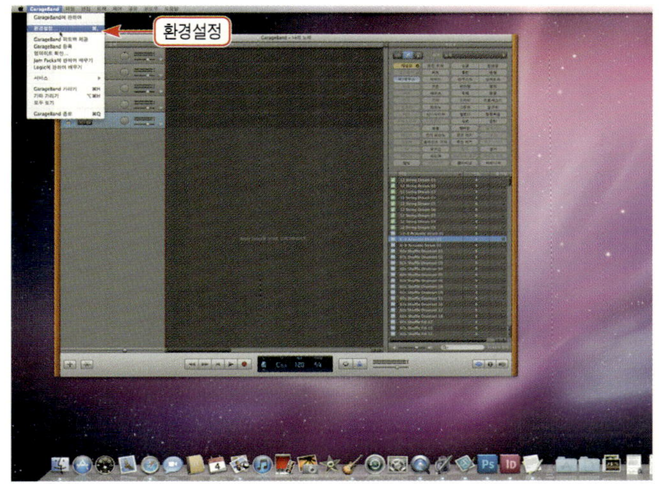

**09** 루프 사운드는 기본적으로 프로젝트 키의 위/아래 반음 범위의 것들만 검색이 됩니다. 만일 프로젝트 키에 상관없이 검색되게 하고 싶다면 GarageBand 메뉴의 환경 설정을 선택하여 창을 엽니다.

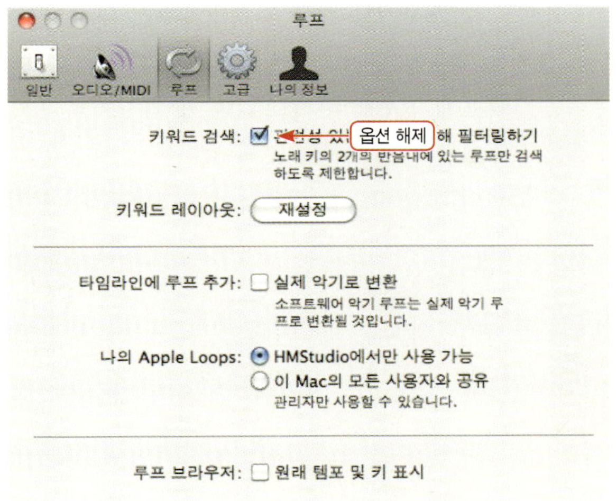

**10** 가라지밴드의 환경을 설정할 수 있는 창입니다. 루프 탭을 클릭하여 페이지를 열고, 키워드 검색 항목의 관련성 있는 결과를 위해 필터링 하기 옵션을 해제합니다. 그러면, 프로젝트의 키와 상관없이 선택한 카테고리에 해당하는 루프 사운드가 모두 검색됩니다.


입문자는 키워드 검색 옵션을 체크하여 프로젝트 범위의 루프 사운드만 검색되게 하는 것이 좋습니다.

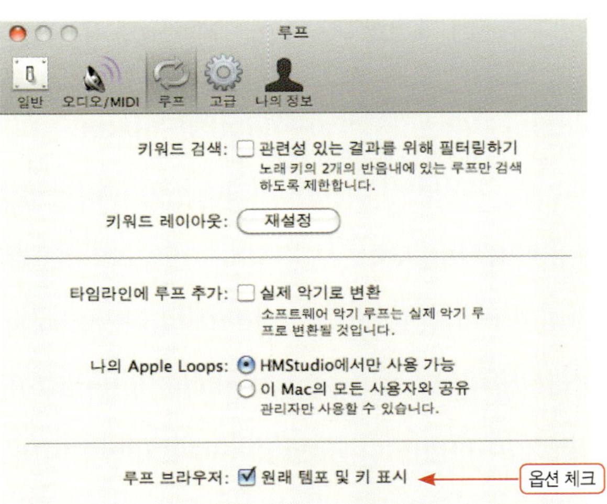

**11** 관련성 있는 결과를 위해 필터링 하기 옵션을 해제한 경우에는 모든 키의 루프 사운드를 검색할 수 있지만, 많은 키를 변화시키기 어려운 보이스 사운드의 경우에는 적합하지 않습니다. 그러므로 원래 템포 및 키 표시 옵션을 체크하여 모니터 횟수를 줄일 수 있도록 하는 것이 좋습니다.

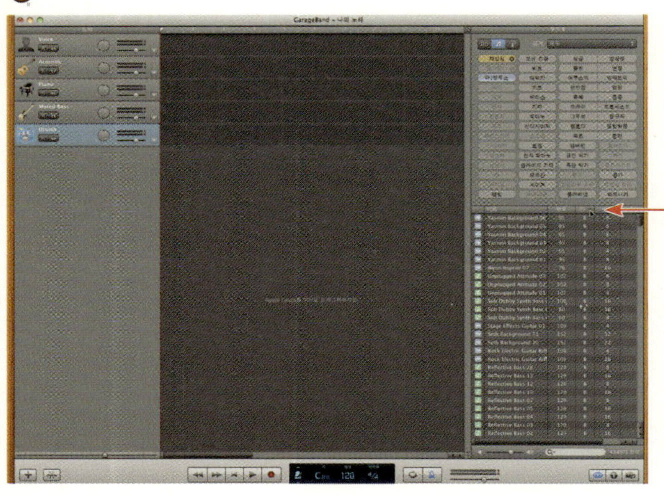



**12** 루프 사운드 목록에 키와 템포가 표시되며, 해당 칼럼을 클릭하여 키와 템포 순서로 정렬할 수 있습니다.

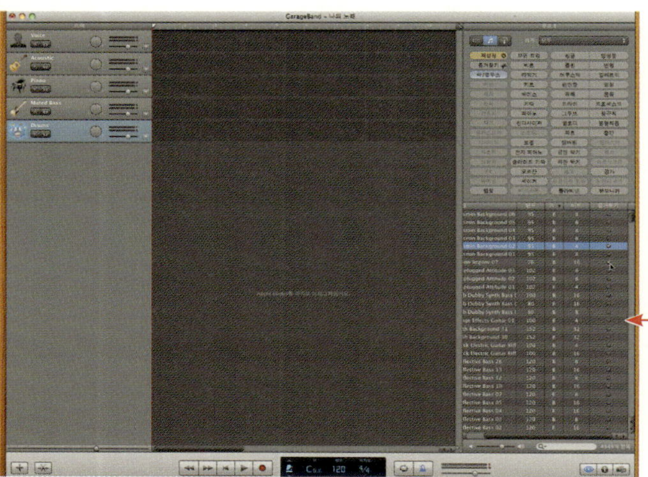



**13** 루프 사운드를 모니터하면서 마음에 드는 것들은 즐겨찾기로 등록하여 나중에 좀 더 빠르게 검색할 수 있습니다. 즐겨찾기로 등록하고 싶은 루프 사운드가 있다면 즐겨찾기 칼럼의 체크 박스를 선택하여 체크합니다.

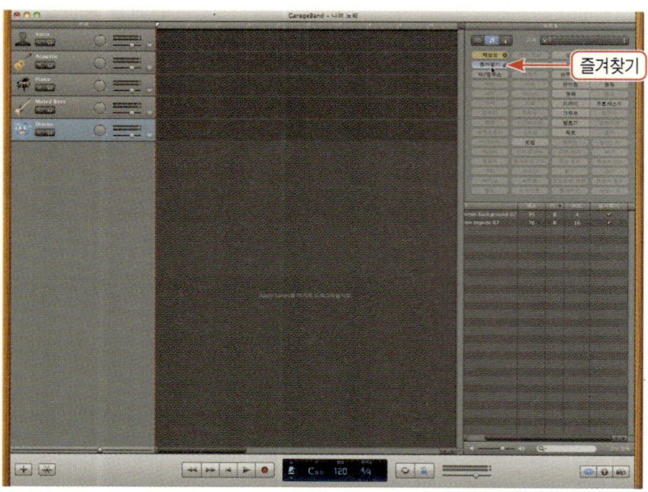



**14** 재설정 버튼을 클릭하여 검색 목록을 초기화 하고, 즐겨 찾기 버튼을 클릭합니다. 사용자가 체크한 것들만 검색됩니다. 즐겨찾기에서도 악기 및 무드 분류가 가능하며 체크 옵션을 해제하여 즐겨찾기 목록에서 제거할 수 있습니다.

**15** 루프 사운드를 카테고리 타입으로 분류
하여 검색하고 싶다면 계층 보기 버튼을 선택
합니다. 무드, 악기, 장르 등의 카테고리별로
분류하여 검색할 수 있습니다.

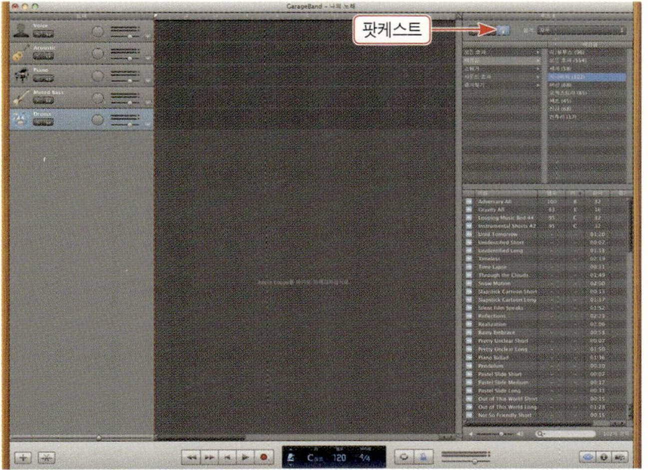


**16** 팟케스트 버튼을 클릭하면 애플 아이튠
즈의 팟케스트 제작에 적절한 사운드를 카테
고리 형식으로 검색할 수 있습니다.

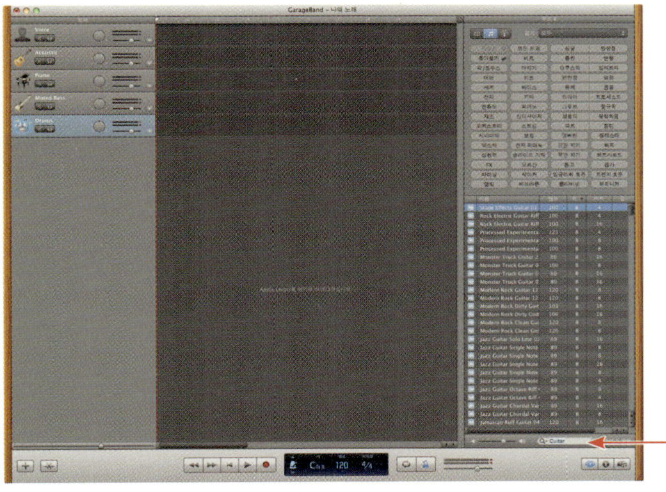


**17** 마지막으로 루프 사운드를 검색어로 검
색하는 방법이 있습니다. 사용자가 원하는 악
기나 장르 등을 검색창에 입력하고 Return 키
를 누릅니다. 루프 사운드가 눈에 익으면 검
색어 입력 방법을 가장 많이 사용하게 될 것
입니다.

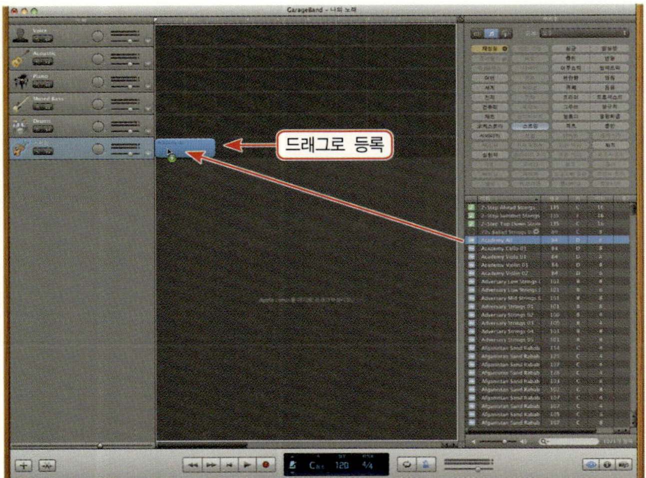


**01** 루프 사운드는 두 가지 모양의 아이콘을 가지고 있는데, 음표 모양은 미디 파일을 의미하는 것으로 소프트 악기와 실제 악기 트랙에 모두 사용할 수 있고, 오디오 파형은 실제 악기 트랙에서만 사용할 수 있습니다. 빈 공간으로 드래그하면 루프 사운드에 맞는 트랙이 자동으로 만들어집니다.

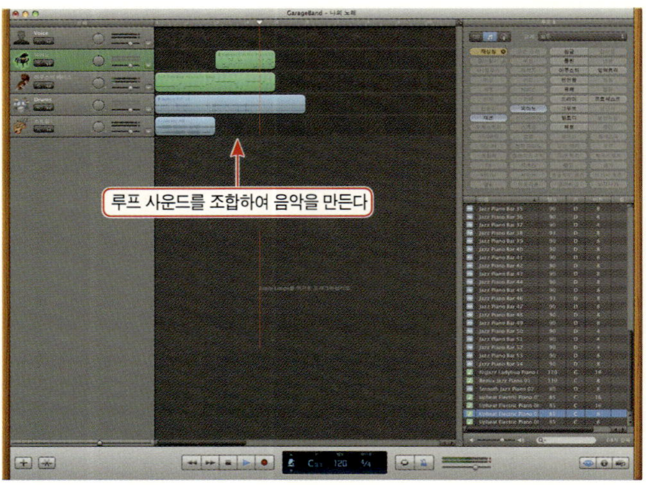


**02** 드럼, 베이스, 기타 등의 루프 사운드를 찾아 각각의 트랙에 가져다 놓고, 스페이스 바 키를 눌러 모니터 해봅니다. 정말 쉽게 음악을 만들 수 있는 가능성을 찾을 수 있습니다. 입문자는 같은 장르의 악기를 조합하는 것에서부터 시작합니다.

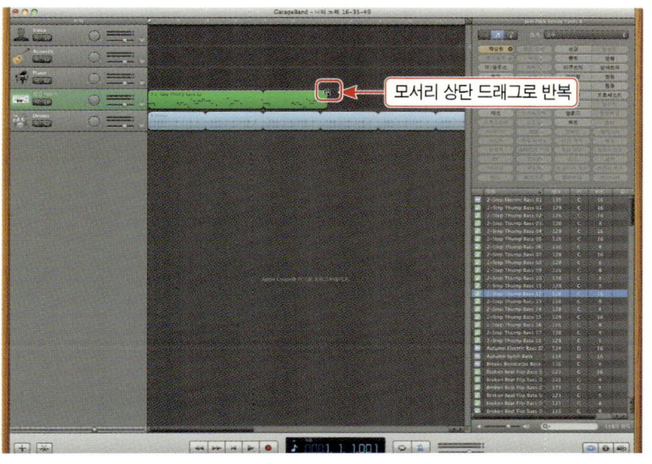



**01** 작업 공간에 등록한 루프 사운드는 오른쪽 상단의 모서리를 드래그하여 길이를 조정할 수 있습니다. 클립이 늘어난 만큼 연주가 반복되며, 반복되는 위치는 비엔나 소시지 모양으로 표시됩니다.

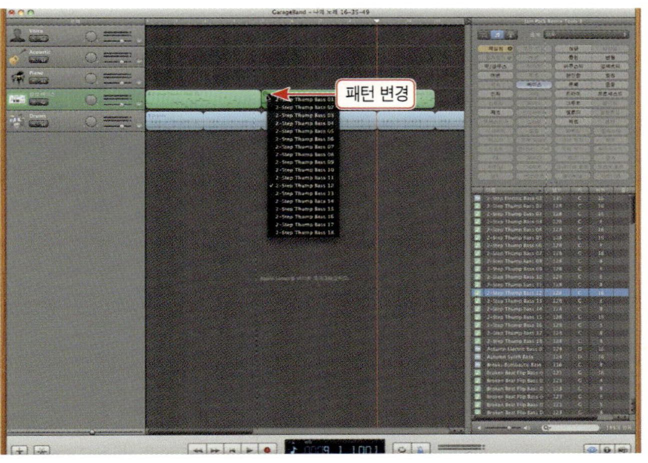



**02** 중간에 연주 패턴을 바꾸고 싶은 경우에는 송 포지션 라인을 위치하고, Command+T 키를 눌러 클립을 자릅니다. 그리고 클립 이름 왼쪽의 작은 삼각형을 클릭하여 목록을 열고, 변경합니다.

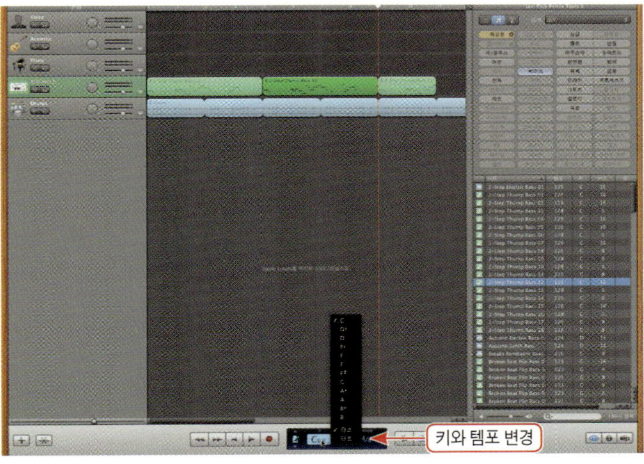



**03** 트랜스포트 디스플레이 창을 프로젝트로 변경하고, 키와 템포를 변경합니다. 이렇게 반주를 완성하고, 사용자 노래를 녹음하면 멋진 음악이 탄생하는 것입니다.

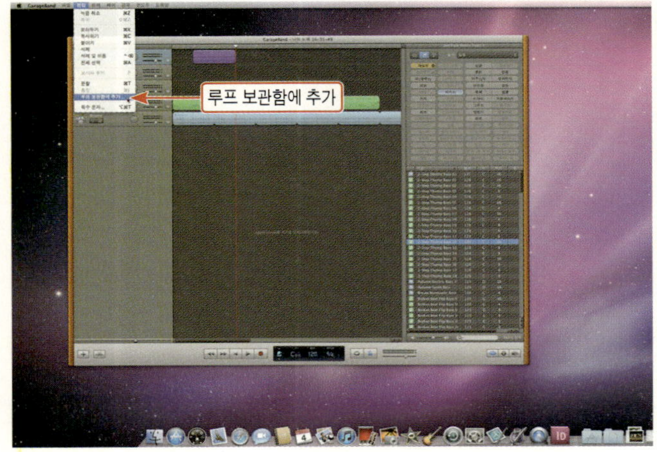



**01** 연주가 가능한 사용자는 자신이 좋아하는 프레이즈를 루프 사운드로 만들어 사용할 수 있습니다. 사용자가 녹음한 클립을 선택하고, 편집 메뉴의 루프 보관함에 추가를 선택합니다.

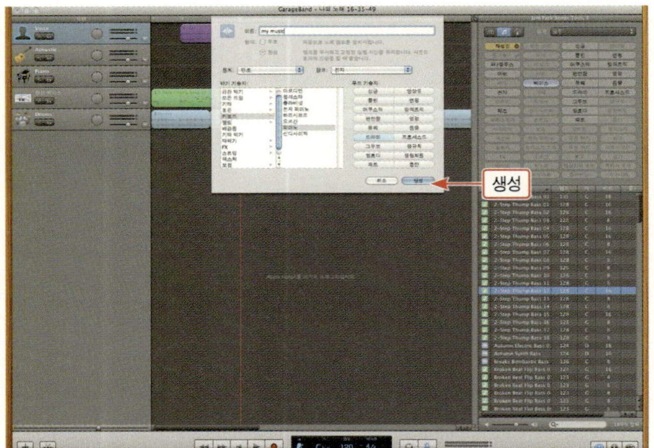



**02** 루프의 이름, 악기, 장르 등의 정보를 선택하고 생성 버튼을 클릭합니다. 형태에서 원샷은 키와 템포 변화를 적용하지 않을 프레이즈나 드럼 연주를 저장할 때 사용합니다.

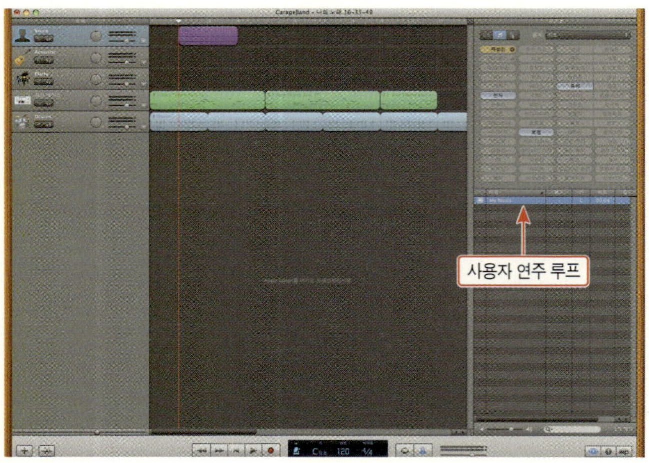



**03** 앞에서 저장한 악기, 장르 등을 선택하여 검색을 해보면 자신의 연주가 루프 사운드로 저장되어 있는 것을 확인할 수 있습니다. 뛰어난 연주인이라면 다양한 프레이즈를 루프로 만들어 판매할 수도 있는 것입니다.

**04** 미디 클립의 경우에는 가라지밴드에서 제공하는 것을 사용자가 원하는 프레이즈로 변경하여 새롭게 저장할 수 있습니다. 음표 모양의 아이콘을 가지고 있는 미디 루프를 작업 공간에 등록하고 클립을 더블 클릭하여 미디 편집 창을 엽니다.

**05** 미디 데이터는 막대 타입의 피아노 롤과 악보 타입으로 표시하여 음정과 리듬을 자유롭게 편집할 수 있습니다. 그리고 편집한 클립을 앞에서와 동일하게 사용자 루프로 등록하여 사용할 수 있습니다.

## 가정교사 — 루프 추가하기

사용자 연주를 루프 사운드로 만들어 판매할 수 있다고 했듯이 수 많은 루프 사운드가 판매되고 있습니다. 만일, 이러한 루프 사운드를 구매한 경우에는 파인더를 열고, 폴더 및 파일을 가라지밴드로 드래그하여 루프 목록에 등록하여 사용합니다. 추가한 루프는 Delete 키를 눌러 삭제할 수 있습니다.

# 전자 기타 트랙

가라지밴드의 전자 기타 트랙을 이용하면 12가지의 앰프와 15가지의 스톰박스를 갖추고 있는 것과 동일한 환경의 사운드를 연출할 수 있습니다. 가라지밴드의 실행 아이콘이 전자 기타 모양으로 되어있을 만큼, 뛰어난 성능을 자랑하는 기능이기도 합니다.

## 06-1  전자 기타 트랙 사용하기

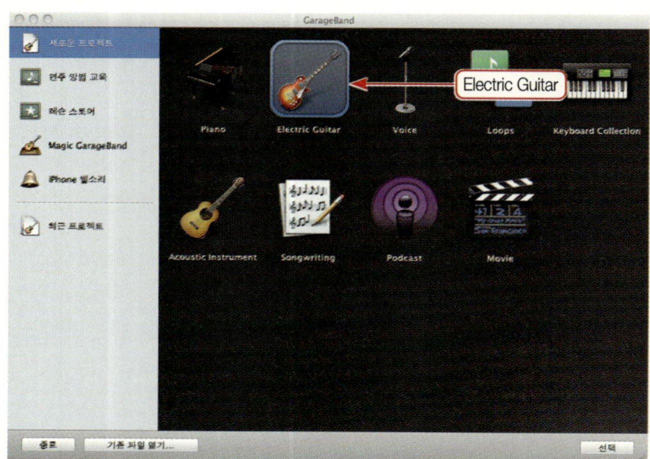


**01** 가라지밴드를 실행하고 새로운 프로젝트의 Electric Guitar 템플릿을 선택하여 새로운 프로젝트를 만듭니다. 가라지밴드가 이미 실행중이라면 Command+N키를 눌러 시작하기 창을 엽니다.

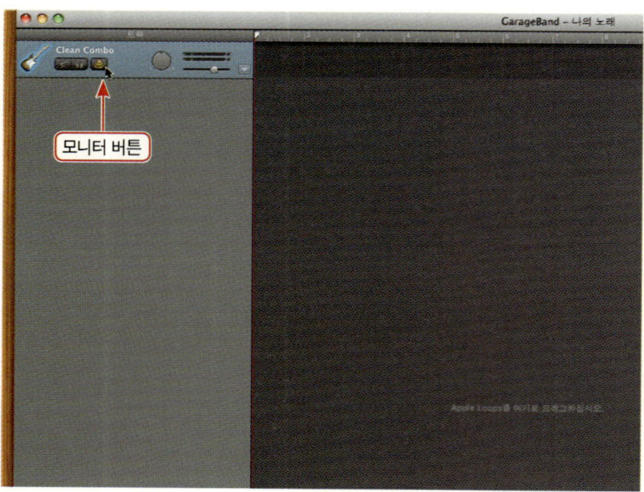


**02** 전자 기타 트랙이 있는 프로젝트가 만들어집니다. 모니터 버튼을 On으로 하고 맥에 연결한 기타를 연주해봅니다. 실제 기타 앰프와 스톰박스를 사용하고 있는 사운드를 들을 수 있습니다.

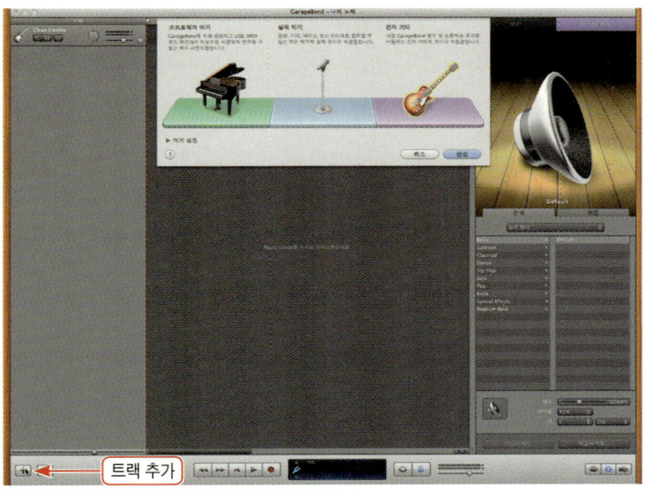



**03** 전자 기타 트랙은 트랙 추가 버튼을 클릭하여 언제든 추가할 수 있으며, 기본 프리셋은 콤보 앰프에 Sustain과 Delay가 장착되어 있는 Clean Combo 입니다.

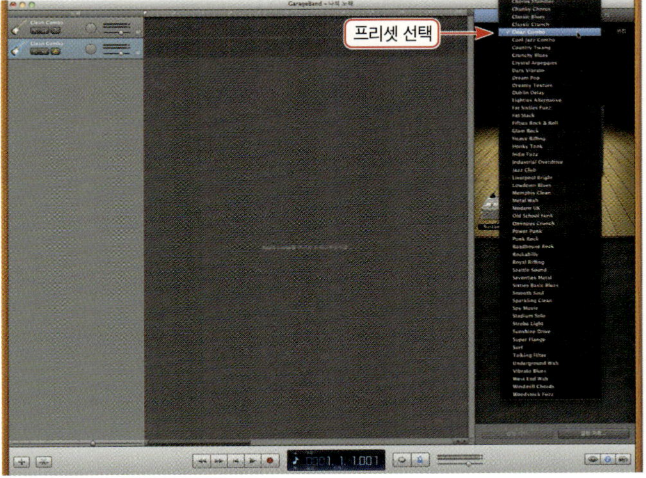



**04** 입문자나 프로를 구분하지 않고, 사운드를 디자인 할 때는 프리셋에서 자신이 연주하고 싶은 장르를 선택하는 것에서부터 시작합니다. 각각의 프리셋 사운드를 충분히 모니터하고, 앰프와 스톰박스의 세팅을 연구하는 시간을 가져보는 것이 좋습니다.

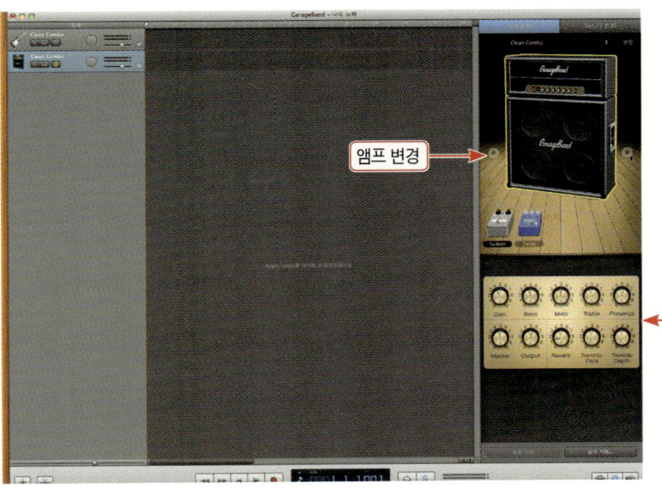



**05** 기본적으로 제공되어 있는 프리셋 사운드가 작업하는 음악과 어울리지 않는 다면, 앰프의 톤을 조정한다거나 좌/우측에 보이는 화살표 버튼을 클릭하여 종류를 변경하는 등의 세팅 작업을 진행하게 됩니다.

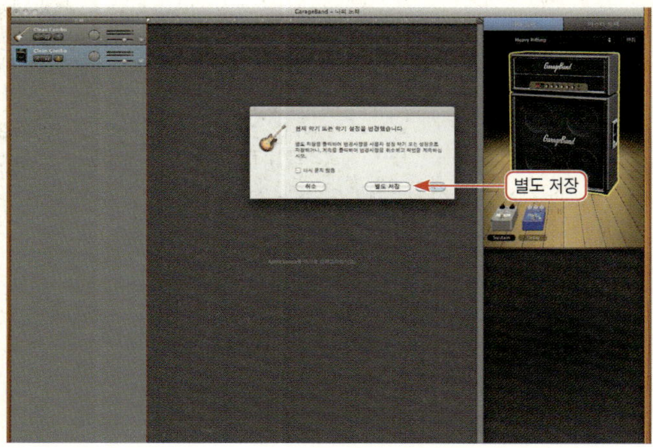



**01** 앰프의 종류와 톤을 조정하고, 다른 프리셋을 선택하면 변경 사항을 저장할 것인지를 묻는 창이 열립니다. 저장 하지 않겠다면 계속 버튼을 클릭하고, 저장을 하겠다면 별도 저장 버튼을 클릭합니다.

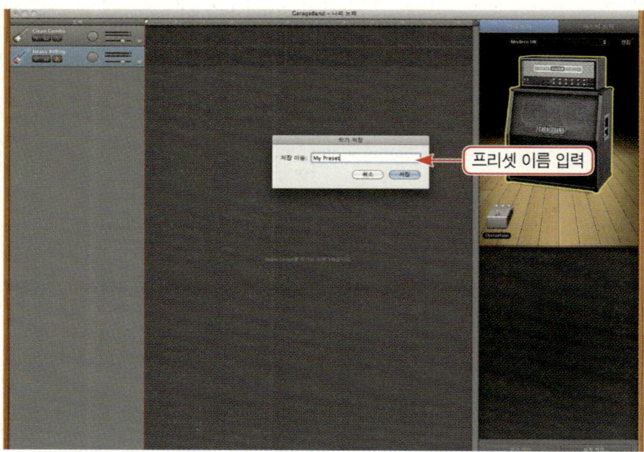



**02** 별도 저장 버튼을 클릭한 경우에는 프리셋을 이름을 입력할 수 있는 창이 열립니다. 사용자가 만든 프리셋을 쉽게 구분할 수 있는 이름을 입력하고 저장 버튼을 클릭합니다.

잠깐팁

프리셋 이름은 한글을 지원하지 않습니다.

**03** 프리셋을 열어보면 사용자가 저장한 목록이 나의 설정값 카테고리에 등록되어 있는 것을 확인할 수 있으며, 언제든 동일한 사운드를 구현할 수 있습니다.

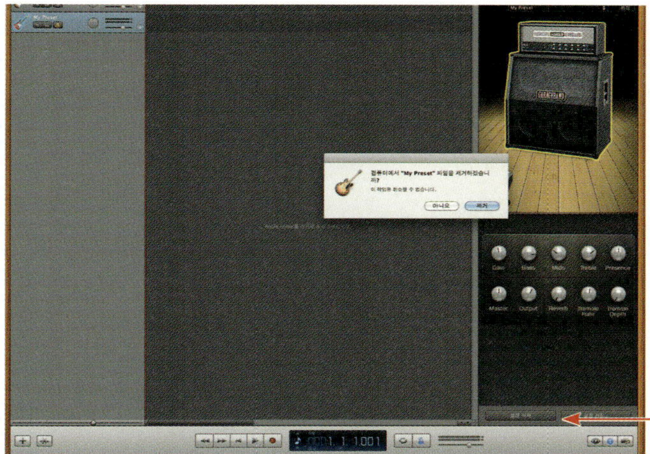



**04** 실제로 사용자가 만든 프리셋을 저장할 때는 설정 저장 버튼을 클릭하며, 사용자가 만든 프리셋은 언제든 설정 삭제 버튼을 클릭하여 제거할 수 있습니다.

## 06-3 앰프의 설정

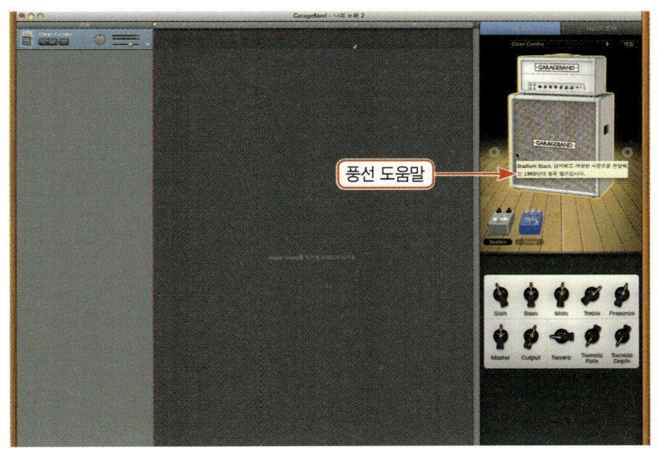



**01** 가라지밴드는 12가지의 앰프를 제공하고 있으며, 앰프 그림에 마우스를 위치하고 있으면, 앰프의 종류와 특성을 소개하는 풍선 도움말을 볼 수 있습니다.

**02** 앰프의 톤을 조정하는 컨트롤러는 Gain, Bass, Mids, Treble 등, 10가지로 구성되어 있으며, 이것은 앰프 종류에 상관없이 모두 동일합니다.

- **Gain** : 기타의 입력 레벨을 조정합니다. 최적의 사운드를 구현하기 위해서는 기타의 볼륨을 최대로 놓고, 조정하는 것이 요령입니다.
- **Bass** : 베이스 음역의 레벨을 조정합니다.
- **Mids** : 중음역의 레벨을 조정합니다.
- **Treble** : 고음역의 레벨을 조정합니다.
- **Presence** : 중음역 이상의 주파수 범위를 조정합니다. 앰프는 연주되는 장소에 따라 중음역 이상의 주파수 범위에 변화가 발생하게 되는데, 이러한 현상을 시뮬레이션 하는 것입니다.
- **Master** : 앰프의 최종 출력 레벨을 조정합니다.
- **Output** : 기타의 출력 레벨을 조정합니다. Output을 Gain 보다 작게하면, 기타의 디스토션 사운드를 쉽게 얻을 수 있습니다.
- **Reverb** : 사운드의 잔향 레벨을 조정합니다. 즉, 공간의 크기 및 재질을 시뮬레이션 하는 것입니다.
- **Tremolo Rate** : 사운드를 떨리게 하는 트레몰로 속도를 조정합니다. Tremolo Depth와 함께 조정되어야 효과를 얻을 수 있습니다.
- **Tremolo Depth** : 사운드를 떨리게 하는 트레몰로 폭을 조정합니다.

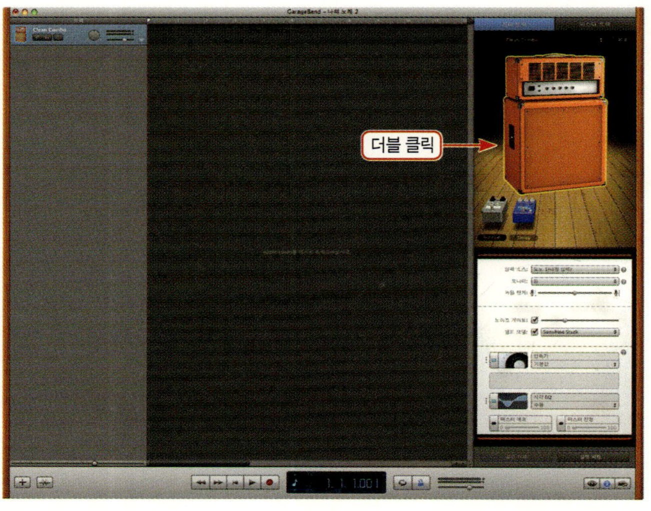



**03** 앰프를 더블 클릭하면, 실제 하드웨어 앰프의 뒷면을 세팅하는 것과 비슷한 역할을 하는 세팅 창이 열립니다. 다시 더블 클릭하면 컨트롤러가 보이는 앞면이 표시됩니다.

- **입력 소스** : 기타를 연결한 입력 라인을 선택합니다.
- **모니터** : 기타 트랙의 모니터를 켜거나 끕니다. 트랙의 모니터 버튼과 동일한 역할입니다.
- **녹음 단계** : 기타의 녹음 레벨을 조정합니다.
- **노이즈 게이트** : 기타의 잡음을 제거합니다. 옵션의 체크 여부로 기능을 On/Off하며, 슬라이드로 제거할 범위를 조정합니다.
- **앰플 모델** : 가라지 밴드에서 제공하는 12가지 앰프를 선택합니다. 앰프의 앞면을 보고 있을 때, 좌/우에 표시되는 화살표 버튼을 누르는 것과 동일한 역할입니다.

● **압축기** : 연주가들에게는 압축기 보다 컴프레서라는 용어에 익숙할 것입니다. 압축기는 사용자가 설정한 레벨 이상의 사운드가 입력되었을 때, 레벨을 압축하여 클립 현상이 발생하지 않게하는 역할을 합니다. 압축기의 사용 여부는 LED 스위치를 클릭하여 선택하며, 익숙하지 않은 사용자는 프리셋을 이용하는 것이 안전합니다.

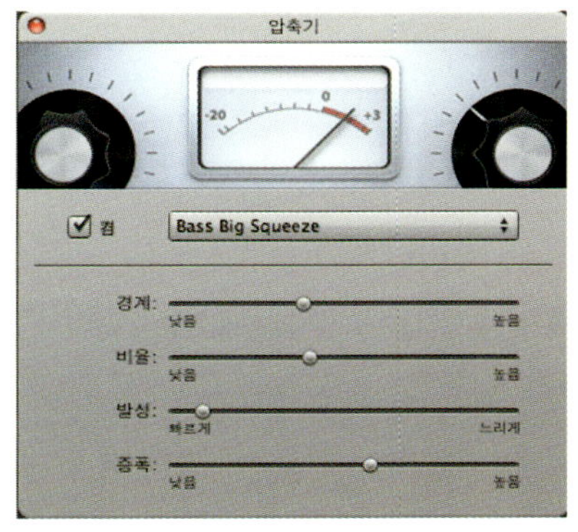


압축기에서 LED 스위치 오른쪽의 아이콘을 더블 클릭하면 사용자가 원하는 값을 설정할 수 있는 창이 열립니다.

▷ 경계 : 압축기가 작동되게 할 레벨을 조정합니다.

▷ 비율 : 어느 정도의 비율로 압축할 것인지를 조정합니다. 경계에서 조정한 레벨의 사운드가 입력되면, 비율에서 조정한 만큼 압축하는 것입니다.

▷ 발성 : 압축기의 작동 타임을 조정합니다. 압축기는 경계에서 조정한 레벨이 입력되었을 작동하게 되는데, 이때의 작동 타임을 조정하는 것입니다.

▷ 증폭 : 압축기의 최종 레벨을 조정합니다.

● **시각 EQ** : 사운드의 주파수 대역을 나누어 레벨을 조정합니다. 오디오 이펙트 중에서 가장 어렵다고 하는 부분이므로, 프리셋마다 어떤 세팅으로 어떤 사운드를 내고 있는지 시간을 내어 연구할 필요가 있습니다.

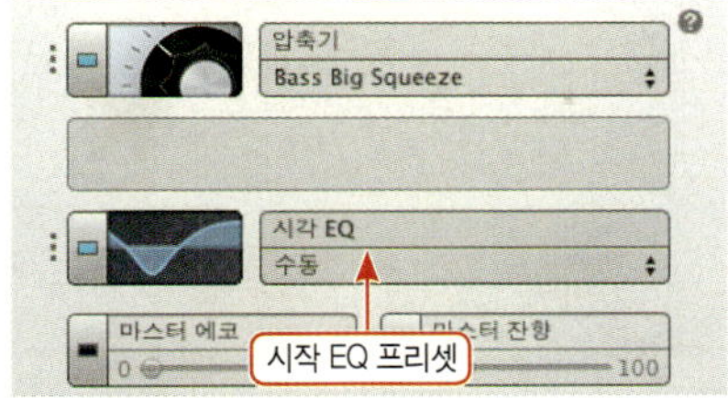

압축기와 마찬가지로 LED 스위치 오른쪽의 아이콘을 더블 클릭하면 사용자가 원하는 값을 설정할 수 있는 창이 열리며, Bass, Low Mid, High Mid, Trable의 4밴드로 구성되어 있습니다. 디스플레이 창에서 드래그로 조정할 수 있고, 세밀한 값이 필요한 경우에는 Details 항목에서 값을 입력합니다. Analyzer 옵션을 체크하면 입력 사운드의 EQ를 모니터 할 수 있습니다.

● **마스터 에코** : 최종 출력의 에코 값을 조정합니다.

● **마스터 잔향** : 최종 출력의 잔향 값을 조정합니다. 압축기와 EQ 사이의 빈 슬롯을 클릭하면 효과를 추가할 수 있는 메뉴가 열립니다. 각각의 효과는 최종 출력 라인에 적용된다는 차이만 있고, 동작 원리와 사운드의 결과는 입력 라인에 적용되는 스톰박스와 동일합니다. 자세한 내용은 스톰박스에서 살펴보겠습니다.

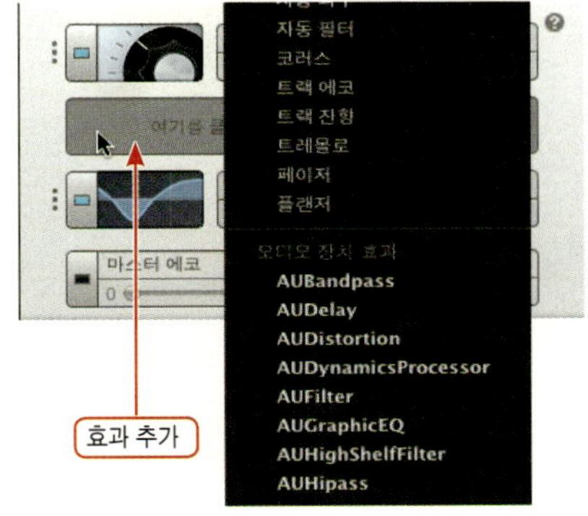

## 06-4 　스톰박스의 설정

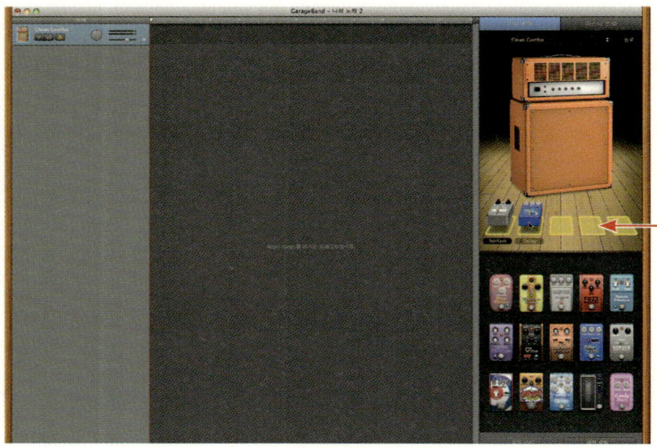


**01** 일명 꾹꾹이라로 불리는 스톰박스는 15가지를 제공하며, 한 번에 5가지를 연결할 수 있습니다. 스톰박스를 마우스 더블 클릭하면 스톰박스의 종류를 볼 수 있습니다.

**잠깐팁**
스톰박스에 마우스를 위치하면 장치의 설명을 볼 수 있습니다.

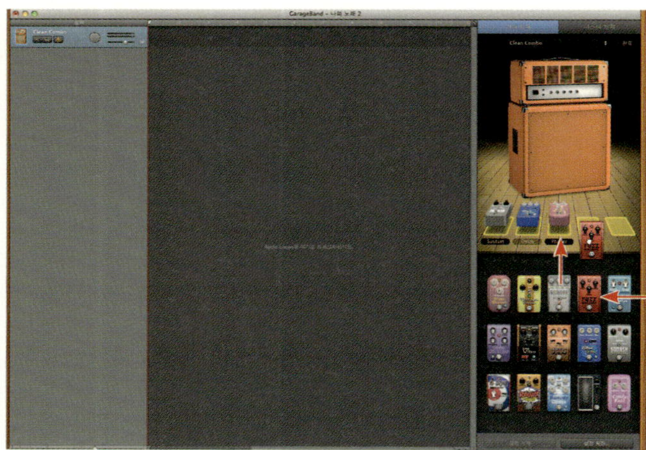


**02** 15가지의 스톰박스에서 앰플에 연결하고 싶은 것을 위쪽으로 드래그하여 장착하거나 좌/우로 드래그하여 위치를 변경할 수 있습니다. 장착된 것을 제거할 때는 아래쪽으로 드래그합니다.

**잠깐팁**
스톰박스가 장착된 곳으로 가져다 놓으면 변경됩니다.

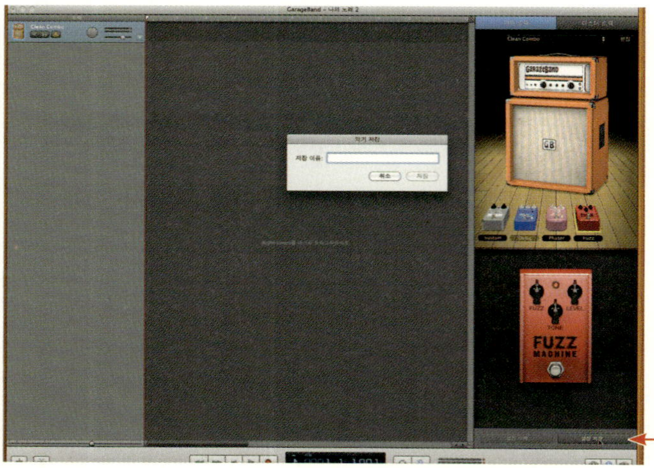


**03** 사용자가 구성한 스톰박스 설정을 프리셋으로 저장하여 언제든 이용할 수 있습니다. 설정 저장 버튼을 클릭하여 창을 열고, 구분하기 쉬운 이름을 입력하여 저장합니다.

## 06-5  스톰박스의 종류

가라지밴드에서 제공하는 스톰박스는 실제 기타리스트들이 사용하는 하드웨어와 동일한 사운드를 구현합니다. 총 15가지가 있지만, 크게 디스토션, 모듈레이션, 딜레이, 필터, 다이내믹 계열로 구분합니다. 각각의 장치는 반드시 사운드를 모니터하면서 귀로 익혀두는 것이 좋습니다.

### ● 디스토션 계열

입력 사운드가 앰프의 출력 레벨의 한계를 넘어가면 사운드가 찌그러집니다. 이러한 현상을 임의로 발생시키는 장치로 메탈 음악에서는 빼놓을 수 없는 사운드입니다. 가라지밴드에서는 Overdrive, Distortion, Fuzz의 디스토션 계열 장치를 각각 2개씩 총 6가지를 제공하고 있습니다.

▷ **Vintage Drive**

전통적인 Overdrive 입니다. 사운드의 찌그러짐이 작아서 메탈 외에 블루스와 재즈 등의 다양한 장르에 이용됩니다.

Drive : 디스토션의 강도를 조정합니다.

Level : 출력 레벨을 조정합니다.

Tone : 톤을 조정합니다. 왼쪽으로 돌리면 저음, 오른쪽으로 돌리면 고음이 많아 집니다.

Fat : 디스토션을 증폭하는 On/Off 스위치입니다.

Power : 장치의 사용 여부를 On/Off 합니다.

▷ **Rawk Distortion**

버전 11에서 추가된 Overdrive 입니다. Vintage Drive 보다 강렬한 사운드를 만들 수 있습니다.

Crunch : 디스토션의 강도를 조정합니다.

Level : 출력 레벨을 조정합니다.

Tone : 톤을 조정합니다.

Power : 장치의 사용 여부를 On/Off 합니다.

▷ **Grinder**

일반적인 Distortion 입니다. 메탈 음악에서는 거의 습관처럼 사용되고 있습니다.

Grind : 출력 레벨을 조정합니다.

Filter : 톤을 조정합니다.

Level : 출력 레벨을 조정합니다.

Full/Scope : 디스토션이 적용되는 주파수 범위를 선택합니다. Full은 전체 범위, Scope는 Filter에서 선택한 주파수 범위입니다.

Power : 장치의 사용 여부를 On/Off 합니다.

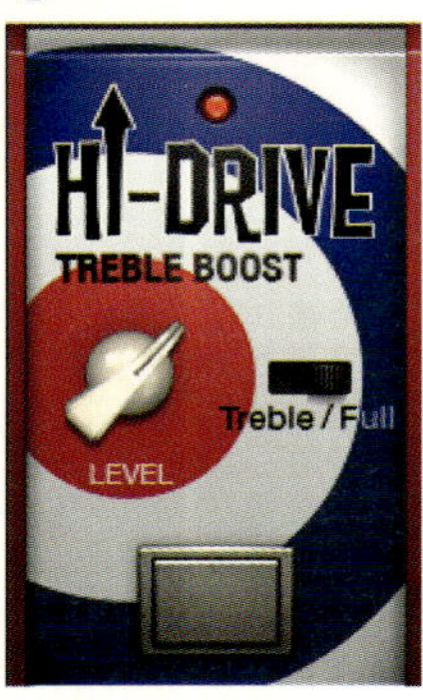

### ▷ Hi-Drive

버전 11에서 추가된 Distortion 입니다. 고음역만 디스토션을 걸 수 있는 스위치를 가지고 있습니다.

Level : 출력 레벨을 조정합니다.

Treble/Full : 디스토션이 적용되는 주파수 범위를 선택합니다. Treble은 고음역이며, Full은 전체 범위 입니다.

Power : 장치의 사용 여부를 On/Off 합니다.

### ▷ Fuzz Machine

좀 더 강렬한 디스토션 사운드를 얻기 위해서 사용되는 Fuzz 입니다. 해비메탈 연주를 즐기는 사용자라면 꼭 한 번 사용해보기 바랍니다.

Fuzz : 디스토션의 강도를 조정합니다.

Level : 출력 레벨을 조정합니다.

Tone : 톤을 조정합니다.

Power : 장치의 사용 여부를 On/Off 합니다.

### ▷ Candy Fuzz

버전 11에서 추가된 Fuzz 입니다. Fuzz Machine 보다 강렬한 디스토션을 얻을 수 있습니다.

Drive : 디스토션의 강도를 조정합니다.

Level : 출력 레벨을 조정합니다.

Power : 장치 사용 여부를 On/Off 합니다.

## ● 모듈레이션 계열

사운드의 위상이나 피치를 변조하여 특별한 효과를 연출하는 장치입니다. 가라지밴드에서는 2개의 Chorus와 Phaser, Flanger, Vibrato로 총 5가지의 모듈레이션 계열 장치를 제공하고 있습니다.

### ▷ Retro Chorus

짧은 딜레이 타임을 만들어 여러 대의 기타가 연주하는 듯한 효과를 만듭니다.

Rate : 반복되는 사운드의 타임을 조정합니다.

Depth : 반복되는 사운드의 폭을 조정합니다.

Sync : 반복되는 사운드의 타임을 프로젝트 템포에 정확히 맞춥니다.

Power : 장치의 사용 여부를 On/Off 합니다.

### ▷ Heavenly Chorus

버전 11에서 추가된 Chorus 입니다. 조금 밝은 색채감을 연출합니다.

Rate : 반복되는 사운드의 타임을 조정합니다.

Bright : 밝은 사운드를 만드는 On/Off 스위치입니다.

Depth : 반복되는 사운드의 폭을 조정합니다.

Feedback : 코러스 사운드가 반복되는 양을 조정합니다.

Delay : 반복되는 사운드의 타임을 조정합니다.

Sync : 반복되는 사운드의 타임을 프로젝트 템포에 정확히 맞춥니다.

Power : 장치의 사용 여부를 On/Off 합니다.

### ▷ Robo Flanger

입력 사운드와 반복되는 사운드를 믹스시킬 때 발생하는 위상 변조로 독특한 사운드를 만들어냅니다.

Rate : 반복되는 사운드의 타임을 조정합니다.

Depth : 반복되는 사운드의 폭을 조정합니다.

Feedback : 사운드가 반복되는 양을 조정합니다.

Manual : 반복되는 사운드의 타임을 조정합니다.

Sync : 반복되는 사운드의 타임을 프로젝트 템포에 정확히 맞춥니다.

Power : 장치의 사용 여부를 On/Off 합니다.

## ▷ Phase Tripper

페이저와 비슷한 장치로 반복되는 입력 사운드와 반복되는 사운드 사이에서 발생하는 위상을 변조하여 독특한 사운드를 만듭니다.

Rate : 반복되는 사운드의 타임을 조정합니다.

Depth : 반복되는 사운드의 폭을 조정합니다.

Feedback : 사운드가 반복되는 양을 조정합니다.

Sync : 반복되는 사운드의 타임을 프로젝트 템포에 정확히 맞춥니다.

Power : 장치의 사용 여부를 On/Off 합니다.

## ▷ The Vibe

플랜저 및 페이저와 동작 방식은 비슷하지만, 반복되는 사운드를 좀 더 다양한 형태로 변조하여 색다른 느낌의 사운드를 연출합니다.

Rate : 반복되는 사운드의 타임을 조정합니다.

Depth : 반복되는 사운드의 폭을 조정합니다.

Type : 사운드의 변조 방식을 선택합니다.

Sync : 반복되는 사운드의 타임을 프로젝트 템포에 정확히 맞춥니다.

On/Off : 장치의 사용 여부를 결정하는 Power입니다.

## ● 딜레이 계열

입력 사운드를 반복시켜 풍부한 사운드를 만드는 전통적인 방식이며, 장르를 불문하고 기본적으로 사용되고 있는 장치입니다. 가라지밴드에서는 Blue Echo라는 딜레이 장치를 제공합니다.

## ▷ Blue Echo

딜레이는 노래방 마이크와 같이 사운드를 반복시켜 풍부한 사운드를 만듭니다.

Time : 사운드가 반복되는 간격을 조정합니다.

Repeats : 사운드가 반복되는 횟수를 조정합니다.

Mix : 입력 사운드와 반복되는 사운드의 비율을 조정합니다.

Tone Cut : 고음역(Hi) 또는 저음역(Lo)을 차단합니다.

Sync : 반복되는 사운드의 타임을 프로젝트 템포에 정확히 맞춥니다.

Power : 장치의 사용 여부를 On/Off 합니다.

## ● 다이내믹 계열

잡음을 제거하는 노이즈 게이트, 볼륨을 조정하는 볼륨 페달 등, 다이내믹 계열의 장치들은 수 없이 많습니다.
가라지밴드에서는 서스테인의 길이를 조정하는 Squash Compressor을 제공합니다.

▷ **Squash Compressor**

사운드는 어택, 디케이, 서스테인, 릴리즈의 엔벨로프로 분석되는데, 이중에서 사운드의 지속 시간을 결정하는 부분이 서스테인 입니다. Squash Compressor는 서스테인 길이를 조정하여 충분한 긴장감을 만들어줍니다.

Sustain : 사운드의 길이를 조정합니다.

Level : 장치의 레벨을 조정합니다.

Attack : 서스테인이 감지되는 시작 타임을 선택합니다.

Power : 장치의 사용 여부를 On/Off 합니다.

## ● 필터 계열

사운드의 주파수를 변조하여 재미있는 사운드를 연출하는 장치입니다. 가라지밴드는 Auto Funk와 Modern Wah의 두 가지 필터 계열 장치를 제공하고 있습니다.

▷ **Auto Funk**

이름 그대로 입력 사운드 볼륨 값에 자동으로 반응하여 주파수를 변조시키는 장치입니다. 70년대 펑키 음악 사운드를 그대로 연출할 수 있습니다.

Sensitivity : 오토 펑키가 동작하는 볼륨 레벨의 반응도을 조정합니다.

Cutoff : 필터의 중심 주파수를 조정합니다.

BP/LP : 중심 주파수를 강조하는 BP와 저음역을 강조하는 LP 선택 스위치입니다.

HI/Lo : 필터가 적용되는 주파수 대역을 고음역(HI) 또는 저음역(Lo)으로 선택합니다.

Up/Down : 필터가 동작하는 주파수의 이동 방향을 위(Up)/아래(Down)로 선택합니다.

Power : 장치의 사용 여부를 On/Off 합니다.

▷ **Modern Wah**

펑키한 사운드를 연출할 때 가장 많이 쓰이는 와와 페달을 그대로 시뮬레이션하고 있는 장치이며, 다양한 모드를 지원합니다.

Q : 필터의 중심 주파수를 조정합니다.

Mode : 5가지 모드를 지원하며, Volume을 선택하면 볼륨 페달로 이용할 수 있습니다.

Power : 장치의 사용 여부를 On/Off 합니다.

Pedal : 페달 그림을 위/아래로 드래그하여 필터가 적용되는 양을 조정합니다.

# 07 소프트 악기 사용하기

가라지밴드는 기타와 오디오 트랙외에 소프트 악기 트랙을 제공합니다. 이것은 말 그대로 소프트웨어로 구현되는 악기를 말합니다. 이 트랙을 효율적으로 사용하기 위해서는 마스터 건반이 필요하지만, 마우스와 키보드만으로도 즐길 수 있습니다.

## 07-1 키보드로 연주하기

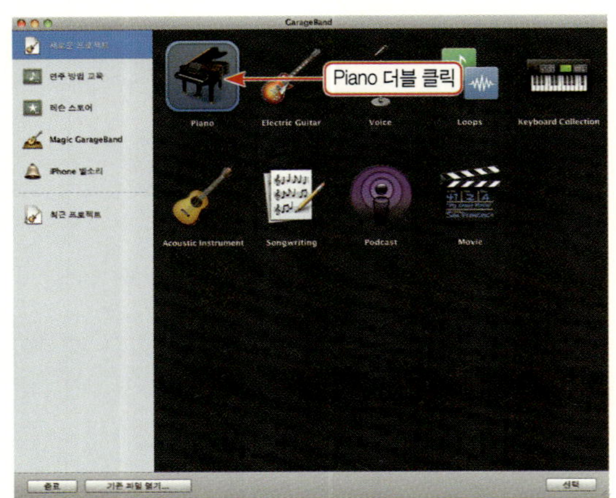


**01** 가라지 밴드를 실행하고, Piano 템플릿을 더블 클릭하여 새로운 프로젝트를 만듭니다. 물론, 다른 템플릿을 선택해도 좋지만, 소프트 악기 트랙이 하나 만들어져 있는 것을 선택한 것입니다.

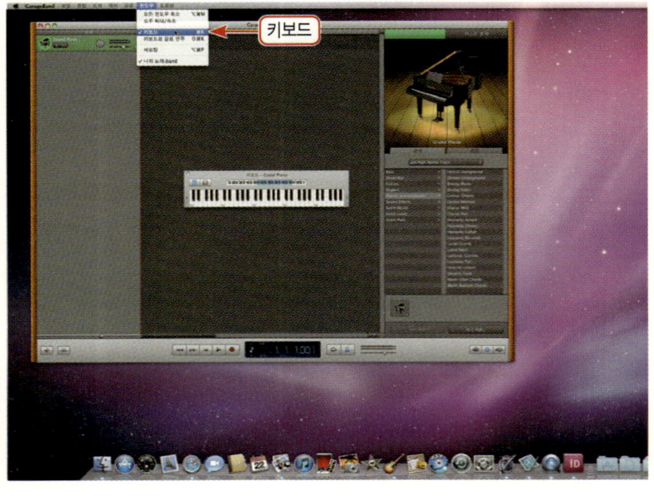


**02** 화면에 피아노 모양의 키보드가 열립니다. Piano 이외의 템플릿을 선택하여 키보드가 열려있지 않은 경우라면, 윈도우 메뉴의 키보드를 선택하여 엽니다.

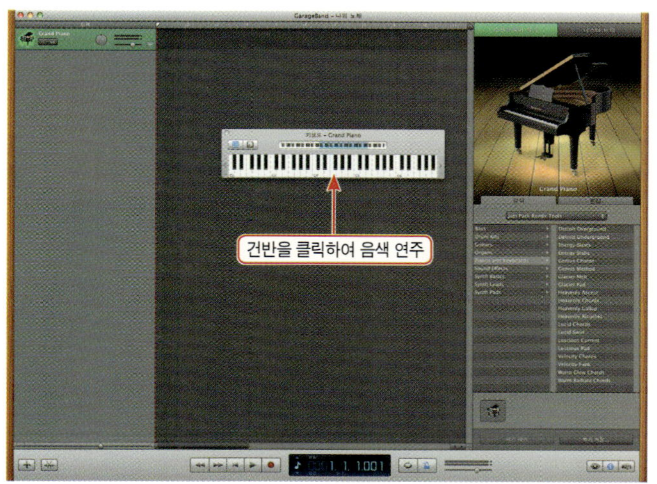


**03** Piano 템플릿의 프로젝트는 Grand Piano라는 이름의 소프트 악기 트랙이 만들어져 있습니다. 화면에 보이는 건반을 클릭하거나 맥에 연결한 마스터 건반을 누르면, 피아노 소리를 들을 수 있는 것입니다.

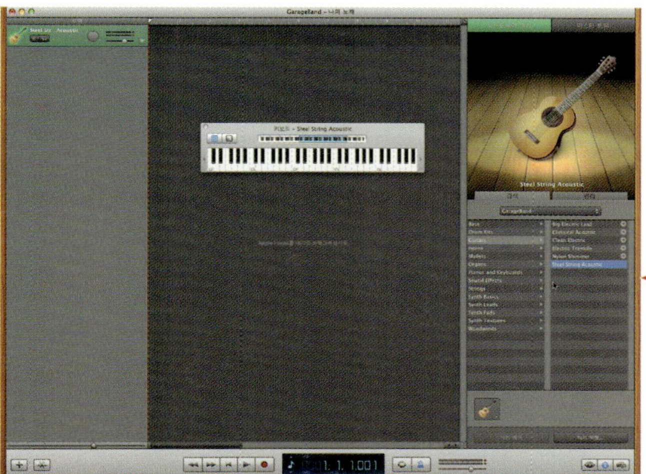


**04** 오른쪽 소프트웨어 악기 목록에서 피아노 외의 악기를 선택하면 Grand Piano 트랙의 이름이 선택한 악기 이름으로 바뀝니다. 건반을 클릭해보면 소리도 바뀐 것을 확인할 수 있습니다.

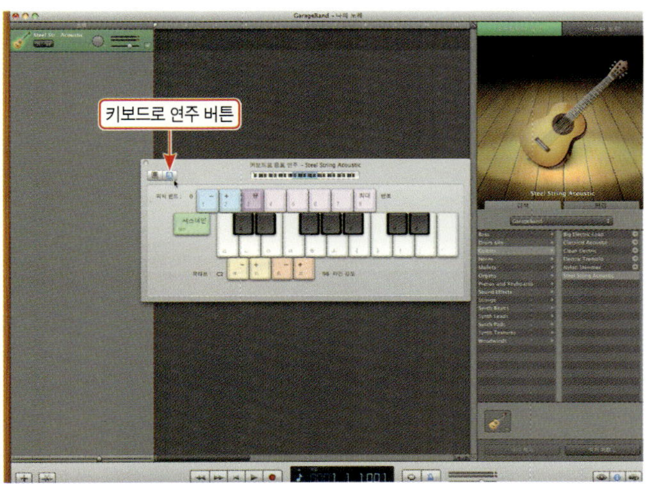


**05** 마스터 건반을 가지고 있지 않거나 지하철 및 버스 안이라면, 키보드를 이용해서 악기를 연주할 수 있습니다. 키보드로 연주 버튼을 클릭합니다.

**05** 키보드로 음표 연주 창은 조금만 익숙해지면 실제 마스터 건반을 이용하는 것과 별다른 차이점을 느끼지 못할 정도의 기능을 제공합니다.

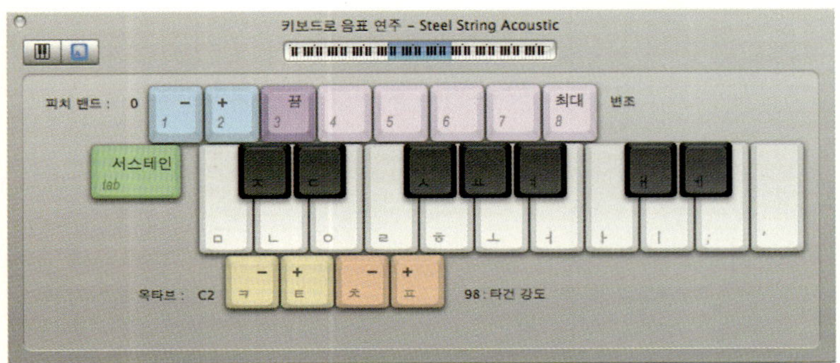


| 키 | 역할 |
|---|---|
| ㅁ~’ | 키보드 자음 2열을 모두 사용하며, 1옥타브 반의 음계를 연주합니다. 자음 1열에서 ㅈ~ㅔ까지의 검은 건반을 그대로 구현하고 있습니다. |
| 1/2 | 마스터 건반의 피치 휠 역할을 하는 것으로 연주하는 음을 올리거나 내립니다. |
| 3~8 | 마스터 건반의 모듈레이션 휠 역할을 하는 것으로 연주하는 음의 비브라토를 만듭니다. 4~8까지 비브라토의 강도를 선택하며, 3번 키로 끔니다. |
| Tab | 피아노의 서스테인 페달 역할을 합니다. |
| ㅋ/ㅌ | 자음 2열의 음역을 1옥타브 단위로 이동합니다. 이 키에 익숙해지면 88 건반의 피아노 음역을 자유롭게 연출할 수 있습니다. |
| ㅊ/ㅍ | 건반을 연주하는 강도를 의미합니다. ㅍ 키를 눌러 값을 올리면 강하게 연주하는 것이고, ㅊ 키를 눌러 값을 내리면 여리게 연주하는 것입니다. |

## 07-2  소프트 악기 녹음하기

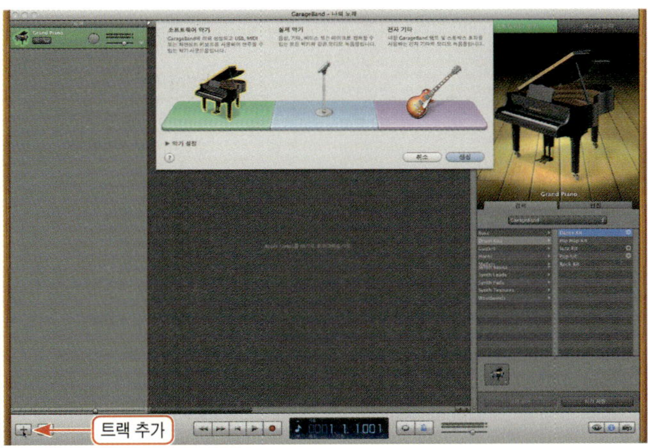

**01** 한 곡의 음악은 수 십대의 악기가 연주를 합니다. 즉, 음악을 만들기 위해서는 수 많은 소프트악기 트랙이 필요합니다. 트랙 추가 버튼을 클릭하여 창을 열고, 소프트웨어 악기를 더블 클릭합니다.

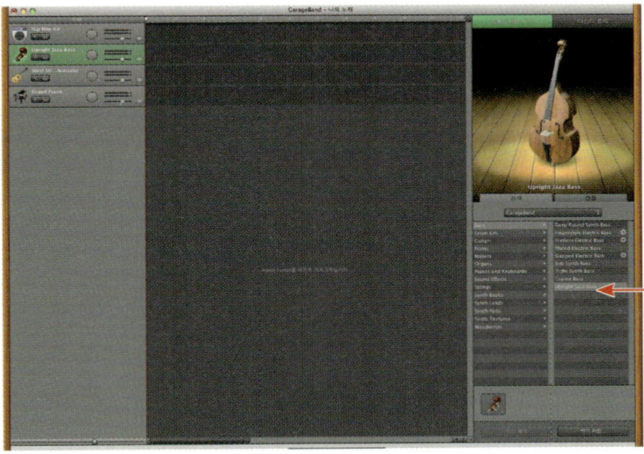

**02** 필요한 수 만큼의 트랙을 만들고, 각 트랙에서 연주할 악기를 선택합니다. 물론, 한 트랙씩 음악을 만들면서 악기를 추가해도 좋습니다.

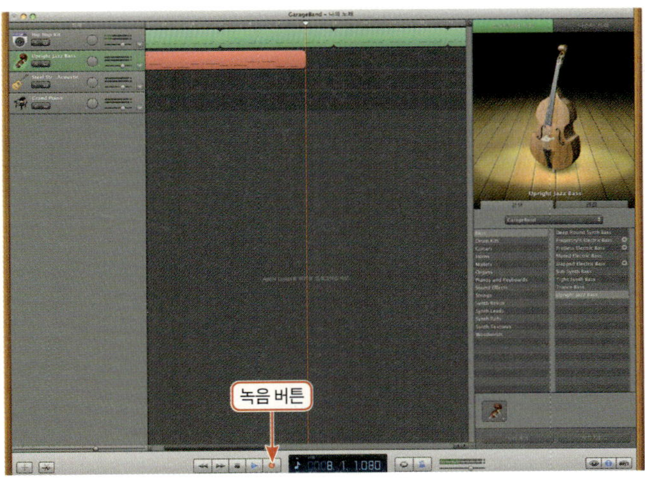

**03** 트랙을 선택하고, 녹음 버튼을 클릭하여 녹음을 진행합니다. 녹음은 마스터 건반 또는 가라지밴드에서 제공하는 키보드를 이용할 수 있습니다. 이렇게 한 트랙씩 녹음을 하면서 곡을 만드는 것입니다.

**04** 드럼과 같이 한번에 연주하기 곤란한 경우에는 오디오 트랙에서 살펴본 사이클 녹음 방식을 이용합니다. GarageBand 메뉴의 환경설정을 선택합니다.

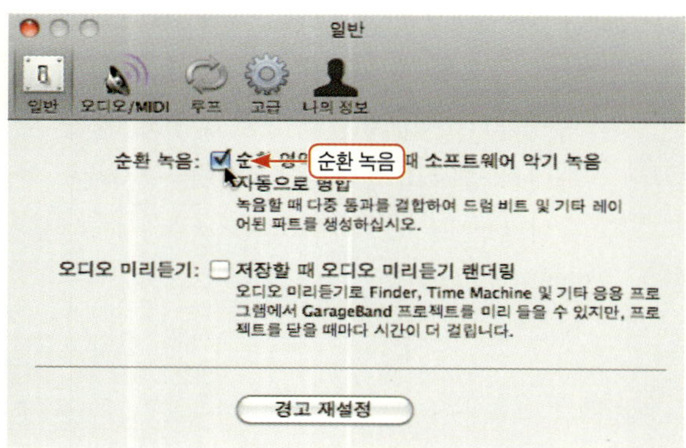

**05** 일반 탭의 순환 녹음 옵션을 체크합니다. 두 번 이상으로 나누어 녹음을 할 때 하나의 클립으로 만들어지도록 하는 것입니다.

**06** 룰러 라인을 드래그하여 반복 녹음할 구간을 선택하고, 송 포지션 라인을 선택 구간 왼쪽에 가져다 놓습니다.

**07** 녹음 버튼을 클릭하여 반복 녹음합니다. 처음에는 하이해드, 두 번째는 스네어, 세 번째는 베이스 드럼 순서로 각각의 파트를 나누어 녹음하는 것입니다.

**08** 반복 녹음한 연주가 하나의 클립으로 만들어졌습니다. 드럼의 경우는 짧은 패턴을 반복하는 것이 일반적이므로, 곡의 끝까지 녹음할 필요는 없을 것입니다. 녹음한 클립의 오른쪽 상단 모서리를 드래그하여 패턴을 반복시킵니다.

**01** 소프트 악기 트랙에 녹음한 것은 자유로운 편집이 가능한 미디 데이터입니다. 사용자가 녹음한 클립을 더블 클릭하여 편집 창을 엽니다.

**02** 편집 창은 사용자가 입력한 음표를 막대 모양으로 표시하는 피아노 롤 타입입니다. 막대의 길이는 음의 길이를 나타내며, 음정은 세로로 펼쳐진 건반 모양으로 구분합니다.

**03** 막대를 선택하면 음정과 타건 강도를 확인할 수 있으며, 위/아래로 드래그하여 음정을 수정한다거나 좌/우로 드래그하여 연주 시작 위치를 수정할 수 있습니다.

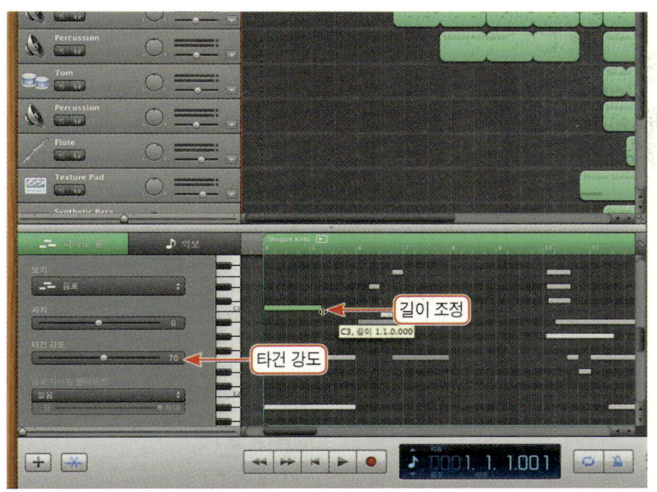



**03** 연주 길이를 수정할 때는 막대 끝 부분을 드래그하며, 연주의 세기를 의미하는 타건 강도는 왼쪽의 타건 강도 슬라이드를 이용하여 조정할 수 있습니다.

**04** Command 키를 누른 상태에서는 새로운 노트를 추가할 수 있으며, Delete 키로 삭제할 수 있습니다. 즉, 연주가 어려운 아마추어도 프로 연주인이 녹음한 것과 동일한 음악을 만들 수 있는 것입니다.

**05** 연주가 서툴러서 정확한 박자에 녹음하지 못한 경우에도 아쉬워할 필요가 없습니다. 부정확한 노트를 선택하고, 자동 퀀타이즈 항목에서 박자를 선택하면, 선택한 박자에 정확하게 맞춰줍니다.

**잠깐팁**

전체 연주를 퀀타이즈 할 때는 Command+A 키를 눌러 모든 노트를 선택합니다

03 피아노 롤에서는 노트 외에 다양한 미디 컨트롤 정보를 편집할 수 있습니다. 편집할 정보는 보기 항목에서 선택합니다. 가라지 밴드는 변조, 피치밴드, 서스테인, 표현, 페달의 정보를 제공합니다.

04 마스터 건반 사용자는 모듈레이션의 변조, 피치 밴드, 서스테인 정보를 실시간으로 입력할 수 있지만, 그렇지 않은 경우에는 Command 키를 누른 상태에서 클릭하여 마우스로 입력합니다. 삭제는 Delete 키 입니다.

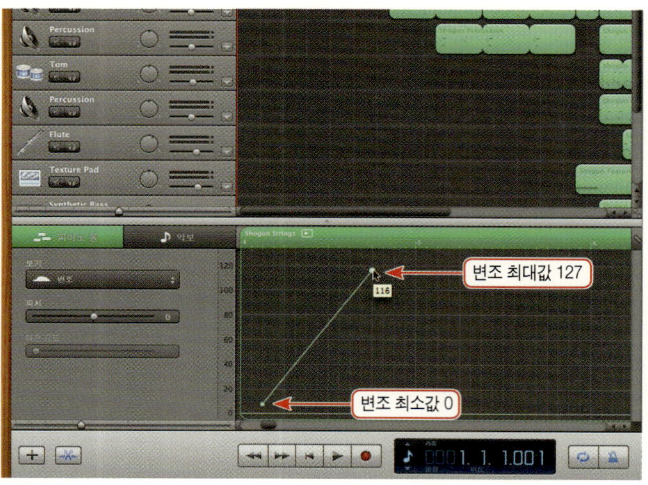


05 변조의 값이 0이면, 모듈레이션 휠을 움직이지 않은 것이고, 127이면 휠을 최대치로 올린 것입니다. 즉, 비브라토가 걸린 연주가 됩니다.

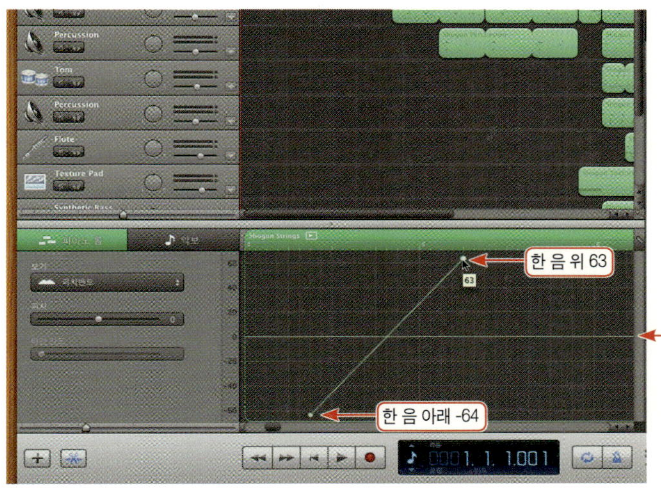


**06** 피치 밴드는 -64에서 63까지의 범위로 조정됩니다. 중앙의 0은 피치 휠을 움직이지 않은 것이며, -64는 최대로 내려 한 음이 낮아지고, 63은 최대로 올려 한 음이 높아집니다.

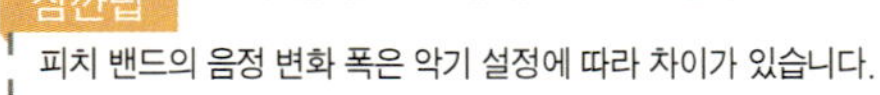

**잠깐팁**

피치 밴드의 음정 변화 폭은 악기 설정에 따라 차이가 있습니다.

**07** 서스테인은 페달은 밟은 상태를 의미하는 켬과 밟지 않은 상태를 의미하는 끔으로 두 가지 값을 제공합니다.

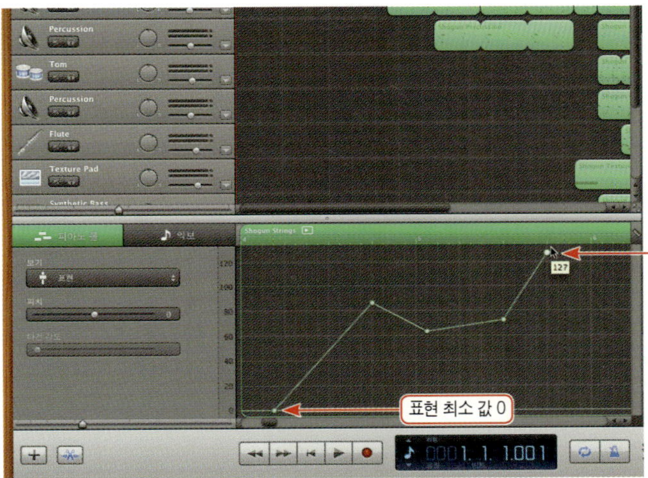


**08** 표현은 익스프레션 정보를 의미하는 것이며, 연주 음량을 표현합니다. 값은 0에서 127까지의 범위로 조정합니다. 스트링 악기의 점점 세게 및 점점 여리게 등을 표현할 때 많이 사용하는 정보입니다.

**09** 마지막 페달은 컨트롤 정보 4번입니다. 악기에 따라 음색을 컨트롤하는 페달을 제공하는 것이 있는데, 마우스로 입력이 가능한 것입니다. 단, 이 정보를 지원하는 악기는 많지 않기 때문에 잘 사용하지 않습니다.

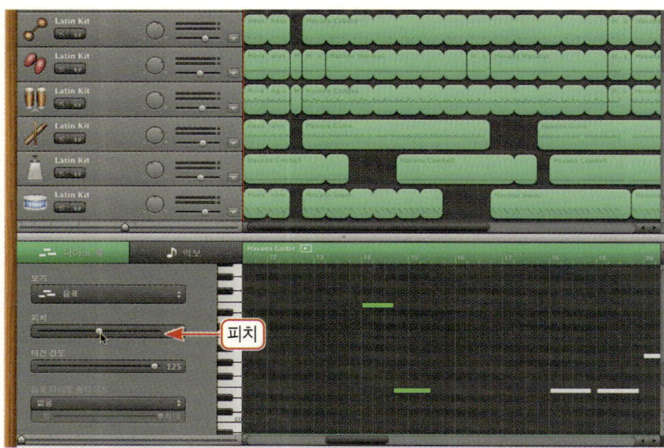


**10** 피아노 롤의 피치는 선택한 노트의 음정을 조정합니다. 1의 값이 반음을 의미하며, 기타와 같이 악보 보다 한 옥타브 아래음으로 연주되는 악기를 표현할 때 유용합니다.

07-4 악보 출력하기

**01** 편집 창의 악보 탭을 클릭하여 패널을 열면, 미디 노트를 악보 타입으로 볼 수 있습니다. 음악인들에게는 피아노 롤 타입보다 익숙할 것입니다.

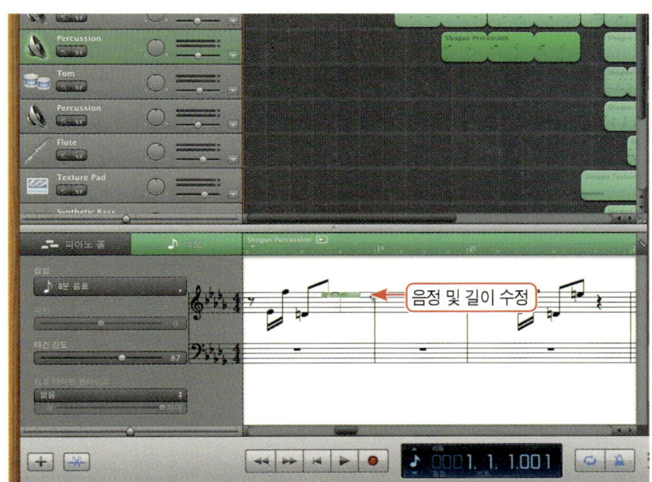


**03** 음표를 위/아래로 드래그하여 음정을 수정할 수 있고, 좌/우로 드래그하여 위치를 조정할 수 있습니다. 그리고 음표를 선택하면 표시되는 오른쪽의 막대를 드래그하여 음표의 길이를 조정할 수 있습니다.

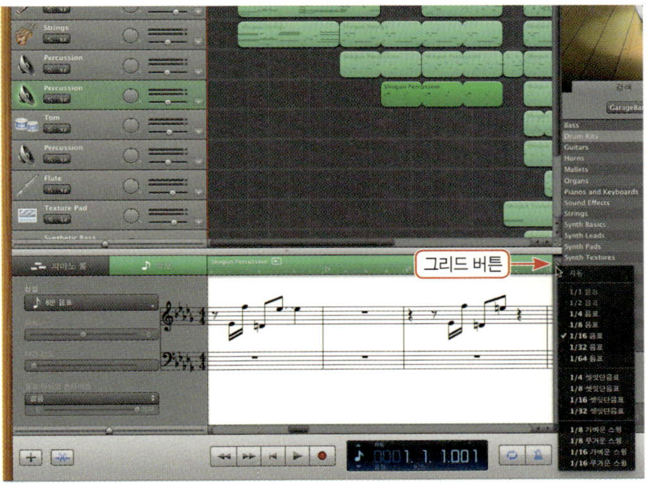


**04** 악보에 표시할 음표의 최소 길이는 그리드 버튼을 클릭하면 열리는 메뉴에서 선택 가능합니다. 이것은 실제 음의 길이를 조정하는 것이 아니고, 화면에 표시하는 단위를 선택하는 것으로, 좀 더 깔끔한 악보를 만들기 위한 것입니다.

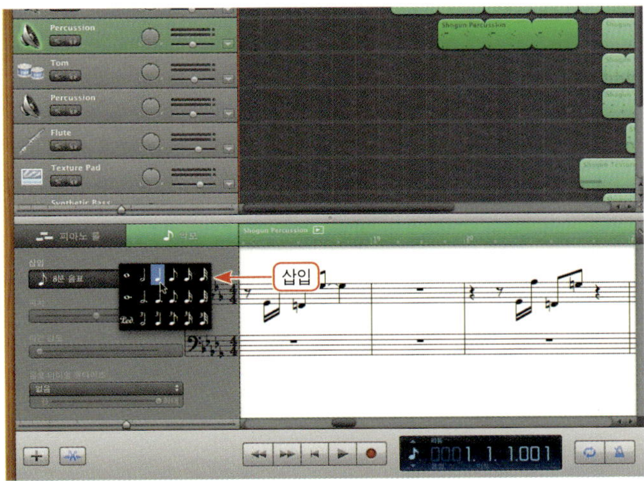


**05** 음표를 입력할 때는 삽입 메뉴에서 입력할 음표의 길이를 선택하고, Command 키를 누른 상태에서 입력합니다. 삭제는 Delete 키입니다.

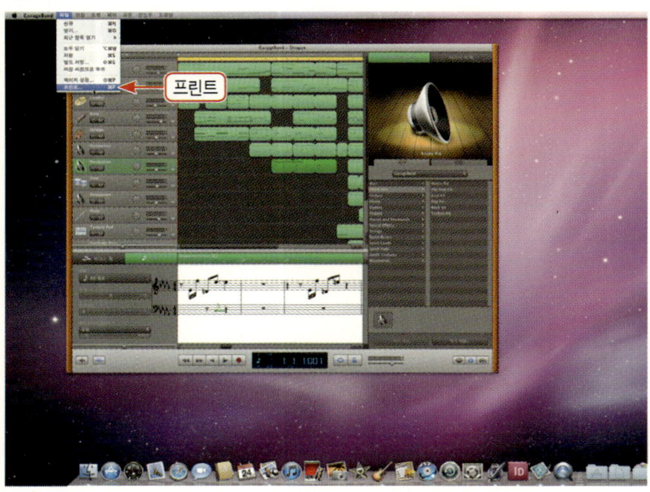


**06** 가라지밴드에서 만든 악보를 종이에 프린트하거나 PDF 파일로 제작할 수 있습니다. 파일 메뉴의 프린트를 선택합니다.

**07** 프린트 창이 열립니다. 악보를 종이로 인쇄할 것이라면 프린트 버튼을 클릭하고, PDF 로 저장할 것이라면 PDF로 저장을 선택합니다. 악보를 팩스, 이메일 등으로 바로 전송할 수 있는 메뉴도 제공되고 있습니다.

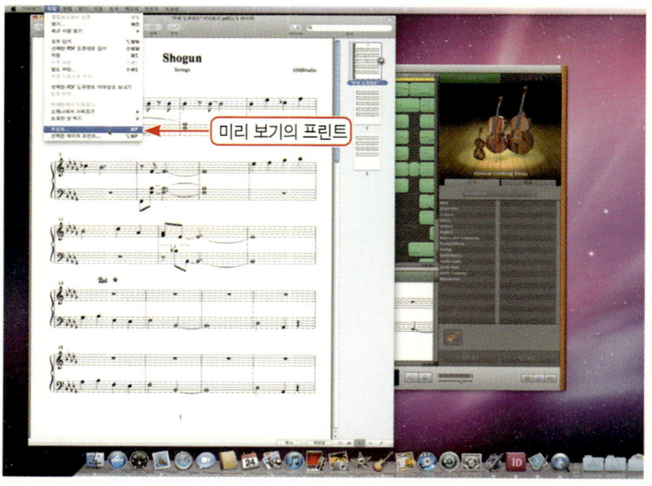


**08** 프린트를 진행하기 전에 미리 보기 버튼을 클릭하여 수정할 곳이 없는지 확인하고, 수정할 곳이 없다면 미리 보기의 파일 메뉴에서 프린트를 선택하여 진행해도 좋습니다.

# 08 믹싱과 마스터링

지금까지 가라지밴드를 이용해서 곡 작업을 하는데 필요한 기능을 모두 살펴보았습니다. 이제 작업이 끝난 곡을 마무리하는 믹싱과 마스터링 작업에 관해서 살펴보겠습니다. 작업은 간단하지만, 자신만의 색깔을 만들기 위해서는 오랜 시간이 필요한 학습이기도 합니다.

## 08-1 편곡 트랙

**01** 사람이 연주할 때는 1, 2절, 도돌이표 등을 구분할 수 있지만, 가라지밴드는 그렇지 못합니다. 대신에 이것을 구현할 수 있는 편곡 트랙을 제공합니다. 트랙 메뉴의 편곡 트랙 보기를 선택합니다.

**02** 트랙 상단에 가느다란 편곡 트랙이 생성됩니다. + 기호의 생성 버튼을 클릭하면 8마디 길이의 영역 바가 무제라는 이름으로 생성됩니다.

**03** 영역 바의 이름은 마우스 더블 클릭으로 수정할 수 있고, 길이는 오른쪽 끝 부분을 드래그하여 조정할 수 있습니다. 전주, 1절, 간주 등, 영역을 구분할 수 있는 바를 만듭니다.

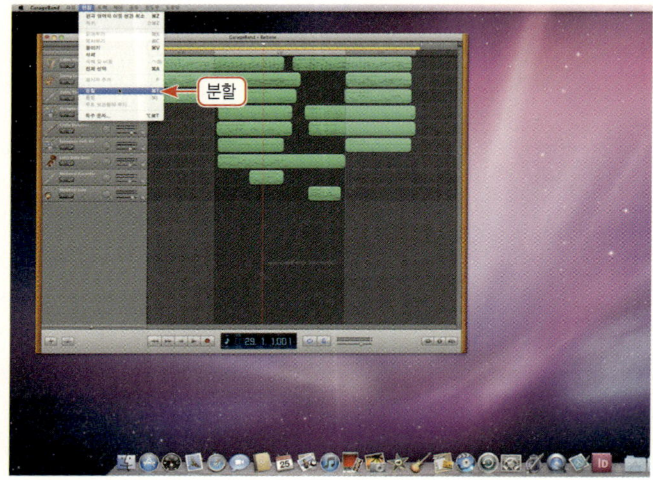


**04** 영역 바를 선택하고 송 포지션 라인을 위치시킨 다음에, 편집 메뉴의 분할 또는 Command+T 키를 누르면, 둘로 분할 할 수 있습니다.

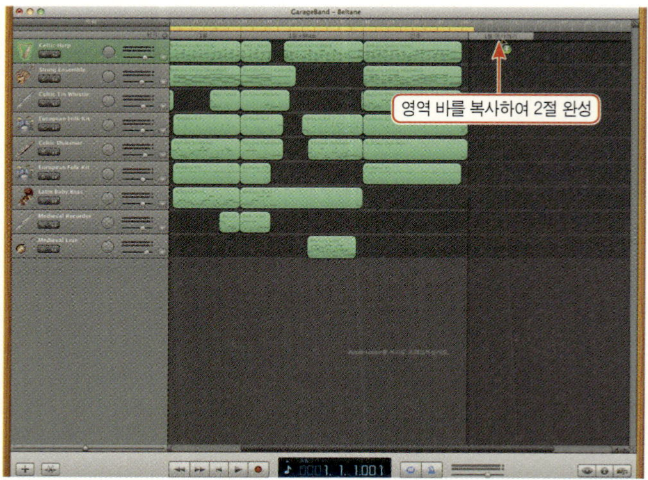


**05** 영역 바는 마우스 드래그로 이동하거나 Option 키를 누른 상태로 복사할 수 있습니다. 영역 바에 포함된 클립이 함께 이동 또는 복사되므로, 곡의 연주 순서를 변경하거나 도돌이표, 2절 등을 간단하게 구현할 수 있는 것입니다.

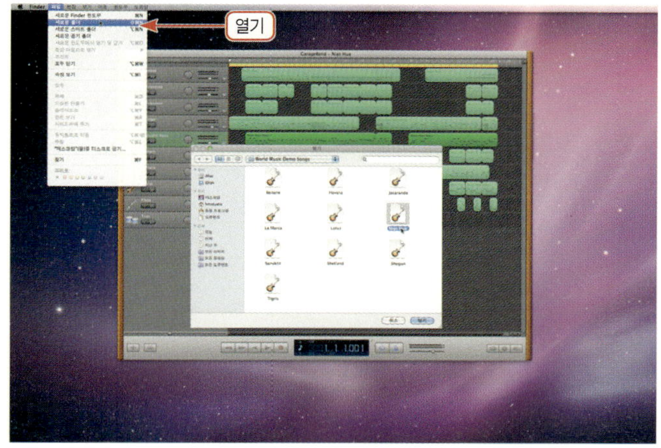


**01** 아직까지 만들어 놓은 곡이 없다면 파일 메뉴의 열기를 선택하여 적당한 데모 곡 (Nian Hua)을 불러옵니다. 데모곡은 /Library/ Application Support/GarageBand/GarageBand Demo Songs 폴더에 있습니다.

**잠깐만!**
가라지밴드에서 제공하는 데모 곡은 이미 믹싱이 완료되어 있으므로, 간단하게라도 직접 곡을 만들어 진행하는 것이 좋습니다.

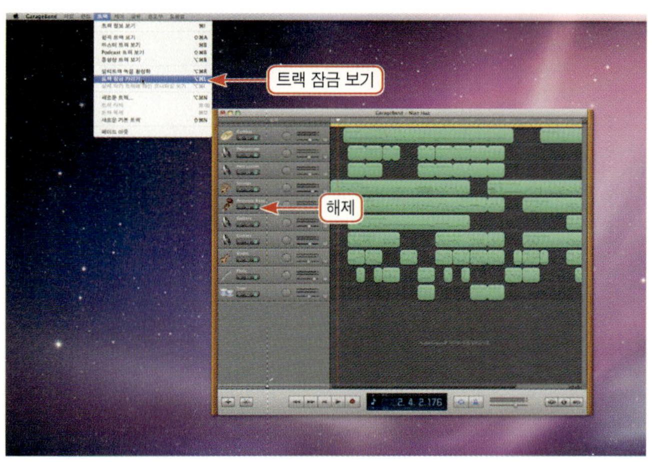


**02** 데모 곡은 트랙이 잠겨있기 때문에 실습을 진행하기 위해서는 해제 해야 합니다. 트랙 메뉴의 트랙 잠금 보기를 선택합니다. 그리고 각 트랙에 표시되는 자물쇠 모양의 아이콘을 클릭하여 해제합니다.

**03** 믹싱의 기본은 각 트랙의 볼륨과 팬을 조정하는 것입니다. 각 트랙의 볼륨 슬라이드를 드래그하여 특정 트랙의 악기가 너무 크거나 작지 않게 조정합니다. 이미 믹싱이 완료된 데모 곡을 이용하고 있다면 각 트랙의 볼륨을 변경해 보면서 차이점을 모니터합니다.

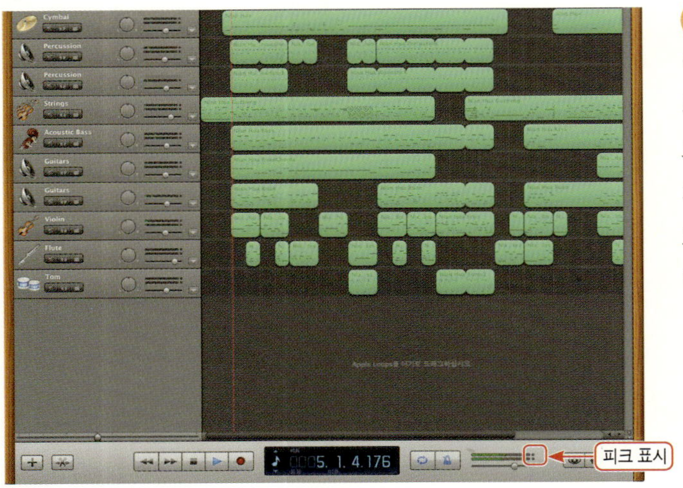


**04** 레벨을 조정할 때, 각 트랙의 레벨 미터에 피크 잡음을 의미하는 빨간색 경고가 뜨지 되지 않게 하는 것도 중요하지만, 전체 사운드의 레벨을 표시하는 마스터 레벨 미터에도 피크 경고가 뜨지 않게 합니다. 즉, 전체 사운드의 레벨을 맞추는 것이 믹싱 작업의 포인트입니다.

**05** 팬은 해당 트랙의 악기 사운드를 왼쪽에서 들리게 할 것인지, 오른쪽에서 들리게 할 것인지를 조정하는 것입니다. 일반적으로 오케스트라 구성을 참조하여 좌/우 밸런스를 유지하면 무난합니다. 팬 노브를 위/아래로 드래그하여 사운드의 이동을 확인합니다.

**06** 볼륨과 팬 작업이 끝나면 각 트랙의 악기 사운드가 선명하게 들릴 수 있게 EQ를 조정한다거나 공간감을 만들기 위한 리버브를 조정하는 등의 이펙트 작업을 진행합니다. Acoustic Bass 트랙을 선택하고 정보 패널의 편집 탭을 선택해 봅니다.

**07** 사운드의 다이내믹을 조정하는 압축기와 주파수를 조정하는 EQ가 적용되어 있습니다. 각각의 전원 버튼을 On/Off 해보면서 이펙트의 적용 전과 후의 사운드를 비교해보기 합니다.

**08** 확연한 비교를 위해 Acoustic Bass 트랙의 솔로 버튼을 On으로 놓고, 압축기 아이콘을 클릭하여 패널을 엽니다. 그리고 경계 및 비율 값을 조정해보면 레벨 폭에 변화가 생기는 것을 확인할 수 있습니다.

**09** 압축기의 각 슬라이드를 조정하여 사운드의 변화를 모니터 해봤다면, 프리셋에서 Bass에 어울리는 것을 선택하고, 패널을 닫습니다. 입문자는 각 이펙트에서 제공하는 프리셋을 이용하는 것에서부터 시작하는 것이 좋습니다.

**잠깐만!**

사용자가 구성한 이펙트는 악기 저장 버튼을 클릭하여 프리셋으로 만들 수 있습니다.

**10** 시각 EQ의 아이콘을 클릭하여 패널을 엽니다. Analyzer 옵션을 체크하면, Acoustic Bass 트랙 사운드의 주파수를 실시간으로 확인할 수 있습니다. Bass 음역을 감소 또는 증가시켜보면서 주파수의 변화를 확인합니다.

**11** 압축기와 EQ 사이의 빈 슬롯은 사용자가 원하는 이펙트를 추가할 수 있습니다. 빈 슬롯을 클릭하여 페이저를 선택해봅니다.

**12** 아이콘을 클릭하여 패널을 열고, 강도를 증가시켜 봅니다. Acoustic Bass 음색에 큰 변화가 발생하는 것을 모니터 할 수 있습니다.

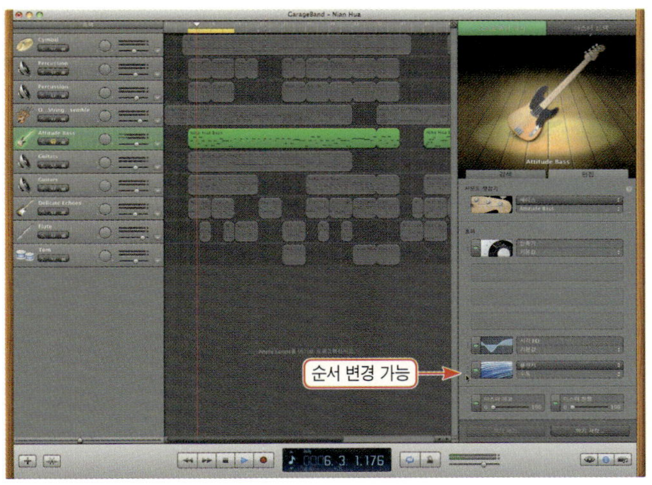


**13** 이펙트의 적용 순서는 전원 버튼 왼쪽의 3개의 점이 있는 부분을 드래그하여 변경할 수 있습니다. 동일한 이펙트도 적용 순서에 따라 사운드가 달라진다는 것을 확인할 수 있습니다.

**14** 트랙을 솔로로 놓고, 이펙트를 적용한 후에는 솔로 버튼을 Off로 하여 전체 사운드와의 조화를 반드시 확인해야 합니다. 믹싱의 전제 조건은 각 트랙의 사운드가 조화롭게 어울리도록 하는 것입니다.

**15** Flute 트랙을 선택해보면 에코와 잔향만 적용되어 있는 것을 확인할 수 있습니다. 에코는 노래방의 마이크와 동일하게 사운드를 반복하여 풍성하게 만듭니다. 값을 증가시켜 모니터 해봅니다.

**잠깐만!**
에코 및 잔향의 종류는 마스터 트랙에서 선택합니다.

**16** 잔향은 사운드에 잔향을 만들어 공간감을 만듭니다. 잔향 값이 커지면 사운드가 약간 뒤로 밀리는 효과가 있으며, 이것을 이용해서 전체 사운드의 공간감을 연출하는 것입니다. 잔향 값을 줄여보면 Flute 소리가 약간 앞으로 나오는 느낌을 얻을 수 있습니다.

**17** 이펙트를 특정 범위에서만 적용되게 하고 싶은 경우가 있습니다. 특히 전자 기타 트랙에서 많이 사용되고 있으므로, 추가 버튼을 클릭하여 전자 기타 트랙을 추가해봅니다.

**18** 사용자가 원하는 범위에서 볼륨, 팬, 이펙트 등이 컨트롤 되게 하는 기능이 오토메이션 입니다. 오토메이션 버튼을 클릭하여 트랙을 확장합니다.

**19** 기본적으로 트랙 음량과 팬을 컨트롤 할 수 있으며, 자동화 추가를 선택하면 해당 트랙에서 사용되고 있는 이펙트를 선택할 수 있는 창이 열립니다. 스톰박스의 On/Off를 컨트롤 하고 싶다면 목록에서 원하는 장치의 Pedal State를 체크합니다.

**20** 오토메이션 버튼을 On으로 하면 라인이 보이며, 원하는 위치를 클릭하여 포인트를 생성하고, 값을 조정합니다. On/Off는 두 가지 값 밖에 없지만, 팬을 이용하여 사운드가 좌/우로 이동하게 하거나 에코의 양을 클라이맥스에서 증가시키는 등의 다양한 연출이 가능합니다.

**21** 각 트랙에 이펙트를 적용하는 방법, 오토메이션 트랙의 사용법 등을 간략하게 살펴보면서 믹싱 작업의 개념을 잡아 보았습니다. 이제부터는 독자 스스로 많은 곡을 만들어보면서 경험으로 익혀야 할 일만 남았습니다. 파일 메뉴의 저장 시점으로 복귀를 선택하여 처음 상태로 되돌려 다시 한번 실습해보고, 틈틈히 가라지밴드의 데모 곡을 가지고 연구해보기 바랍니다.

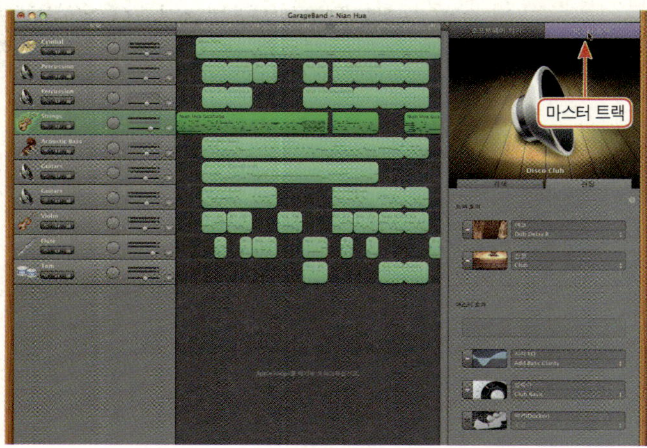


**01** 마스터링 작업은 최종 출력을 담당하는 마스터 트랙에서 다이내믹을 조정하는 압축기, 주파수를 조정하는 EQ 등을 이용해서 전체 사운드를 조정한다는 차이만 있을 뿐, 사용되고 이펙트의 종류는 믹싱에서와 동일합니다. 정보 패널의 마스터 트랙을 선택합니다.

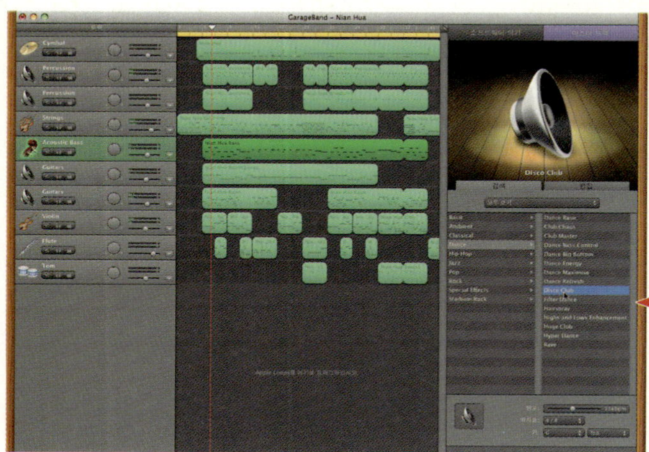


**02** 마스터링 작업도 믹싱에서와 마찬가지고 프리셋으로부터 시작하는 것이 좋습니다. 곡을 재생시켜놓고, 검색 항목에서 제공하는 프리셋들을 선택하면서 마음에 드는 사운드를 찾습니다. 작업한 곡에 어울리는 장르를 선택하면 무난합니다.

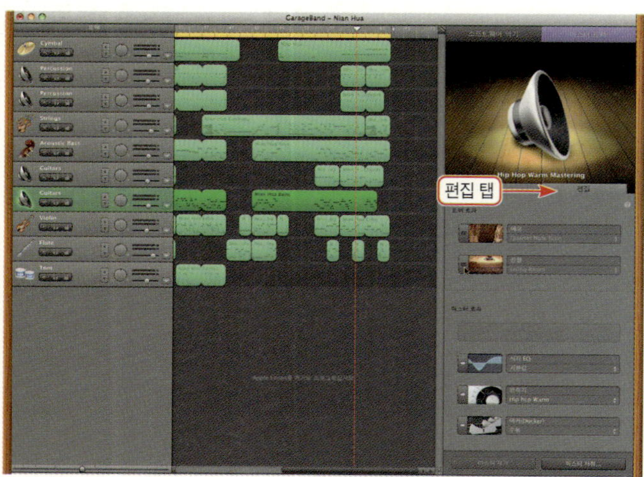


**03** 편집 탭을 열어보면 EQ, 압축기, 덕커가 장착되어 있는 것을 확인할 수 있습니다. 마스터 트랙은 선택한 프리셋에 따라 이펙트의 값만 다르고, 종류는 동일합니다. 그리고 압축기는 프리셋 선택만 가능합니다.

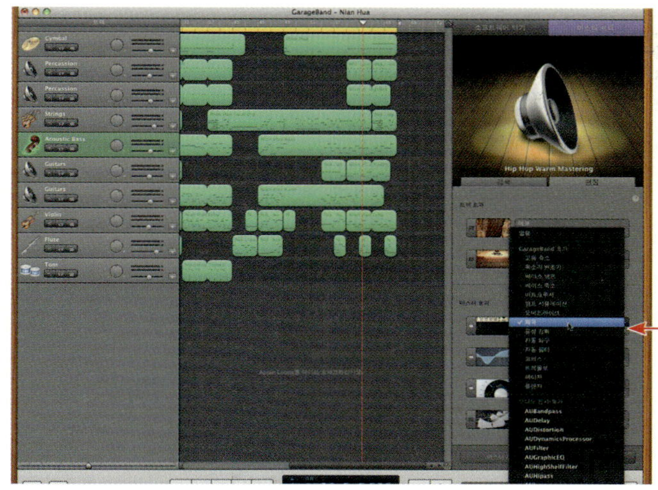



**04** 선택한 프리셋에 따라 다르지만, 마스터 효과의 첫 번째 슬롯은 대부분 비어 있으며, 사용자가 원하는 이펙트를 추가할 수 있습니다. 왜곡을 선택해봅니다. 마스터 트랙에서 적용되는 것이므로, 전체 사운드가 왜곡되는 것을 모니터 할 수 있습니다.

**05** 마스터 트랙의 역할을 살펴보기 위해 추가했던 왜곡의 전원 버튼을 클릭하여 Off로 합니다. 트랙 효과의 에코와 잔향은 각 트랙에서 조정되는 마스터 에코와 잔향을 의미하는 것입니다. 프리셋을 변경하면 각 트랙의 에코와 잔향 사운드가 변한다는 것을 기억해 두기 바랍니다.

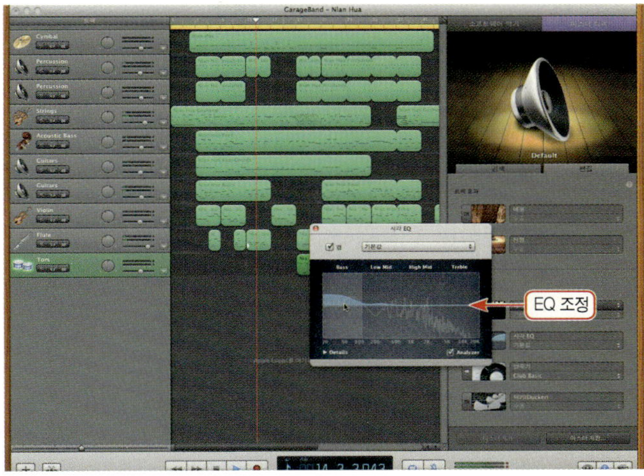



**06** 마스터 트랙에서 중요한 것은 EQ와 압축기이며, EQ는 수동 편집이 가능합니다. 아이콘을 클릭하여 패널을 열고, 베이스를 증가시켜 봅니다. 전체 사운드의 베이스가 증가하는 것을 모니터 할 수 있습니다.

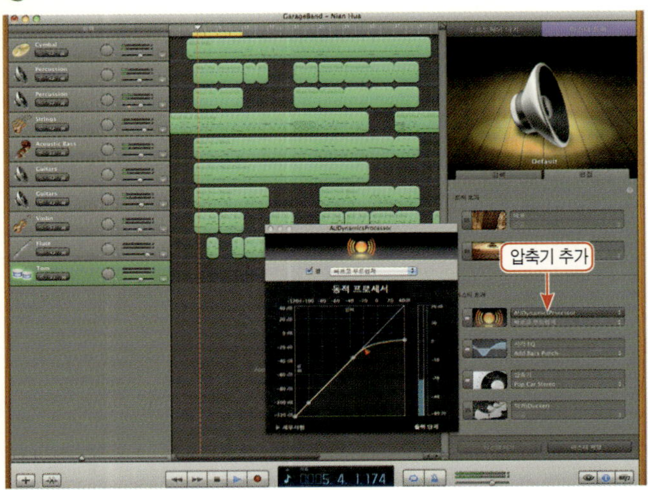


**07** EQ의 지나친 보정으로 마스터 레벨 미터에 피크 표시가 뜨면, 압축기의 프리셋을 변경합니다. 여러 가지를 선택해봐도 피크 표시가 없어지지 않으면, EQ 조정을 다시할 필요가 있습니다. 편법으로 왜곡을 장착했던 슬롯을 AUDynamicsProcessor로 변경하여 2중으로 압축기를 적용해도 좋습니다.

**08** 덕커는 적용 트랙의 사운드가 재생될 때 나머지 트랙의 사운드를 작게하는 용도입니다. 일반 음악에서는 사용할 일이 없지만, 나래이션 작업을 할 때는 덕커를 On으로 놓고, 나래이션이 녹음된 트랙의 덕커 버튼을 클릭하여 적용하면 효과적입니다.

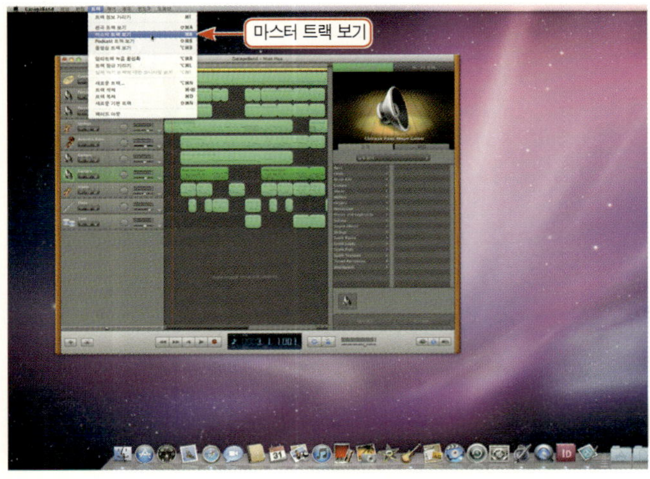


**09** 곡 전체를 컨트롤 하는 것이 마스터 트랙이므로, 곡의 레벨이 점점 작아지면서 끝나는 페이드 아웃과 같은 것도 마스터 트랙에서 연출합니다. 트랙 메뉴의 마스터 트랙 보기를 선택합니다.

**10** 마스터 트랙은 오토메이션을 컨트롤할 수 있는 역할을 합니다. 마스터 음량으로 선택되어 있는 상태에서 전원 버튼을 클릭하여 On으로 하면, 오토메이션 라인이 보입니다.

**11** 곡의 끝 부분과 페이드 아웃이 시작될 부분을 클릭하여 포인트를 만듭니다. 그리고 곡 끝 부분에 만든 포인트를 아래로 드래그하면 음량이 점점 작아지는 페이드 아웃이 연출됩니다.

**12** 포인트는 Delete 키를 눌러 삭제할 수 있으며, 오토메이션을 해제하려면 전원 버튼을 Off하면 됩니다. 사용자가 만든 곡으로 실습을 진행했다면 파일 메뉴의 저장을 선택하여 보관합니다.

아날로그 사운드는 마이크, 케이블, 사운드카드 등의 장치를 거쳐 컴퓨터에 녹음되며, 각각의 장치를 거치면서 손실이 발생할 수 밖에 없습니다. 이펙트의 기본 사용 목적은 녹음 과정에서 발생한 손실을 보충하여 원본 사운드를 구현하는데 있습니다. 그 외, 사운드를 보다 풍부하고, 아릅답게 만들거나 사운드를 변형하는 특별한 목적으로도 이용합니다. 이펙트는 수 많은 종류가 있지만, 크게 리버브, 딜레이와 같이 시간차를 조정하는 시간 계열, 컴프레서, 게이트와 같이 다이내믹을 조정하는 다이내믹 계열, EQ, 필터와 같이 주파수를 조정하는 주파수 계열의 3가지로 구분할 수 있습니다.

## 1. EQ

녹음 과정 중에 손실된 주파수를 보정하는 것이 기본 역할이며, 녹음 중에 발생한 잡음을 제거한다거나 전화 음성과 같은 사운드를 연출하는 등의 목적으로도 사용합니다. 믹싱과 마스터링 작업에 있어서 각 트랙마다 사용되고 있는 필수 장치입니다.

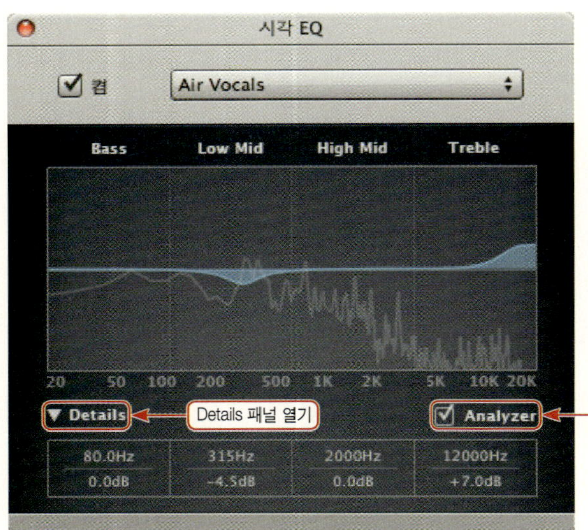


### ● 시각 EQ

Bass, Low Mid, High Mid, Treble의 음역대를 조정할 수 있는 4밴드 타입이며, 재생되고 있는 사운드의 주파수 대역을 실시간으로 모니터 할 수 있는 Analyzer 옵션을 제공하고 있다는 특징이 있습니다. 각 주파수 영역은 마우스 드래그로 조정할 수 있으며, 조정 주파수 대역과 값을 세밀하게 설정할 수 있는 Details 패널을 제공합니다.

### ● 고음 축소

고음 역을 차단하는 Low Pass 타입의 EQ 입니다. 고음 성분의 히스 노이즈를 차단할 때 유용하며, 저음역을 차단하는 High Pass 타입의 베이스 축소도 제공합니다. 베이스 축소는 험 노이즈와 같이 저음역에서 발생하는 잡음을 제거하는 용도로 많이 이용합니다.

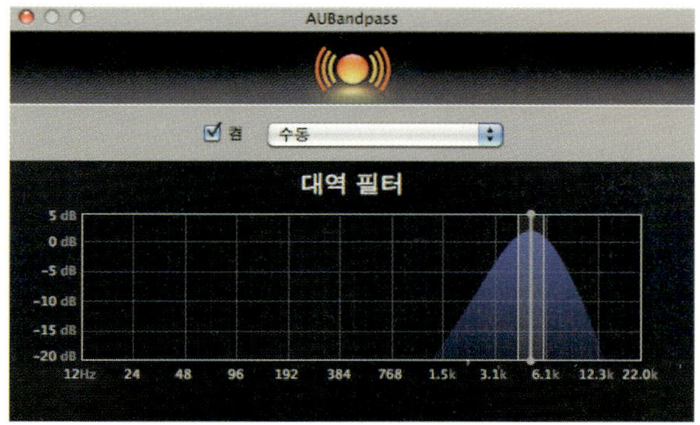

● AUBandPass

특정 대역의 음역만 통과 시키고, 나머지를 모두 차단하는 필터 타입입니다. 전화 목소리와 같은 특수 효과를 연출할 때 많이 사용합니다.

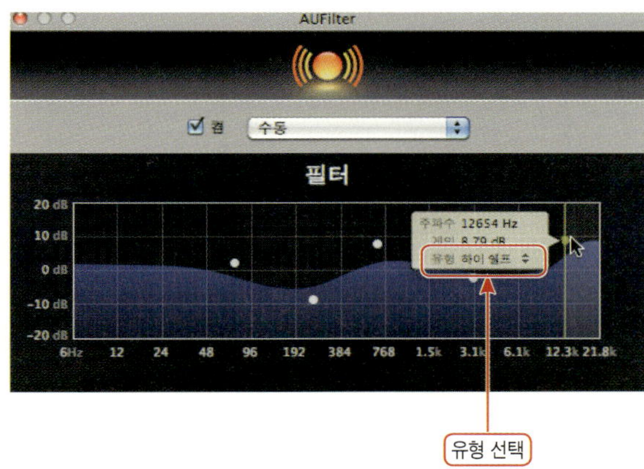



● AuFilter

모두 6 개의 영역을 조정할 수 있는 6밴드 타입입니다. 가장 왼쪽의 포인트는 로우 쉘프, 하이 패스를 선택할 수 있는 유형을 제공하고 있으며, 가장 오른쪽의 포인트는 하이 쉘프, 로우 패스를 선택할 수 있는 유형을 제공합니다. 쉘프는 조정 주파수 이상 및 이하 증/감하고, 패스는 조정 주파수 이상 및 이하를 차단합니다.

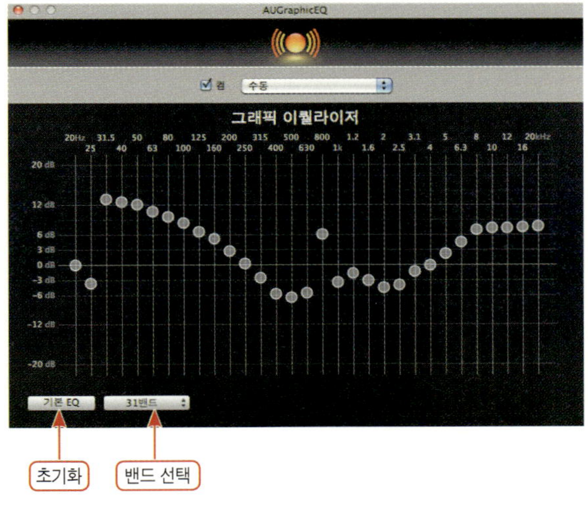



● AUGraphicEQ

조정 음역이 고정되어 있는 그래픽 타입의 EQ 입니다. 전문가를 위한 31밴드와 입문자를 위한 10밴드 타입을 선택할 수 있으며, 마우스 드래그로 포인트를 선택하여 동시 조정이 가능합니다. Control 키를 누른 상태에서 드래그하면, 라인을 그리듯이 조정할 수 있으며, 기본 EQ 버튼을 클릭하여 초기화 할 수 있습니다.

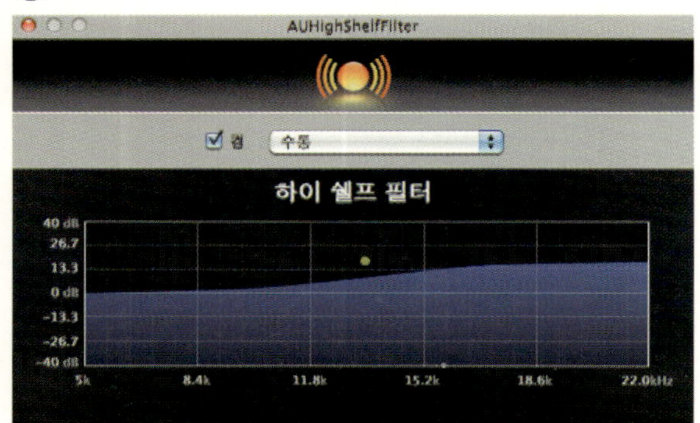

● AUHighShelfFiter

고음 축소와 반대 개념으로 조정 주파수 이상을 증/감
합니다. 베이스 축소와 반대 개념의 AULowShelfFilter
도 제공합니다.

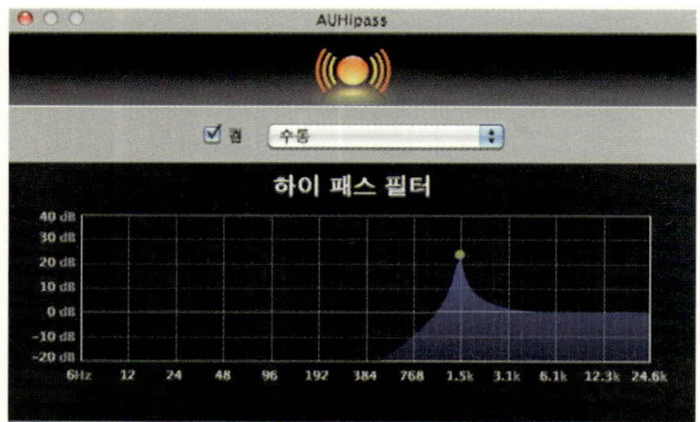

● AUHipass

베이스 축소와 동일한 목적으로 사용되는 것으로 조
정 주파수 이하를 차단합니다. 고음 축소와 동일한 목
적으로 사용되는 LowPass도 제공됩니다. 고음 축소
및 베이스 축소와 사용 목적은 같지만, 재생되는 음색
에 차이가 있으므로, 테스트를 해보고 마음에 드는 것
을 사용합니다.

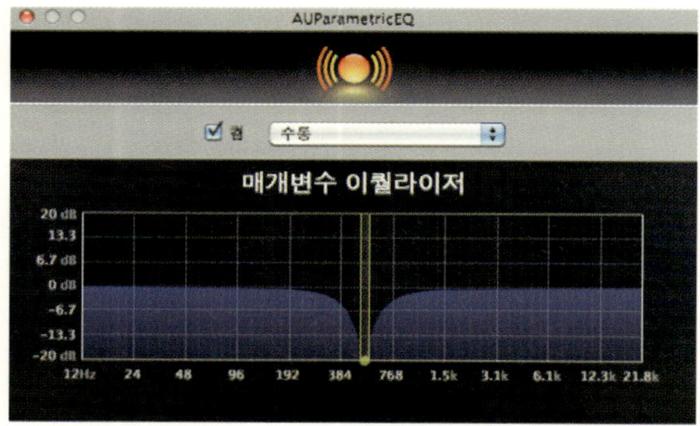

● AUParametricEQ

밴드 패스 필터보다 좁은 음역을 조정할 수 있는 파라
메트릭 타입입니다. 조정 폭이 좁기 때문에 전체 사운
드에 영향을 주지 않고, 특정 주파수 대역에서 발생하
는 잡음을 제거할 때 많이 사용합니다.

## 2. 잔향

모든 사운드는 직접음 외에 주의 공간에 반사되어 들리는 잔향음이 포함됩니다. 즉, 잔향에 따라 사운드의 공간감이 형성되며, 공간의 크기와 재질에 따라 잔향이 달라집니다. 이러한 것을 인위적으로 만드는 장치가 잔향 장치이며, 음악인들에게는 번역되지 않은 리버브(Reverb)라는 용어에 익숙합니다.

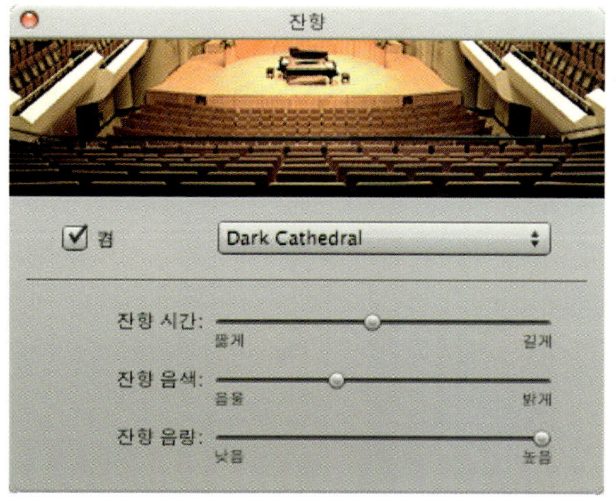


### ● 마스터 잔향

각 트랙에서 조정되는 마스터 잔향은 마스트 트랙에 장착되어 있는 잔향을 사용하며, 마스터 트랙에서 잔향의 프리셋을 변경하면 잔향을 적용한 모든 트랙의 공간감이 변경됩니다. 트랙 마다 개별적인 잔향을 사용할 필요가 있다면 트랙 잔향을 이용합니다. 트랙 잔향의 경우에는 원본 사운드의 음량을 조절할 수 있는 항목이 추가되어 있습니다.

**잔향 시간** : 잔향의 시간을 조정합니다. 잔향이 들리는 시간은 공간의 크기와 구조에 따라 차이가 있습니다. 즉, 공간의 크기와 구조를 시뮬레이션 하는 것입니다.

**잔향 음색** : 잔향의 음색을 조정합니다. 목욕탕과 콘서트 홀에서의 잔향이 달라지는 이유는 공간의 크기와 구조 외에도 벽의 재질이 다르기 때문입니다. 즉, 벽의 재질을 시뮬레이션 하는 것입니다.

**잔향 음량** : 잔향의 음량을 조정합니다. 연주자의 거리가 멀수록, 정취자는 직접음 보다 잔향음을 더 크게 듣습니다. 즉, 연주자와의 거리를 시뮬레이션 하는 것입니다.

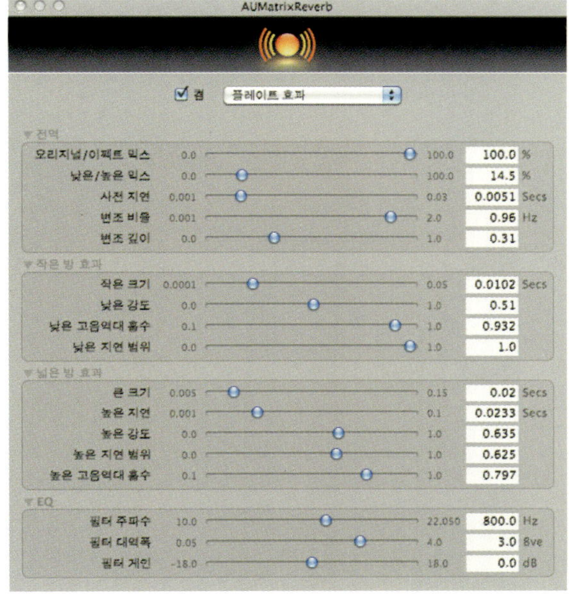


### ● AUMatrixReverb

전역, 작은 방 효과, 넓은 방 효과, EQ의 4가지 항목으로 분류되어 있으며, 공간의 크기, 구조, 재질 등을 좀 더 세분화해서 시뮬레이션 할 수 있습니다. 패널은 다소 복잡해 보이지만, 입문자도 쉽게 사용할 수 있는 프리셋을 제공합니다.

**전역** : 주파수 전 대역의 잔향을 조정합니다.

- 오리지널 / 이펙트 믹스 : 직접음과 잔향음의 비율을 조정합니다.
- 낮은/높은 믹스 : 작은 방 효과와 넓은 방 효과의 비율을 조정합니다.
- 사전 지연 : 공간의 크기를 결정하는 초기 반사음의 시간을 조정합니다.
- 변조 비율 : 잔향이 발생하는 주파수 대역을 조정합니다.
- 변조 깊이 : 잔향의 크기를 조정합니다.


**작은 방 효과** : 저음역대의 잔향을 조정합니다.

- 작은 크기 : 저음역대에서 발생하는 잔향의 시간을 조정합니다.
- 낮은 강도 : 저음역대에서 발생하는 잔향의 크기를 조정합니다.
- 낮은 고음역대 흡수 : 저음역의 주파수 범위를 조정합니다.
- 낮은 지연 범위 : 저음역대의 초기 잔향 크기를 조정합니다.


**넓은 방 효과** : 고음역대의 잔향을 조정합니다.

- 큰 크기 : 고음역대에서 발생하는 잔향의 시간을 조정합니다.
- 높은 지연 : 고음역대에서 발생하는 초기 잔향의 시간을 조정합니다.
- 높은 강도 : 고음역대에서 발생하는 잔향의 크기를 조정합니다.
- 높은 지연 범위 : 고음역대의 초기 잔향 크기를 조정합니다.
- 높은 고음역대 흡수 : 고음역의 주파수 범위를 조정합니다.


**EQ** : 잔향에 적용되는 EQ 입니다.

- 필터 주파수 : 조정할 중심 주파수를 설정합니다
- 필터 대역폭 : 조정 주파수의 대역폭을 설정합니다.
- 필터 게인 : 주파수를 조정합니다.

# 3. 에코

에코로 불리는 장치는 음악인들에게 딜레이(Delay)라는 용어로 더 익숙합니다. 일반인이 쉽게 접할 수 있는 에코 사운드는 노래방의 마이크를 예로 들 수 있는데, 원음의 사운드를 어느 정도의 시간차를 두고, 반복하여 풍성한 사운드를 만듭니다. 실제 음악 작업에서는 가사의 전달이 중요하기 때문에 보컬에 딜레이를 많이 사용하지 않으며, 반복되는 시간차는 곡의 템포와 일치시키는 것이 안전합니다.

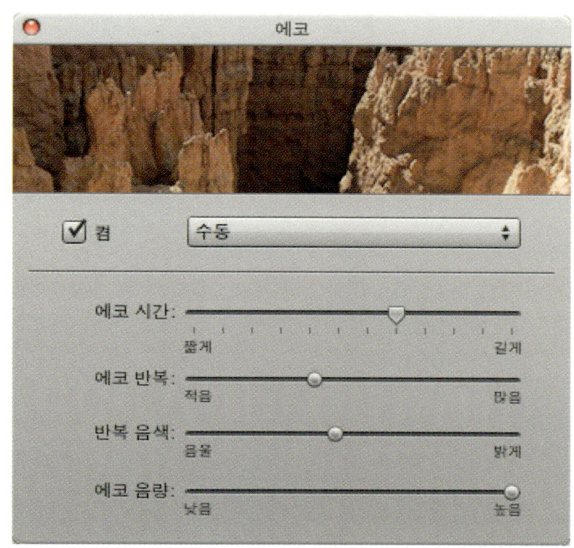

## ● 마스터 에코

각 트랙에서 조정되는 마스터 에코는 마스트 트랙에 장착되어 있는 에코를 사용하며, 마스터 트랙에서 에코의 프리셋을 변경하면 에코를 적용한 모든 트랙의 에코가 변경됩니다. 트랙 마다 개별적인 에코를 사용할 필요가 있다면 트랙 에코를 이용합니다. 트랙 에코의 경우에는 원본 사운드의 음량을 조절할 수 있는 항목이 추가되어 있습니다.

**에코 시간** : 반복되는 사운드의 시간을 조정합니다. 마스터 에코의 경우에는 시간 단위를 사용하고 있지 않기 때문에 입문자들이 사용하기에는 다소 어려움이 있다는 단점이 있습니다.

**에코 반복** : 에코가 반복되는 횟 수를 설정합니다. 너무 많은 에코는 사운드를 불분명하게 만든다는 단점이 있으므로, 특수 목적 외에는 두 박자 반을 넘기지 않습니다.

**반복 음색** : 반복 되는 사운드의 톤을 조정합니다. 밝게는 주파수 대역을 높이는 것이고, 음울은 낮추는 것입니다.

**에코 음량** : 반복되는 사운드의 음량을 조정합니다.

## ● AUDelay

에코 타임을 설정할 수 있기 때문에 믹스 작업에서 사용하기 편리합니다. 타임 및 레벨은 그래프를 드래그하여 설정할 수 있으며, 직접음과 지연음의 비율을 조정할 수 있는 오리지널 / 이펙트 믹스 슬라이드와 저음역대 차단 주파수를 설정할 수 있는 슬라이드를 제공합니다.

## 4. 압축기

특정 레벨 이상을 압축하여 다이내믹 범위를 좁히는 역할을 합니다. 음악인들에게는 컴프레서(Compressor)라는 용어에 익숙합니다. 다이내믹은 작은 소리와 큰 소리의 범위를 의미하는 것으로, 일정한 레벨이 필요한 댄스 음악에서는 거의 필수적인 장치입니다.

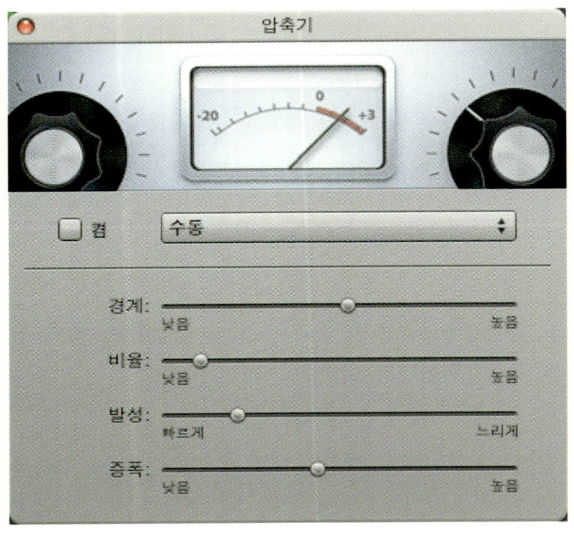


● 압축기

사용자가 원하는 레벨을 설정하는 것이 경계이며, 어느 정도로 압축할 것인지를 설정하는 것이 비율입니다. 즉, 경계에서 설정한 레벨 이상의 연주를 비율에서 설정한 레벨로 줄이는 것입니다. 이때 동작 시점을 조정하는 것이 발성입니다. 압축기를 사용하여 큰 소리를 줄이면 레벨은 일정해지지만, 전체 사운드가 작아집니다. 이렇게 작아진 전체 사운드를 올려주는 것이 증폭 입니다.

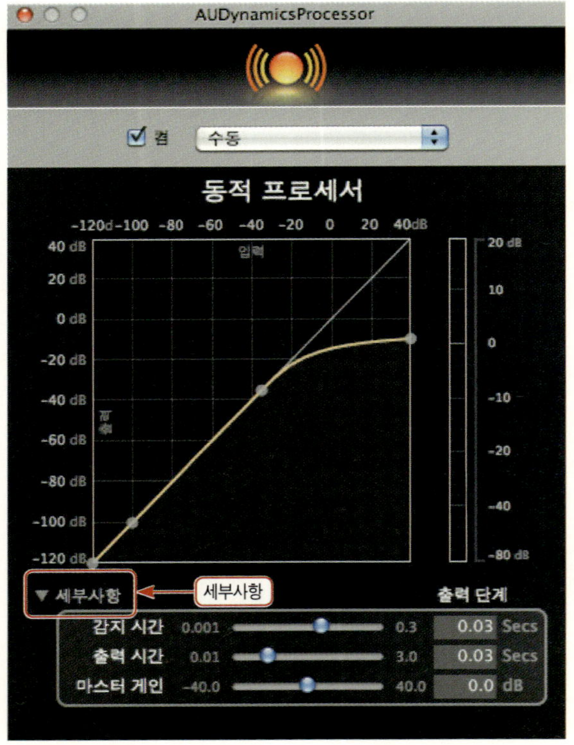


● AUDynamicsProcessor

경계 및 비율을 그래프로 표시하고 있어 보다 쉽게 이용할 수 있습니다. 포인트는 모두 4개를 제공하고 있으며, 위쪽의 두 개는 비율과 경계를 조정하는 컴프레서 역할이고, 아래쪽의 두 개는 차단 경계와 비율을 조정하는 노이즈 게이트 역할입니다. 세부사항을 클릭하면 작동을 시작하는 감지 타임과 끝내는 출력 시간, 그리고 최종 레벨을 조정하는 마스터 게인 슬라이드를 볼 수 있습니다.

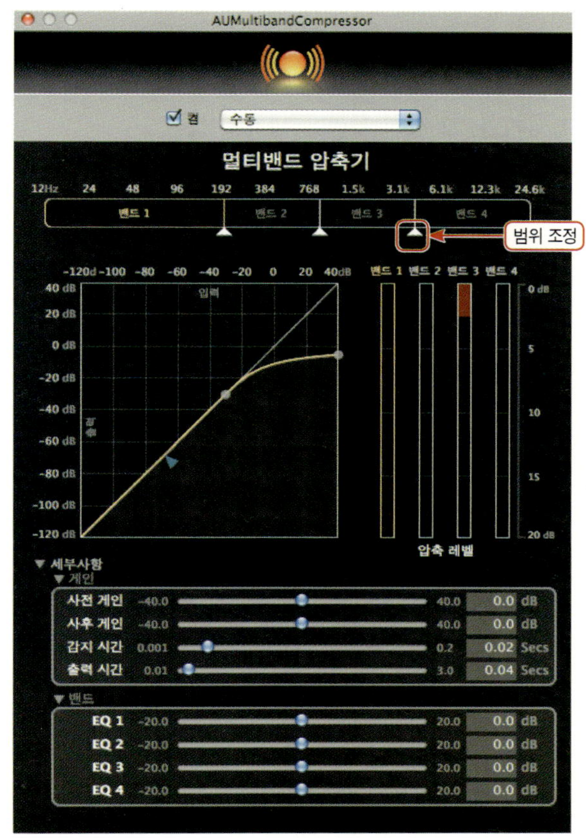



● AUDynamicsProcessor

주파수 범위별로 압축을 실행할 수 있는 4밴드 멀티 컴프레서 입니다. 상단의 밴드에서 조정할 주파수 범위를 선택하고, 그래프를 이용해서 경계와 비율을 조정합니다. 각 주파수의 범위는 밴드에 표시된 삼각형을 드래그하여 조정할 수 있습니다. 세부 사항에는 사전 및 사후 게인과 감지 및 출력 시간을 조정할 수 있는 게인 항목과 각 밴드의 레벨을 조정할 수 있는 밴드 항목이 제공되고 있습니다. 드럼을 한 트랙에서 연주할 때, 각 악기의 구성별로 압축기를 적용할 수 있는 고급 사양입니다.

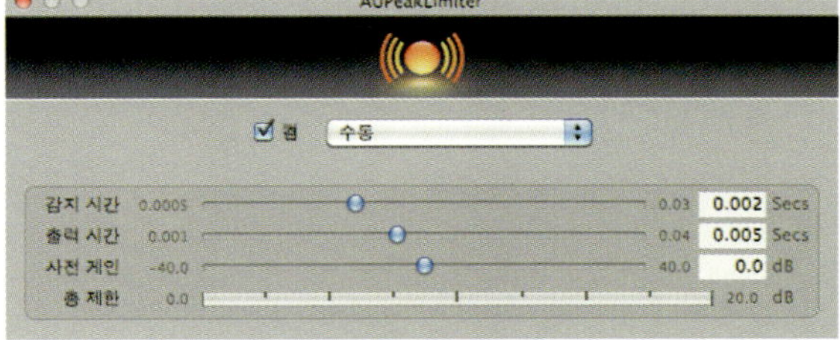



● AUPeakLimiter

리미터는 보다 강력한 압축기에 해당하는 장치로 피크 잡음을 제거하는 용도로 이용합니다. 앞에서 살펴본 다이내믹 범위를 줄이고, 최종 출력을 높여 사운드를 단단하게 만들고 있지만, 리미터는 사전 게인 이상의 레벨을 출력하지 못하도록 압축만 합니다.

**감지 시간** : 사전 게인에서 설정한 레벨이 감지되고, 리미터가 작동을 하는데 까지 걸리는 시간을 설정합니다.

**출력 시간** : 리미터가 작동을 멈추는데 까지의 시간을 설정합니다.

**사전 게인** : 리미터가 작동 레벨을 설정합니다. 보통 마스터 트랙에서 0dB의 기본 값을 사용합니다.

# 5. 그 밖의 것들

가라지밴드는 믹싱과 마스터링 작업에 필수적인 EQ, 압축기, 잔향과 에코 외에도 다양한 이펙트를 제공합니다. 기본 이펙트는 사운드를 보정하는 목적으로 사용하고 있지만, 그 밖의 것들은 새로운 사운드를 연출하는 목적으로 이용합니다. 기타 트랙에서 살펴본 스톰박스와 같기 때문에 어렵지 않게 사용할 수 있을 것입니다.

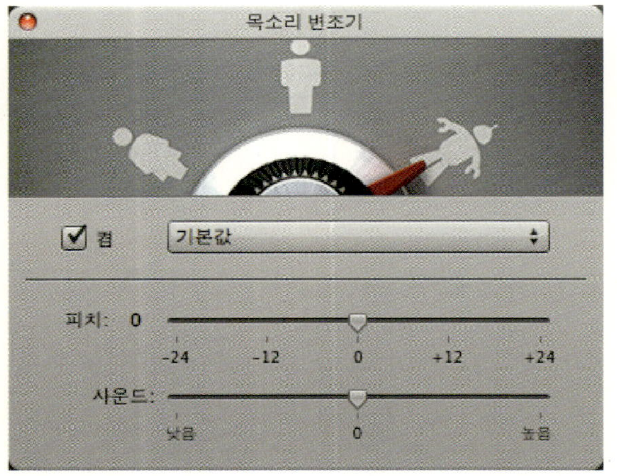

● **목소리 변조기**

사운드의 피치를 최대 4옥타브 범위로 변조합니다. 목소리 변조에도 많이 사용하며, 보컬 트랙을 복사하여 화성을 만들 수 있습니다.

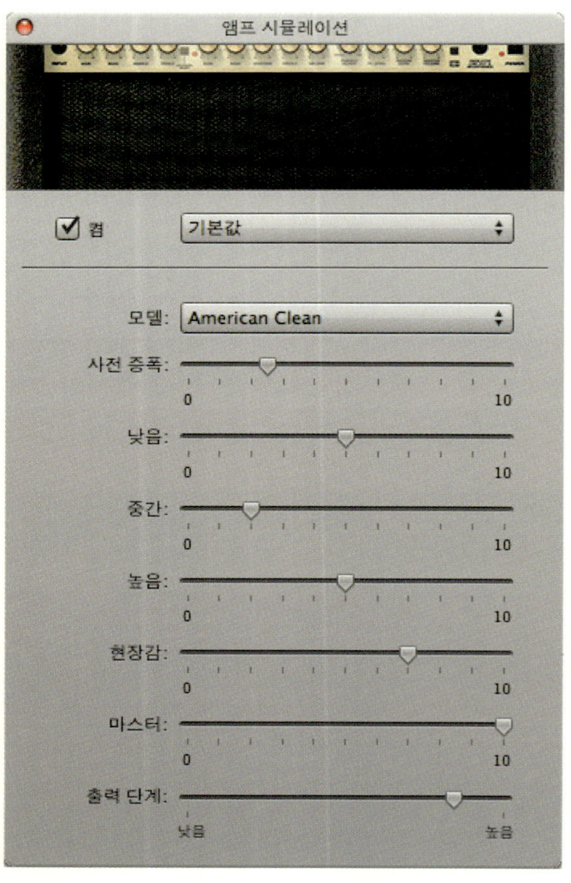

● **앰프 시뮬레이션**

기타 트랙의 앰프와 동일합니다, 가라지 밴드는 베이스 음색을 위한 베이스 앰프 시뮬레이션도 제공하고 있습니다.

- 모델 : 앰프의 모델을 선택합니다.
- 사전 증폭 : 앰프의 입력 레벨을 조정합니다.
- 낮음 : 저음역대의 레벨을 조정합니다.
- 중간 : 미들 음역대의 레벨을 조정합니다.
- 높음 : 고음역대의 레벨을 조정합니다.
- 현장감 : 앰프가 연주되는 공간을 시뮬레이션 합니다.
- 마스터 : 출력 레벨을 조정합니다.
- 출력 단계 : 앰프의 최종 레벨을 조정합니다.

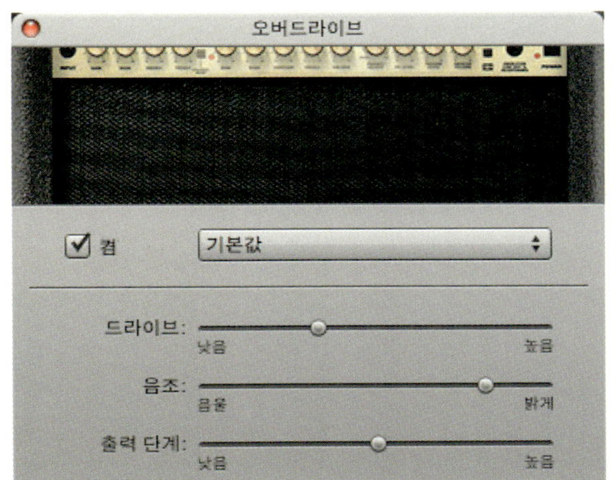

### ● 오버드라이브

사운드의 레벨을 증폭시켜 왜곡합니다. 조금 색깔이
다른 왜곡 장치도 제공하고 있습니다.

- 드라이브 : 왜곡의 정도를 조정합니다
- 음조 : 사운드의 톤을 조정합니다.
- 출력 단계 : 사운드의 출력 레벨을 조정합니다.

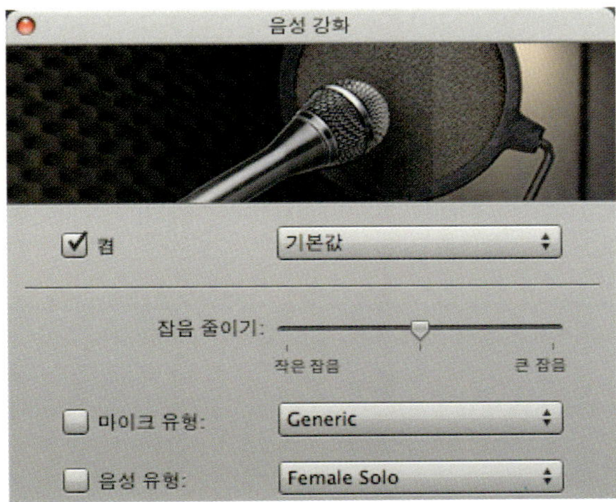

### ● 음성 강화

마이크를 시뮬레이션 합니다. 실제로 유명한 마이크
모델을 제공하고 있습니다.

- 잡음 줄이기 : 입력 사운드의 잡음을 제거합니다.
- 마이크 유형 : 마이크 모델을 선택합니다.
- 음성 유형 : 보컬의 성별을 선택합니다.

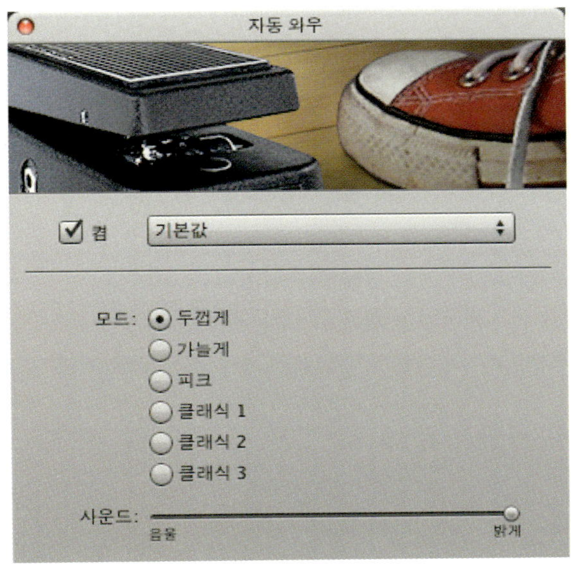

### ● 자동 와우

기타의 와우 페달을 시뮬레이션 하고 있습니다. 비슷
한 효과를 만드는 자동 필터도 제공됩니다.

- 모드 : 와우가 적용되는 모드를 선택합니다.
- 사운드 : 음색을 조정합니다.
- 반음 : 변조되는 음역을 조정합니다.

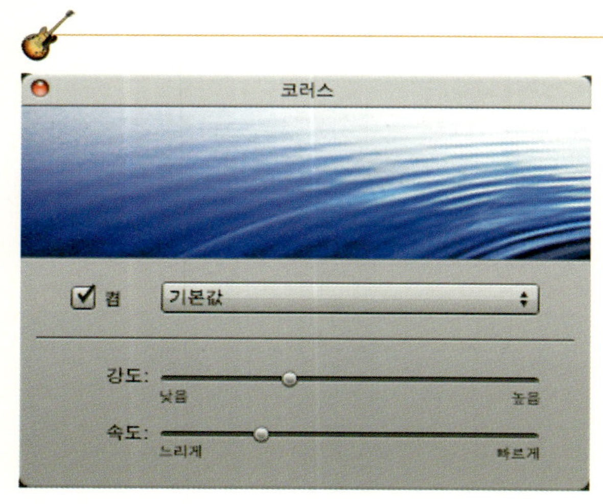

### ● 코러스

사운드를 불규칙적으로 반복하여 여러 사람이 노래하
는 듯한 합창 효과를 만듭니다.

- 강도 : 코러스의 정도를 조정합니다.
- 속도 : 코러스가 적용되는 속도를 조정합니다.

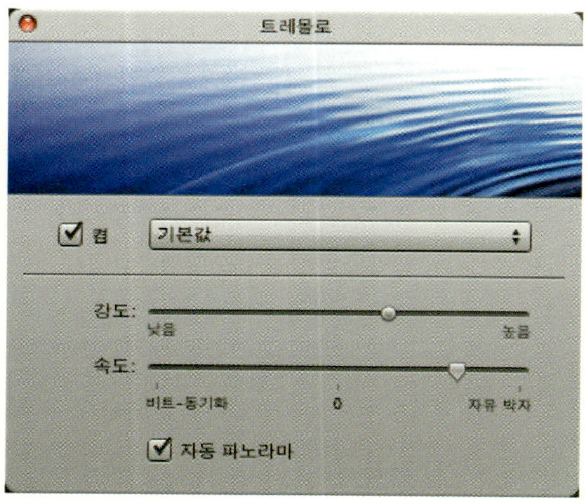

### ● 트레몰로

레벨을 변조하여 트레몰로 효과를 만듭니다.

- 강도 : 트레몰로의 정도를 조정합니다.
- 속도 : 트레몰로가 적용되는 속도를 조정합니다. 왼
쪽으로 드래그하면 박자에 맞출 수 있으며, 레벨을 불
규칙하게 만들어 실제 연주와 같은 자연스러움을 연
출하는 자동 파노라마 옵션을 제공합니다.

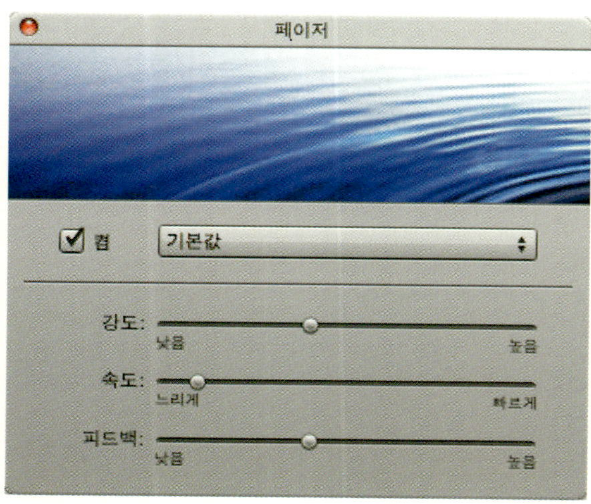

### ● 페이저

짧은 딜레이 타임으로 반복되는 사운드를 원음과 합
성하여 독특한 사운드를 만듭니다. 조금 긴 딜레이가
적용되는 플랜저도 제공되고 있습니다.

- 강도 : 페이저의 정도를 조정합니다.
- 속도 : 페이저의 변조 속도를 조정합니다.
- 피드백 : 사운드가 반복되는 정도를 조정합니다.

# 09 음악 공유하기

가라지밴드를 이용해서 만든 음악은 어디서나 감상할 수 있는 MP3 및 AAC 음원으로 제작할 수 있으며, 저장된 파일을 아이튠즈로 보내거나 디스크로 제작할 수 있습니다. 가라지밴드를 이용해서 음악을 만드는 최종 목적의 공유 기능을 살펴보겠습니다.

## 09-1 MP3 파일 만들기

**01** 완성한 음악을 다양한 미디어에서 재생할 수 있는 MP3 파일로 제작하는 과정입니다. 공유 메뉴의 노래를 디스크로 보내기를 선택합니다.

**02** 다음을 사용하여 압축에서 ACC 또는 MP3 포맷을 선택할 수 있습니다. MP3 인코더를 선택합니다. 음질은 128kbps의 고음질로 자동 설정됩니다.

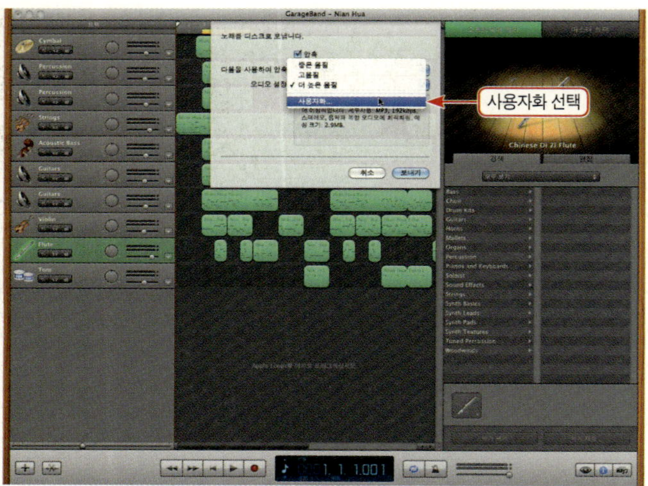


**03** 파일의 용량이 두 배로 커지는 것을 감수하고, MP3 포맷의 최고 음질을 구현하고 싶은 경우에는 오디오 설정에서 사용자화를 선택합니다.

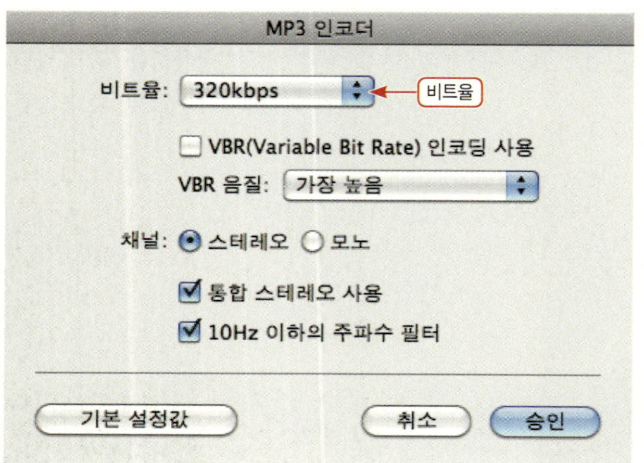


**04** MP3 인코더 창이 열립니다. 비트율에서 320kbps를 선택하고 승인 버튼을 클릭합니다. 웹에서 전송 속도에 따라 비트율이 변하는 VBR 인코딩을 사용하겠다면 VBR 옵션을 체크합니다.

> **잠깐만!**
> VBR 옵션을 체크하지 않으면, 일정한 비트율을 가지는 CBR로 인코딩 됩니다.

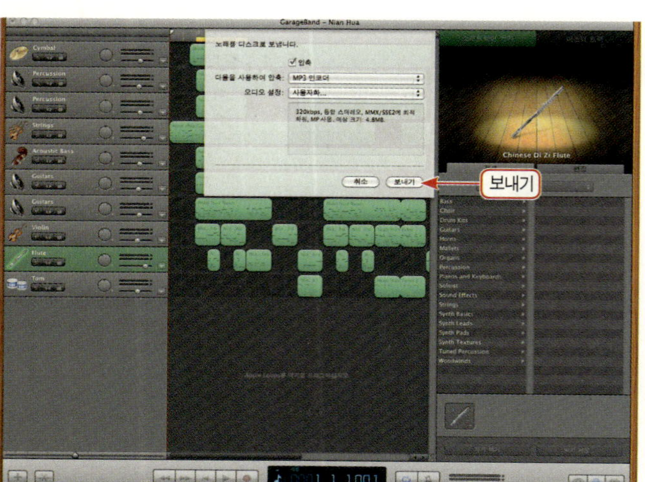


**05** 계속해서 보내기 버튼을 클릭하면 파일의 이름을 입력할 수 있는 저장 창이 열립니다. 참고로 압축 옵션을 해제하면 오디오 손실이 없는 AIF 포맷으로 저장할 수 있습니다.

## 09-2  아이튠즈로 보내기

**01** 아이폰 및 아이팟 사용자를 위해 가라지 밴드에서 제작한 음악을 아이튠즈로 바로 보낼 수 있습니다. 공유 메뉴의 노래를 iTunes로 보내기를 선택합니다.

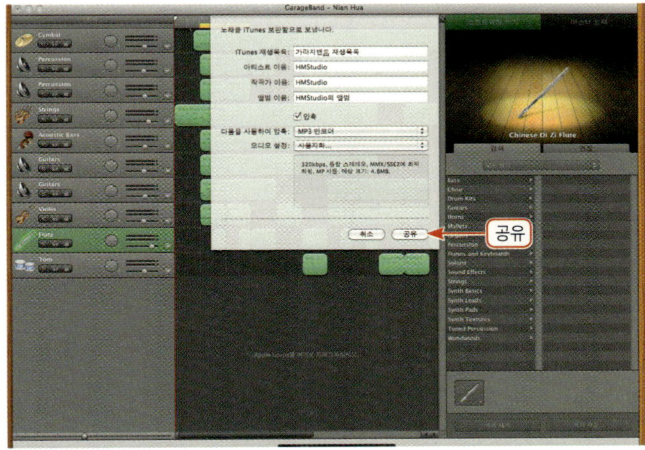


**02** iTunes의 재생목록, 제작자 정보 등을 입력할 수 있는 창이 열립니다. 압축 형식은 앞에서 살펴본 내용과 동일합니다. 필요한 정보를 입력하고 공유 버튼을 클릭합니다.

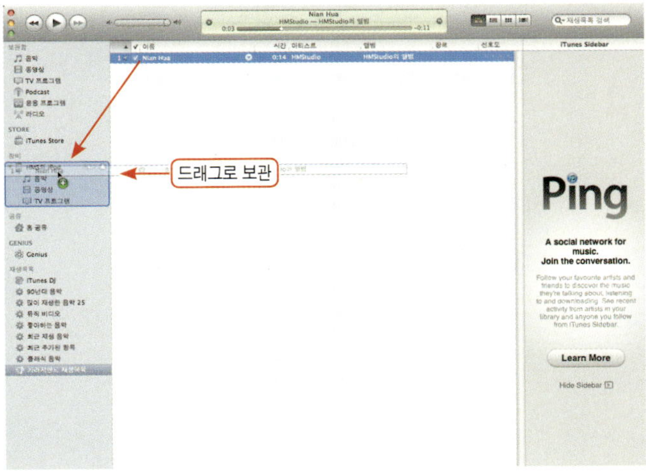


**03** 믹스 다운이 진행되고, 아이튠즈가 실행됩니다. 사용자가 입력한 재생 목록에 담긴 음악을 맥에 연결한 아이폰 및 아이팟으로 드래그하여 보관할 수 있습니다.

**01** 가라지밴드에서 만든 음악을 아이폰의 벨소리로 제작하여 자신만의 벨소리를 가질 수 있습니다. 벨소리는 최대 40초로 제한되어 있으므로, 룰러 라인을 드래그하여 벨소리로 제작할 범위를 선택합니다.

**02** 공유 메뉴의 벨소리를 iTunes로 보내기를 선택합니다. 실수로 40초 이상의 길이를 선택한 경우에는 자동으로 조정되게 할 것인지를 묻는 창이 열립니다. 이 경우에는 취소 버튼을 클릭하여 원하는 범위를 다시 선택합니다.

**03** 40초 이내의 범위를 선택했다면, 믹스다운이 진행되고, 아이튠즈가 실행됩니다. 벨소리 보관함에 등록된 음악을 맥에 연결한 아이폰으로 드래그하여 사용할 수 있습니다.

## 09-4   iWeb으로 보내기

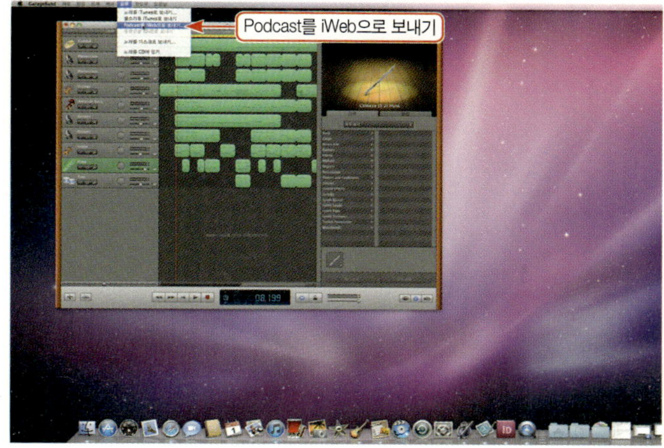


**01** 가라지밴드를 인터넷 방송을 위한 Podcast 제작용으로 이용하고 있다면, 완성한 음악을 아이웹으로 전송하여 간단하게 홈페이지를 만들 수 있습니다. 공유 메뉴의 Podcast를 iWeb으로 보내기를 선택합니다.

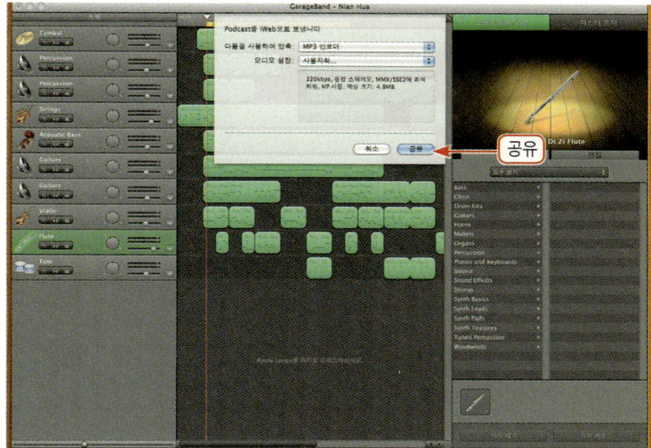


**02** 파일 포맷 및 음질을 선택할 수 있는 창이 열립니다. 방송하고 있는 서버에 적합한 포맷을 선택하고 공유 버튼을 클릭합니다.

**03** 별다른 수고 없이 Podcast를 운영할 수 있는 홈페이지가 제작됩니다. 방송에 대한 간략한 설명을 추가하고, 자신이 운영하는 서버에 등록하기만 하면됩니다.

iLife '11
내 인생의 흔적을 남긴다

# iWeb & iDVD

iWeb은 어렵고 복잡한 홈페이지를 몇 번의 마우스 클릭만으로 완성할 수 있는 웹사이트 디자인 툴이며, iDVD는 상업용 DVD와 동일한 품질의 DVD를 제작할 수 있게 해주는 툴입니다. iPhoto, iMovie, GarageBand로 편집한 사진, 동영상, 음악을 바탕으로 세상에서 단 하나뿐인 자신만의 홈페이지와 DVD를 제작할 수 있습니다.

# 01   iWeb 시작하기

HTML, CSS, JAVA 등을 몰라도 자신만의 홈페이지를 제작할 수 있습니다. 심지어 전문가의 손실이 필요한 미디어, 블로그, 팟캐스트, 위젯이 첨부된 홈페이지를 완성하는데 몇 분 걸리지도 않습니다. iWeb의 시작에서부터 발행까지의 전반적인 사용법을 살펴보겠습니다.

## 01-1   MobileMe 가입하기

**01** 스택의 응용 프로그램 폴더에서 iWeb을 선택하여 실행합니다. 아이웹을 자주 사용하게 될 것이라면 Dock으로 드래그하여 아이콘을 만들어 놓는 것도 좋습니다.

**02** 아이웹의 사용법을 동영상으로 익힐 수 있는 동영상 튜토리얼 보기 창이 열리면, 닫기 버튼을 클릭하여 닫습니다. 필요할 때 언제든 도움말 메뉴의 시작하기 비디오를 선택하여 열 수 있습니다.

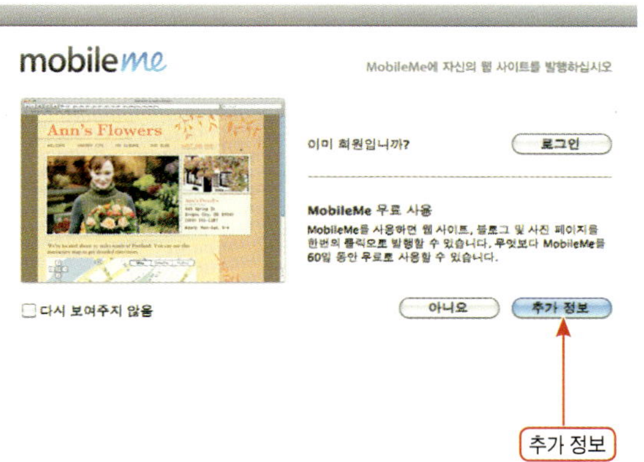



**03** MobileMe 로그인 창이 열립니다. 아이웹으로 제작한 홈페이지를 게시할 공간으로 모바일미 서비스를 이용하겠다면 추가 정보를 클릭하여 가입하고, 다른 곳을 이용하겠다면 다시 보여주지 않은 옵션을 체크하고, 아니요 버튼을 클릭합니다.

> **잠깐만!**
> 모바일미 가입은 apple.com/kr/mobileme/에서 할 수 있습니다.

**04** 추가 정보를 클릭한 경우에는 웹 하드 외에 Mac 및 iPhone 동기화 서비스를 이용할 수 있다는 내용의 모바일미 안내 사이트에 접속 됩니다. 모바일미는 월 1만원 정도의 유료 서비스 입니다. 60일 동안 무료로 사용해 보고 결정하겠다면, Free Trial 버튼을 클릭하여 가입합니다.

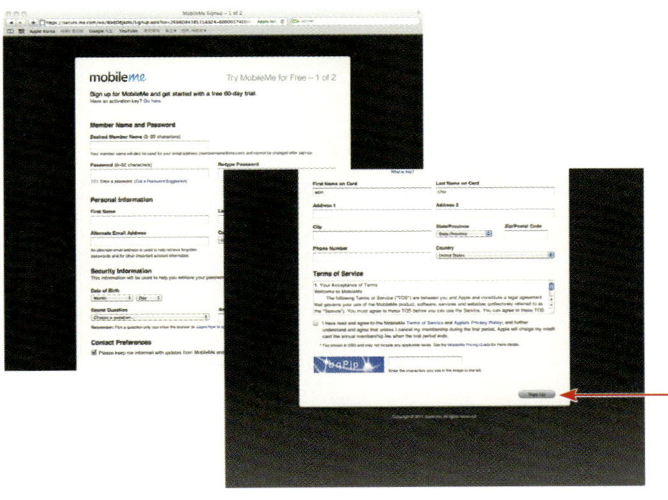



**05** 2단계에 거쳐 사용자 정보를 요구하는 창이 열리며, 각 항목에 필요한 정보를 입력하고, Sign Up 버튼을 클릭하면, 가입이 완료됩니다.

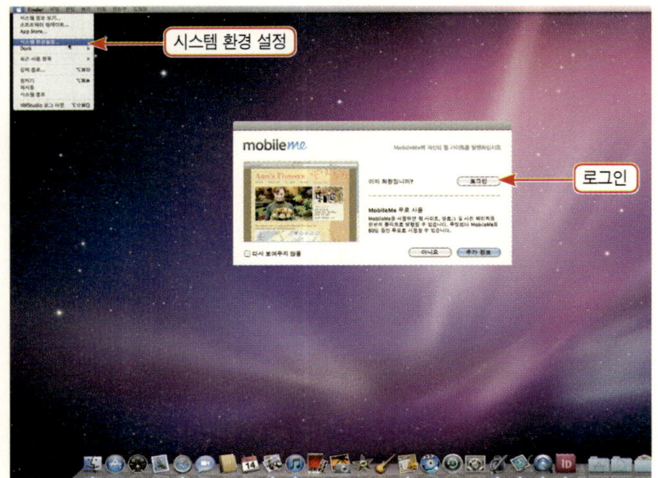


**06** 모바일미에 가입한 후에는 아이웹에서 만든 홈페이지를 등록할 수 있게 로그인 버튼을 클릭하여 계정을 등록합니다. 로그인 창을 닫은 경우에는 애플 메뉴의 시스템 환경 설정을 선택합니다.

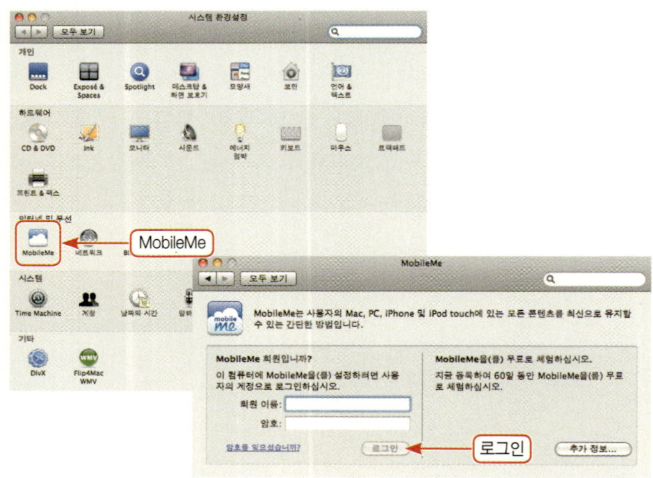


**07** 모바일미 회원 이름(me.com)과 암호를 입력하여 로그인 합니다. 시스템 환경 설정 창에서 접근할 때는 MobileMe 아이콘을 클릭하여 로그인 창을 열 수 있습니다.

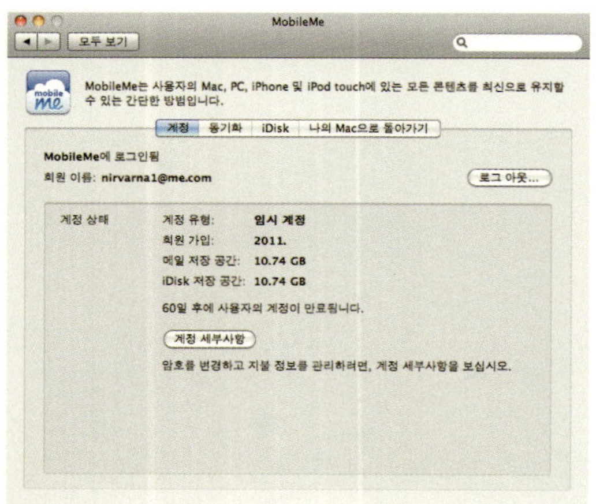

**08** 로그인을 완료하면 60일 동안 사용해볼 수 있는 임시 계정이며, 10GB의 웹 하드를 이용할 수 있다는 내용의 계정 상태를 볼 수 있습니다.


계정이 등록되면 로그인을 매번 할 필요가 없으며, iPhoto, iMovie, GarageBand 등의 프로젝트도 바로 업로드 할 수 있습니다.

## 01-2 페이지 추가하기

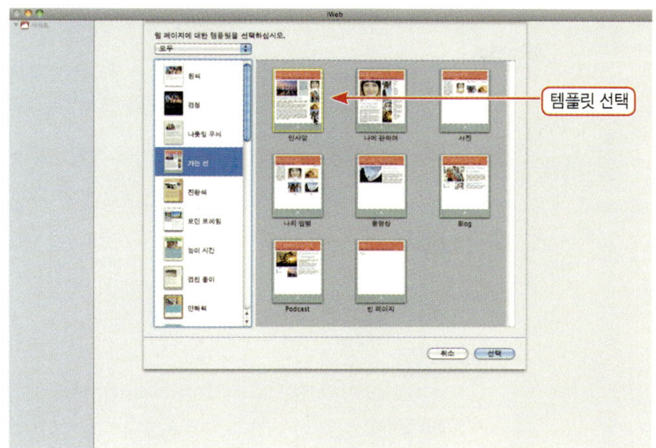



**01** 아이웹을 실행하면, 홈페이지를 간단하게 제작할 수 있게 해주는 템플릿 선택 창이 열립니다. 자신이 만들고자 하는 홈페이지와 유사한 디자인을 가지고 있는 템플릿을 찾아 더블 클릭합니다.

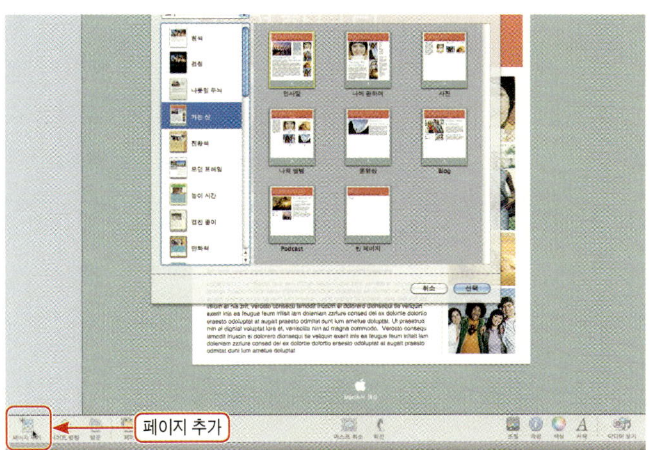



**02** 별다른 노력 없이 완성된 페이지를 볼 수 있습니다. 페이지의 이름은 마우스 더블 클릭으로 변경할 수 있으며, 페이지 추가 버튼을 클릭하여 템플릿 창을 열고, 필요한 만큼의 페이지를 추가할 수 있습니다.

**03** 추가된 페이지 역시 마우스 더블 클릭으로 이름을 변경할 수 있으며, 각 페이지의 이름은 메인 메뉴로 등록됩니다. Command+S 키를 눌러 저장합니다.

**잠깐만!**

페이지의 순서는 마우스 드래그로 변경할 수 있으며, 변경된 페이지는 메인 메뉴에 그대로 적용됩니다.

**01** 디자인 되어 있는 템플릿의 글자와 그림을 수정하여 나만의 홈페이지를 만들 수 있습니다. 글자는 텍스트 상자를 선택하고, 입력합니다. 입력한 글자의 일부분을 수정할 때는 마우스 더블 클릭으로 활성화 하고, 수정할 글자를 드래그로 선택합니다.

**02** 필요 없는 텍스트 상자는 Delete 키를 눌러 삭제할 수 있으며, 글자를 추가할 때는 텍스트 상자 버튼을 클릭합니다. 추가된 텍스트 상자는 마우스 드래그로 위치를 조정하고, 외각선의 포인트를 드래그하여 크기를 수정할 수 있습니다.

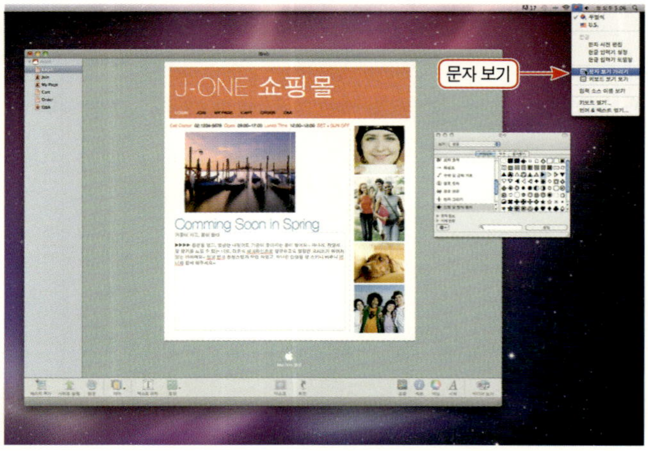


**03** 도형 및 특수 문자를 입력할 필요가 있다면, 알림 영역에서 언어 & 텍스트 아이콘을 클릭하여 메뉴를 열고, 문자 보기를 선택합니다.

**04** 글자의 색상 및 간격 등의 속성을 변경하려면 텍스트 상자를 선택하고, 속성 버튼을 클릭합니다. 속성 창을 열고, 편집할 텍스트 상자 또는 글자를 선택해도 좋습니다.

**05** 텍스트 버튼을 클릭하여 페이지를 열면, 색상 및 정렬, 간격 등의 속성을 편집할 수 있는 옵션을 볼 수 있습니다. 글자 색상을 변경하겠다면 색상 아이콘을 클릭하여 색상 원판을 엽니다.

**06** 색상 원판은 세로 슬라이드로 밝기를 조정하고, 원판에서 색상을 선택합니다. 불투명도는 글자의 선명도를 조정하는 것입니다.

**07** 색상은 상단의 버튼을 이용하여 원판 외에 슬라이더, 팔레트, 이미지, 크레용 타입을 선택할 수 있습니다.

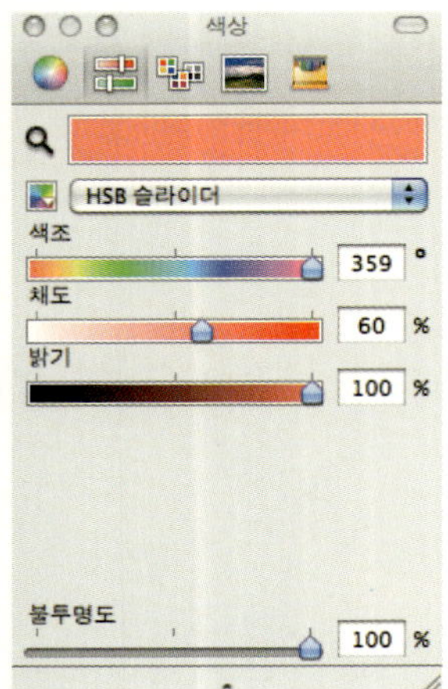

◀ 슬라이더 타입

메뉴에서 RGB, CMYK, HSB 색상 값을 선택하여 조정할 수 있습니다. 색상에 대한 지식을 갖추고 있는 사용자에게 유용한 타입입니다.

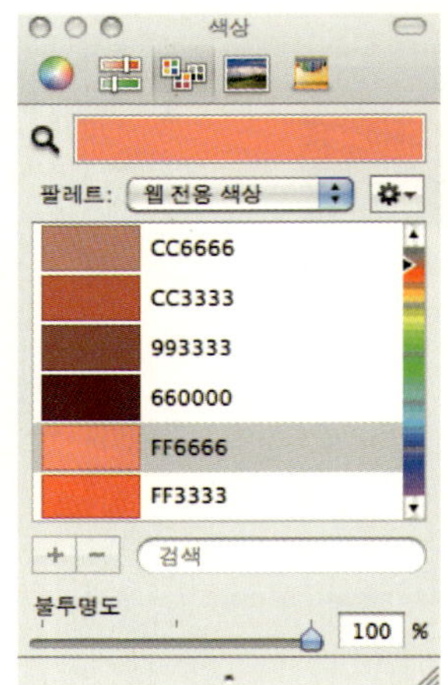

◀ 팔레트 타입

웹에서 표현 가능한 256 색상을 이용할 수 있는 웹 전용 색상 메뉴를 제공합니다. 웹에서 사용자 의도와 다른 색상으로 표현되는 것을 방지할 수 있으며, 색상을 텍스트 상자로 드래그하여 적용합니다.

◀ 이미지 타입

메뉴에서 파일로 부터 신규를 선택하여 이미지 파일을 불러올 수 있습니다. 마음에 드는 이미지 색상을 그대로 적용하고 싶을 때 유용합니다.

◀ 크레용 타입

48개의 크레용 색상을 이용할 수 있습니다. 전체 색상을 파스텔 톤으로 유지하여 아동 및 유아를 대상하는 홈페이지 제작에 유용합니다.

**08** 각각의 색상 팔레트에서 제공하는 돋보기 모양의 버튼은 화면에 보이는 색상을 적용할 때 이용합니다. 전체적인 색상 밸런스를 유지하고 싶을 때 유용한 버튼입니다.

**09** 지금은 글자의 속성을 변경할 수 있는 창에서 색상을 변경하고 있지만, 글자의 색상만 변경하는 것이 목적이라면 색상 버튼을 클릭하여 팔레트를 여는 것이 효과적입니다.

**10** 색상 아이콘 오른쪽에는 글자를 왼쪽, 중앙, 오른쪽, 양쪽으로 정렬하는 4가지 정렬 버튼과 텍스트 상자의 상단, 중간, 하단으로 위치 시키는 3가지 위치 버튼이 있습니다. 그리고 배경 채우기 옵션을 체크하면 글자의 배경 색을 만들 수 있습니다.

**11** 간격 항목에는 문자, 줄, 단락의 간격을 조정할 수 있는 슬라이드 옵션이 있습니다. 단락은 Return 키를 눌러 줄을 바꿀 때 까지의 한 문장의 의미합니다. 각 슬라이드를 조정해 보면 결과를 즉시 확인할 수 있습니다.

⑫ 글자체 및 크기 등을 변경하겠다면, 텍스트 박스를 선택하고, 서체 버튼을 클릭합니다. 서체 창을 열고, 텍스트 박스 또는 변경할 글자를 마우스 드래그로 선택해도 좋습니다.

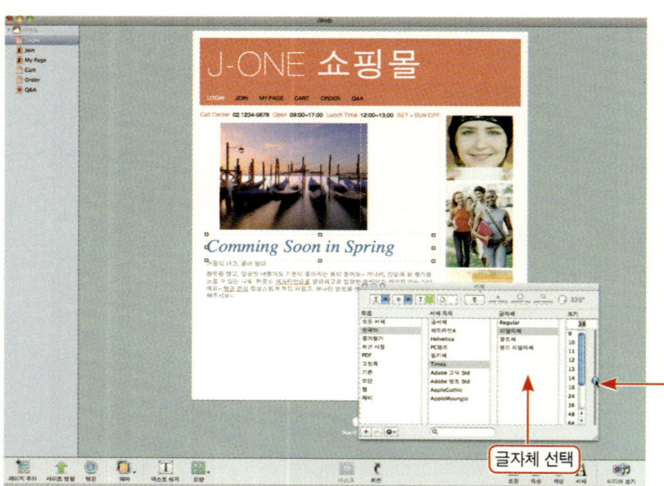


⑬ 서체 창에는 글자체, 크기, 색상 등을 변경할 수 있는 옵션들로 구성되어 있으며, 글자체는 사용자 시스템에 따라 차이가 있을 수 있습니다. 그러므로 홈페이지를 제작하는 입장에서는 사용자가 별도로 추가한 글자체는 사용하지 않는 것이 좋습니다.

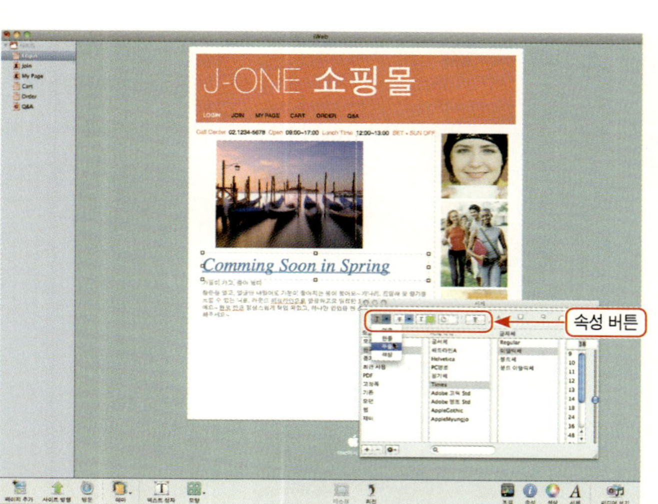


⑭ 서체 속성은 밑줄, 취소선, 색상, 배경 색상, 그리고 그림자의 5가지 버튼을 제공하고 있으며, 색상 및 배경 색상은 앞에서 살펴본 색상 팔레트를 엽니다.

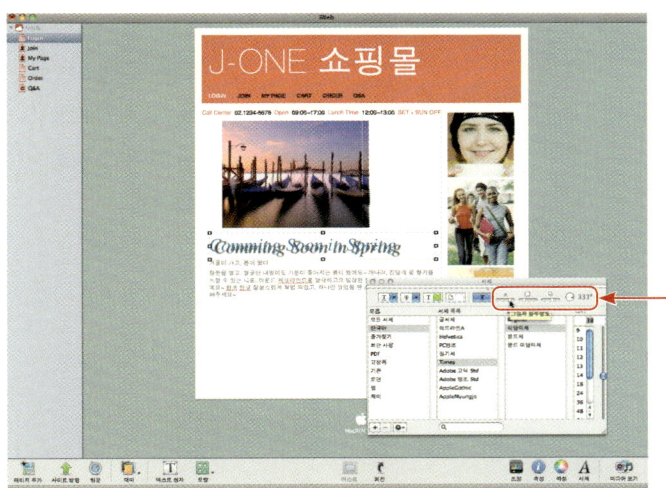



**15** 그림자 버튼을 클릭하면 선택한 글자에 그림자 효과가 만들어지며, 오른쪽의 슬라이드를 이용하여 그림자의 불투명도, 흐림도, 오프셋(거리), 각도를 조정할 수 있습니다.

**16** 그림자가 적용된 글자는 웹에서 표현되지 않습니다. 그래서 아이웹은 자동으로 그림자가 적용된 글자를 이미지로 바꾸어 저장합니다. 작업을 할 때, 이미지로 바뀌는 글자를 쉽게 구분하려면, iWeb 메뉴의 환경 설정을 선택합니다.

**17** 아이웹 환경 설정 창의 텍스트 옵션을 체크하면, 이미지로 변경될 글자에 이미지 아이콘이 표시되어 쉽게 구분할 수 있습니다.

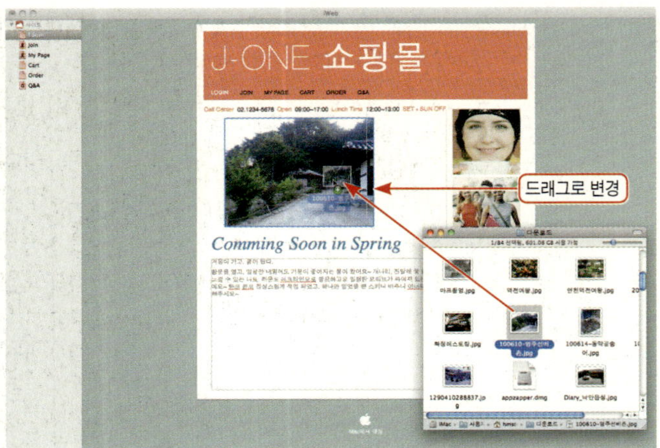



**01** 템플릿의 이미지는 사용자가 가지고 있는 이미지를 파인더에서 찾아 가져다 놓는 간단한 동작으로 변경할 수 있습니다.

**02** 이미지를 선택하면 크기와 위치를 조정할 수 있는 컨트롤 바가 보입니다. 슬라이드를 드래그하여 프레임 안에 표시할 이미지의 크기를 조정합니다.

**03** 마스크 편집 버튼을 클릭하면 프레임 안에 표시할 이미지의 위치를 조정할 수 있는 상태가 됩니다. 이미지를 드래그하여 원하는 위치를 선정합니다.

**잠깐만!**
위치와 크기는 이미지를 더블 클릭하여 조정해도 됩니다.

**04** 이미지를 선택했을 때 보이는 외각 포인트를 드래그하면 프레임 자체 크기를 조정할 수 있으며, Command 키를 누른 상태에서는 각도를 조정할 수 있습니다.

**05** 페이지 또는 텍스트 상자 배경으로 이미지를 배치하고 싶은 경우에는 속성 버튼을 클릭하여 창을 열고, 페이지 탭을 클릭합니다.

**06** 페이지 탭에는 페이지와 레이아웃의 두 가지 탭이 있으며, 레이아웃 탭의 페이지 배경 또는 브라우저 배경에서 선택 버튼을 클릭하여 이미지를 불러와 채울 수 있습니다.

**07** 텍스트 상자 배경에 그림을 채우고 싶은 경우에는 도형 탭을 클릭하여 열고, 채우기 항목에서 색조 이미지 채우기를 선택하고, 채우기 버튼을 클릭하여 이미지를 불러옵니다.



이전 작업을 취소할 때는 Command+Z 키를 누릅니다.

**08** 이미지에 외각 선을 만들 때는 선 메뉴에서 선을 선택하고, 종류와 색상을 선택합니다. 그리고 굵기를 조정하여 완성합니다.

**09** 선 메뉴에서 그림 프레임을 선택하면, 사진 액자와 같은 프레임을 만들 수 있습니다. 이 경우에는 크기를 조정하는 슬라이드만 제공합니다.

**10** 그림자 옵션은 선택한 이미지에 그림자 효과를 만듭니다. 그림자 옵션에는 색상과 각도 외에 그림자의 크기를 의미하는 오프셋, 흐림, 투명도를 조절할 수 있는 것들을 제공합니다.

**11** 그 외, 도형 탭에는 물 위에 비치는 효과를 만드는 반사와 이미지의 불투명도를 조정하는 슬라이드를 제공합니다.

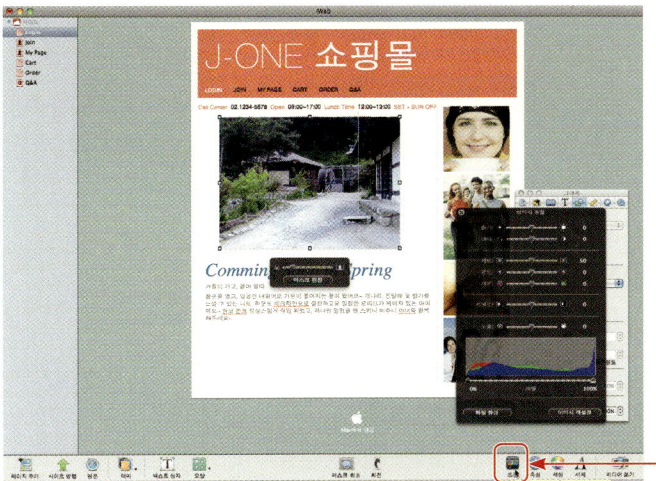

**12** 이미지의 밝기 및 색상 등, 좀 더 세부적인 조절이 필요한 경우에는 조절 버튼을 클릭하여 조절 창을 엽니다, 조절 창의 옵션은 아이포토에서 살펴본 내용과 동일합니다.

**13** 이미지의 가로, 세로 크기를 다르게 조정할 수 있을 때에는 측정기 탭을 클릭하여 열고, 비율 유지 옵션을 해제합니다.

**14** 측정기 탭의 위치는 이미지의 위치를 조정하는 것이며, 회전은 이미지의 각도를 조정합니다. 두 가지 모두 이미지를 드래그하여 조정할 수 있지만, 좀 더 정확한 값이 필요할 때 이용할 수 있습니다.

**15** 그 외, 측정기 탭에는 이미지를 위/아래 또는 좌/우로 바꿀 수 있는 뒤집기 버튼을 제공합니다. 도형 및 측정기 탭의 옵션은 이미지 외에 텍스트 상자에도 그대로 적용됩니다.

## 01-5  도형 작업

**01** 웹 페이지에 다양한 모양의 도형을 삽입할 수 있습니다. 모양 버튼을 클릭하여 목록을 열고, 원하는 도형을 선택합니다.

**02** 삽입한 도형의 위치는 마우스 드래그로 이동시킬 수 있으며, 외각 포인트를 드래그하여 크기를 조정할 수 있습니다.



**잠깐만!**

크기를 조정할 때 Option 키를 누르면, 중심점을 기준으로 변경할 수 있습니다.

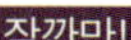

**03** 각 도형에는 파란 색의 포인트가 있는데, 이것을 드래그하면 도형의 형태를 사용자가 원하는 스타일로 바꿀 수 있습니다.

**04** 도형의 모양에 따라 포인트 조정 슬라이드를 제공하는 것들이 있으며, 슬라이드를 드래그하여 포인트의 수를 조정할 수 있습니다. 즉, 모양 자체를 변경하는 것입니다.

**05** 도형에 이미지를 삽입하고 싶은 경우에는 속성 창의 그래픽 탭에서 채우기 항목의 선택 버튼을 클릭하여 이미지를 불러오면 됩니다. 선의 굵기나 그림자 옵션도 적용할 수 있습니다.

**06** 아이웹에서 제공하는 도형은 마우스 더블 클릭으로 글자를 입력할 수 있습니다. 말풍선과 같은 도형에서 유용하게 사용될 것입니다. 선택한 도형은 Delete 키를 눌러 삭제할 수 있습니다.

**잠깐만!**
도형 및 그림을 겹쳐 놓은 경우에는 마우스 오른쪽 버튼을 클릭하여 순서를 변경할 수 있습니다.

## 01-6 　링크 만들기

**01** 특정 문자나 이미지를 클릭했을 때, 다른 페이지로 이동하거나 파일이 다운로드 되는 등의 기능이 실행되도록 하는 것이 링크입니다. 링크를 적용할 문자 및 이미지를 선택하고, 속성 창의 링크 탭에서 하이퍼링크로 활성화 옵션을 체크합니다.

**02** 링크 메뉴에서 나의 페이지 중 하나를 선택하면 현재 제작하고 있는 페이지 중에서 연결할 페이지를 선택할 수 있는 페이지 메뉴를 볼 수 있습니다.

**03** 링크 메뉴에서 외부 페이지를 선택하면 웹 사이트 주소를 입력할 수 있는 URL 항목이 보입니다. 이곳에 연결할 사이트의 주소를 입력합니다. 링크를 클릭했을 때, 사이트가 새 창으로 열리게 하려면 새로운 윈도우에서 링크 열기 옵션을 체크합니다.

**04** 사이트를 검색하다가 우연히 발견한 곳을 연결해 두고 싶다면, 해당 사이트의 주소를 선택하여 Command+C 키로 복사하고, URL 항목에 Command+V 키로 붙여 넣습니다.

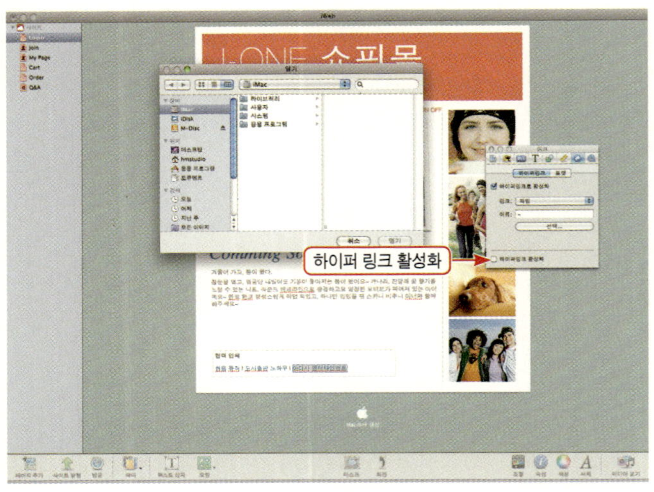


**05** 링크 항목에서 파일을 선택하면, 사용자가 링크로 설정한 문자 또는 이미지를 클릭했을 때, 파일이 다운로드 되도록 할 수 있습니다. 다운로드 될 파일은 열기 창에서 선택합니다. 링크의 연결을 확인하고 싶다면 하이퍼 링크 활성화 옵션을 체크합니다. 그러면 각각의 링크를 클릭하여 작동 여부를 확인할 수 있습니다.

**06** 링크 항목에서 이메일 메시지를 선택하면 링크로 설정한 문자를 클릭했을 때, 사용자에게 메일을 보낼 수 있도록 메일 프로그램이 실행됩니다. 필요하다면 메일 제목도 입력해둘 수 있습니다.

> **잠깐만!**
> 페이지에 이메일 및 웹 주소를 입력하면 자동으로 링크가 적용됩니다. 원치 않으면 환경설정 메뉴의 하이퍼 링크 옵션을 해제합니다.

## 01-7 버튼 삽입하기

**01** 페이지 아래쪽을 보면 Mac에서 생성이란 이름의 버튼이 삽입되어 있습니다. 이것 외에 이메일, 방문자 수 등의 버튼을 삽입할 수 있습니다. 삽입 메뉴의 버튼에서 이메일 보내기 또는 방문자 수를 선택합니다.

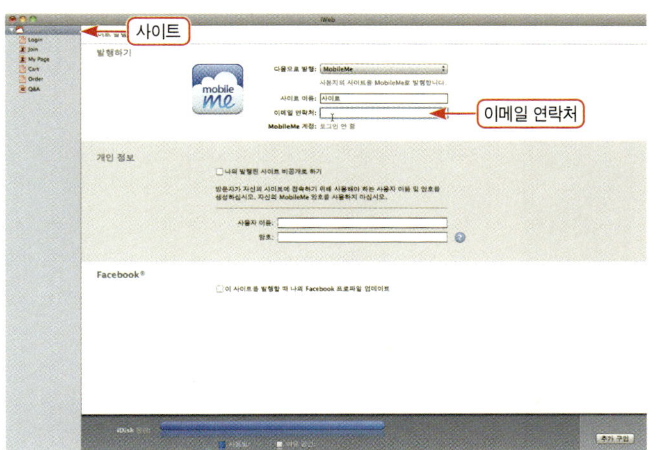


**02** 이메일 및 방문자 수 버튼이 삽입되는 것을 확인할 수 있습니다. 이메일 버튼을 삽입할 때 자동으로 링크 시킬 메일 주소를 만들고자 한다면, 사이트를 선택하여 페이지를 열고, 이메일 연락처를 입력해둡니다.

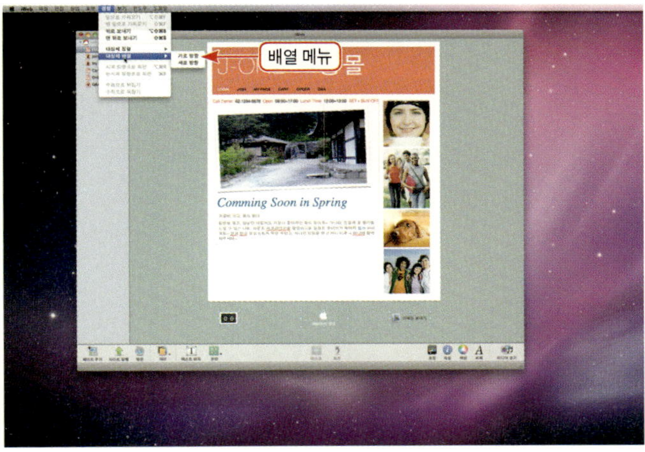


**03** 삽입한 버튼들은 마우스 드래그로 사용자가 원하는 위치로 배치할 수 있으며, 정렬 메뉴의 대상체 배열을 이용하여 가로 및 세로 방향으로 정렬시킬 수 있습니다.

**잠깐만!**

정렬 메뉴를 이용하면 선택한 개체를 왼쪽과 오른쪽 또는 위/아래로 가지런히 정렬할 수 있습니다.

## 01-8 위젯 추가하기

**01** 홈페이지에 날씨, 날짜, 지도 등의 정보를 실시간으로 표시하는 위젯을 추가할 수 있습니다. 미디어 보기 버튼을 클릭하여 패널을 열고, Widget 탭을 선택합니다.

**02** 홈페이지에 추가할 수 있는 위젯의 종류가 보입니다. 예를 들어 홈페이지에 지도를 추가하겠다면, Google Maps 위젯 아이콘을 드래그하여 가져다 놓습니다.

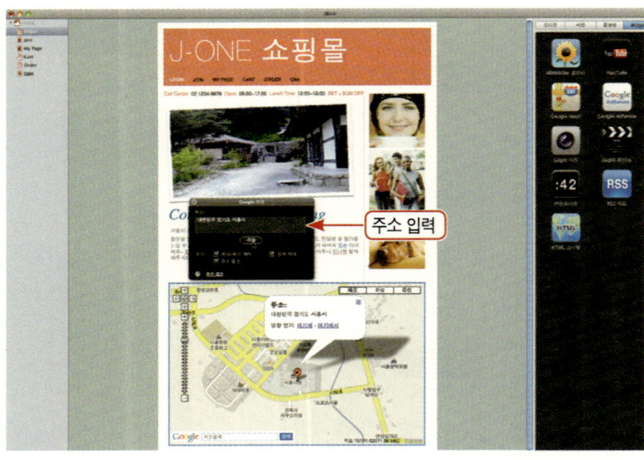


**03** 페이지에 삽입된 지도의 크기와 위치를 조정하고, 팝업 창에서 주소를 입력합니다. 그리고 적용 버튼을 클릭하면 위치가 자동으로 검색되어 표시됩니다.

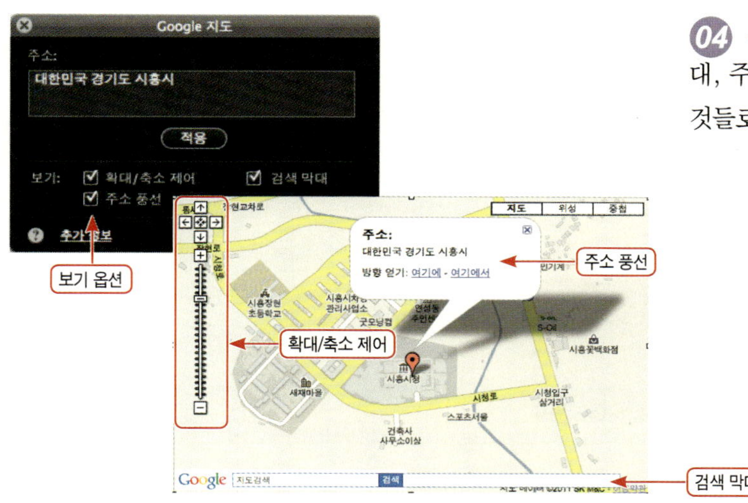


**04** 보기 옵션에는 확대/축소 제어, 검색 막대, 주소 풍선의 표시 여부를 선택할 수 있는 것들로 구성되어 있습니다.

**05** 그 밖에 제공되는 위젯과 옵션의 구성은 다음과 같습니다.

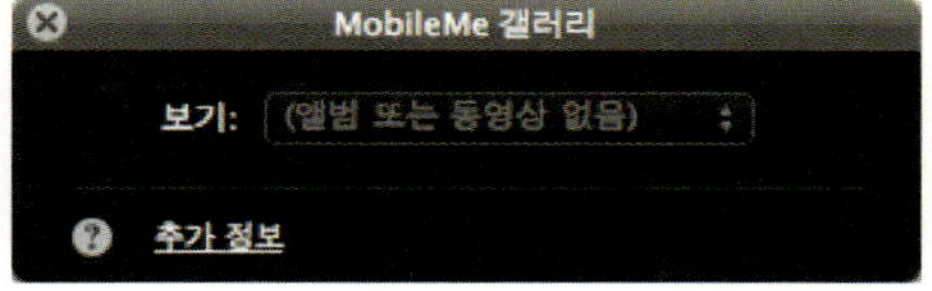


아이포토 및 아이무비에서 업로드한 앨범 및 사진을 위젯으로 사용합니다. 업로드한 앨범이 있는 경우에는 보기 메뉴에서 선택할 수 있습니다.

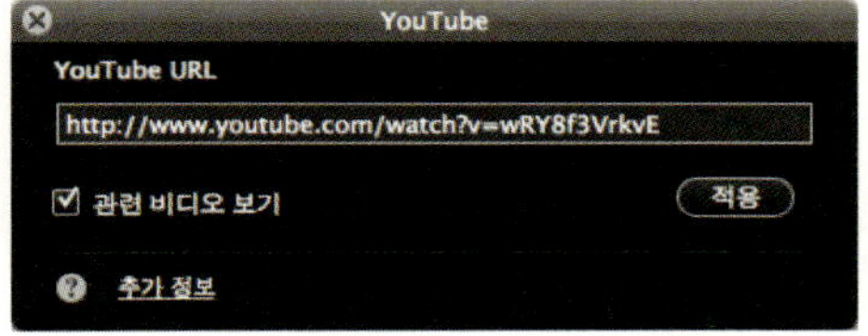


유투브의 동영상을 위젯으로 사용합니다. 원하는 동영상 주소를 Command+C 키로 복사하여 URL 항목에 Command+V 키로 붙여 넣어 사용합니다. 비디오 재생이 끝난 후에 관련 비디오가 나타나게 하려면 관련 비디오 보기 옵션을 체크합니다.

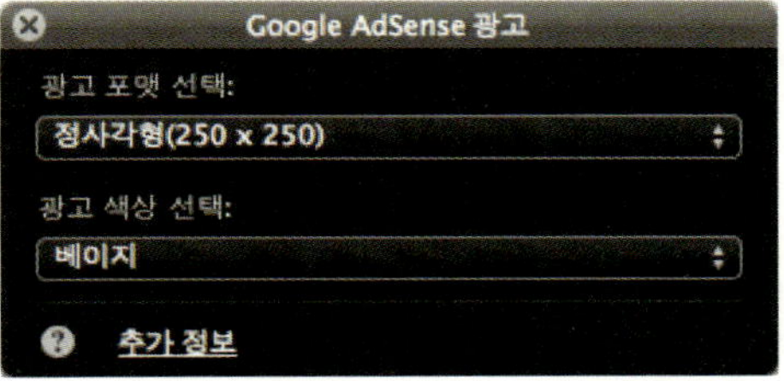


Goole AdSense 광고를 추가 합니다. 위젯을 원하는 위치에 가져다 놓으면, Goole AdSense widget 계정 로그인 창이 열리며, 계정이 있는 경우에는 이미 계정이 있습니다를 클릭하여 로그인하고, 없는 경우에는 이메일 주소를 입력하고, 보내기 버튼을 클릭하여 등록합니다. 로그인이 되면 광고 포맷과 색상을 선택할 수 있는 창이 열립니다.

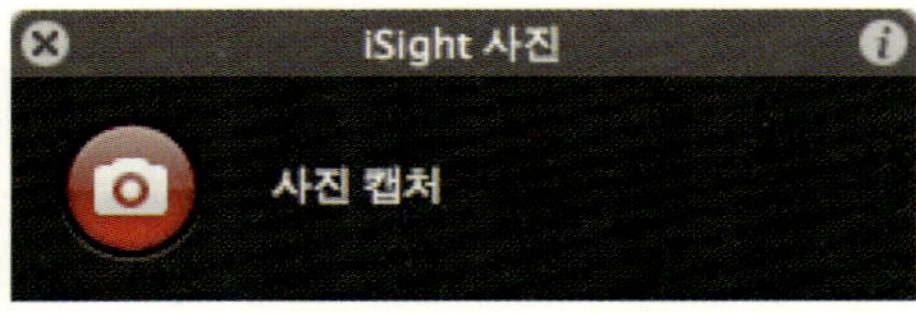

맥에 내장된 iSight 카메라로 촬영한 사진을 웨젯으로 사용할 수 있습니다.

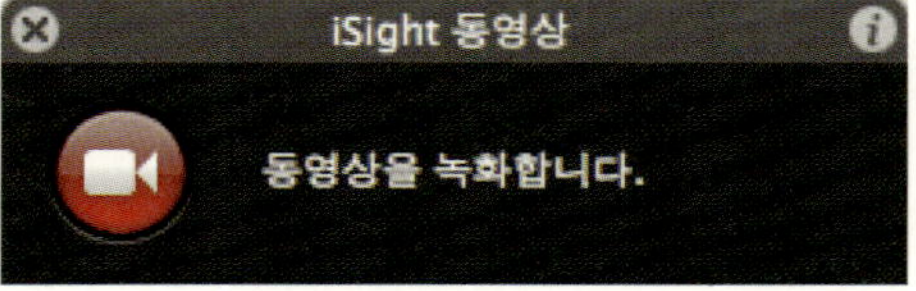

맥에 내장된 iSight 카메라로 촬영한 동영상을 웨젯으로 사용할 수 있습니다.

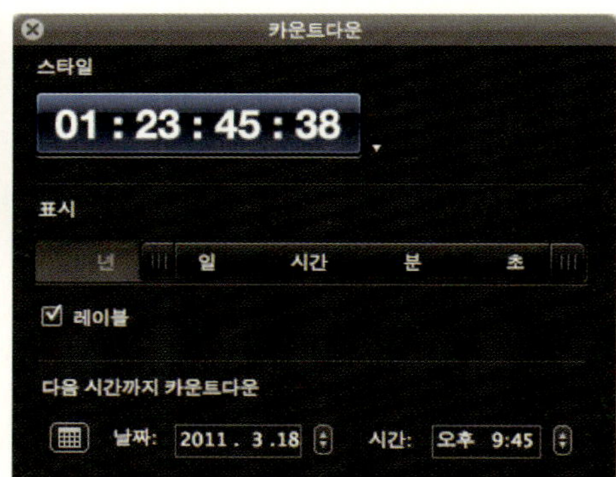

원하는 날짜의 남은 시간을 표시할 카운드 웨젯을 사용할 수 있습니.

스타일 : 표시할 스타일을 선택합니다.

표시 : 양쪽 끝의 버튼을 드래그하여 표시할 단위의 범위를 조정합니다. 이름을 타이머 아래쪽에 표시하려면 레이블 옵션을 체크합니다.

다음 시간까지 카운드 다운 : 타이머가 카운드다운하길 원하는 날짜 및 시간을 설정합니다.

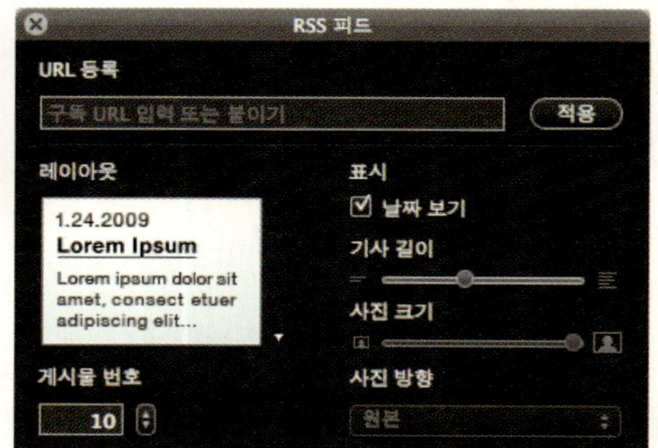

RSS 피드를 위젯으로 사용할 수 있습니다. 구독할 RSS 피드 주소를 복사하여 URL 항목에 붙여넣습니다.

레이아웃 : 페이지에 표시할 타입을 선택합니다.

게시물 번호 : 웨젯에 표시할 게시물의 번호를 설정합니다.

표시 : 게시물의 날짜를 표시할 것인지의 유무를 선택합니다. 그 외, 기사 길이, 사진 크기, 사진의 방향을 선택할 수 있는 옵션을 제공합니다.

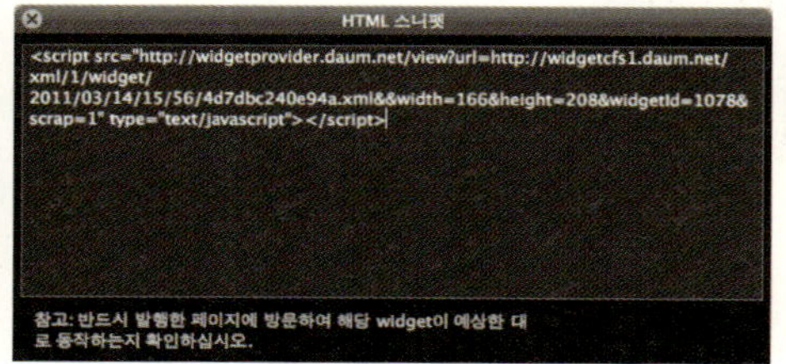

아이웹에서 제공하는 것들 외에도 인터넷을 검색해보면 증권, 날짜 등의 다양한 위젯을 제공하는 사이트가 많습니다. 그 곳에서 제공하는 스크립트를 복사하여 붙여넣으면 사용자 홈페이지에 적용할 수 있습니다.

## 01-9  테마 바꾸기

**01** 페이지를 만들 때 선택했던 테마는 언제든 변경 가능합니다. 테마를 변경하겠다면 테마 버튼을 클릭하여 목록을 열고, 원하는 테마를 선택합니다.

**02** 하지만, 모든 콘텐츠를 다시 배치해야 하는 번거로움이 있습니다. 그러므로, 페이지 이름을 마우스 오른쪽 버튼으로 클릭하여 단축 메뉴를 열고, 복제한 다음에 콘텐츠의 일부를 변경하는 목적 외에는 잘 사용하지 않습니다.

**03** 편집 메뉴의 취소 또는 Command+Z 키를 눌러 테마 변경을 취소합니다. Command+Z는 작업 역순으로 취소합니다. 예를 들어 콘텐츠를 삭제하고, Command+Z 키를 누르면 삭제한 콘텐츠가 복구되고, 콘텐츠를 복사하고, Command+Z 키를 누르면, 복사 전으로 되돌아 가는 것입니다. 유용한 단축키이므로, 꼭 기억해두기 바랍니다.

## 01-10  MobileMe에 게시하기

**01** 모바일미 계정을 가지고 있다면, 제작한 홈페이지를 게시할 수 있습니다. 도구 모음 줄의 사이트 발행 버튼을 클릭합니다. 콘텐츠 권리 주의 사항이 열립니다. 이 창을 매번 보고 싶지 않다면 다시 보여주지 않음 옵션을 체크하고 계속 버튼을 클릭합니다.

**02** 업로드가 완료되면 해당 사이트를 방문할 것인지를 묻는 창이 열립니다. 지금 사이트 방문 버튼을 클릭하여 정상적으로 업로드되었는지 확인합니다.

> **잠깐만!**
> 사이트 방문 여부를 묻는 창에 표시된 주소가 사용자 홈페이지 주소이며, 사파리에서 해당 주소를 입력하여 방문할 수 있습니다.

**03** 사파리가 실행되면서 사용자 홈페이지에 접속 됩니다. 두 개 이상의 페이지를 만들었다면 각각의 메뉴를 클릭하여 확인합니다. 홈페이지를 만드는 일이 정말 쉽다는 것을 체감할 수 있을 것입니다.

# 02 | iWeb 페이지 만들기

슬라이드쇼가 진행되는 사진 페이지, 동영상 페이지, 방문자 의견을 달 수 있는 블로그, 개인 방송을 위한 팟캐스트 등을 만들기 위해서는 오랜 학습이 필요합니다. 하지만, 아이웹을 이용하면 마우스 클릭 몇 번으로 전문가 수준의 페이지를 만들 수 있습니다.

## 02-1 | 사진 페이지 만들기

**01** 아이웹은 사진을 가져다 놓는 간단한 동작으로 전문가 수준의 사진 페이지를 만들 수 있습니다. 페이지 추가 버튼을 클릭하여 사진 템플릿을 추가합니다.

**잠깐만!**
한글로 추가되는 사진 메뉴는 영어로 바꾸는 것이 좋습니다.

**02** 사진 템플릿에 있는 사진을 선택하면 열 수, 간격, 페이지당 사진 수, 자막 줄을 설정할 수 있는 사진 격자 창이 열립니다. 자신이 원하는 스타일로 변경합니다.

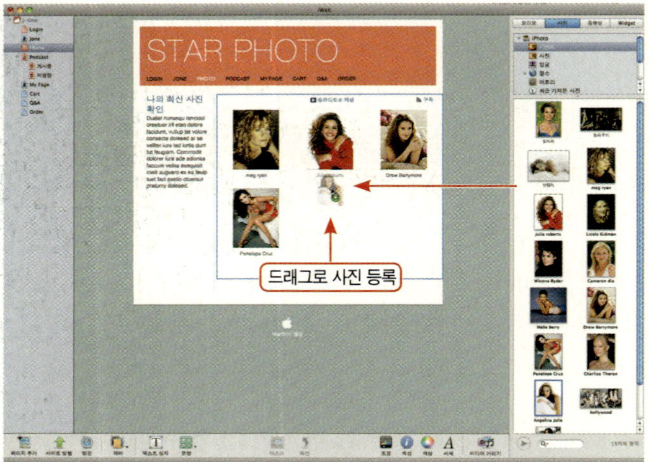


**03** 미디어 패널의 사진 탭에서 사진을 드래그하여 가져다 놓습니다. 사진의 배치는 사용자가 원하는 순서로 변경할 수 있습니다.

**04** 사진 페이지가 구현되는 결과를 확인해 보기 위해서 사이트 발행 버튼을 클릭하여 모바일미에 게시합니다. 게시가 완료되면 지금 사이트 방문 버튼을 클릭합니다.

**05** 메뉴의 사진을 선택하여 페이지를 열고, 사진 및 슬라이드쇼 재생을 클릭하여 앨범을 살펴봅니다. 너무나 간단하게 전문가들이 만들어 놓은 것과 동일한 사진 페이지가 완성된 것을 확인할 수 있습니다.

## 02-2 동영상 페이지 만들기

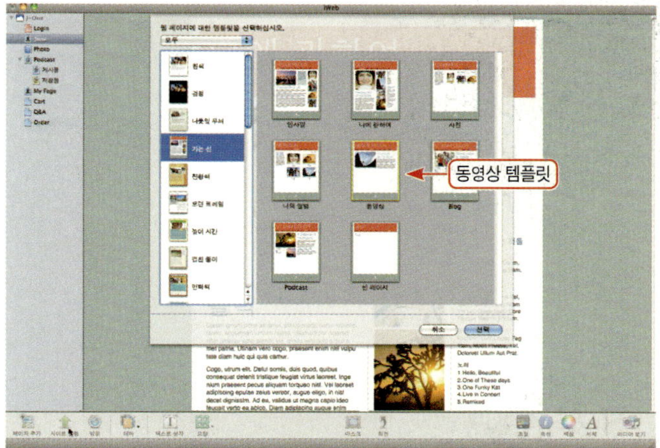


**01** 동영상 페이지도 사진 페이지를 제작하는 과정과 크게 다르지 않습니다. 페이지 추가 버튼을 클릭하여 동영상 템플릿을 추가합니다.

**02** 동영상 패널 및 파인더에서 템플릿의 샘플 동영상이 있는 위치로 드래그하여 가져다 놓습니다. 그리고 타이틀과 텍스트를 변경합니다.

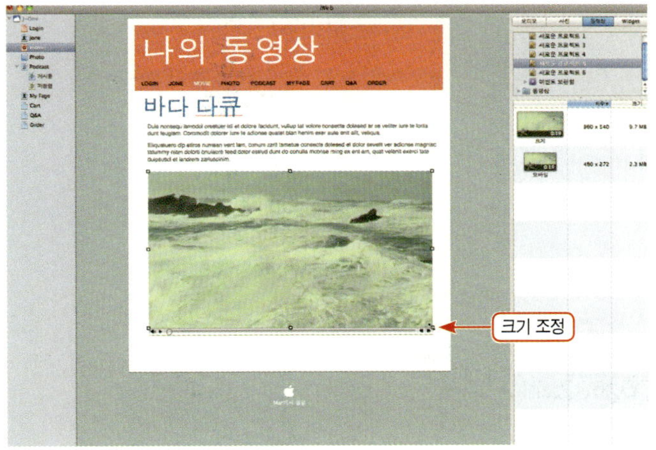


**03** 동영상을 드래그하여 위치를 변경하거나 외각의 포인트를 드래그하여 크기를 조정할 수 있습니다. 자신이 좋아하는 스타일로 템플릿을 변경하는 것입니다.

**04** 속성 버튼을 클릭하여 창을 열고, QuickTime 탭을 열면, 동영상의 재생 범위와 포스트 프레임 등을 조정할 수 있습니다. 포스터 프레임은 화면에 표시할 장면을 의미합니다.

**05** 그 외, 페이지를 열 때 동영상이 자동으로 재생되게 할 것인지, 반복 재생되게 할 것인지, 제어기를 표시할 것인지를 선택할 수 있는 옵션도 제공합니다.



**06** 동영상의 외각을 디자인 하고 싶다면, 모양 버튼을 클릭하여 사각형의 도형을 추가합니다. 그리고 동영상을 모두 덮을 수 있게 크기를 조정합니다.

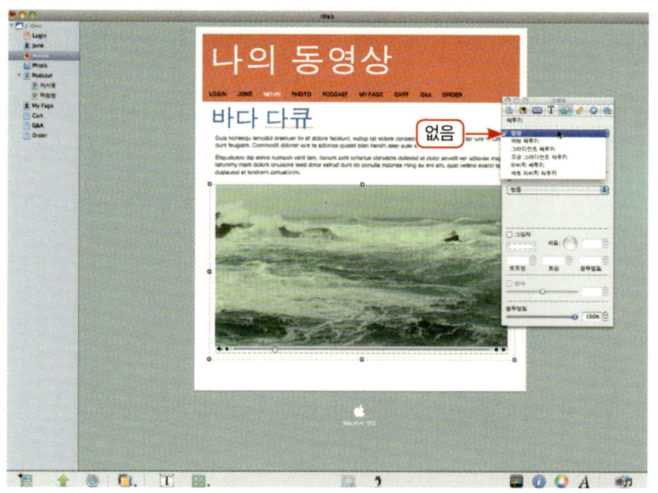



**07** 속성 버튼을 클릭하여 창을 열고, 그래픽 탭에서 채우기 없음을 선택합니다. 도형으로 가려져 있던 동영상이 화면에 표시됩니다.

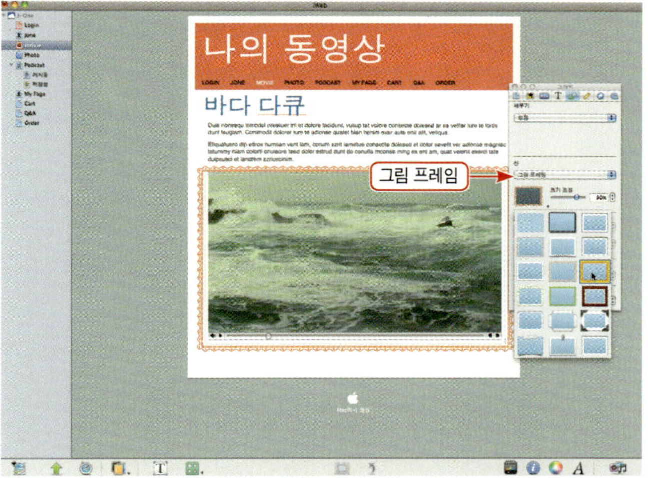



**08** 선 항목에서 선 또는 그림 프레임을 선택하고, 사용자가 원하는 스타일로 외각선을 꾸미면, 동영상을 액자에 걸어 놓은 듯한 효과를 쉽게 연출할 수 있습니다.

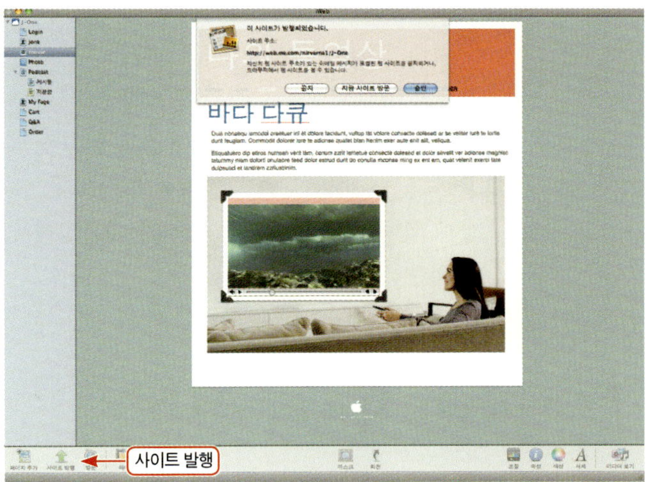



**09** 완성한 동영상 페이지는 사진 페이지와 동일하게 사이트 발행 버튼을 클릭하여 모바일미에 업로드 합니다. 그리고 지금 사이트 방문을 선택하여 페이지를 확인합니다.

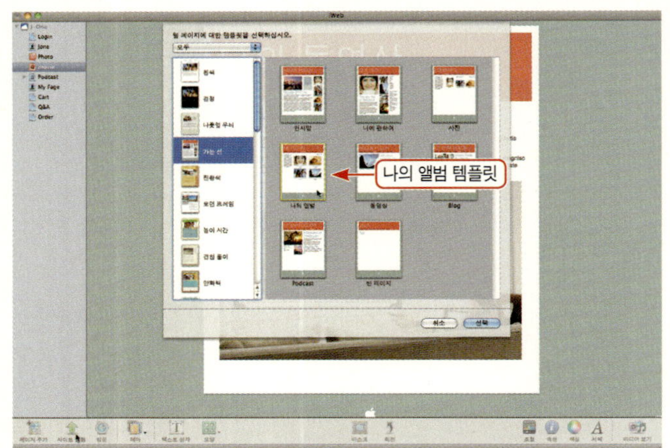



**01** 사진 및 동영상 페이지를 서브 메뉴로 가지고 있는 앨범 페이지로 관리할 수 있습니다. 페이지 추가 버튼을 클릭하여 나의 앨범 템플릿을 추가합니다.

**02** 앞에서 만들어본 사진 및 동영상 페이지를 새로 만든 나의 앨범 메뉴로 드래그하여 서브 메뉴로 만듭니다.

**03** 앨범 페이지에 사진 및 동영상 페이지가 각각의 앨범으로 만들어지며, 앨범을 선택하면 열과 간격, 앨범에 적용되는 효과 등을 선택할 수 있는 미디어 인덱스 창이 열립니다. 옵션의 역할과 이후의 작업은 사진 페이지에서와 동일합니다.

## 02-4  블로그 만들기

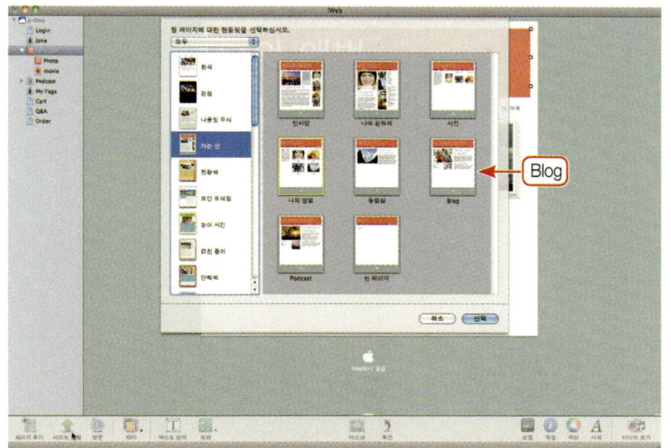


**01** 방문자와의 정보 교류를 위한 블로그 페이지를 만들고 관리할 수 있습니다. 페이지 추가 버튼을 클릭하여 Blog 템플릿을 추가합니다.

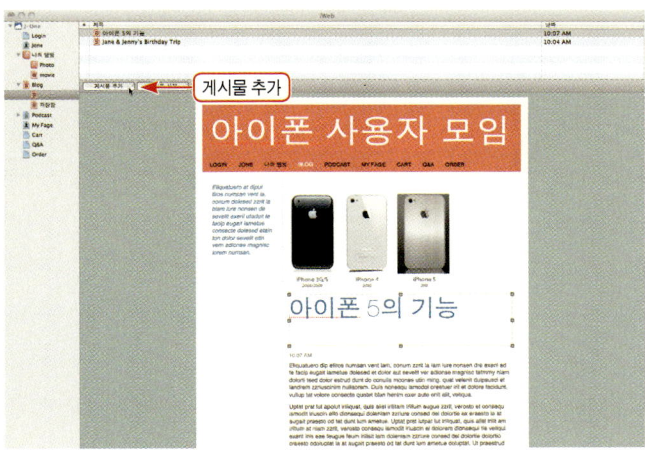


**02** 게시물과 저장함 페이지를 서브 메뉴로 가지고 있는 Blog 페이지가 추가됩니다. 블로그를 만드는 목적에 어울리는 디자인을 하고, 게시물 추가 버튼을 클릭하여 알리고자 하는 소식들을 입력합니다.

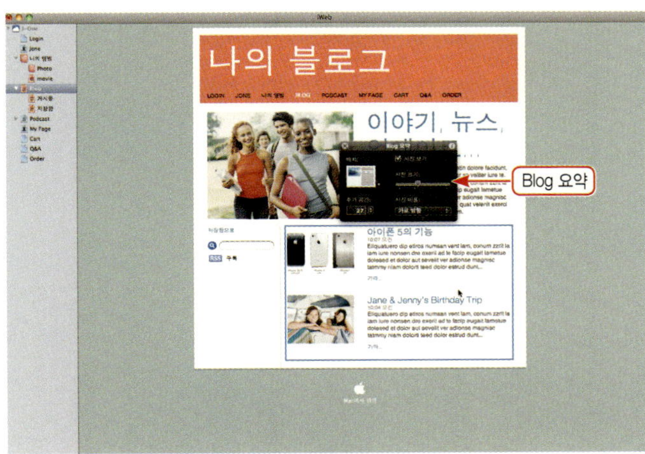


**03** Blog 페이지에서 새로 등록한 게시물 목록을 확인할 수 있습니다. 목록을 선택하면 사진과 글의 배치, 사진 크기, 사진과 글의 간격(추가 공간) 등을 조정할 수 있는 Blog 요약 창이 열립니다.

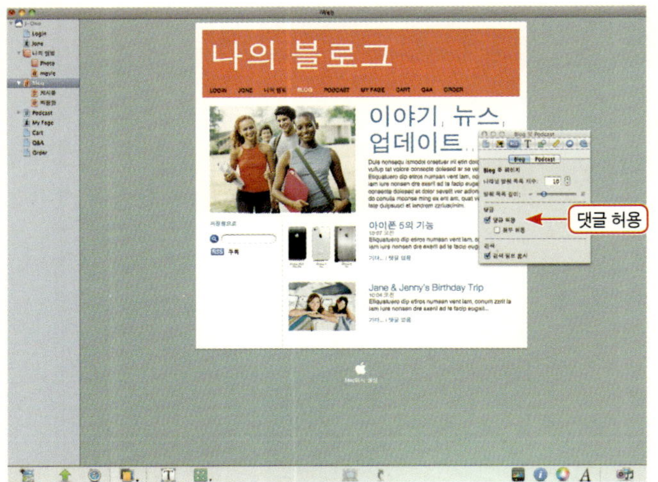


**04** 방문자가 댓글을 남길 수 있게 하려면 속성 버튼을 클릭하여 창을 열고, Blog 탭의 댓글 허용 옵션을 체크합니다. 파일을 첨부할 수 있게 하는 첨부 허용 옵션도 제공됩니다.

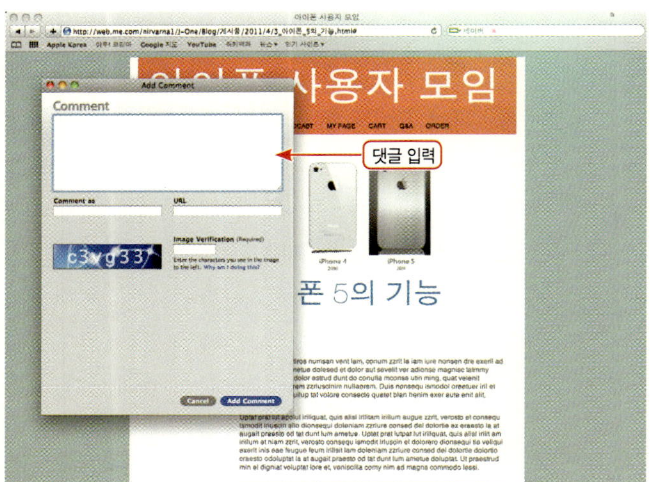


**05** 사이트 발행 버튼을 클릭하여 페이지를 업로드하고, 사이트를 방문합니다. 그리고 댓글을 추가해봅니다.

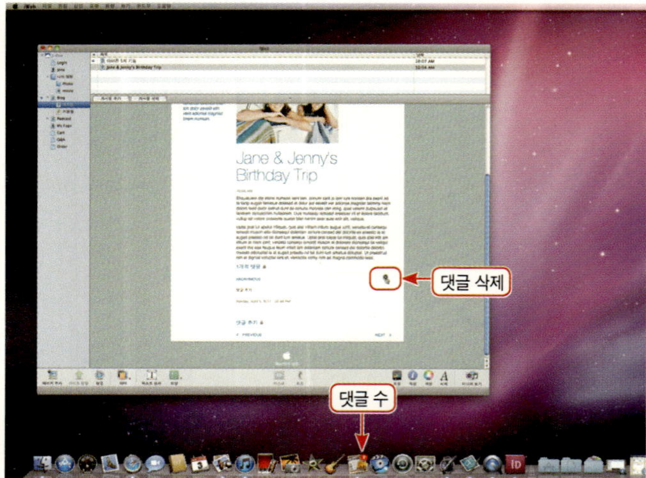


**06** 방문자가 댓글을 남기면 iWeb 아이콘에 댓글의 수가 표시되며, 아이웹에서 직접 관리할 수 있습니다. 부적합한 댓글이라면 삭제 버튼을 클릭하여 제거할 수 있는 것입니다.

## 02-5 팟캐스트 만들기

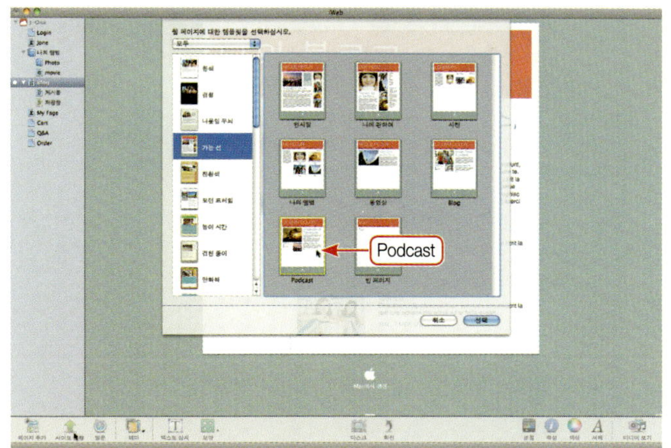

**01** iPod 및 iPhone 사용자들에게 맞춤형 방송이 가능한 Podcast 서비스를 진행할 수 있습니다. 페이지 추가 버튼을 클릭하여 Podcast 템플릿을 추가합니다.

**02** 에피소드(게시물)을 추가하고, 페이지를 디자인하는 방법은 지금 까지와 동일합니다. 속성 버튼을 클릭하여 Podcast 탭을 엽니다. 그리고 아티스트의 이름을 입력하고, 유해 등급을 선택합니다.

**03** 사이트 발행 버튼을 클릭하여 페이지를 업로드 하고, 사이트를 방문합니다. Podast 페이지를 열어 구독 버튼을 마우스 오른쪽 버튼을 클릭하여 단축 메뉴를 열고, 링크 복사하기를 선택합니다.

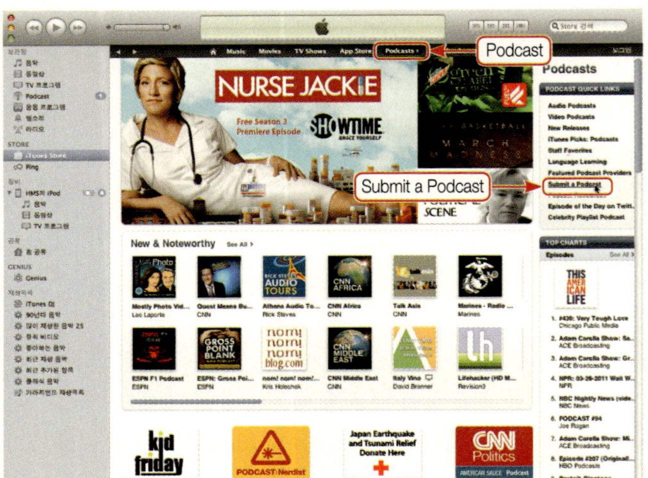


**04** 아이튠즈를 실행하여 iTuens Store에 로 그인 합니다. 그리고 Podcasts 페이지를 열 고, Podcast Quick Links 목록에서 Submit a Podcst를 선택합니다.

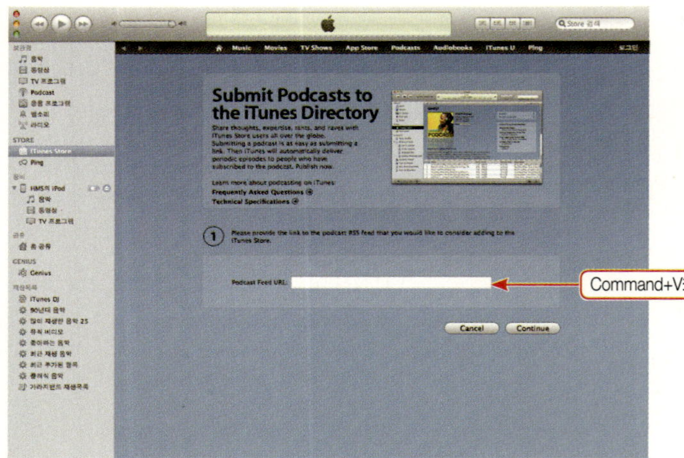


**05** 사용자가 제작한 에피소드를 등록 요 청할 수 있는 과정이 진행됩니다. 앞에서 복사한 링크를 Podcast Feed URL 항목에 Command+V 키를 눌러 붙이고,Continue 버 튼을 클릭합니다.

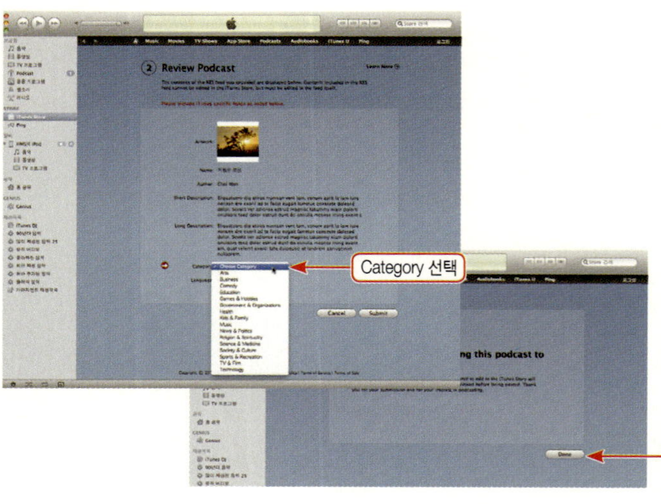


**06** Category 항목에서 등록하는 팟캐스트 의 장르를 선택하고, Submit 버튼을 클릭하면 등록 요청이 이루어지며, 앱스토어 심사 후 등록이 완료됩니다.

# 03 | iWeb 게시하기

아이웹을 이용하여 홈페이지를 제작하는 일이 너무나 간단하다는 것을 체험했습니다. 이제 완성한 페이지를 호스팅 서버에 등록하여 게시하는 일만 남았습니다. MobileMe 서비스 외에 개인 도메인과 다른 서버를 이용하는 방법을 살펴보겠습니다.

## 03-1 시작 페이지 변경하기

**01** MobileMe 서비스를 이용하여 홈페이지를 등록하면 주소는 'web.me.com/아이디'이며, 시작 페이지는 가장 처음에 위치한 메뉴입니다.

**02** 즉, 메뉴의 순서를 변경하여 시작 페이지를 바꿀 수 있는 것입니다. 누군가 사용자 홈페이지를 방문했을 때 첫 화면으로 보여주고 싶은 페이지를 상단으로 드래그하여 위치시킵니다.

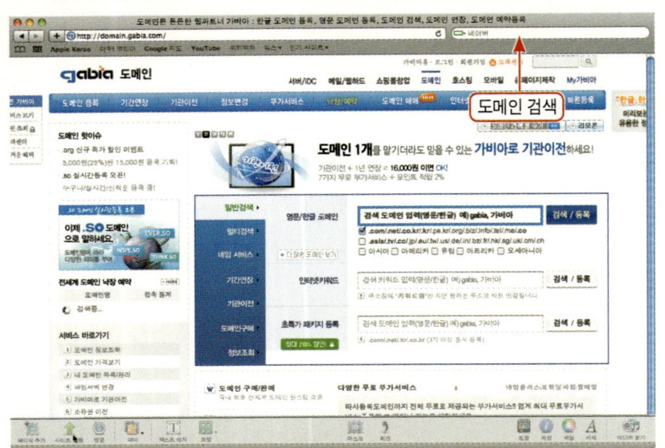

**01** MobileMe에서 사용자 아이디로 만들어지는 주소 대신에 자신만의 주소를 갖기 위해서는 유료 도메인 신청을 해야 합니다. 인터넷 검색 창에서 도메인을 검색하여 신청을 합니다.

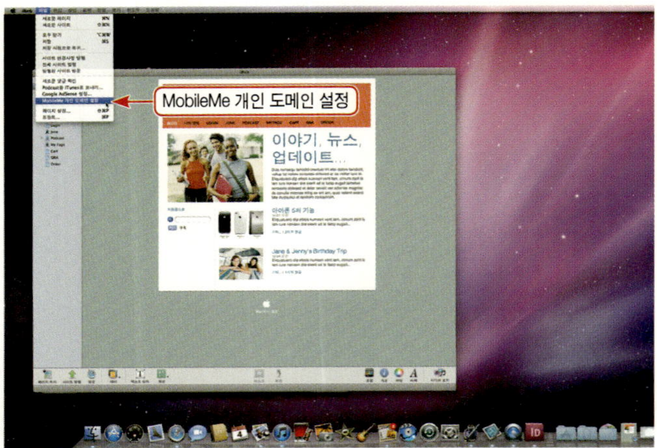

**02** 업체 마다 차이가 있지만, 보통 하루 이내에 신청이 완료됩니다. 그러면 iWeb에서 파일 메뉴의 MobileMe 개인 도메인 설정을 선택합니다.

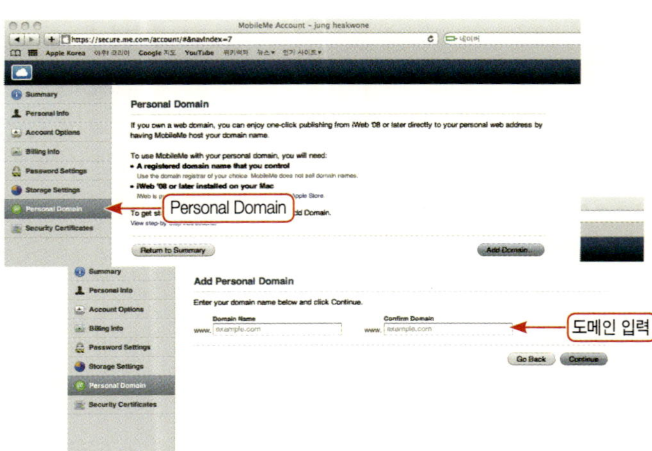

**03** MobileMe에 접속을 하고 Personal Domain에서 Add Domain 버튼을 클릭하여 페이지를 열고, 사용자가 만든 도메인을 입력하여 진행합니다. 48시간 이내에 MobileMe 아이디 대신에 유료로 신청한 주소로 홈페이지에 접속할 수 있게 됩니다.

## 03-3　FPT 서버 이용하기

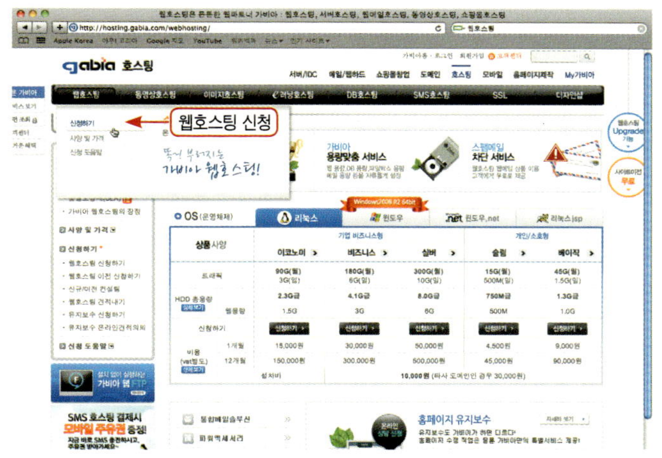



**01** 하드와 메일 용량을 총 20G 제공하는 MobileMe 서비스가 비싼 편은 아니지만, 많은 용량이 필요 없는 사용자는 좀 더 저렴한 호스팅 업체를 이용하는 것이 효과적입니다. 검색 창에서 웹 호스팅 업체를 검색하여 가격을 비교해보고 가입을 합니다.

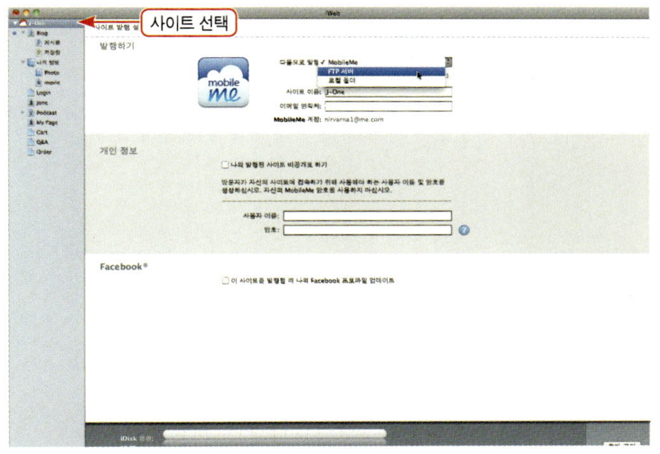



**02** iWeb에서 사용자가 만든 사이트를 선택하여 발행 설정 창을 엽니다. 그리고 다음으로 발행 항목에서 FTP 서버를 선택합니다.

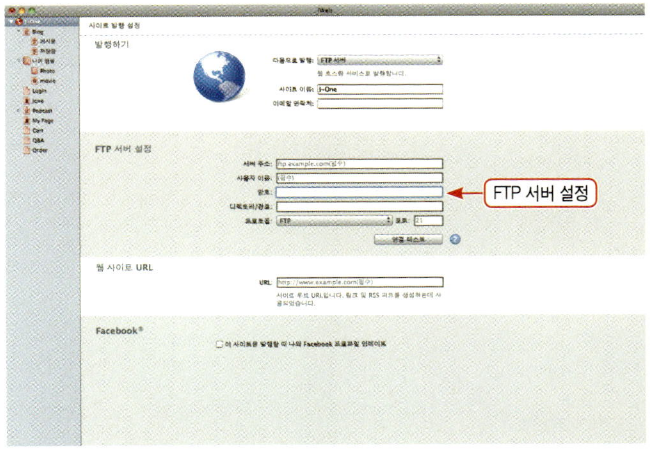



**03** FTP 서버 주소 및 사용자 이름 등의 서버 정보를 입력합니다. 이것은 사용자가 가입한 호스팅 업체마다 다르므로, 해당 업체에서 확인을 하고 입력합니다. 설정이 끝나면 iWeb에서 사이트 발행을 클릭할 때, 해당 업체의 서버로 등록됩니다.

## 03-4 비공개로 운영하기

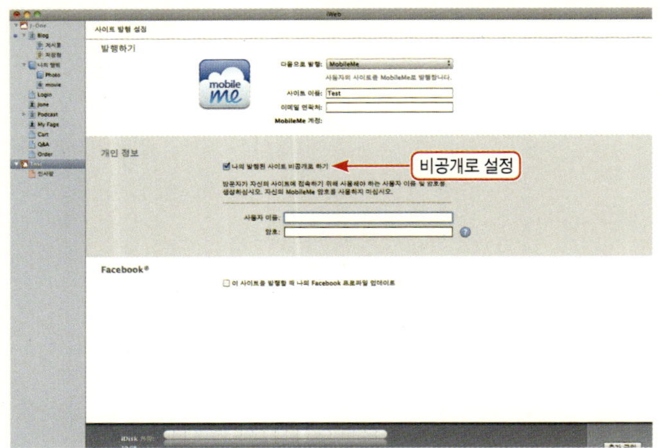

**01** 홈페이지를 비공개로 운영하고 싶다면, 나의 발행된 사이트 비공개로 하기 옵션을 체크하고, 아이디와 암호를 입력합니다.

**02** 사이트를 발행하고, 방문 버튼을 클릭하여 접속해보면, 이름과 암호를 입력을 요구하는 로그인 창이 열리는 것을 확인할 수 있습니다.

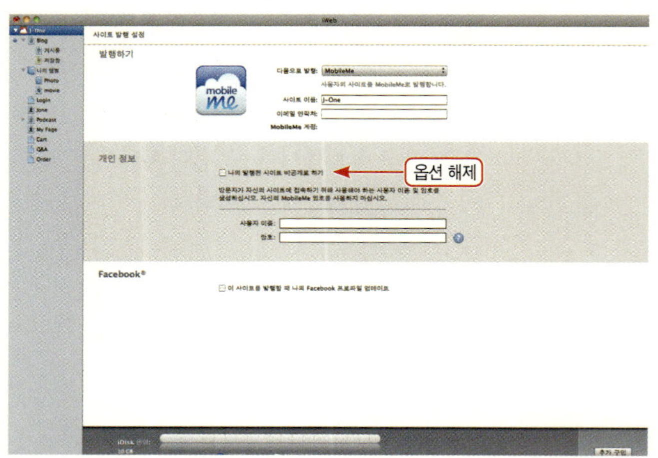

**03** 비공개 옵션은 MobileMe로 발행할 때만 적용할 수 있으며, 이를 해제할 때는 나의 발행된 사이트 비공개로 하기 옵션을 해제하고, 사이트를 다시 발행합니다.

## 03-5 페이스북 프로파일 업데이트하기

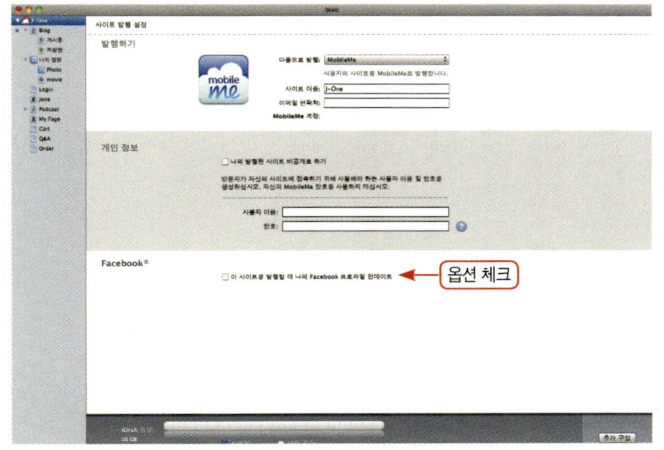



**01** 사이트를 발행할 때, 페이스북 담벼락에 홈페이지 업데이트 내용을 알리고, 링크 시킬 수 있습니다. 이 사이트를 발행할 때 나의 Facebook 프로파일 업데이트 옵션을 체크합니다.

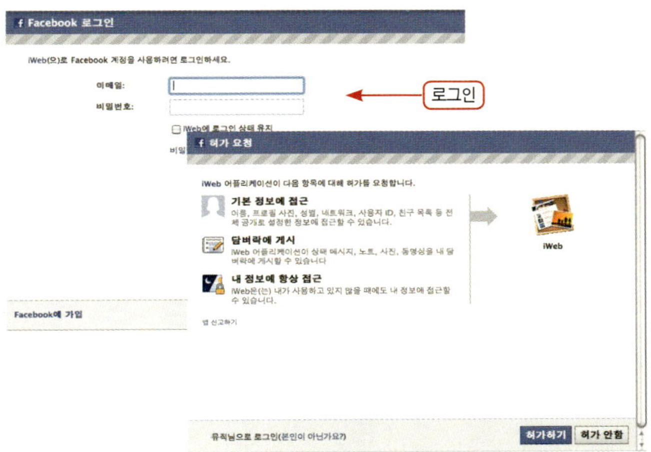



**02** 페이스북 로그인에 필요한 이메일과 비밀번호를 입력하고, 로그인 합니다. 그리고 iWeb의 접근이 가능하도록 허가합니다.

> **잠깐만!**
> 페이스북 사용자가 아니라면, Facebook에 가입 문자를 클릭하여 가입할 수 있습니다.

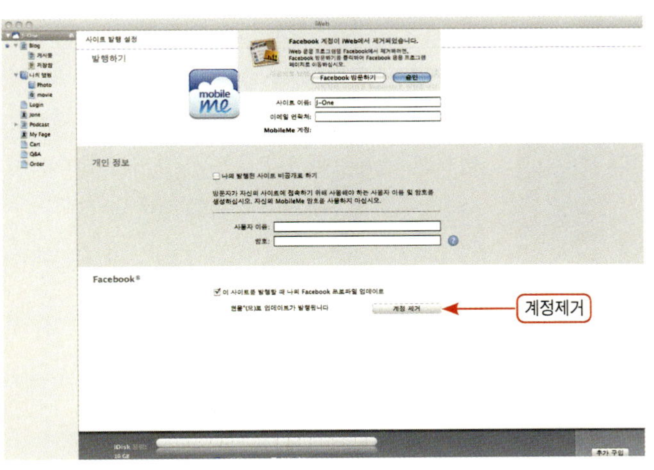



**03** 사이트를 발행하면 페이스북 담벼락에 사이트 업데이트 내용이 등록됩니다. 페이스북 발행을 하지 않겠다면 계정 제거 버튼을 클릭합니다.

## 03-6 두 개 이상의 사이트 운영하기

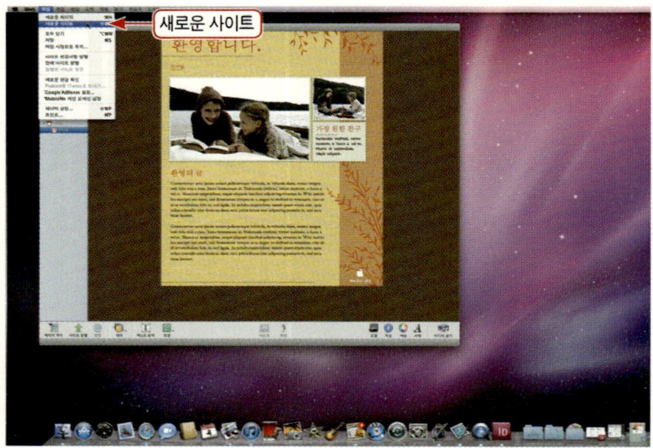


**01** iWeb은 사용자가 원하는 만큼의 사이트를 만들어 운영할 수 있습니다. 사이트를 새로 만들겠다면 파일 메뉴의 새로운 사이트를 선택합니다.

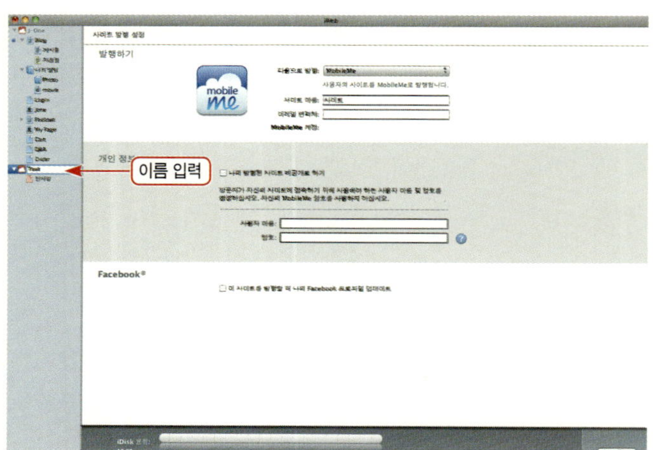


**02** 추가한 사이트의 이름을 변경하고, 디자인합니다. 같은 과정을 반복하여 사용자가 원하는 만큼의 사이트를 만들 수 있으며, 각 사이트의 발행 서버를 서로 다르게 설정할 수 있습니다.

**03** 모든 사이트를 MobileMe에서 관리하고 있다면, 'web.me.com/ID'로 접속했을 때 첫 번째 사이트가 열리므로, 원하는 사이트를 첫 번째로 이동시킵니다. 나머지 사이트는 'web.me.com/ID/사이트이름'으로 접속됩니다.

## 03-7  사이트의 제거 및 백업

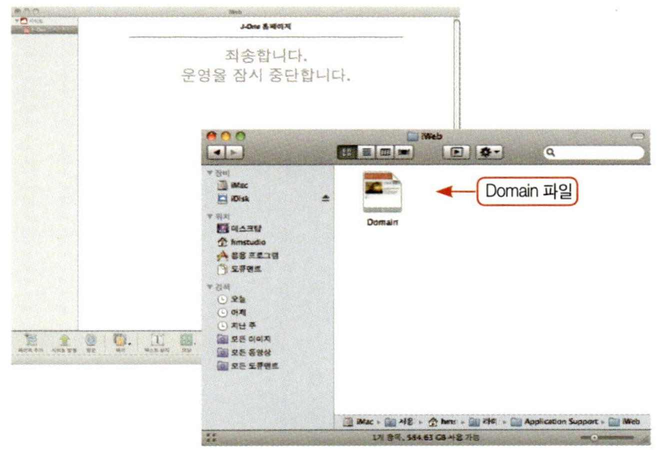


**01** iWeb에서 제작한 템플릿은 사용자폴더\라이브러리\Application Support\iWeb 폴더의 Domain 파일로 저장됩니다. 사이트 운영을 잠시 중단하고 싶은 경우에는 Doamin 파일을 백업해두고, 모든 페이지를 삭제합니다.

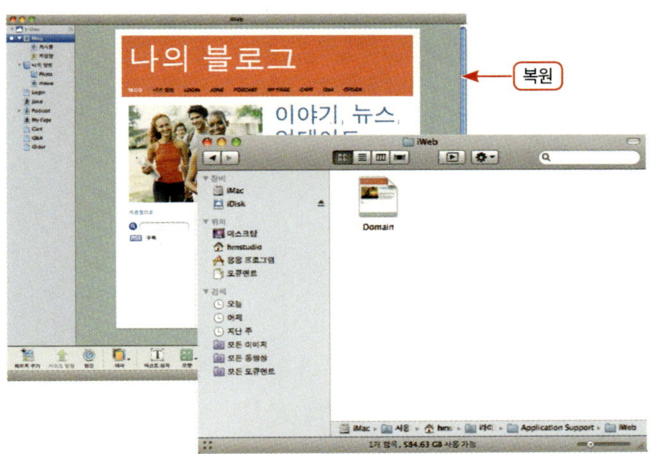


**02** 사이트를 다시 운영하고자 할 때는 백업해둔 Domain 파일을 사용자폴더\라이브러리\Application Support\iWeb 폴더에 복사하고, iWeb을 다시 실행하면 됩니다.

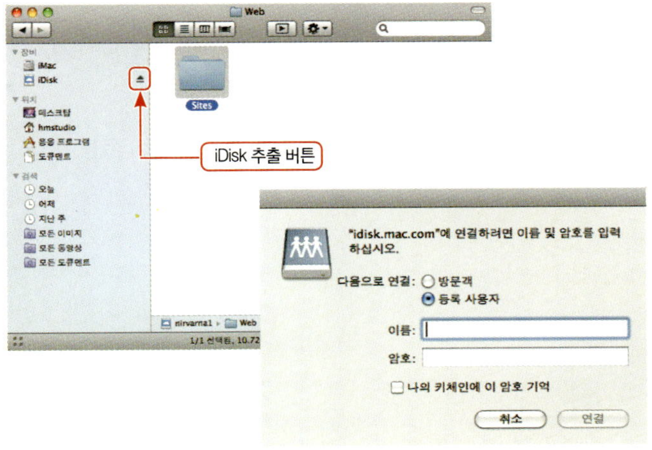


**03** MobileMe에 업로드한 모든 콘텐츠는 iDisk의 Web\Sites 폴더를 열어 접근할 수 있으며, 해당 폴더 안의 콘텐츠를 백업하거나 삭제할 수 있습니다. iDisk에 접속할 때 열리는 로그인 창은 MobileMe 계정이며, 추출 버튼을 클릭하여 로그 아웃 할 수 있습니다.

> **잠깐만!**
> 지금까지 개인 홈페이지를 만들고 관리할 수 있는 iWeb의 모든 기능을 살펴보았습니다.

# 04 | iDVD 시작하기

아이포토에서 제작한 앨범, 아이무비에서 제작한 동영상, 가라지밴드에서 제작한 음악을 사용하여 상업용 DVD 타이틀을 제작할 수 있는 iDVD에 관해서 살펴보겠습니다. 화려한 디자인의 메뉴를 너무나 쉽게 제작할 수 있다는 것에 감탄하게 될 것입니다.

## 04-1  iDVD의 화면 구성 살펴보기

**01** 스택의 응용 프로그램 폴더를 클릭하여 열고, iDVD를 선택하여 실행합니다. iDVD를 자주 사용하게 될 것이라면, Dock으로 드래그하여 아이콘을 만들어 놓는 것도 좋습니다.

**02** 새로운 프로젝트를 생성할 것인지, 기존 프로젝트를 열 것인지 등을 선택할 수 있는 시작 창이 열립니다. 새로운 프로젝트 생성 버튼을 클릭합니다.

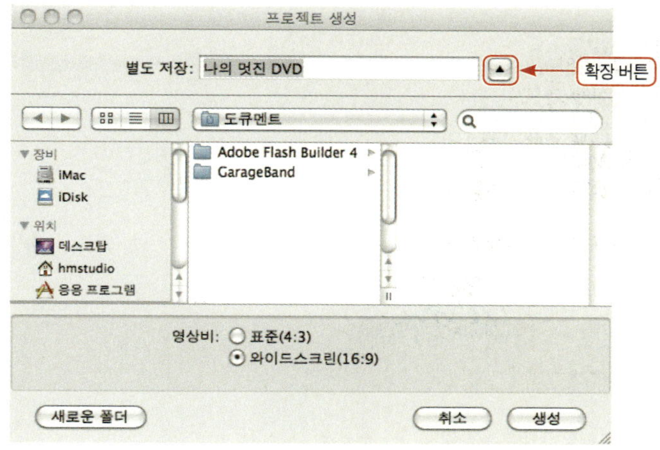


**03** 프로젝트 생성 창이 열립니다. 별도 저장 항목에 프로젝트 이름을 입력하고 생성 버튼을 클릭합니다. 도큐멘트 폴더 이외의 위치에 저장을 하겠다면 확장 버튼을 클릭하여 창을 확대하고, 원하는 위치를 선택하거나 새로운 폴더를 만들어도 좋습니다.

**04** 혁신 테마가 적용되어 있는 메인 화면을 볼 수 있습니다. 테마는 오른쪽의 테마 패널에서 선택하여 변경할 수 있으며, 목록에서 7.0 외에 6.0 또는 모든 테마를 선택하여 표시할 수 있습니다.

**05** 메인 화면은 프리뷰 버튼을 클릭하여 재생 또는 정지 시킬 수 있습니다. DVD를 플레이어에 삽입했을 때 보이는 화면과 동일한 것입니다.

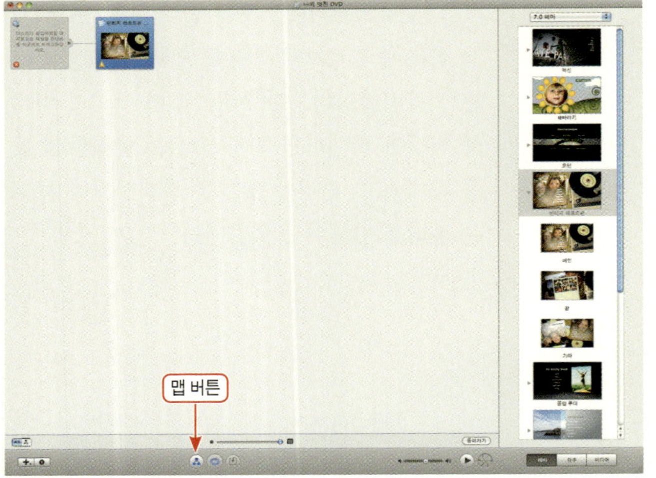


**06** 맵 버튼은 DVD의 메뉴 구성을 체크할 수 있는 맵 창을 열거나 닫습니다. 지금은 아무 작업도 하지 않았기 때문에 메인 화면만 만들어져 있는 것을 확인할 수 있습니다.

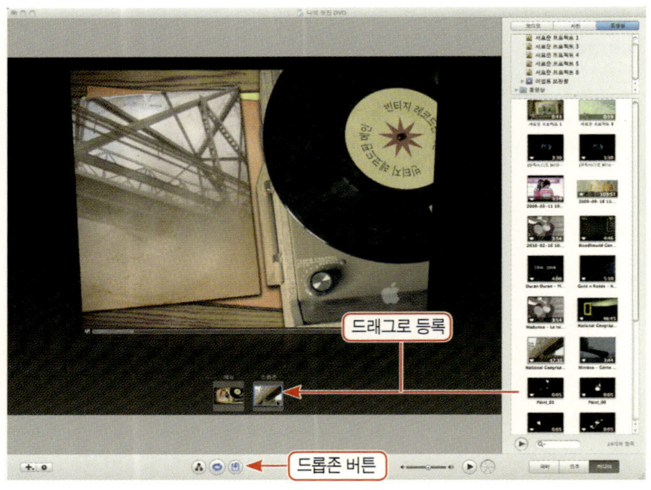


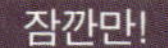

**07** 드롭존 버튼은 테마에 준비되어 있는 드롭존에 사진 및 동영상을 삽입할 수 있는 창을 열거나 닫습니다. 미디어 패널의 사진 및 동영상 탭에서 원하는 미디어를 드래그로 가져다 놓으면 됩니다.

**잠깐만!**
드롭존은 사진과 동영상으로 메인 화면을 디자인 하는 영역입니다

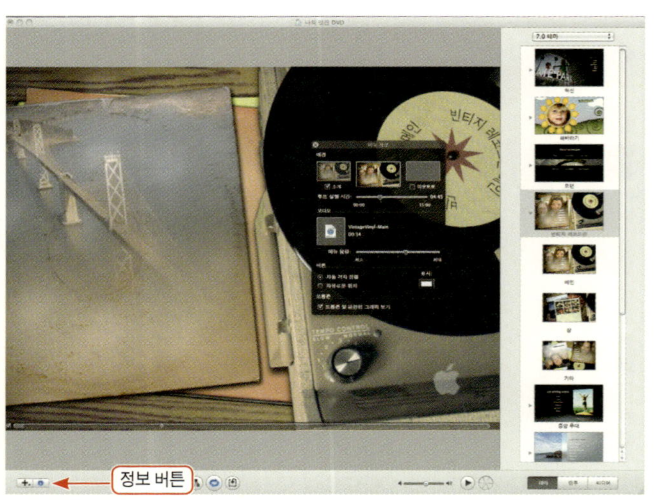


**08** 속성 버튼은 메뉴의 재생 시간, 음량, 버튼의 색상 등을 조정할 수 있는 메뉴 정보 창을 엽니다. DVD를 제작했을 때 실제로 적용되는 정보입니다.

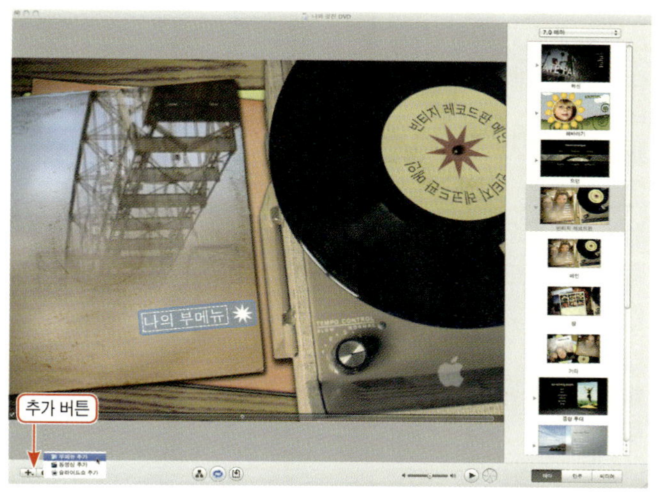


**09** 추가 버튼은 부메뉴, 동영상, 슬라이드 쇼 메뉴를 추가합니다. 추가한 메뉴는 Delete 키로 삭제할 수 있습니다.

> **잠깐만!**
> iDVD는 99개의 트랙을 사용하여 프로젝트를 만듭니다. 즉, 부메뉴, 동영상, 슬라이드 쇼는 99개로 제한됩니다.

**10** 볼륨 슬라이드는 메뉴를 프리뷰 하고 있을 때의 볼륨을 조정합니다. 이것은 프로젝트 상에서 재생되는 볼륨을 의미하며 실제로 제작되는 결과물은 속성 창에서 조정한 볼륨이 적용됩니다.

**11** 재생 버튼은 결과물을 미리 볼 수 있는 플레이어 창을 엽니다. 화면에 보이는 리모콘을 이용하여 작업 결과물을 테스트 할 수 있습니다. 정지 버튼을 클릭하여 닫습니다.

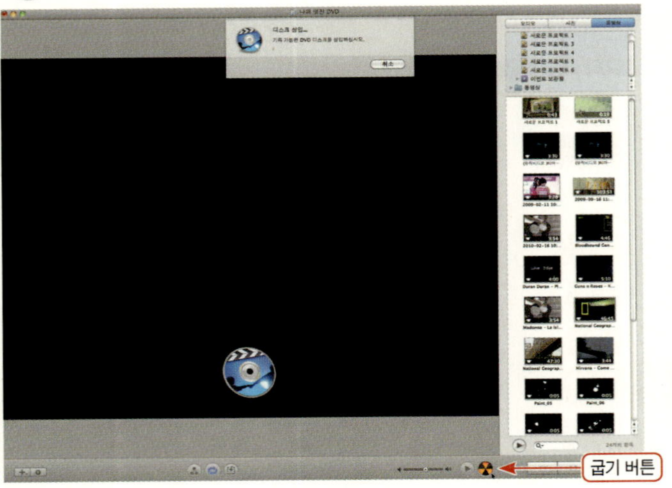

**12** 굽기 버튼은 완성한 프로젝트를 DVD로 굽는 작업을 진행합니다. 맥에 공 디스크를 삽입하지 않은 경우에는 디스크 삽입을 요구하는 창이 열립니다.



**잠깐만!**

유형에 따라 차이는 있지만, 일반적으로 많이 사용하는 공 DVD에는 60분 길이(듀얼은 120분)의 프로젝트를 담을 수 있습니다.

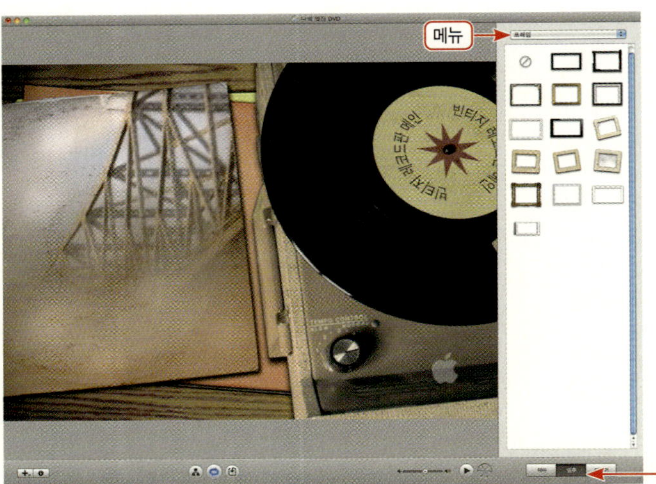



**13** 메인 창 오른쪽에는 테마, 단추, 미디어 등의 메뉴를 구성할 소스를 제공합니다. 단추는 다양한 종류를 제공하며, 상단의 메뉴에서 단추의 종류를 선택합니다.

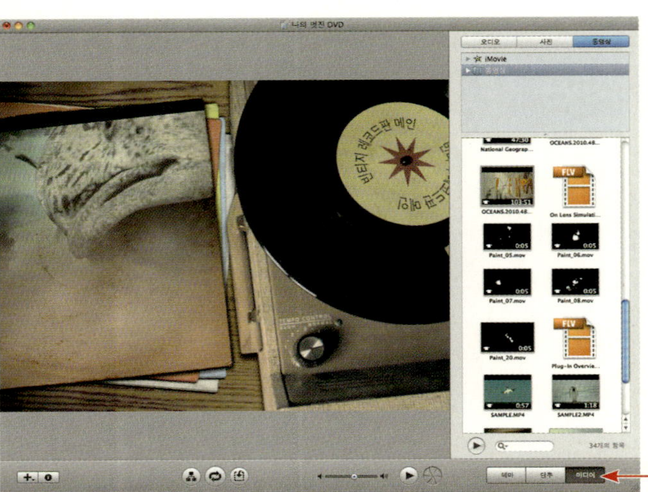



**14** 미디어는 가라지밴드의 오디오, 아이포토의 사진, 아이무비의 영상을 이용할 수 있습니다. 가라지밴드, 아이포토, 아이무비에서 관리하고 있지 않은 미디어는 파인더에서 직접 드래그하여 가져다 놓을 수 있습니다.

## 04-2   TV 안전 영역 확인하기

**01** 선물 및 판매를 목적으로 DVD를 제작한다면 어떤 미디어에서 재생될 것인지를 짐작할 수 없기 때문에 안전 영역을 지켜주는 것이 좋습니다. 부메뉴를 몇 개 추가합니다.

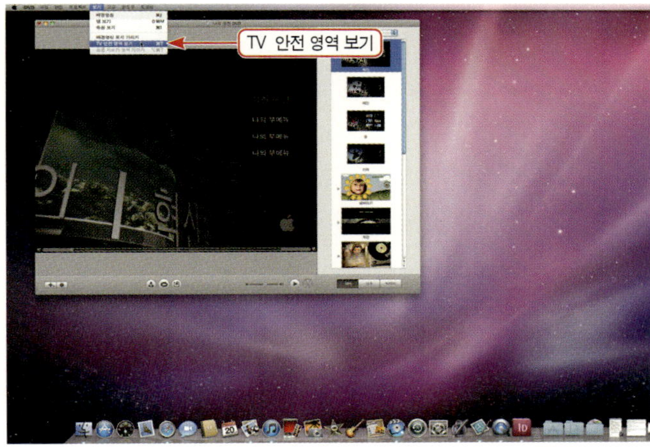


**02** 사용자가 제작한 DVD를 TV에서 재생할 때의 결과를 확인해보겠습니다. 보기 메뉴의 TV 안전 영역 보기를 선택합니다.

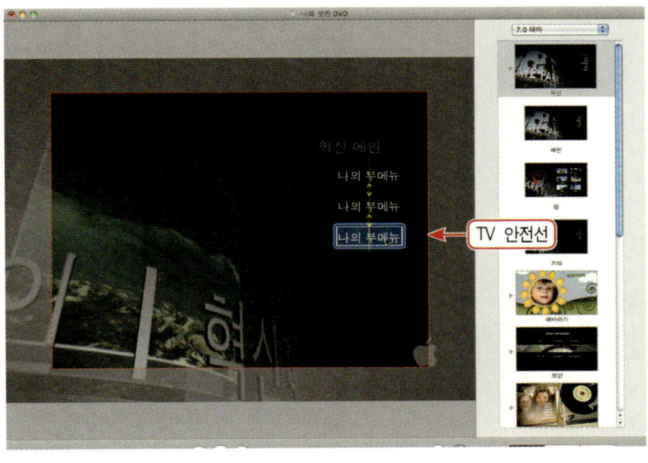


**03** 메뉴의 오른쪽이 잘려서 재생된다는 것을 확인할 수 있습니다. 즉, 각각의 메뉴를 TV 안전선 안쪽으로 이동시켜야 시청자의 불편함을 해소할 수 있습니다.

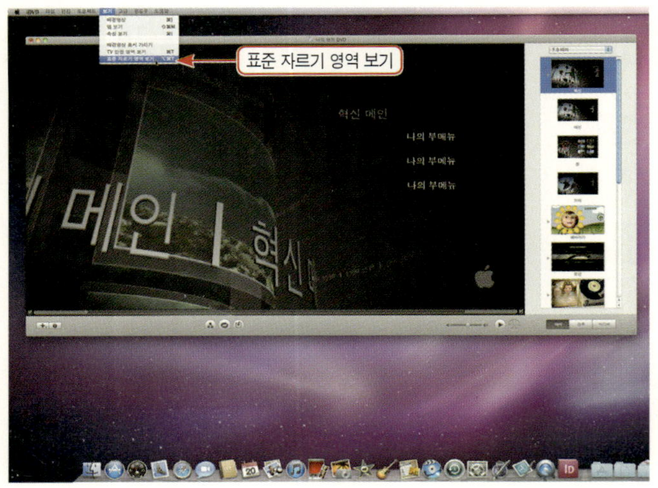


**04** 요즘에는 와이드 TV가 표준이기는 하지만, 4:3 비율의 TV를 시청하는 사람도 있습니다. 와이드로 제작한 DVD를 4:3 비율의 TV에서 시청할 때의 상황을 보고자 한다면 보기 메뉴의 표준 자르기 영역 보기를 선택합니다.

> **잠깐만!**
> 작업 중인 프로젝트의 화면 비율은 프로젝트 메뉴의 표준 및 와이드 스크린으로 전환을 선택하여 언제든 변경할 수 있습니다.

**05** 화면의 양쪽이 보이지 않는 것을 확인할 수 있습니다. 결국, 메뉴를 배치할 때는 TV 안전 영역과 표준 영역을 감안하는 습관을 갖는 것이 좋습니다.

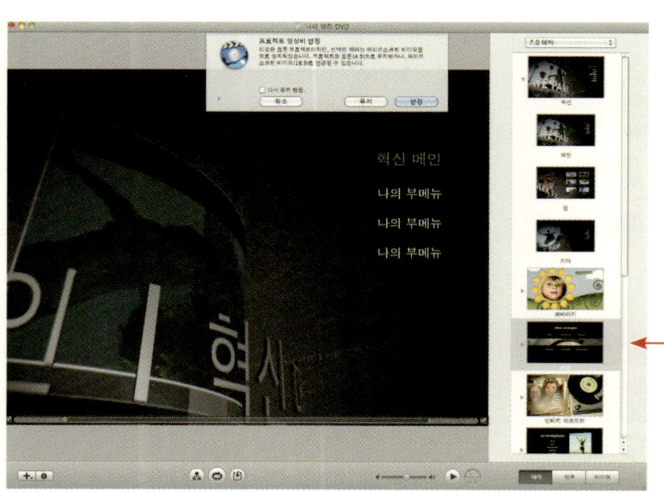


**06** 테마는 언제든 테마 패널에서 원하는 것을 선택하여 변경할 수 있습니다. 이때 작업 중인 프로젝트와 다른 비율이면, 영상비를 유지할 것인지, 새로 선택한 테마로 변경할 것인지를 묻는 창이 열립니다.

## 04-3  문자 편집하기

**01** 메인 메뉴의 글자는 마우스 더블 클릭으로 수정합니다. 이때 폰트와 크기를 선택할 수 있는 창이 열립니다.

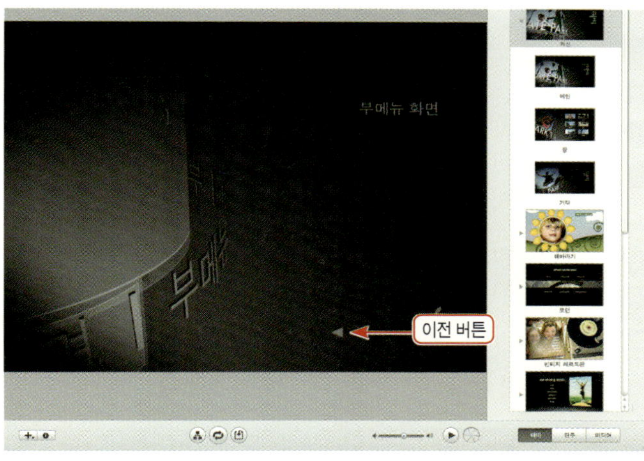


**02** 부메뉴의 글자는 선택 후, 다시 한 번 클릭합니다. 더블 클릭하면 부메뉴 화면으로 이동됩니다. 부메뉴 화면으로 이동되었을 때는 이전 버튼을 클릭하여 메인으로 이동합니다.

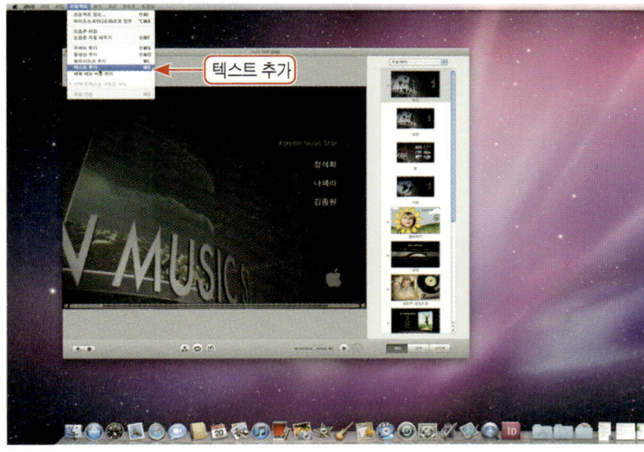


**03** 메뉴 이외의 글자를 입력할 때는 프로젝트 메뉴의 텍스트 추가를 선택하여 글 상자를 추가하고, 추가한 글 상자를 클릭하여 입력합니다.

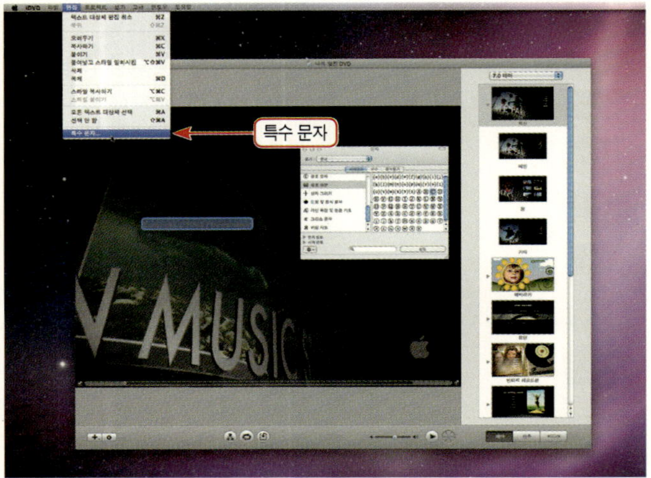


**04** 특수 문자가 필요한 경우에는 편집 메뉴의 특수 문자를 선택하여 문자 보기 창을 열고, 카테고리에서 원하는 글자를 찾아 더블 클릭하여 입력합니다.

**05** 화면 오른쪽 하단에 표시되고 있는 애플 로고를 제거하겠다면, iDVD 메뉴의 환경설정을 선택하여 창을 열고, 일반 탭의 반투명한 Apple 로고 보기 옵션을 해제합니다.

**06** 부메뉴에 효과를 주거나 색상을 입히고 싶은 경우에는 편집할 메뉴를 선택하고, 속성 보기 버튼을 클릭하여 창을 엽니다. 마우스 드래그로 두 개 이상의 메뉴를 선택하고, 속성 창을 열어도 좋습니다.

**07** 색상, 그림자, 영상 효과를 추가할 수 있는 속성 창이 열립니다. 색상을 변경하겠다면 색상 버튼을 클릭하여 팔레트를 열고, 원하는 색상을 선택합니다.

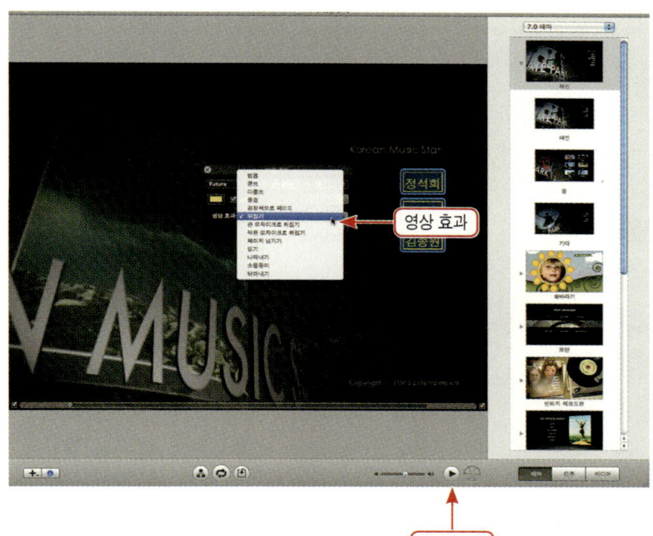

**08** 영상 효과를 이용하여 메뉴에 특별한 효과를 연출할 수 있습니다. 적용한 효과를 확인할 때는 재생 버튼을 클릭하여 미리 보기 화면으로 전환합니다.

313

## 04-4  드롭존 꾸미기

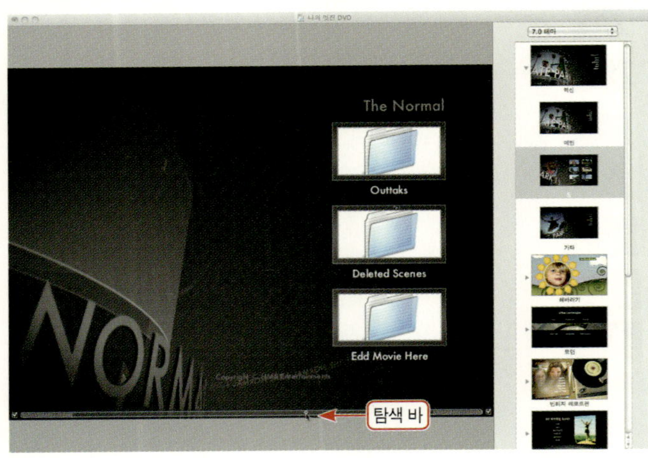


**01** 메뉴의 백그라운드 영상으로 이용되는 드롭존에 관해서 살펴보겠습니다. 탐색 바를 드래그하여 화면에 표시되는 드롭존의 위치를 찾습니다. 선택한 테마에 따라 드롭존의 수는 차이가 있습니다.

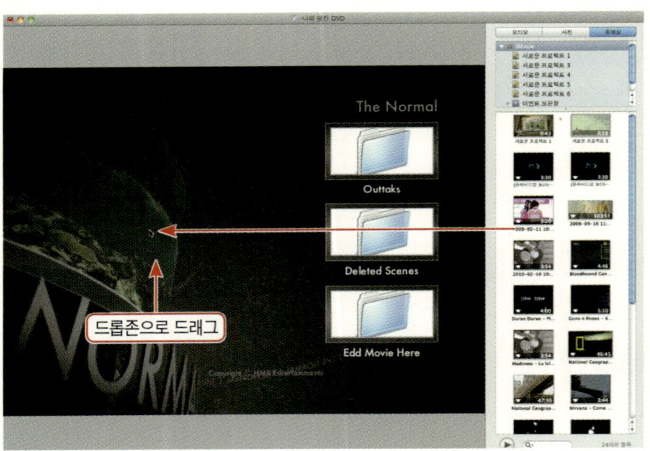


**02** 미디어 버튼을 클릭하여 창을 열고, 동영상 탭을 클릭합니다. 그리고 드롭존 영상으로 사용할 미디어를 드래그하여 드롭존 위치에 가져다 놓습니다.

**잠깐만!**

드롭존 및 백그라운드에서 사용할 미디어를 파인더에서 드래그해도 좋습니다.

**03** 드롭존 영역을 클릭하면 동영상의 시작과 끝 위치를 조절할 수 있는 슬라이드가 보입니다. 드롭존에서 재생될 범위를 조정합니다.

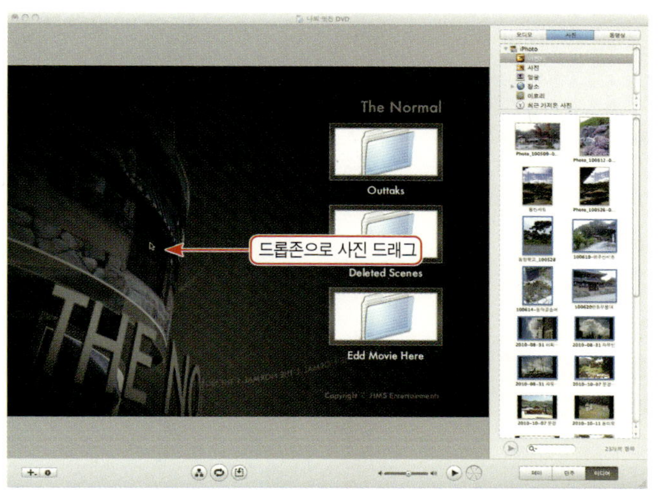



**04** 드롭존에는 영상 외에 사진을 이용할 수 있습니다. 미디어 창의 사진 탭을 클릭하여 열고, 원하는 사진들을 마우스 드래그로 선택합니다. 그리고 드롭존으로 드래그하여 가져다 놓습니다.

**잠깐만!**
드롭존에 여러 장의 사진을 가져다 놓을 수 있으며, 사진들은 슬라이드쇼로 재생됩니다.

**05** 드롭존 영역을 클릭하면 화면에 표시될 사진을 선택할 수 있는 슬라이드가 열립니다. 순서 편집 버튼을 클릭해봅니다.

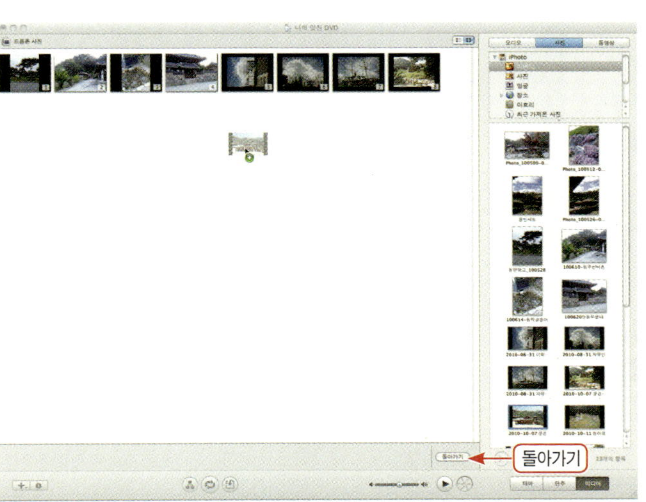



**06** 드롭존에 가져다 놓은 사진 목록이 열립니다. 각각의 사진을 드래그하여 순서를 변경하거나 미디어 창의 사진을 드래그하여 추가할 수 있습니다. 편집이 끝나면 돌아가기 버튼을 클릭하여 메뉴 화면으로 이동합니다.

**07** 드롭존 버튼이 On되어 있는 상태로 이동되기 때문에 메뉴와 드롭존 아이콘을 볼 수 있으며, 이곳에 직접 영상과 사진을 가져다 놓아도 좋습니다. 백그라운드를 의미하는 메뉴 아이콘에 사진 및 영상을 가져다 놓아 봅니다.

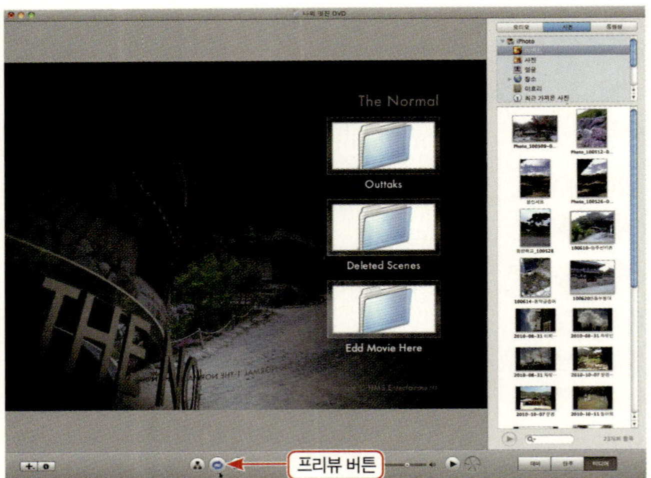

**08** 드롭존 버튼을 클릭하여 Off로 하고, 프리뷰 버튼을 클릭해보면, 메뉴의 배경과 드롭존의 영상들이 재생되는 화면을 확인할 수 있습니다.

**09** 드롭존을 사용하지 않겠다면 속성 버튼을 클릭하여 창을 열고, 드롭존 및 관련된 그래픽 보기 옵션을 해제합니다.

## 04-5 테마 바꾸기

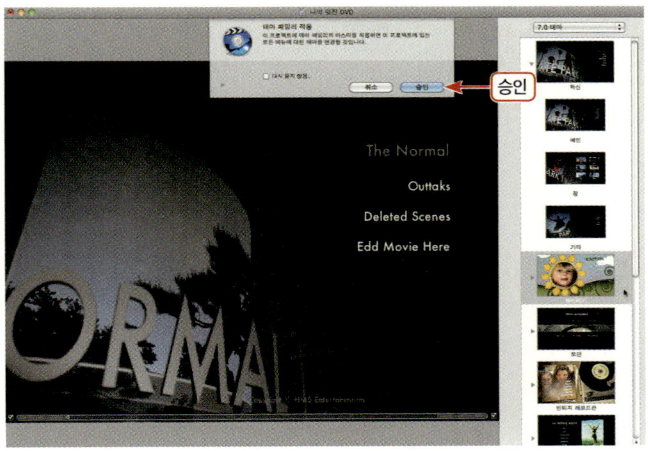

**01** 테마는 선택하는 것 만으로 바꿀 수 있습니다. 이때 선택한 테마에 속해있는 메인, 창, 기타 화면이 모두 변경된다는 알림 창이 열립니다. 승인 버튼을 클릭합니다.

**잠깐만!**
영상비가 다를 경우에는 영상비를 변경할 것인지를 묻는 창이 열립니다.

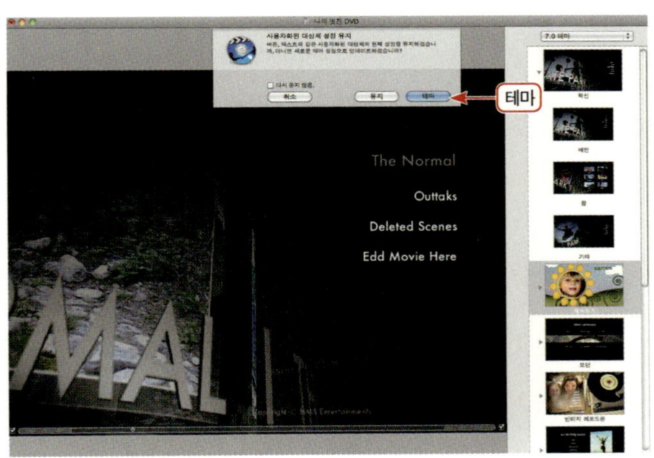

**02** 버튼 및 텍스트 등의 설정 값을 유지할 것인지를 묻는 창이 열립니다. 개체의 속성을 유지할 것이라면 유지 버튼을 클릭하고, 선택한 테마로 업그레이드 하겠다면 테마 버튼을 클릭합니다.

**03** 메인, 창, 기타 등의 테마 패밀리는 화면은 테마 왼쪽의 작은 삼각형을 클릭하면 확인할 수 있으며, 각 패밀리를 선택하여 해당 화면만 변경할 수 있습니다.

**04** 테마의 종류는 7.0 테마 외에 6.0과 이전 테마를 제공합니다. 이전 테마를 선택하는 경우에는 다운로드를 창이 열리며, 승인 버튼을 클릭하여 다운로드를 완료해야 사용할 수 있습니다.

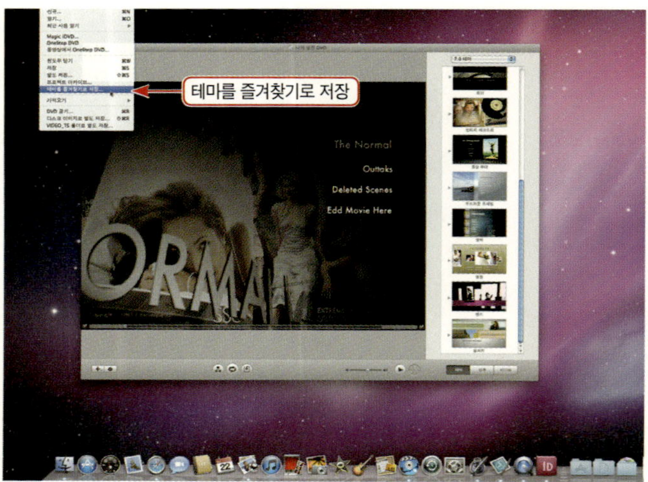


**05** 백그라운드, 드롭존, 텍스트 등 사용자가 만든 프로젝트를 테마로 저장하여 사용할 수 있습니다. 파일 메뉴의 테마를 즐겨찾기로 저장을 선택합니다.

**06** 테마의 이름을 입력할 수 있는 창이 열립니다. 이때, 여러 사람이 함께 사용하는 컴퓨터라면 모든 사용자와 공유할 것인지, 동일한 이름의 이전 파일을 대치할 것인지를 선택할 수 있습니다.

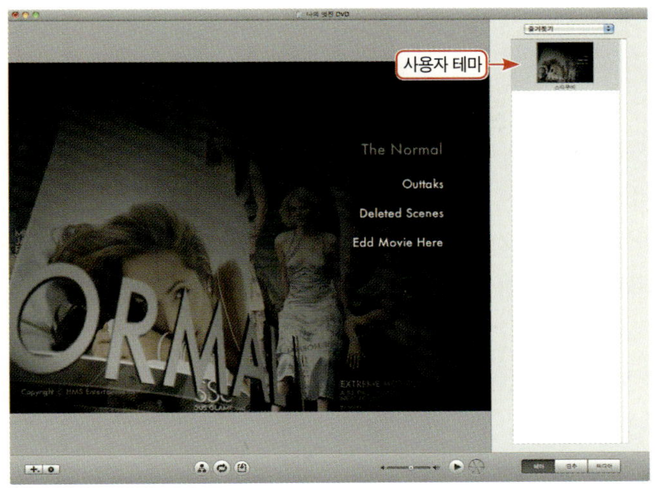


**07** 승인 버튼을 클릭하여 창을 닫고, 테마 목록 메뉴에서 모두 또는 즐겨찾기를 선택하면 사용자가 만든 테마를 볼 수 있으며, iDVD 에서 제공하는 테마와 동일하게 사용할 수 있습니다.

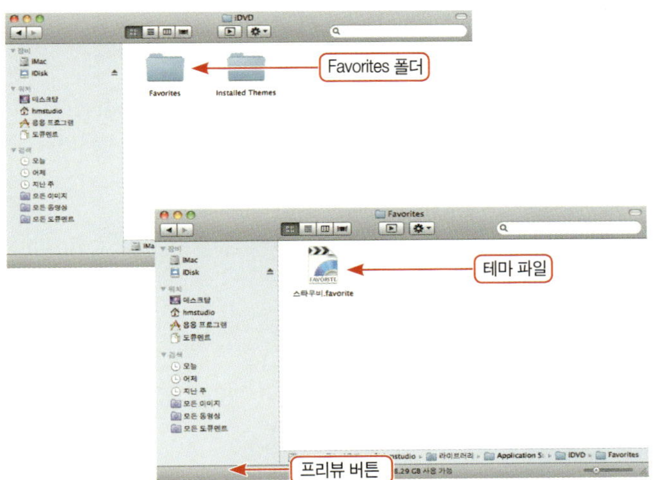


**08** 사용자가 만든 테마는 사용자폴더\라이브러리\Application Support\iDVD\Favorites 폴더에 저장되며, 언제든 Delete 키를 눌러 삭제하거나 백업할 수 있습니다.

> **잠깐만!**
> iDVD에서 제공되는 테마는 Installed Themes 폴더에 저장되어 있습니다

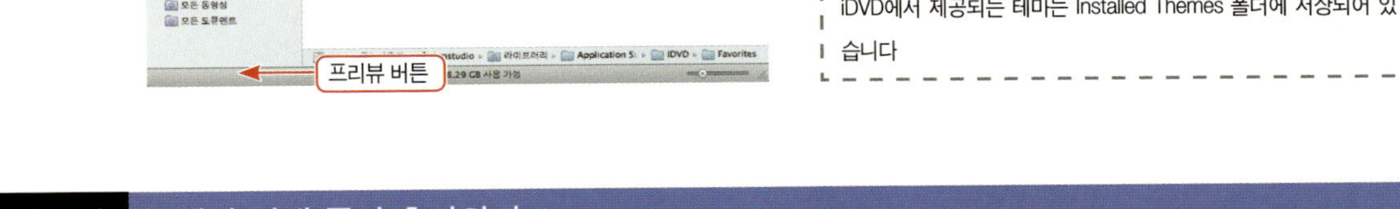

## 가정교사   테마 검색 폴더 추가하기

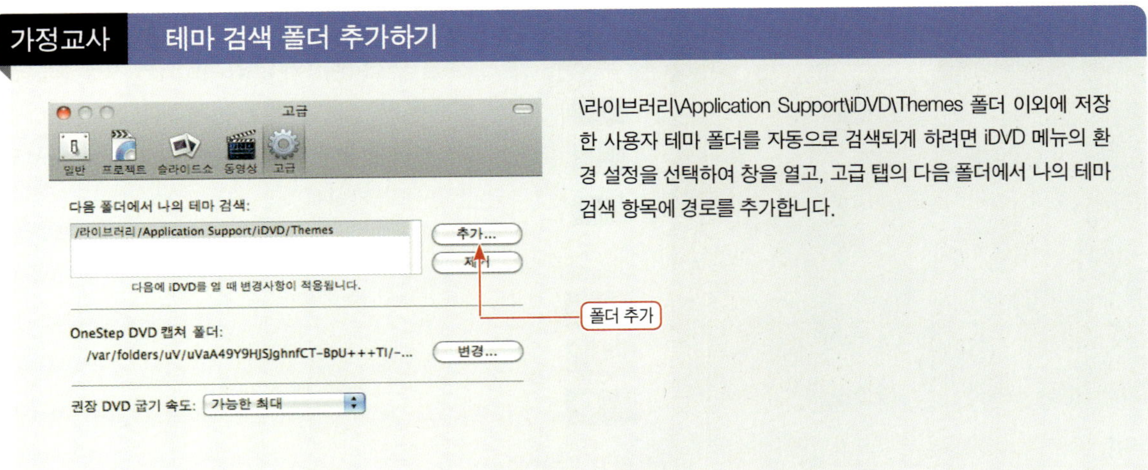


\라이브러리\Application Support\iDVD\Themes 폴더 이외에 저장한 사용자 테마 폴더를 자동으로 검색되게 하려면 iDVD 메뉴의 환경 설정을 선택하여 창을 열고, 고급 탭의 다음 폴더에서 나의 테마 검색 항목에 경로를 추가합니다.

# 05 | iDVD 프로젝트 만들기

DVD의 주요 기능을 살펴보았습니다. 이제부터 새로운 프로젝트를 만들고, 메뉴와 영상을 연결하는 등의 제작 과정을 살펴보겠습니다. 사진, 동영상, 오디오 등의 실습 소스들을 미리 준비해두기 바랍니다.

## 05-1 | 메인 메뉴 꾸미기

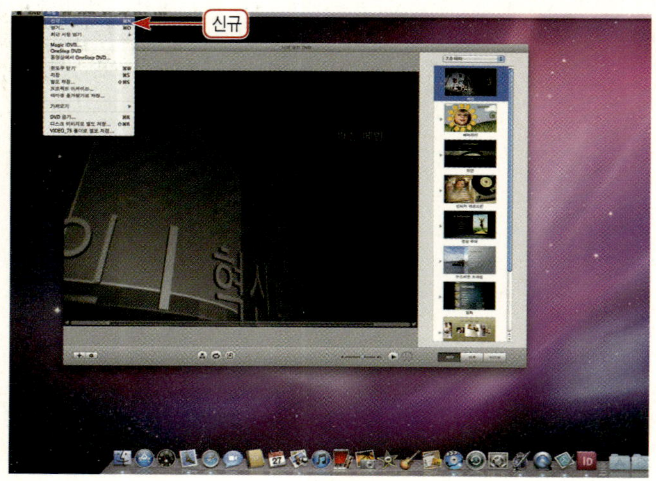

**01** DVD 제작 과정을 시작은 프로젝트를 만드는 것입니다. iDVD를 사용하고 있는 중이라면 파일 메뉴의 신규 또는 Command+N 키를 눌러 새로운 프로젝트를 만듭니다.

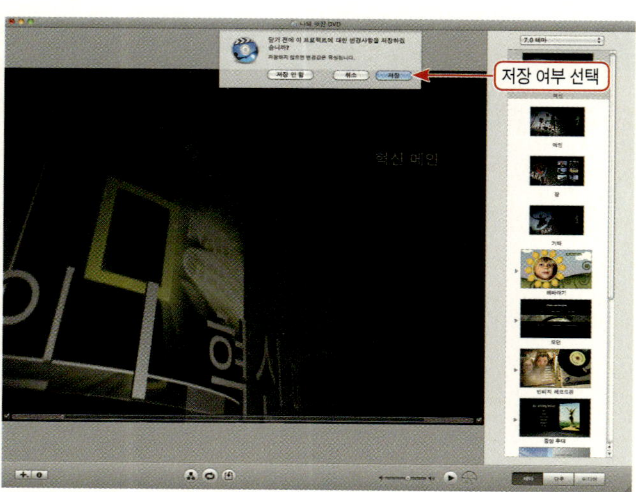

**02** 현재 작업 중인 프로젝트를 저장할 것인지를 묻습니다. 저장 안 함 또는 저장 버튼을 클릭하여 결정합니다. 저장 버튼을 클릭하면 iDVD를 실행했을 때 만들었던 프로젝트 이름으로 저장됩니다.

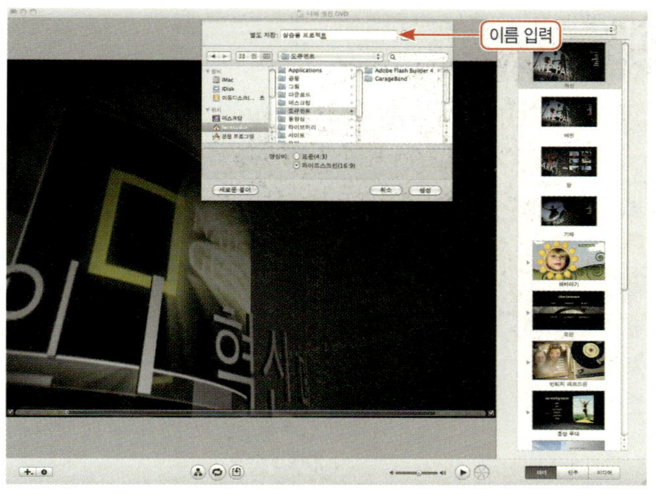


**03** 프로젝트의 이름과 저장 위치를 선택할 수 있는 창이 열립니다. 별도 저장 항목에 프로젝트의 이름을 입력하고, 생성 버튼을 클릭합니다.

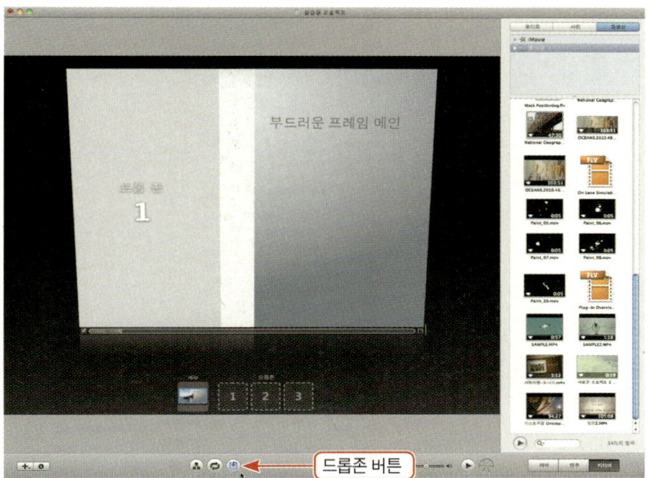


**04** 혁신 테마가 적용된 프로젝트가 만들어 집니다. 사용자가 원하는 테마를 선택하여 변경하고, 드롭존 버튼을 클릭합니다.

**05** 미디어 패널의 사진 및 동영상에서 메뉴 및 드롭존을 대체할 것들을 가져다 놓습니다. 아이무비에서 영상을 제작할 때, 메뉴와 드롭존에 사용할 것들을 기획해놓는 것이 좋습니다.

**06** 프리뷰 버튼을 클릭하여 재생해보고, 드롭존의 재생 위치와 범위를 조정합니다. 테마, 메뉴, 드롭존은 언제든 변경이 가능하므로, 마음에 들지 않는 부분이 있다면 변경합니다.

**07** 메뉴의 재생 위치와 범위는 속성 버튼을 클릭하여 메뉴 정보 창을 열고, 루프 실행 시간 슬라이드를 이용하여 조정합니다. 소개 및 아웃트로는 탐색 바의 실선으로 구분하며, 옵션의 체크 여부로 사용 유무를 결정할 수 있습니다.

**08** 테마를 선택하고, 메뉴와 드롭존을 꾸미고, 루프 실행 시간을 조절했다면 프로젝트를 만들기 위한 준비는 완료되었습니다. 메인 메뉴의 제목을 더블 클릭하여 이름을 변경하고, Command+S 키를 눌러 저장합니다.

## 05-2 백그라운드 음악 추가하기

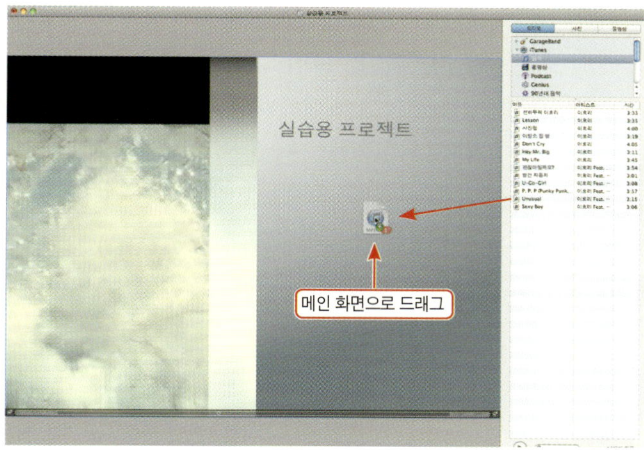


**01** 메뉴의 백그라운드 음악은 테마에 포함되어 있으며, 동영상을 가져다 놓은 경우에는 해당 오디오로 변경됩니다. 이것을 사용자가 원하는 것으로 변경하겠다면, 미디어 패널의 오디오 탭에서 가라지밴드 또는 아이튠즈의 음악을 메뉴로 드래그하면 됩니다.

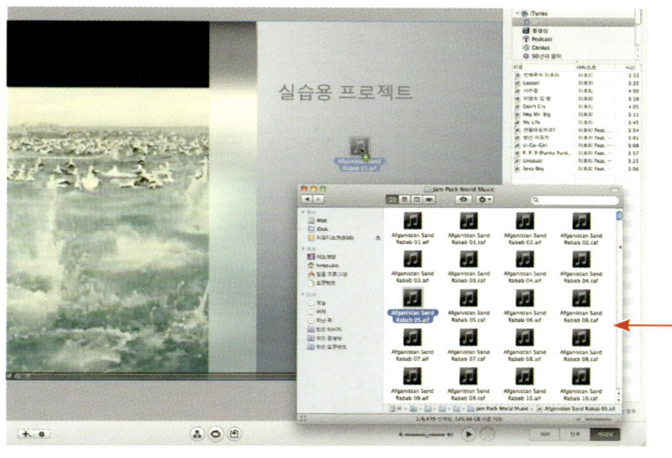


**02** 메뉴의 백그라운드 음악은 15초 정도이므로, 가라지밴드에서 제공되는 샘플을 이용하는 것도 효과적입니다. 가라지밴드의 샘플은 \라이브러리\Audio\Apple Loops\Apple 폴더에서 찾을 수 있습니다.

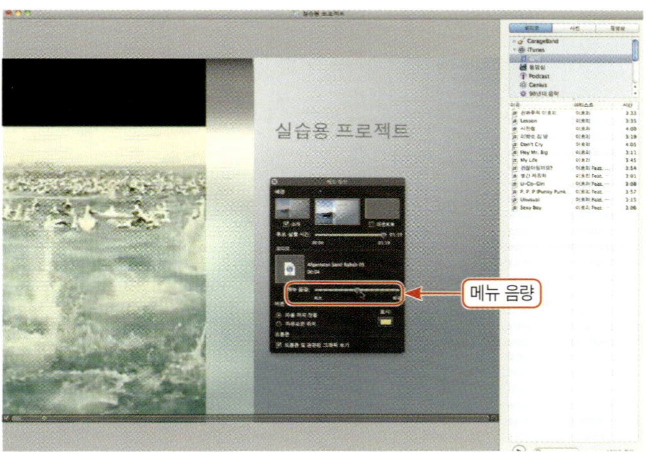


**03** 백그라운드 음악의 볼륨은 속성 창의 메뉴 음량 슬라이드를 드래그하여 조정합니다. 실제 제작되는 DVD 타이틀의 볼륨이 됩니다.

## 05-3 동영상 추가하기

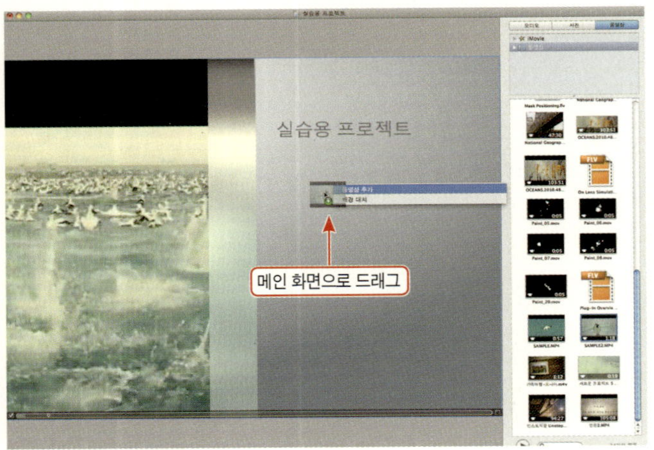


**01** DVD를 제작하는 최종적인 목적은 영상을 시청하기 위해서입니다. 시청하고자 하는 영상을 미디어 패널의 동영상 탭에서 드래그하여 가져다 놓습니다. 이때 Option 키를 누르면, 배경 및 동영상을 선택할 수 있는 팝업 메뉴를 볼 수 있습니다.

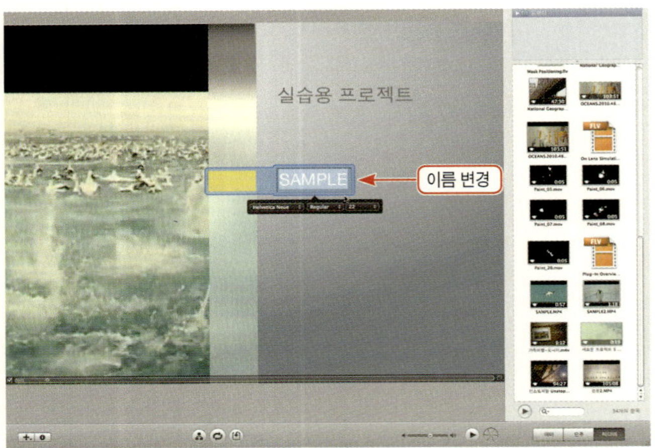


**02** 가져다 놓은 파일의 이름으로 부메뉴가 생성됩니다. 선택을 하고, 다시 한 번 클릭하여 이름을 변경합니다. 더블 클릭하면 영상이 재생되므로 주의합니다.

**03** 동영상을 아이무비 및 아이튠즈 이외의 폴더에서 관리하고 있다면, 파인더에서 찾아도 좋지만, iDVD 메뉴의 환경설정을 선택하여 창을 열고, 동영상 탭에 해당 폴더를 추가하면 편리합니다.

## 05-4 부메뉴 추가하기

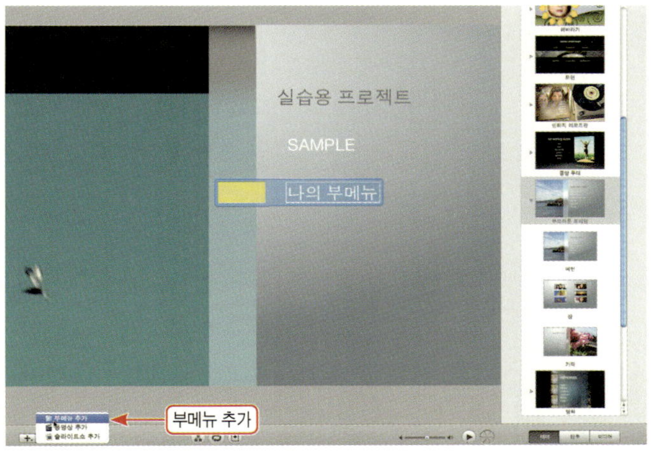

**01** 부메뉴를 선택했을 때 영상이 바로 재생되는 것 이외에 부메뉴 화면으로 이동되게 할 수 있습니다. 추가 버튼에서 부메뉴 추가를 선택합니다.

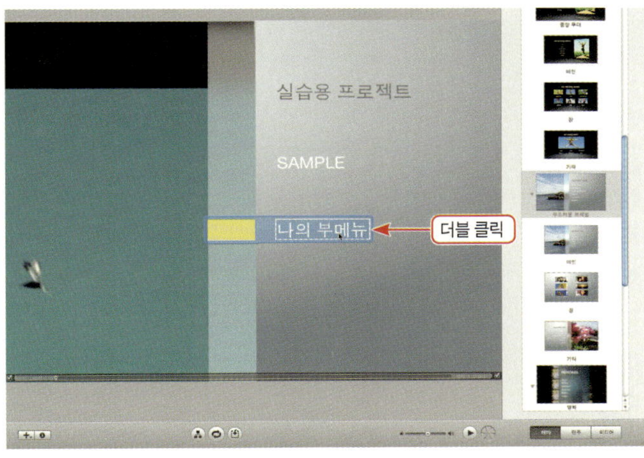

**02** 추가한 부메뉴를 선택하여 이름을 변경하고, 더블 클릭하여 부메뉴 화면으로 이동합니다.

**03** 부메뉴도 메인 메뉴와 동일하게 메뉴 및 드롭존의 영상, 백그라운드 음악 등을 꾸밀 수 있고, 부메뉴에서 재생할 메뉴를 추가할 수 있습니다. 메인 메뉴로 이동할 때는 이전 버튼을 클릭합니다.

## 05-5  장면선택 메뉴 추가하기

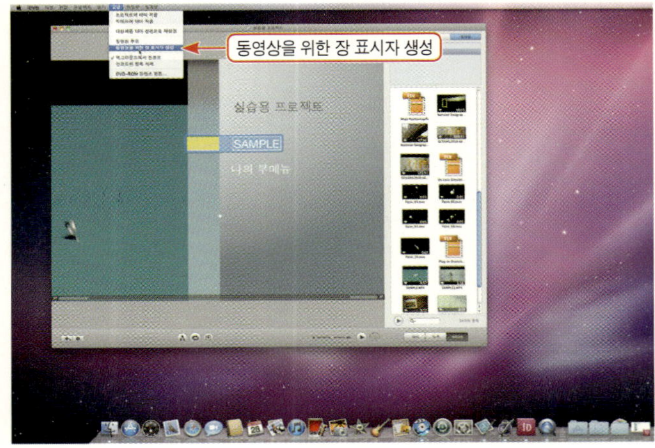


**01** 아이무비에서 장 표시를 추가한 경우에는 iDVD에 영상을 가져다 놓을 때 장면 선택 메뉴가 자동으로 추가됩니다. 그 외의 영상은 고급 메뉴의 동영상을 위한 장 표시자 생성을 선택하여 추가합니다.

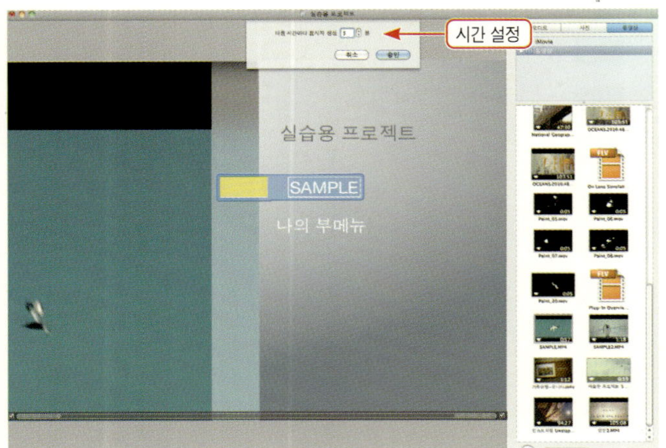


**02** 장 표시자를 생성할 시간 간격을 입력할 수 있는 창이 열립니다. 사용자가 원하는 시간 간격을 입력하고 승인 버튼을 클릭합니다.

> **잠깐만!**
> 장 표시자를 추가하면 메뉴의 이름이 파일명으로 복구되므로, 다시 원하는 이름으로 변경할 필요가 있습니다.

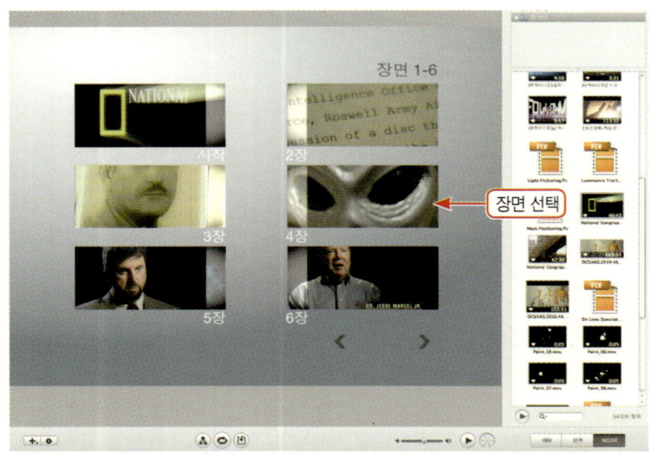


**03** 메뉴를 더블 클릭하여 부메뉴 화면으로 이동하면 장면 선택 메뉴가 추가된 것을 확인할 수 있으며, 장면 선택 메뉴를 더블 클릭하여 장 메뉴로 이동하면 사용자가 입력한 시간 단위로 장면 선택 메뉴가 만들어진 것을 확인할 수 있습니다.

## 05-6  제목 메뉴 추가하기

**01** 부메뉴 및 장면 메뉴에는 이전 화면으로 이동하는 버튼이 있지만, 어떤 화면에서든 메인 화면으로 이동할 수 있는 제목 메뉴를 추가할 수 있습니다. 프로젝트 메뉴의 제목 메뉴 버튼 추가를 선택합니다.

**02** 추가된 제목 메뉴를 선택하고, 이름으로 변경합니다. 메인 메뉴, 부메뉴, 장메뉴의 몇 단계를 거쳐서 이동한 화면이라면 이전 버튼을 이용할 경우, 같은 단계를 거쳐서 메인으로 이동해야 하지만, 제목 버튼을 추가해두면 마우스 더블 클릭으로 바로 이동할 수 있습니다.

**03** 메뉴의 모양은 단축 패널에서 선택하는 것으로 변경할 수 있습니다. iDVD에서 제작되는 모든 메뉴는 단추 패널에서 제공하는 모양으로 변경 가능하지만, 실제로 재생될 때, 하이라이트되는 것들도 있으므로, 재생 버튼을 클릭하여 확인할 필요가 있습니다.

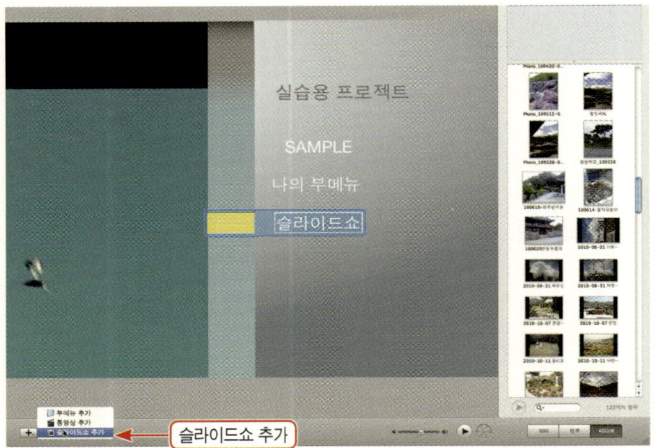


**01** 여러 장의 사진이 차례로 보여지는 슬라이드쇼 메뉴를 만들 수 있습니다. 추가 버튼에서 슬라이드쇼 추가를 선택합니다.

**02** 추가된 슬라이드쇼 메뉴를 더블 클릭하여 창을 열고, 미디어 패널의 사진 탭 또는 파인더에서 사진을 드래그하여 등록합니다.

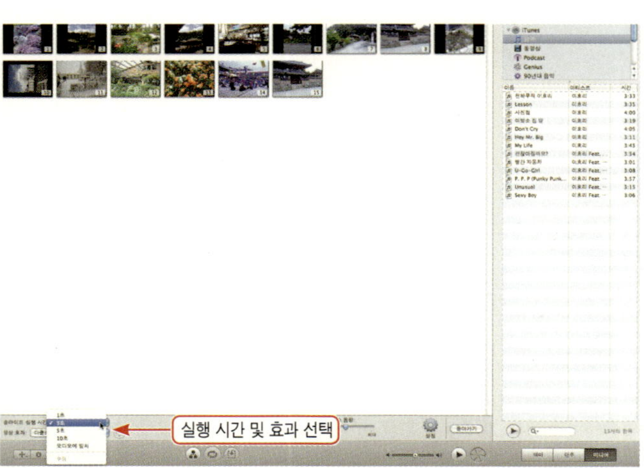


**03** 슬라이드 실행 시간과 영상 효과를 선택합니다. 실행 시간에서 수동은 리모콘의 다음 또는 이전 버튼으로 사진을 넘기도록 하는 것이며, 영상 효과는 사진이 넘어갈 때의 트랜지션 효과를 선택하는 것입니다.

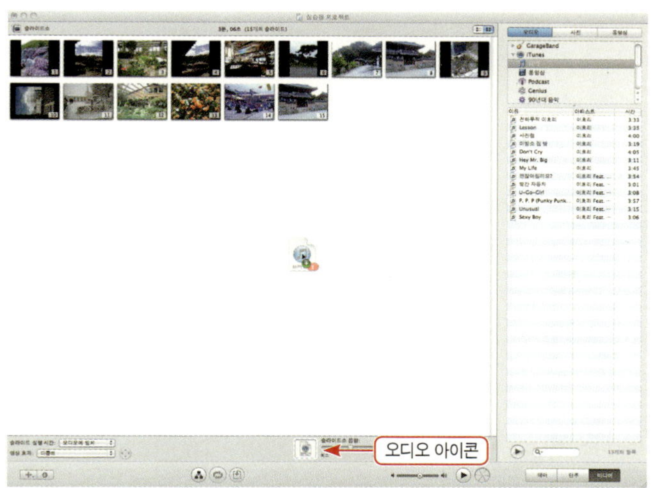


**04** 미디어 패널의 오디오 탭에서 슬라이드 쇼가 진행될 때 흐르게 할 음악을 가져다 놓고, 음량을 조정합니다. 슬라이드 실행 시간은 오디오에 일치로 변경되므로, 필요하다면 다시 원하는 시간을 선택합니다.

**잠깐만!**
오디오 아이콘을 밖으로 드래그하여 음악을 제거할 수 있습니다.

**05** 설정 버튼을 클릭하면 슬라이드쇼를 반복할 것인지, 사진에 네비게이션, 제목과 설명을 표시할 것인지 등을 선택할 수 있는 옵션 창이 열립니다.

**잠깐만!**
이미지 파일을 DVD-ROM에 추가 옵션을 선택하면, 원본 파일을 DVD에 담을 수 있습니다.

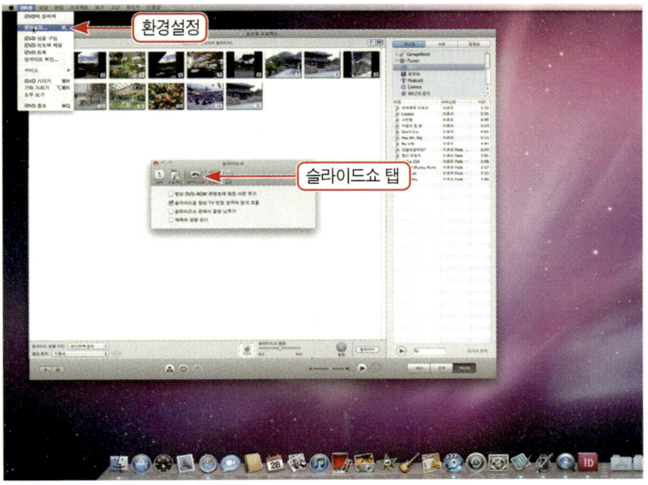


**06** 슬라이드쇼를 만들때 마다 공통적으로 적용하고 싶은 설정이 있다면 iDVD 메뉴의 환경설정을 선택하여 창을 열고, 슬라이드쇼 탭에서 선택해둬도 좋습니다.

**잠깐만!**
슬라이드쇼는 iPhoto에서 만들고, 공유 메뉴의 iDVD를 선택하여 iDVD 메뉴로 등록하는 것이 효과적일 수 있습니다.

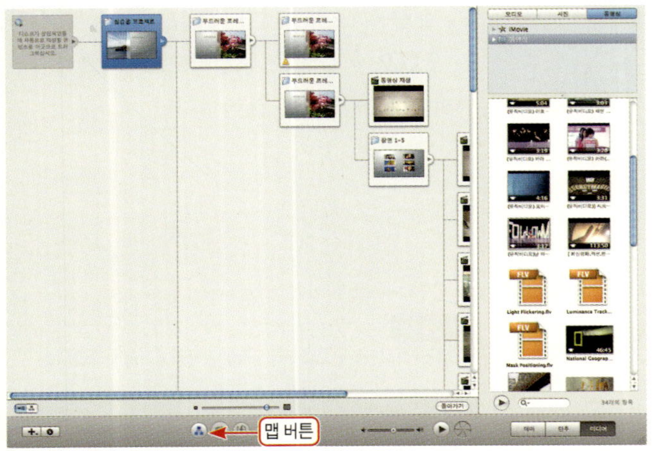


**01** DVD를 플레이어에 삽입했을 때 광고나 저작권 등의 콘텐츠가 재생된 후에 메인 메뉴로 이동하는 것이 있습니다. 이러한 초기 화면은 맵 패널에서 만들 수 있습니다. 맵 버튼을 클릭하여 패널을 엽니다.

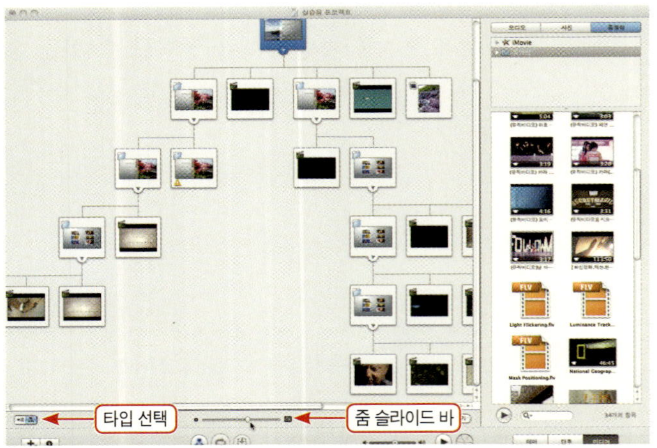


**02** 사용자가 제작한 메뉴의 구성을 보여주는 맵 패널은 가로 및 세로 타입을 선택해서 볼 수 있으며, 줌 슬라이드 바를 드래그하여 크기를 조정할 수 있습니다.

**03** 노란색 마침표가 표시된 것은 메뉴 버튼을 가지고 있지 않다는 의미이므로, 해당 메뉴를 더블 클릭으로 열고, 체크할 필요가 있습니다. 필요 없는 것이라면 화면 밖으로 드래그하여 제거합니다.

**04** 맵의 구성은 마우스 드래그하여 변경할 수 있습니다. DVD를 굽기 전에 비어있는 메뉴는 없는지, 전체 구성을 변경할 필요가 있는지 등을 확인할 수 있는 맵 패널은 꼭 열어 보는 것이 좋습니다.

**05** 첫 번째 비어있는 프레임이 초기 화면입니다. DVD를 플레이어에 삽입했을 때 재생하고 싶은 영상을 가져다 놓으면 됩니다. 상업용 DVD의 경우에는 주로 광고 영상이 등록됩니다.

> **잠깐만!**
> 등록한 초기 화면은 패널 밖으로 드래그하여 제거할 수 있습니다.

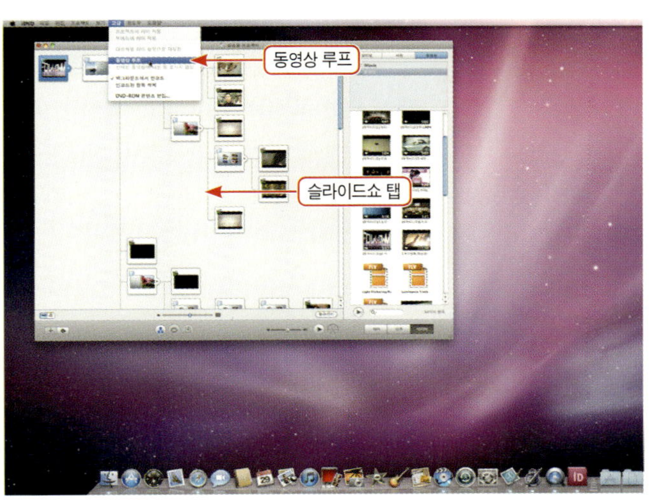


**06** 초기 화면을 반복 재생시키고 싶다면 고급 메뉴의 동영상 루프를 선택합니다. 다만, 시청자가 리모콘의 메뉴 및 다음 버튼을 선택하여 이동해야 하기 때문에 권장하지는 않습니다.

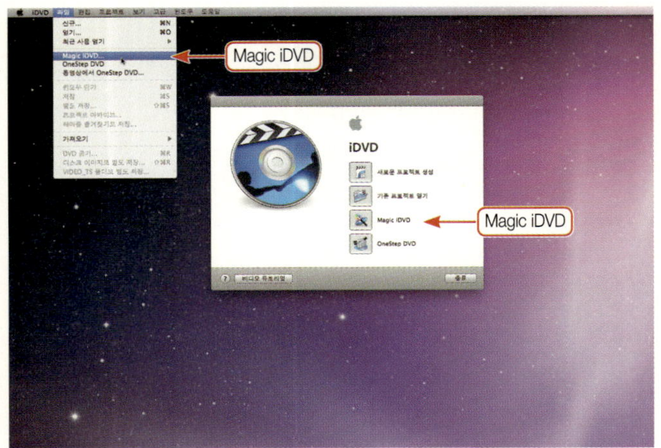


**01**　iDVD는 프로젝트를 간단하게 만들 수 있는 매직 기능을 제공합니다. iDVD를 실행하면 열리는 시작 하기 창에서 Magic iDVD를 선택합니다. 이미 실행 중이라면 파일 메뉴의 Magic iDVD를 선택합니다.

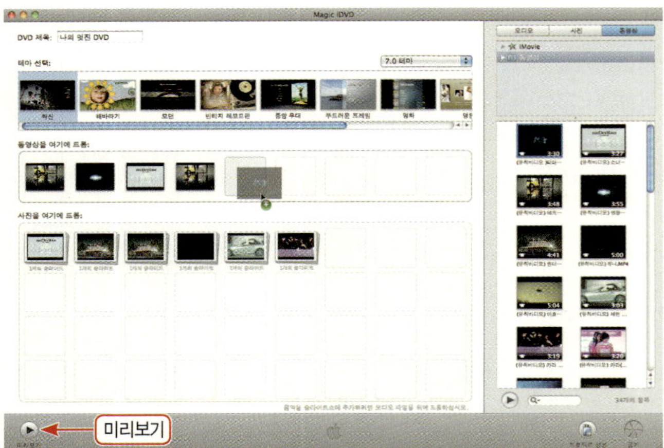


**02**　DVD 제목을 입력하고, 테마를 선택합니다. 그리고 동영상과 사진을 각각의 항목에 가져다 놓으면 프로젝트가 완성됩니다. 미리 보기 버튼을 클릭하여 확인합니다.

**03**　좀 더 세부적인 편집이 필요하다면 프로젝트 생성 버튼을 클릭하여 열고, 별다른 편집이 필요없다면 굽기 버튼을 클릭하여 DVD를 제작할 수 있습니다.

## 05-10　원 스텝 DVD 만들기

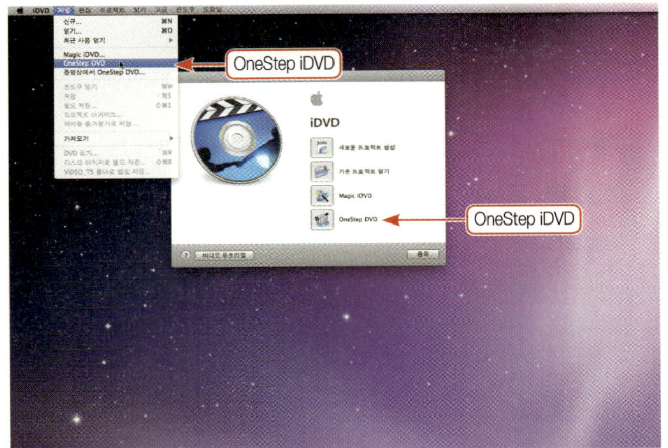


**01** DVD를 플레이어에 삽입했을 때 바로 영상이 재생되는 싱글 DVD는 원 스텝 기능을 이용해서 만들 수 있습니다. 캠코더의 영상을 캡처 받아 DVD로 제작하겠다면 시작 하기 창에서 OneStep iDVD를 선택하거나 파일 메뉴의 OneStep iDVD를 선택합니다.

**02** 컴퓨터에 저장되어 있는 영상을 이용해서 만들겠다면 파일 메뉴의 동영상에서 OneStep iDVD을 선택합니다. 파일을 선택할 수 있는 열기 창이 열립니다.

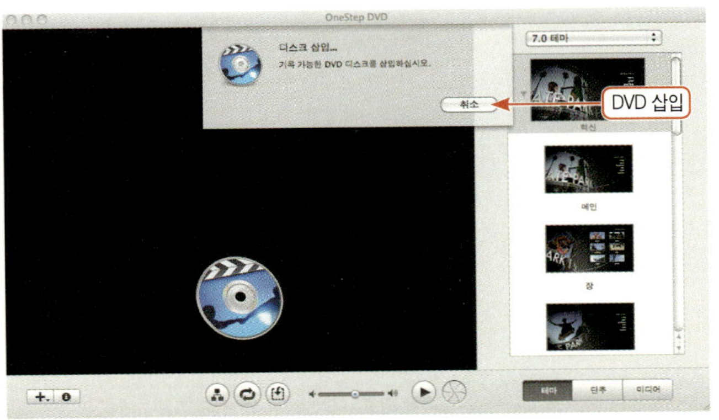


**03** 공 DVD 삽입을 요구하는 창이 열립니다. 공 DVD를 삽입하면 바로 DVD를 제작하는 과정이 진행됩니다. OneStep iDVD을 선택한 경우에는 캡처 작업이 진행된 후에 굽기가 진행됩니다.

# 06 iDVD 제작하기

DVD 제작은 실제 공 디스크에 굽는 하드 방식과 이미지 파일로 제작하는 소프트 방식이 있습니다. 하드웨어 방식은 DVD로 결과물을 얻을 수 있기 때문에 컴퓨터와 DVD 플레이어에서 모두 재생할 수 있지만, 이미지는 컴퓨터에서만 재생할 수 있습니다.

## 06-1　DVD 굽기

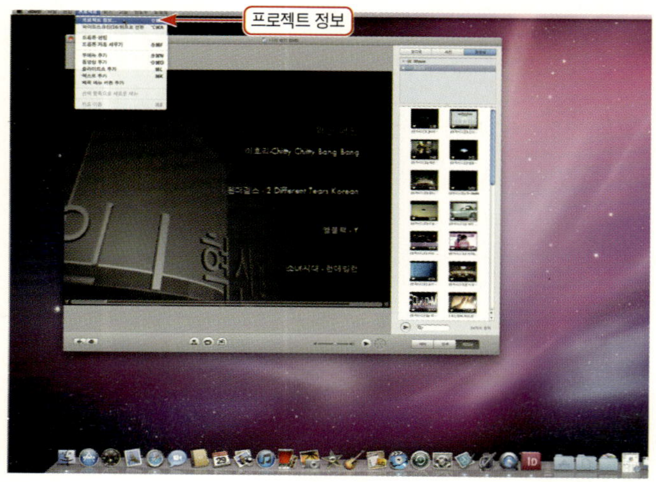

**01** DVD를 굽기 전에 맵 패널을 열어 구성을 확인합니다. 그리고 프로젝트 메뉴의 프로젝트 정보를 선택하여 제작될 DVD의 품질이나 용량을 확인합니다.

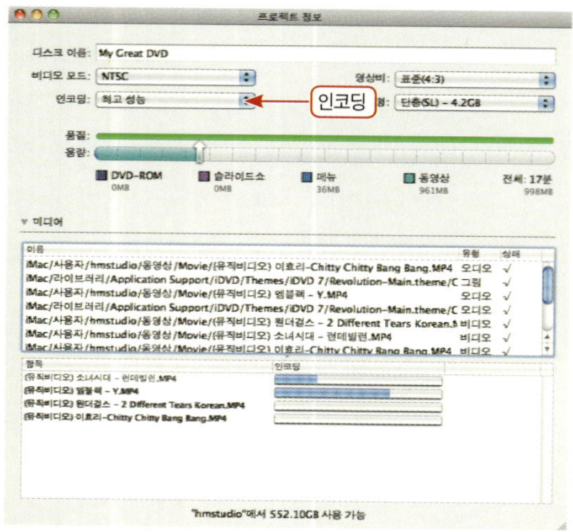

**02** 국내에서는 NTSC 모드를 사용하고 있고, 프로젝트를 만들 때 영상비를 결정했을 것이므로, DVD 유형에 맞는 인코딩 품질만 선택하면 될 것입니다.

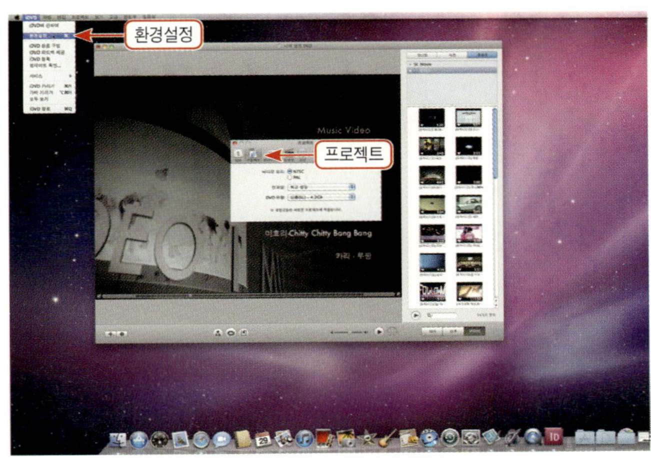



**03** 인코딩 품질이나 유형의 변화가 없다면 iDVD의 환경설정을 선택하여 창을 열고, 프로젝트 탭에서 설정을 해둡니다.

- 비디오 모드 : 국내에서는 NTSC 모드를 사용합니다.
- 인코딩 : DVD의 품질을 결정하는 요소입니다. 최고 성능은 백그라운드 작업으로 인코딩 되기 때문에 DVD를 굽는 동안 프로젝트 작업을 진행할 수 있고, 고품질은 DVD 용량에 맞추어 최고의 품질로 인코딩 되지만, DVD를 굽는 동안 프로젝트 작업을 할 수 없습니다. 그리고 전문가 수준의 품질은 가능한 최고의 품질로 제작되지만, 고품질로 구울 때 때보다 2배의 시간이 소요됩니다. 일반적으로 고품질을 많이 사용하며, 프로젝트의 길이가 60분 이하인 경우에는 최고 성능을 사용합니다.
- DVD 유형 : DVD 용량을 선택합니다. 일반적으로 판매되고 있는 공 DVD 용량보다 작다는 것에 주의하기 바랍니다.

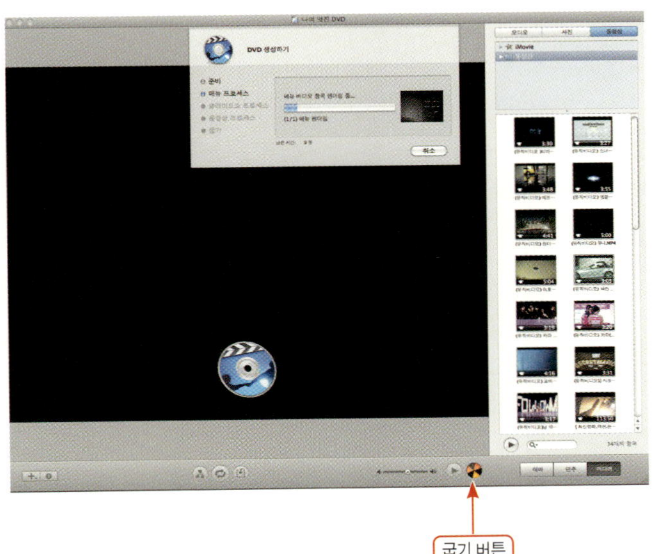



**04** 맵의 구성과 프로젝트 정보를 확인했다면 굽기 버튼을 클릭하여 진행하면 됩니다. 완료 되는데 걸리는 시간은 사용자가 선택한 인코딩 타입에 따라 차이가 있습니다.

## 06-2 이미지로 굽기

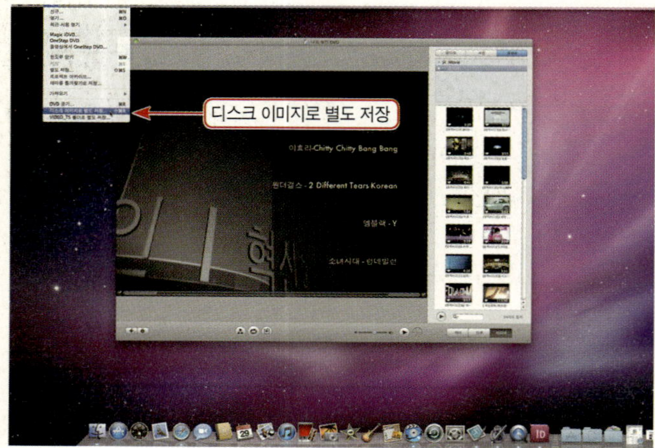


**01** img 포맷의 이미지 파일로 굽는 과정도 크게 다르지 않습니다. 파일 메뉴의 디스크 이미지로 별도 저장을 선택합니다.

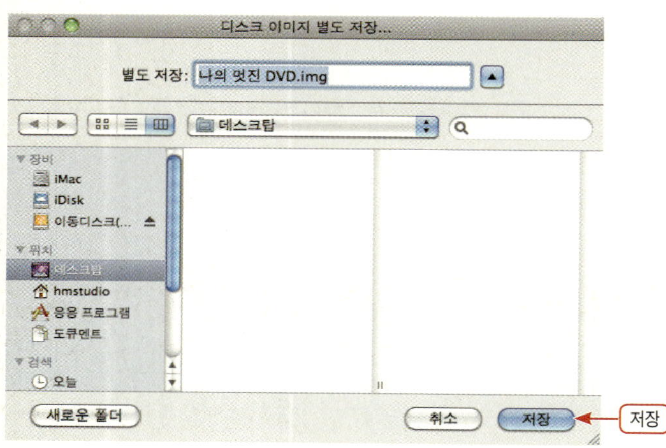


**02** 파일 이름을 입력하고 저장 위치를 선택할 수 있는 창이 열립니다. 원하는 위치를 선택하고 저장 버튼을 클릭하면 이미지 파일로 제작되는 과정이 진행됩니다.

**03** 완성된 이미지 파일은 운영체제에 상관없이 재생이 가능합니다. 맥에서는 DVD 플레이어를 기본적으로 제공하고 있기 때문에 별다른 추가 프로그램이 필요없습니다.

> **잠깐만!**
> iDVD를 끝으로 iLife의 모든 제품을 살펴보았습니다. 추가 프로그램 없이도 사진, 영상, 음악 등을 마음껏 즐길 수 있게 될 것입니다.